U0583601

权威·前沿·原创

皮书系列为
"十二五""十三五""十四五"时期国家重点出版物出版专项规划项目

BLUE BOOK

智库成果出版与传播平台

河南省社会科学院哲学社会科学创新工程试点项目

河南蓝皮书
BLUE BOOK OF HENAN

河南社会发展报告（2023）

ANNUAL REPORT ON SOCIAL DEVELOPMENT OF HENAN (2023)

创造高品质生活

主　编／王承哲　陈东辉
副主编／张　侃　潘艳艳

社会科学文献出版社
SOCIAL SCIENCES ACADEMIC PRESS（CHINA）

图书在版编目（CIP）数据

河南社会发展报告 . 2023：创造高品质生活 ／ 王承
哲，陈东辉主编 . --北京：社会科学文献出版社，
2022. 12
（河南蓝皮书）
ISBN 978-7-5228-1280-9

Ⅰ . ①河… Ⅱ . ①王… ②陈… Ⅲ . ①社会发展-研
究报告-河南-2023 Ⅳ . ①D676.1

中国版本图书馆 CIP 数据核字（2022）第 247788 号

河南蓝皮书
河南社会发展报告（2023）
——创造高品质生活

主　　编／王承哲　陈东辉
副 主 编／张　侃　潘艳艳

出 版 人／王利民
组稿编辑／任文武
责任编辑／连凌云
文稿编辑／杨　莉
责任印制／王京美

出　　版／社会科学文献出版社·城市和绿色发展分社（010）59367143
　　　　　地址：北京市北三环中路甲 29 号院华龙大厦　邮编：100029
　　　　　网址：www. ssap. com. cn
发　　行／社会科学文献出版社（010）59367028
印　　装／天津千鹤文化传播有限公司

规　　格／开　本：787mm×1092mm　1/16
　　　　　印　张：24.75　字　数：375 千字
版　　次／2022 年 12 月第 1 版　2022 年 12 月第 1 次印刷
书　　号／ISBN 978-7-5228-1280-9
定　　价／98.00 元

读者服务电话：4008918866

▲ 版权所有 翻印必究

河南蓝皮书编委会

主　　任　阮金泉　王承哲

副 主 任　李同新　王玲杰

委　　员　(按姓氏笔画排序)

万银锋　王宏源　王建国　邓小云　包世琦

冯玺玲　刘朝阳　闫德亮　李　娟　李立新

杨东风　杨兰桥　完世伟　张进才　张富禄

陈东辉　陈明星　陈建魁　赵西三　郜永军

唐金培　曹　明　潘世杰

主编简介

　　王承哲　河南省社会科学院院长、研究员。中宣部文化名家暨"四个一批"人才，中央马克思主义理论研究和建设工程重大项目首席专家，中国社会科学院大学博士生导师，河南省和郑州市国家级领军人才，《中州学刊》主编。主持马克思主义理论研究和建设工程、国家社科基金重大项目"网络意识形态工作研究""新时代条件下农村社会治理问题研究"两项以及国家社科基金一般项目两项。出版《意识形态与网络综合治理体系建设》等多部专著。参加庆祝中国共产党成立100周年大会、纪念马克思诞辰200周年大会中央领导讲话起草工作及中宣部《习近平新时代中国特色社会主义思想学习纲要》编写工作等，受到中宣部嘉奖。主持省委、省政府重要政策的制定工作，主持起草《华夏历史文明传承创新区建设方案》《河南省建设文化强省规划纲要（2005—2020年）》等多份重要文件。

　　陈东辉　河南省社会科学院人口与社会发展研究所所长、研究员，享受河南省政府特殊津贴，河南省学术技术带头人、全省宣传思想文化系统"四个一批"人才，兼任中国社会学会常务理事、河南省科学社会主义学会副会长。发表论文80多篇，多篇论文被中国人民大学《复印报刊资料》全文转载或被《求是》《新华文摘》摘编；独著和参与完成学术著作10多部；主持国家社科基金项目2项、省部级课题11项；参与完成国家级课题5项；独立和参与完成的成果获省部级优秀成果奖10多项；多次参与省委、省政府重要文件起草工作和省委、省政府组织的省情调研活动和中纪委、中组部的调研活动；参与完成的10多篇决策建议进入省委、省政府决策。

摘　要

　　本书由河南省社会科学院主持编撰，系统概括了近年来尤其是 2022 年河南社会建设所取得的主要成绩，全面梳理了当前河南社会发展的特点和形势，剖析了河南社会发展面临的热点、难点及焦点问题，并对 2023 年河南实现社会高质量发展提出了对策建议。

　　《河南社会发展报告（2023）》依据党的二十大精神和河南省第十一次党代会精神，以创造高品质生活为主线，对河南全省的民生建设、人口发展、社会治理、乡村发展、社会保障等重大理论与实践问题进行了全面深入系统的解读。

　　全书由总报告、发展篇、治理篇、调查篇、专题篇五部分组成。总报告由河南省社会科学院"河南社会发展报告课题组"撰写，代表本书对河南社会发展形势分析与研判的基本观点。2022 年是党的二十大召开之年，也是中国特色社会主义进入新时代的第十年。这十年，河南牢记习近平总书记的殷殷嘱托，中原大地发生了令人鼓舞的深刻变化，经济发展迈出重大步伐，民生建设成果丰硕，社会治理成效显著。2022 年，河南省委、省政府带领全省上下坚决落实"疫情要防住、经济要稳住、发展要安全"的重大决策部署，高效统筹疫情防控和经济社会发展，经济发展回稳向好态势不断呈现，社会事业发展持续推进，民生得到切实保障和改善，现代化河南建设进程加速推进。但河南社会发展的内外风险依然存在，面临经济下行延阻民众生活质量提升、重点领域社会治理风险有所凸显、人口老龄化程度加深等问题。2023 年将是全面贯彻落实党的二十大精神的关键一年，对贯彻落实

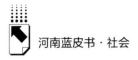

"十四五"发展规划和实现第二个百年奋斗目标意义重大。河南要持续巩固经济运行企稳向好态势，深入推进重要领域体制机制改革，全面推进市域治理现代化，不断提升社会治理效能，强化人口老龄化的科学应对，推动社会事业高质量发展，加快提高黄河流域生态治理能力，全面统筹生态文明建设与高质量发展，不断创造高品质生活，奋力开创现代化河南建设的新局面。

发展篇、治理篇、调查篇、专题篇四大板块，邀请省内外专家学者分别从不同视角对现代化河南建设进程中的重大事项进行深入剖析，客观反映了近年来尤其是2022年河南社会发展的基本状况、挑战和难题，展望了2023年河南社会发展的态势趋向，提出了推动高质量发展、创造高品质生活、加快现代化河南建设的对策建议。

关键词： 社会建设　民生事业　高品质生活　现代化河南

目 录 ▷

Ⅰ 总报告

Ⅱ 发展篇

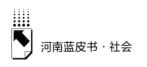

Ⅲ 治理篇

Ⅳ 调查篇

V 专题篇

皮书数据库阅读**使用指南** ☝

总 报 告

General Report

B.1

推动高质量发展　创造高品质生活

——2022~2023年河南社会发展形势分析与预测

河南社会发展报告课题组*

摘　要： 2022年是党的二十大召开之年，也是中国特色社会主义进入新
时代的第十年。党的十八大以来，河南牢记习近平总书记"谱
写新时代中原更加出彩的绚丽篇章"的殷殷嘱托，经济发展迈
出重大步伐、民生建设成果丰硕、社会治理成效显著，中原大地
走过了"非凡十年"。2022年，面对百年变局和世纪疫情相互叠
加、世界进入新的动荡变革期的复杂局面，面对世所罕见、史所
罕见的风险挑战，河南全省上下坚决落实"疫情要防住、经济
要稳住、发展要安全"的重大决策部署，高效统筹疫情防控和

* 课题组负责人：陈东辉。执笔人：陈东辉，河南省社会科学院人口与社会发展研究所研究
员，主要研究方向为政治社会学；李三辉，河南省社会科学院人口与社会发展研究所助理研
究员，主要研究方向为乡村治理；潘艳艳，河南省社会科学院人口与社会发展研究所助理研
究员，主要研究方向为城市社区治理；闫慈，河南省社会科学院人口与社会发展研究所助理
研究员，主要研究方向为社会治理。

经济社会发展，经济发展回稳向好态势不断呈现，社会事业发展持续推进，民生得到切实保障和改善，现代化河南建设进程加速推进。但河南社会发展的内外风险依然存在，面临经济下行延阻民众生活质量提升、重点领域社会治理风险有所凸显、人口老龄化程度加深等问题。2023年将是全面贯彻落实党的二十大精神的关键一年，对贯彻落实"十四五"发展规划和实现第二个百年奋斗目标意义重大。河南要持续巩固经济运行企稳向好态势，深入推进重要领域体制机制改革，全面推进市域治理现代化，不断提升社会治理效能，强化人口老龄化的科学应对，推动社会事业高质量发展，加快提高黄河流域生态治理能力，全面统筹生态文明建设与高质量发展，不断创造高品质生活，奋力开创现代化河南建设的新局面。

关键词： 社会建设　高质量发展　现代化河南　民生事业

一　2022年河南社会发展基本态势分析

2022年是党的十八大以来的第十年，也是党的二十大召开之年。这十年对河南来说是非凡的十年，习近平总书记先后4次亲临河南视察指导工作，3次参加全国"两会"河南代表团审议，多次对河南工作作出重要指示，为现代化河南建设提供了根本遵循。党的十八大以来，河南全省上下牢记嘱托谋新篇，经济社会发展取得了显著成就，实现了"两个跨越""两个翻番""三大转变"。① 2022年，河南经济社会在"非凡十年"发展

---

① 《牢记嘱托谱新章　中原出彩铸辉煌——党的十八大以来河南省经济社会发展成就综述》，河南统计微信公众号，2022年9月1日，https：//mp. weixin. qq. com/mp/appmsgalbum？＿＿biz＝MzA5MDE4NTA2OA＝＝&action＝getalbum&album＿id＝2568904448472006657&scene＝173&from＿msgid＝2665706959&from＿itemidx＝1&count＝3&nolastread＝1#wechat＿redirect。

成就的基础上取得了新进展，深入践行以人民为中心的发展理念，高质量发展不断迈进，各项民生社会事业持续发展，社会治理现代化水平日益提升。

（一）"非凡十年"中原出彩，经济社会建设成果显著

党的十八大以来，河南始终牢记习近平总书记"谱写新时代中原更加出彩的绚丽篇章"的殷殷嘱托，坚持以新发展理念为引领，全力以赴谋发展、惠民生、促改革，经济社会发展取得了巨大成就。

一是经济发展迈出了重大步伐。这十年间，河南始终将发展作为第一要务和破解难题的关键，经济发展实现了一系列重大跨越。地区生产总值由2012年的28962亿元增长到2021年的58887亿元（见图1），人均地区生产总值由2012年的30497元增长到2021年的59410元（见图2）；经济总量相继实现了3万亿元、4万亿元、5万亿元的跨越，人均地区生产总值相继实现了4万元、5万元的跨越。产业结构不断优化，产业结构由2012年的12.4∶51.9∶35.7升级为2021年的9.5∶41.3∶49.1，实现了由"二三一"产业结构向"三二一"产业结构的历史性转变，呈现三次产业协同发展新格局。[1] 服务业成为拉动经济增长的新动力，2013～2021年全省服务业增加值年均增长8.7%，比GDP年均增速高1.6个百分点；2021年服务业增加值占GDP的比重达49.1%，比2012年提高13.4个百分点，对经济增长的贡献率达到63.1%，成为经济增长的第一动力。[2] 粮食生产能力稳步提高，

[1] 《结构调整稳步推进　发展优势显著增强——党的十八大以来河南经济结构调整成就》，河南统计微信公众号，2022年9月7日，https：//mp. weixin. qq. com/s?＿＿biz＝MzA5MDE4NTA2OA＝＝&mid＝2665707302&idx＝1&sn＝01d82d2c7e611fc07e60461cc05d7ab2&chksm＝8b185b25bc6fd233c4602d957cfd1c479c707c7159dfc1b266680977d18ed085f7d1efe2d75c&token＝1819437037&lang＝zh＿CN#rd。

[2] 《结构调整稳步推进　发展优势显著增强——党的十八大以来河南经济结构调整成就》，河南统计微信公众号，2022年9月7日，https：//mp. weixin. qq. com/s?＿＿biz＝MzA5MDE4NTA2OA＝＝&mid＝2665707302&idx＝1&sn＝01d82d2c7e611fc07e60461cc05d7ab2&chksm＝8b185b25bc6fd233c4602d957cfd1c479c707c7159dfc1b266680977d18ed085f7d1efe2d75c&token＝1819437037&lang＝zh＿CN#rd。

2012 年率先在全国开展大规模高标准农田建设，2021 年已建成 7580 万亩高标准粮田，比 2012 年增加了 6530 亩，粮食产量连续 5 年稳定在 1300 亿斤以上，有力保障了国家粮食安全。

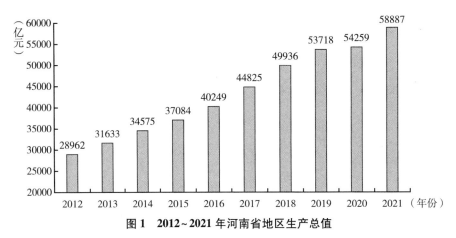

图 1　2012～2021 年河南省地区生产总值

资料来源：河南省统计局《牢记嘱托谱新章　中原出彩铸辉煌——党的十八大以来河南省经济社会发展成就综述》。

图 2　2012～2021 年河南省人均地区生产总值

资料来源：河南省统计局《牢记嘱托谱新章　中原出彩铸辉煌——党的十八大以来河南省经济社会发展成就综述》。

　　二是民生建设成果丰硕。这十年间，河南始终坚持以人民为中心的发展思想，大力推进民生建设，人民生活水平不断提高。河南居民人均可支配收入获得了持续提升，全省居民人均可支配收入从 2012 年的 12772 元增长到 2021 年的 26811 元，实现了翻一番（见图 3）。同时，城乡居民收入差距持续缩小，城乡居民人均可支配收入比由 2012 年的 2.49∶1 缩小至 2021 年的 2.12∶1。就业形势总体稳定，2013~2021 年全省城镇新增就业 1389 万人，占全国的 1/10 强，较好地做到了就业供给端的岗位扩展与需求端的人力资源提质的"两手抓"，"人人持证、技能河南"建设快速推进，职业教育规模在全国处于领先位置。新型城镇化建设取得了跨越式发展，河南省常住人口城镇化率在 2017 年突破了 50%，实现了农业型社会为主体向城市型社会为主体的历史性转变，2021 年常住人口城镇化率达到 56.45%，比 2012 年提高 14.46 个百分点。除了城镇化率的提高，河南还着力"破藩篱、降门槛"，以不断提升城乡一体化水平，2016 年率先在全国落实居住证制度，消除了农村与非农村户口的区别，建立了与居住证挂钩的基本公共服务提供机制，推进了城镇基本公共服务全覆盖。美丽宜居乡村面貌不断呈现，全省扎实推进农村人居环境"千村示范、万村整治"工程和"四美乡村"建设，农村人居环境持续改善。截至 2021 年，河南有 88.8% 的村有村庄规划，97.7% 的行政村和 92.7% 的自然村纳入生活垃圾收储运体系，70.0% 的村有公共厕所。① 社会保障事业不断发展，全省基本养老保险、基本医疗保险实现制度和人群全覆盖，散居和集中供养孤儿及城乡低保标准持续提高，80 岁以上老人享受高龄津贴。

三是社会治理成效显著。决战脱贫攻坚取得历史性成就，河南是农业大省、农村人口大省，也曾是拥有 53 个贫困县的贫困人口大省，全省上下通过坚持精准扶贫、精准脱贫基本方略，2020 年实现了 718.6 万建档立卡贫困人口全部脱贫，9536 个贫困村全部退出贫困序列，分别占全国

---

① 《辉煌十年　乡村迎来快速发展——党的十八大以来河南省乡村社会经济发展报告》，河南统计微信公众号，2022 年 9 月 22 日，https://mp.weixin.qq.com/s? __biz = MzA5MDE4NTA2OA ==&mid = 2665708043&idx = 1&sn = 17b862f66941e3b3ea1e656812321e09&chksm = 8b185608bc6fdf1eed50bef62cd858daf9f5ba0f682811d4e778747c2a76773d9ef662e3a883&token = 42755584&lang = zh_CN#rd。

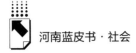

图3　2012~2021年河南省居民人均可支配收入

资料来源：河南省统计局《牢记嘱托谱新章　中原出彩铸辉煌——党的十八大以来河南省经济社会发展成就综述》。

的7.3%、7.5%，[①] 为全国贫困治理事业做出了河南贡献。生态环境保护与绿色发展理念持续增强，河南恪守"绿水青山就是金山银山"的发展原则，持之以恒抓好污染防治，扎实围绕"黄河流域生态保护和高质量发展"构建"一带三屏三廊多点"生态保护格局；持续强化南水北调中线工程水源地保护和沿线环境专项整治，库区及总干渠（河南段）水质持续保持Ⅱ类及以上，确保一泓清水永续北送；着力打好污染防治攻坚战以推进绿色发展，全省生态环境持续好转，森林覆盖率超过25%，PM2.5、PM10年均浓度大幅下降，劣Ⅴ类水质国控断面动态清零。截至2021年年底，河南拥有5个国家"绿水青山就是金山银山"实践创新基地，11个国家生态文明建设示范区。[②] 平安河

---

① 《牢记嘱托谱新章　中原出彩铸辉煌——党的十八大以来河南省经济社会发展成就综述》，河南统计微信公众号，2022年9月1日，https：//mp.weixin.qq.com/s？＿＿biz＝MzA5MDE4NTA2OA＝＝&mid＝2665706959&idx＝1&sn＝ee8f1b400e239b2f62986631884879ce&chksm＝8b1859ccbc6fd0da3739f1144c967854cab943004d3a860f198aa26dd3a16048ebce39e50e73&scene＝178&cur＿alb um＿id＝2568904448472006657#rd。

② 《牢记嘱托谱新章　中原出彩铸辉煌——党的十八大以来河南省经济社会发展成就综述》，河南统计微信公众号，2022年9月1日，https：//mp.weixin.qq.com/s？＿＿biz＝MzA5MDE4NTA2OA＝＝&idx＝1&sn＝ee8f1b400e239b2f62986631884879ce&chksm＝8b1859ccbc6fd0da3739f1144c967854cab943004d3a860f198aa26dd3a16048ebce39e50e73&scene＝178&cur＿alb um＿id＝2568904448472006657#rd。

南建设高质量推进，"零上访零事故零案件"平安单位（村、社区）创建活动扎实开展，"四议两公开"工作法、"一村（格）一警"建设经验等在全国推广，自治法治德治数治"四治融合"的社会治理体系建设深入推进，城乡社会治理效能普遍提升。2021年，河南省行政村中，县级及以上先进基层党组织8479个，县级及以上民主法治示范村6950个，县级及以上文明村14353个；99.4%的村有村规民约，90.5%的村有村服务站。

（二）经济运行承压恢复，企稳回升向好态势不断呈现

2022年，河南经济社会发展环境更趋复杂严峻，叠加一些超出预期的突发因素，全省经济运行承压波动，但随着高效统筹疫情防控和经济社会发展，稳经济大盘系列政策的不断落地见效，全省经济运行总体持续恢复，"加速回升、企稳向好"的态势不断呈现。上半年全省地区生产总值为30757.20亿元，同比增长3.1%，高于全国0.6个百分点，扭转了自2020年第三季度以来连续7个季度累计增速低于全国的被动局面。[①] 农业生产整体平稳，2022年河南夏粮总产量3813.1万吨，稳居全国第一，再创历史新高。[②] 畜牧业生产稳定增长，生猪、牛、羊出栏数同比分别增长8.6%、5.4%、3.6%；牛奶产量同比增长14.4%。经济作物生产形势良好，上半年蔬菜、食用菌、瓜果产量都保持了持续增长。[③] 2022年前八个月，全省规模以上工业增加值同比增长5.7%，高于全国平均水平2.1个百分点；全省一般公共预算收支同口径分别增长10.9%、4.6%；全省进出口总值超5000亿元，同比增长8.4%，经济回升向好态势持续巩固。[④] 事实上，在河南2022年实现经济稳定恢复向好

[①] 《2022年上半年全省经济运行情况》，河南省统计局网站，2022年7月20日，https：//tjj. henan. gov. cn/2022/07-19/2489821. html。

[②] 《全国第一！2022年夏粮产量数据公布，河南3813.1万吨再创新高》，《大河报》2022年7月14日，https：//baijiahao. baidu. com/s? id=17382909061631 31825&wfr=spider&for=pc。

[③] 《2022年上半年全省经济运行情况》，河南省统计局网站，2022年7月20日，https：//tjj. henan. gov. cn/2022/07-19/2489821. html。

[④] 《喜迎二十大　中原更出彩｜河南8月份主要经济指标数据出炉　好成绩是如何炼成的》，大河网，2022年9月27日，https：//news. dahe. cn/2022/09-27/1104370. html。

的艰难历程中，投资拉动无疑是较为明显的推动力。2022年，河南全省坚持"项目为王"的理念，扎实推进"万人助万企"活动和"三个一批"，始终把项目建设作为稳经济大盘的主抓手，固定资产投资保持较快增长。上半年，全省固定资产投资同比增长10.3%，高于全国4.2个百分点，居全国第7位。[①] 2022年前八个月，全省固定资产投资同比增长9.8%，比全国平均水平高4个百分点，保持了较快的增长势头。其中，全省工业投资增长22.4%，高于全国11.9个百分点；全省基础设施投资、社会领域投资分别增长8.0%、30.2%。[②]

（三）城乡居民收入平稳增长，居民消费市场逐步回暖

2022年上半年，河南城乡居民人均可支配收入13322元，同比增长4.6%。其中，城镇居民人均可支配收入19124元，同比增长3.4%；农村居民人均可支配收入8091元，同比增长5.1%。上半年，全省城乡居民收入比为2.36，同比缩小了0.04，[③] 这意味着城乡居民的收入差距进一步缩小。同时，城乡居民人均可支配收入增速略高于同期经济增速，居民收入增长与经济平稳恢复增长基本同步。不过，上半年全省居民消费价格指数（CPI）整体平稳，温和上涨，同比上涨1.2%，涨幅较全国平均水平低0.5个百分点，与此同时，全省居民人均生活消费支出为9412元，比2021年同期增加325元，增长3.6%。[④] 1~8月，全省居民消费价格指数同比上涨2.4%。其中，8月居民消费价格指数同比上涨3.0%，从消费品类别看，上涨幅度较大的几类是食品烟酒（上涨6.7%）、教育文化和娱乐（上涨2.9%）、医疗保健（上涨1.9%）、居住（上涨1.3%）。由于食品、教育、医疗、居住等都与居

---

① 《2022年上半年全省经济运行情况》，河南省统计局网站，2022年7月20日，https：//tjj. henan. gov. cn/2022/07-19/2489821. html。

② 《2022年8月份全省经济运行情况》，河南省统计局网站，2022年9月19日，https：//tjj. henan. gov. cn/2022/09-19/2609357. html。

③ 《2022年上半年全省经济运行情况》，河南省统计局网站，2022年7月20日，https：//tjj. henan. gov. cn/2022/07-19/2489821. html。

④ 《2022年上半年全省经济运行情况》，河南省统计局网站，2022年7月20日，https：//tjj. henan. gov. cn/2022/07-19/2489821. html。

民日常生活密切相关，虽说居民消费价格指数是温和上涨，但结构性上涨还是给人民群众的生活带来了一些冲击与影响。

随着城乡居民收入的增长和疫情防控形势的稳定，居民的消费需求回升，全省消费品市场也在稳步复苏。上半年，全省社会消费品零售总额 11848.44 亿元，同比增长 0.3%，高于全国 1.0 个百分点，居全国第 13 位，但也比前 5 个月加快 0.6 个百分点，实现了由负转正，在全国的位次比第一个季度前进了 3 位。下半年以来，随着生产生活秩序恢复以及多项促消费政策的带动，全省消费市场的恢复态势逐渐加快。1~8 月，全省社会消费品零售总额 15716.18 亿元，增长 1.5%。其中，7 月全省社会消费品零售总额同比增长 2.7%，比遭遇上轮疫情冲击的 4、5 月分别加快 8.7、8.6 个百分点；① 8 月，全省社会消费品零售总额同比增长 7.9%。② 上半年，限额以上单位消费品零售额 3464.75 亿元，同比增长 4.1%；按照城乡划分，城镇限额以上单位消费品零售额 3266.29 亿元，增长 3.9%，乡村限额以上单位消费品零售额 198.46 亿元，增长 7.9%；从消费类型看，商品零售 3290.56 亿元，增长 4.5%；餐饮收入 174.19 亿元，同比下降 2.3%。③ 7 月，限额以上单位消费品零售额增长 10.3%，其中限额以上单位批发零售业零售额增长 11.1%，限额以上单位住宿餐饮业零售额增长 1.0%；④ 8 月，限额以上单位消费品零售额增长 18.3%，其中限额以上单位批发零售业零售额增长 17.6%，比上月加快 6.5 个百分点，限额以上单位住宿餐饮业零售额增长 29.5%，比上月加快 28.5 个百分点。⑤ 可以发现，随着全省疫情防控形势的稳定，民众的消费在恢复增长，住宿餐饮、批发零售等消费品市场反弹强劲。

---

① 《2022 年 7 月份全省经济运行情况》，河南省统计局网站，2022 年 8 月 17 日，https://tjj. henan. gov. cn/2022/08-17/2562382. html。

② 《2022 年 8 月份全省经济运行情况》，河南省统计局网站，2022 年 9 月 19 日，https://tjj. henan. gov. cn/2022/09-19/2609357. html。

③ 《2022 年上半年全省经济运行情况》，河南省统计局网站，2022 年 7 月 20 日，https://tjj. henan. gov. cn/2022/07-19/2489821. html。

④ 《2022 年 7 月份全省经济运行情况》，河南省统计局网站，2022 年 8 月 17 日，https://tjj. henan. gov. cn/2022/08-17/2562382. html。

⑤ 《2022 年 8 月份全省经济运行情况》，河南省统计局网站，2022 年 9 月 19 日，https://tjj. henan. gov. cn/2022/09-19/2609357. html。

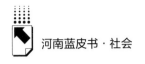
（四）稳就业压力依然较大，就业形势总体趋稳向好

2022 年，河南受国内外经济下行和新冠肺炎疫情反复等不利因素的叠加影响，全省就业形势不甚乐观，社会就业压力进一步加大。面对经济社会发展环境的严峻性和疫情防控的复杂性，河南省委、省政府坚持把稳就业、保就业摆在更加突出位置，多措并举、强化帮扶，保障了全省就业大局的稳定。一是强化政策引导，出台了一系列稳就业保就业的措施。2022 年 5 月，河南省政府印发实施《稳就业若干政策措施》，有力推出了稳岗促就业的 16 条举措，如通过实施"减、扩、降、返、缓、延"政策组合拳，减轻企业负担，为市场主体营造更好的发展环境，稳定就业岗位；实施"万人助万企""三个一批"等活动以拓宽渠道增就业；推进"人人持证、技能河南""互联网+职业技能培训"行动以强技能培训促就业。① 5 月 26 日，省人力资源社会保障厅、省财政厅、国家税务总局河南省税务局还联合印发了《关于做好失业保险稳岗位提技能防失业工作的通知》，从继续实施失业保险稳岗返还政策、拓宽技能提升补贴受益范围、继续实施职业培训补贴政策、保障失业人员基本生活等 7 个方面，明确了发挥失业保险保生活、防失业、促就业作用的具体政策。② 二是大力开展稳就业保就业"百日攻坚"专项行动。为确保就业大局整体平稳，切实做好就业保障工作，河南省围绕落实已出台就业政策、促进重点群体就业、推动创业带动就业、开展职业技能培训、优化就业服务、促进劳动关系和谐等 6 个方面，从 6 月 22 日启动了稳就业保就业"百日攻坚"行动，计划于 9 月底前完成城镇新增就业目标任务的 95% 以上，将失业率回落到预期控制目标以内。③ 三是大力保障重点群体特别是高校毕业生就业。2022 年，河南仅高校毕业生数量就有 81.7 万

---

① 《河南省人民政府关于印发稳就业若干政策措施的通知》，河南省人民政府网站，2022 年 6 月 17 日，https：//www.henan.gov.cn/2022/06-17/2470005.html。
② 《〈关于做好失业保险稳岗位提技能防失业工作的通知〉政策解读》，河南省人力资源和社会保障厅网站，2022 年 6 月 1 日，https：//hrss.henan.gov.cn/2022/06-01/2460097.html。
③ 《稳就业保就业　河南省启动"百日攻坚"行动》，河南省人民政府网站，2022 年 6 月 22 日，http：//www.henan.gov.cn/2022/06-22/2472455.html。

人,同比增加 11 万人,总量和增量均创历史新高,^①受经济形势与疫情影响,就业形势十分严峻。为此,《河南省贯彻落实稳住经济一揽子政策措施实施方案》明确要持续加大高校毕业生就业创业支持力度,坚持"一人一岗、一人一策"精准服务,拓宽高校毕业生就业渠道,力争 2022 年 12 月底前,争取企业吸纳 33 万人、政策性岗位招录招聘 20 万人、自主创业灵活就业 20 万人,确保总体就业率在 90% 以上。^②为助力 2022 年困难毕业生求职创业,省人社厅联合省相关部门还下发了《关于做好 2022 年全省困难毕业生求职创业补贴申领发放工作的通知》,符合条件的毕业生可申领 2000 元求职创业补贴。同时,河南还实施了离校未就业高校毕业生服务攻坚行动(7~12 月),集中为有就业意愿的未就业毕业生和失业青年提供针对性服务,举办"职在河南"国有企业专场、中小企业专场等系列招聘。此外,河南将加大农村劳动力转移就业力度,实现全年新增农村劳动力转移就业 40 万人以上;大力实施返乡创业,推动豫才豫商回归,实现新增返乡创业 15 万人以上。

在省委、省政府的科学统筹应对下,河南 2022 年上半年的就业形势整体稳定。据统计,2022 年上半年,全省城镇新增就业 69.3 万人,完成年度目标任务的 62.47%,完成职业技能培训 260.46 万人次,已超时序进度。^③这也为河南全年就业大局态势奠定了良好的基础。可以预见的是,随着疫情防控形势的稳定、经济生活秩序的恢复、系列稳就业政策的落实,只要河南坚持从就业供需两端同时发力,不断减轻企业负担以增强市场主体提供就业岗位能力,不断增强就业群体就业创业能力,持续强化重点群体帮扶、创业带动、职业技能培训和就业服务力度,全省会延续总体平稳的就业形势。

---

① 《高校毕业生规模创历史新高　河南确保总体就业率不低于 90%》,河南省人民政府网站,2022 年 7 月 22 日,http://www.henan.gov.cn/2022/07-22/2492286.html。
② 《河南省人民政府关于印发河南省贯彻落实稳住经济一揽子政策措施实施方案的通知》,河南省人民政府网站,2022 年 6 月 21 日,https://www.henan.gov.cn/2022/06-21/2472437.html。
③ 《"2022 年上半年河南省经济运行情况"系列新闻发布会(第二场)》,河南省人民政府网站,2022 年 7 月 22 日,https://www.henan.gov.cn/2022/07-22/2491996.html。

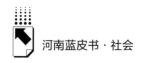

（五）教育现代化新征程不断推进，高等教育发展改革持续深入

教育是国之大计，民生之要。作为人口大省、教育人口大省，河南教育发展存在教育底子薄、基础弱、保障水平低等问题，省委、省政府也一直在为推进河南教育高质量发展、教育现代化建设积极努力，坚持把优先发展教育事业作为推动各项事业发展的重要先手棋，持续深入推进教育领域综合改革。围绕河南教育高质量发展与教育现代化建设，河南省在 2022 年推出了一系列改革政策。1 月，河南省政府正式发布了《河南省"十四五"教育事业发展规划》（以下简称《规划》），为推进教育现代化、建设教育强省提供了更为全面的顶层设计，并提出了"十四五"时期乃至 2035 年的河南教育事业发展的新目标。《规划》提出，"十四五"期间，河南将聚焦立德树人根本任务、高质量教育体系、基础教育促优质、职业教育建高地、高等教育起高峰、服务新发展格局等重点工程，着力破解教育改革发展的突出问题，力争到 2025 年，河南形成高质量教育体系，教育综合实力、现代化水平全面提升，有力支撑国家创新高地建设。围绕基础教育有品质、职业教育有优势、高等教育有突破等方面提出，全面提高 15 年基本公共教育发展水平，到 2025 年，学前教育毛入园率、普惠性幼儿园覆盖率、义务教育巩固率、高中阶段教育毛入学率与高等教育毛入学率分别达到 93%、85%、96.4%、93.5%、60%。到 2035 年，总体实现教育现代化，建成教育强省、人力资源强省和人才强省，教育现代化发展水平进入全国上游行列。[1] 4 月，河南省教育厅发布了《关于做好 2022 年义务教育招生入学工作的通知》，从切实保障义务教育学位供给、全面落实招生入学政策、妥善保障特殊群体入学、严格规范招生入学管理等方面，对推进义务教育招生入学规范化、健全公平入学长效机制、助推"双减"政策落地见效做出了积极努力。[2] 5

① 《河南省人民政府关于印发河南省"十四五"教育事业发展规划的通知》，河南省人民政府网站，2022 年 1 月 21 日，https://www.henan.gov.cn/2022/01-21/2386257.html。

② 《重磅！河南省 2022 年义务教育招生入学政策发布》，《河南商报》2022 年 4 月 13 日，https://baijiahao.baidu.com/s? id=1729950469123546056&wfr=spider&for=pc。

月，河南省委、省政府印发了《深化新时代教育评价改革实施方案》，为提高教育治理能力和水平、推进教育强省建设和教育现代化提供了政策支持。① 具体来说，2022 年河南教育现代化建设主要有以下几个方面的亮点。

一是推进了学前教育和义务教育优质均衡发展。根据河南省 2022 年重点民生实事工作计划，全年大力推进学前教育普惠扩容工程，聚焦"入园难、入园贵"问题，新建公办幼儿园 200 所，改扩建公办幼儿园 300 所，新增公办学位 9 万个，进一步推动了学前教育普及普惠发展。在基础教育优质均衡发展方面，2022 年河南积极开展县域义务教育优质均衡创建工作，不断优化城乡中小学结构布局，进一步落实了免试就近入学全覆盖和"公民同招"，在有条件的地区探索推行多校划片。同时，在义务教育过程中着力强化集团化办学以推进教育优质均衡发展，如郑州市郑东新区深化集团化办学，以优质学校为集团牵头校，潜力校和新建校为集团成员校，组建了 4 个教育集团，打造优质教育资源集聚区，在进一步办好老百姓家门口的好学校上迈出了新步伐。为扩大优质教育资源覆盖面，推进义务教育优质均衡发展，河南省 2022 年开展了首批义务教育阶段优质教育集团评估工作，认定了 100 个省义务教育阶段优质教育集团。②

二是高等教育事业迎来了新发展。河南作为人口大省、生源大省，高等教育的发展却一直不如人意，高等教育事业的发展始终牵动着亿万河南人民的心。据统计，2022 年全国高考报名人数为 1193 万人，河南是 125 万人，占比为 10.5%，但无论是河南的高校规模还是高层次学校数量，都难以满足河南学生接受高等教育的需求。③ 不过，从 2022 年河南高等教育事业的发展情况看，2022 年是河南高等教育快速发展的一年，也迎来了很多利好发展消息。2022 年，河南加快了郑州大学、河南大学"双一流"建设进程，

① 《中共河南省委　河南省人民政府印发〈深化新时代教育评价改革实施方案〉》，河南省人民政府网站，2022 年 5 月 25 日，http：//www.henan.gov.cn/2022/05-25/2455234.html。
② 《100 个！首批河南省义务教育阶段优质教育集团拟认定对象公示》，映象网，2022 年 8 月 11 日，http：//news.hnr.cn/djn/article/1/1557624104460558338？source=mobile。
③ 《再获国家层面支持设立高校，河南走出"高校洼地"还要多久？》，澎湃新闻，2022 年 9 月 29 日，https：//m.thepaper.cn/baijiahao_20100867。

分别聘请了中国科学院院士李蓬、张锁江担任校长；全面启动了各"双一流"创建高校的方案制订工作，遴选了河南理工大学、河南农业大学、河南科技大学等7所高校的11个学科开展"双一流"创建，并计划安排55亿元用于全力打造"双一流"第二梯队，进而力争2~3所高校、若干学科进入国家第三轮"双一流"建设行列。① 同时，2022年河南省高等教育事业的发展也得到了教育部的肯定支持。9月23日，教育部就"推动河南高等教育发展"，发布了《对十三届全国人大五次会议第8670号建议的答复》，其中明确提到，要"积极支持河南省设立高等学校；支持河南省设置高等职业学校；支持河南省设置本科层次职业学校"。这一肯定性答复，无疑给河南推进相关高校建设、优化高等学校结构，改善河南高校办学条件和提升办学水平，提供了非常重大而珍贵的政策支持。②

（六）扎实做好民生实事，群众福祉日益增进

自2005年以来，每年发布十项重点民生实事并奋力做好，已成为河南推进基本民生建设、切实增进人民福祉的有力抓手。为了全力保障办好民生实事，2022年河南进一步优化财政支出结构，在压减一般性支出、实施更大规模减税降费政策的同时，持续强化民生建设投入。2022年上半年，全省一般公共预算支出5732.2亿元，同口径增长4.2%，其中科技、公共卫生、乡村振兴、金融、灾害防治及应急管理等重点支出分别增长38.2%、25.5%、25.4%、226.7%、400.2%。③ 1~8月，全省一般公共预算支出同口径增长4.6%，科技、公共卫生、最低生活保障、灾害防治及应急管理等重点支出分别增长49.7%、29.1%、12.9%、122.5%。④ 同时，1~8月，全

---

① 《中国这十年·河南 | 河南遴选7所高校的11个学科作为"双一流"创建学科》，《大河报》2022年8月28日，https：//baijiahao.baidu.com/s？id=1742379094104953802&wfr=spider&for=pc。
② 《积极支持河南省设立高等学校！教育部最新回复》，人民网，2022年9月28日，http：//jx.people.com.cn/GB/n2/2022/0928/c355213-40142966.html。
③ 《河南：上半年全省财政收支圆满实现"双过半"》，映象网，2022年7月7日，http：//news.hnr.cn/djn/article/1/1544821857035816962。
④ 《喜迎二十大 中原更出彩 | 河南8月份主要经济指标数据出炉 好成绩是如何炼成的》，大河网，2022年9月27日，https：//news.dahe.cn/2022/09-27/1104370.html。

省社会领域投资增长 30.2%，其中卫生和社会工作投资增长 55.1%，文化、体育和娱乐业投资增长 27.1%。① 这意味着，全省民生建设等重点支出保障有力，河南用真金白银践行了坚持过紧日子、确保民生的要求。

从 2022 年河南省重点民生实事推进情况看，截至 6 月底，部分事项已经完成年度目标任务。在开展职业技能培训和评价取证方面，全省职业技能培训累计服务 278.3 万人次，新增技能人才 256 万名，新增高技能人才 104.5 万名，分别完成年度目标任务的 93%、107%、131%。在扩大医院门诊费用异地就医直接结算范围方面，全省已实现普通门诊费用异地就医直接结算县（市、区）全覆盖，1567 家定点医药机构已实现全省门诊费用跨省和省内异地就医直接结算。在推进城市窨井设施及城镇老旧小区改造提升方面，已分别完成目标任务的 63.00%、81.27%。在加快农村交通物流体系建设方面，已分别完成新建和改造农村公路、行政村农村客运班线目标任务的 97.8%、56.9%，拥有村级寄递物流综合服务站的行政村比重为 58.01%。在实施学前教育普惠扩容工程方面，已新建公办幼儿园 117 所、新增 55980 个公办学位，分别完成各自目标任务的 58.5%、62.2%。在推进居家社区养老服务设施建设方面，综合养老服务中心覆盖率已达 97%，养老服务场所的社区覆盖率已达 94%，特殊困难老年人家庭适老化改造任务已完成 35.5%，已提前完成智慧养老服务平台老年人入网 1000 万人以上。在提高妇女儿童健康保障水平方面，已分别完成宫颈癌免费筛查、乳腺癌免费筛查年度目标任务的 60.07%、61.73%；新生儿"两病"筛查率、听力筛查率已分别高于年度目标任务 1.25 和 0.86 个百分点。在实施残疾儿童康复救助方面，已帮助 2.5 万名残疾儿童接受康复服务，超额完成年度目标任务。在开展青少年心理健康服务进村（社区）行动方面，已完成青少年心理健康服务进村（社区）活动任务的 89.87%，完成个案心理咨询人次任务的 79.8%。在提升移动政务服务能力方面，"豫事办"上线事项已超额完成，

---

① 《2022 年 8 月份全省经济运行情况》，河南省统计局网站，2022 年 9 月 19 日，https：// tjj. henan. gov. cn/2022/09-19/2609357. html。

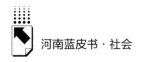

注册用户数已完成目标任务的 98.2%。① 总体上看，河南 2022 年的十项重点民生实事工程推进得比较顺利，民生建设工作效果良好。

二 2022年河南社会发展的深层次矛盾与问题

2022 年，河南省面临的国内外发展形势更加严峻复杂，承受的经济下行压力不断加大，潜在的、不确定因素依旧不减，多领域新旧社会矛盾交织叠加，给河南省社会经济发展带来诸多风险与挑战。

（一）经济运行承压波动，消费恢复未及预期

2022 年，在复杂多变的内外部环境和散发性新冠肺炎疫情反复冲击的共同影响下，河南省的社会经济在曲折中前行，总体呈现"前快后慢，逐季抬高"的态势，但主要经济指标波动明显，经济回升基础不牢，稳增长面临较大压力。从产业供给看，2022 年上半年，全省规模以上工业增加值同比增长 5.4%，在扭转了 4、5 月连续回落的态势后，7 月再次回落，规模以上工业增加值同比增长 5.1%，比上月回落 0.1 个百分点（见图 4）。第三产业遭受冲击更为严重，上半年第三产业增加值仅为 2.2%，物流、餐饮、旅游等现代服务行业普遍面临经营困境，中小企业生存举步维艰，甚至被迫走向破产倒闭。从市场需求来看，固定投资拉动经济作用明显，但投资结构仍不够优化，工业领域投资仍以传统产业为主，基础设施投资增速略有放缓。1~8 月，全省基础设施投资增长 8.0%，比上月回落 0.5 个百分点，由上月的高于全国 1.1 个百分点转为低于全国 0.3 个百分点。房地产投资降幅进一步扩大，1~8 月，全省房地产开发投资同比下降 4.6%，降幅比上月扩大 0.9 个百分点。②

---

① 《河南省民生实事"年中报"张榜》，新华网，2022 年 7 月 24 日，http：//m. xinhuanet. com/ha/2022-07/24/c_ 1128858248. htm。
② 《2022 年 8 月份全省经济运行情况》，河南省统计局网站，2022 年 9 月 19 日，https：// tjj. henan. gov.cn/2022/09-19/2609357. html。

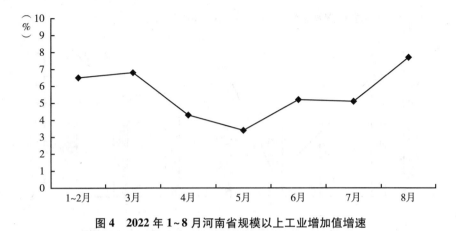

图 4　2022 年 1~8 月河南省规模以上工业增加值增速

资料来源：根据 2022 年 1~8 月河南省统计局官方数据整理。

消费方面，第一、二季度，河南消费品市场整体疲软，3、4、5 月全省社会消费品零售总额降幅较大，4 月社会消费品零售总额同比增速甚至下降了 6 个百分点，6 月社会消费品零售总额才出现反弹（见图 5），但居民消费价格也开始同步上涨，6 月河南居民消费价格涨幅达到 2%，创 2021 年 11 月以来的新高。上半年，全国居民消费价格上涨 1.7%，河南涨幅较全国平均水平低 0.5 个百分点，居全国第 26 位；在中部及相邻九省居第 9 位。① 尽管居民消费价格涨幅不高，但物价上升的压力仍然存在，且在疫情持续影响以及市场诸多不确定因素下，居民消费需求下降趋势明显，消费能力减弱，消费回补有待进一步加强。

总的来看，2022 年前三季度，河南省经济运行面临供给冲击、需求收缩、预期转弱等多重压力。随着高效统筹疫情防控和经济社会发展工作成效持续显现，6 月以来河南经济实现较快企稳回升，7 月各项经济数据出现明显回落，8 月部分领域增速再次提升。在剩余的三个月，新冠肺炎疫情干扰仍在，各类风险隐患仍存，经济很大可能会继续呈现波动状态，进一步加快经济恢复提振，增强经济发展内生动能，持续保持经济稳定向好态势将是最后一季度经济工作的核心任务。

———————————

① 《2022 年上半年全省经济运行情况答记者问》，河南省统计局网站，2022 年 7 月 20 日，https：//tjj. henan. gov. cn/2022/07-20/2490176. html。

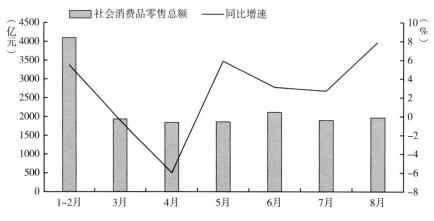

图5　2022年1~8月河南省社会消费品零售总额及同比增速

资料来源：根据2022年1~8月河南省统计局官方数据整理。

（二）重点领域风险频发，社会治理面临挑战增多

2022年，河南省社会大局保持稳定，但是从细处看，一些重要领域的社会风险始终暗流涌动，突发事件、自然灾害、重大事故、网络风险交替发生，给社会治理带来了前所未有的挑战。一是疫情防控风险仍在继续。自2020年以来，新冠肺炎疫情已经持续了两年多，仅2022年前三季度，河南省就遭受了五六波不同程度的新冠肺炎疫情侵袭，疫情防控工作在"战时"和"常态化"两种状态下反复切换，不仅对经济发展造成较大冲击，也影响了正常社会运行秩序，导致企业生存困难、就业形势严峻、居民收入下降，疫情反复带来的不确定性因素正在加深社会公众的焦虑和不安全感。二是安全生产风险仍存。近年来，尽管省委、省政府高度重视安全生产工作，不断强调要守牢安全生产底线，但安全生产环节仍存在思维意识松懈、隐患排查不严、行业监管不力等现象，导致安全事故时有发生。比如，1月5日安阳市宇天化工有限公司发生爆炸事故，4月18日郑州市金水区五洲大酒店温泉游泳馆发生坍塌事故等。这些事故造成了重大人身伤亡、经济损失以及不良的社会影响，警示我们安全生产务必常抓不懈。三是房地产行业风险

持续暴露。由于宏观经济形势变化、行业周期性调整、结构性矛盾和疫情冲击等多重因素叠加，河南省房地产企业面临阶段性发展困难，特别是 2022 年以来，房地产行业面临较大危机，房企信用等级下调数量增多，房地产行业已经成为高信用风险行业，省会郑州市更因为较高的楼盘烂尾率屡次被迫"出圈"，据有关数据统计，郑州有 106 个问题楼盘，涉及居民超过 60 万人。① 烂尾之下，集体维权、业主停贷等群体性事件不断发生，引发的社会稳定风险不容忽视。四是政府债务风险加剧。在土地市场持续低迷，减税降费力度空前加大的情况下，政府财政收入跌幅扩大，而支出方面，稳住经济一揽子措施、大量工程项目、政策的落实都要依靠政府财政，财政支出刚性不减，导致政府收支矛盾日益突出，地方债务风险正在加速暴露。除此之外，企业风险不断加大、金融风险重新抬头、网络风险隐患仍存。这些风险如果不能加强重视和防范，各类风险累积叠加将形成更大的社会风险甚至会动摇社会稳定根基。

（三）人口老龄化程度加深，公共治理困境凸显

《2021 年河南省国民经济和社会发展统计公报》数据显示，截至 2021 年年末，全省常住人口 9883 万人，其中 65 岁及以上的老年人口为 1383 万人，占比达到 13.99%。按照联合国关于老龄化的划分标准，当一个地区 60 岁及以上人口占总人口比重超过 20% 或 65 岁及以上人口比重超过 14%，表示进入中度老龄化社会，由此可见，河南人口老龄化趋势明显，且即将进入中度老龄化阶段，公共治理困境随之加深。

2021 年末河南省常住人口中 0~14 岁、15~64 岁和 65 岁及以上人口分别为 2199 万人、6301 万人和 1383 万人，占常住人口的比重分别为 22.25%、63.76% 和 13.99%。与 2020 年相比，0~14 岁少儿人口比重下降 0.89 个百分点，减少 101.0 万人；15~64 岁人口比重上升 0.39 个百分点，

① 《106 个楼盘停工，涉及 60 万业主，郑州为何沦为"烂尾楼之都"》，新浪网，2022 年 7 月 21 日，https://cj.sina.com.cn/articles/view/1279746217/4c4760a9027011tci? finpagefr=p_101。

增加1.0万人；65岁及以上老年人口比重上升0.50个百分点，增加42.0万人。2021年人口总抚养比为56.85%，比2020年下降0.94个百分点，是连续12年上升后的首次下降，主要原因是出生人口的减少，使少儿人口抚养比比2020年下降了1.61个百分点。同时，2021年老年人口抚养比持续升高，比2020年提高了0.66个百分点。受出生人口减少和老年人口增加对人口年龄结构的影响，预计未来几年少儿人口抚养比持续微降，老年人口抚养比持续上升。由此可见，人口结构的变化，一方面加速了人口老龄化，另一方面也加重了社会养老保障负担。特别是在老龄化程度不断加深的背景下，养老保障体系中财政保障受经济发展的影响，尤其是近几年疫情造成经济积累的滞缓，无法与持续增长的养老需求呈现正向同增，养老和医疗保险体系支出的负担持续叠加。基本养老保险收支矛盾问题不可避免，政府面临的基本医疗保险穿底的风险也随着人口老龄化的加剧不断加大。再者，人口老龄化程度加深也对当前社会环境建设提出新的更高要求，特别是在公共治理领域，老年人面临的"数字鸿沟"问题较为突出，家庭、居住小区、社区、城市公共场所等适老化设施的配套建设刻不容缓，数字时代的"困老化"问题也是当前人口老龄化社会发展中不容忽视的"急症"。

（四）生态环境问题突出，生态文明建设亟待优化

生态文明建设功在当代、利在千秋，建设生态文明是中华民族永续发展的千年大计。党的十八大以来，以习近平同志为核心的党中央把生态文明建设作为重要内容纳入"五位一体"总体布局和"四个全面"战略布局中，谋划开展了一系列根本性、开创性、长远性工作。"绿水青山就是金山银山"已成为当代中国的发展共识。在新时代背景下，河南省下大功夫，狠抓生态文明建设，持续提高绿色发展的自觉性和主动性，美丽河南建设迈出重大步伐，全省生态环境保护发生全局性变化。在看到这些成绩的同时，必须清醒地认识到，河南省仍存在生态文明建设不足的情况，具体局部生态环境问题依然严峻，生态文明建设亟待优化。

2022年6月公布的《2021年河南省生态环境状况公报》显示，全省全

年优良天数达 256 天，优良天数比例为 70.1%，同比增加 11 天，全省空气质量级别总体为良。信阳、驻马店、三门峡、周口、郑州、洛阳、许昌、商丘、南阳、平顶山 10 市空气质量级别为良，仍有 8 个城市为轻污染。反观全国数据，《2021 中国生态环境状况公报》显示，全国 339 个城市平均优良天数比例为 87.5%，其中，12 个城市优良天数比例达到 100%，254 个城市优良天数比例为 80%～100%，71 个城市优良天数比例为 50%～80%。可见，河南全省的城市环境空气质量仍有很大的进步空间。生态环境部通报的"2022 年 7 月和 1—7 月全国环境空气质量状况"显示，在全国 168 个重点城市空气质量检测排名后 20 位城市名单中，河南省的鹤壁、新乡、安阳、焦作、开封、洛阳、郑州都位列其中，这对彰显"大美河南""出彩河南"的精神风貌都有着严重的负面影响。2021 年全省 PM10、PM2.5 平均浓度分别为 77 微克每立方米、45 微克每立方米，尽管与 2020 年相比，分别下降了 7.2%、13.5%，然而与全国相比，仍然分别超出平均值 15 微克每立方米和 10 微克每立方米。这也提醒我们，未来河南的环境治理和生态文明建设依然要大刀阔斧地真抓实干，真正为人民展现出绿水和青山的美好景象。

三 2023年河南社会发展走势预测

2022 年极不平凡，中国共产党第二十次全国代表大会是我们党在进入全面建设社会主义现代化国家、向第二个百年奋斗目标进军新征程的重要时刻召开的一次十分重要的代表大会，鼓舞着全国各族人民攻坚克难、开拓奋进，为全面建设社会主义现代化国家、夺取新时代中国特色社会主义伟大胜利、实现中华民族伟大复兴的中国梦做出新的更大贡献。站在新的历史起点上，河南省将牢记习近平总书记寄予河南"奋勇争先、更加出彩"的殷殷嘱托，紧扣时代脉搏，加快铺就面向现代化的出彩之路，推动全省各项事业高质量发展。展望 2023 年，河南省将笃行致远、勇开新局，妥善应对复杂经济形势，促进平稳发展，让实干托起梦想，让奋斗成就未来，扎实推进社会事业全面进步。

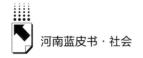

（一）新发展理念落地生根，经济企稳回升态势明显

当前，在新冠肺炎疫情冲击下，百年变局加速演进，外部环境更趋复杂严峻，不确定性增加。2023年我们既要正视困难，又要坚定信心。坚持稳中求进工作总基调，完整、准确、全面贯彻新发展理念，加快构建新发展格局，全面深化改革开放，坚持创新驱动发展，推动高质量发展。对标谱写新时代中原更加出彩的绚丽篇章和河南出彩之路的未来发展方向，省第十一次党代会强调，要统筹推进"五位一体"总体布局，协调推进"四个全面"战略布局，全力打好三大攻坚战，坚持以党建高质量推动发展高质量，这也给未来河南省经济建设提出了更高要求和期望。

展望2023年全省经济发展走势，有望迎来更好的发展状态。一方面，省委、省政府持续推进"三个一批"活动，坚持"项目为王，结果导向"的鲜明方针，在全省建立党政一把手抓创新的工作机制，通过创新赋能，充分发挥重大项目稳投资、扩内需、补短板的作用，以高新技术项目激发经济发展活力。另一方面，随着全省疫情防控形势的逐步好转以及动态清零政策的持续推进，经济社会发展加快复苏回暖。同时，减税降费、稳岗留工、融资信贷等一系列助企纾困政策的高效落地也为稳住经济大盘、促进国内大循环、全面提升消费对经济增长的拉动助力赋能。可以预见，2023年河南将持续贯彻新发展理念，加快构建新发展格局，着力推动高质量发展。如果疫情持续，河南还将全面落实"疫情要防住、经济要稳住、发展要安全"要求，高效统筹疫情防控和经济社会发展，持续巩固经济回升向好趋势，确保社会大局安全稳定。

（二）就业政策不断优化，居民收入水平稳步提升

习近平总书记指出，就业是最大的民生工程、民心工程、根基工程，是社会稳定的重要保障，必须抓紧抓实抓好。近年来，河南省深入贯彻落实习近平总书记关于就业工作的重要指示精神，深入贯彻落实党中央、国务院关于就业创业工作的决策部署，积极实施就业优先政策，千方百计拓宽就业渠

道，确保全省就业工作的稳定发展，为人民群众提供了质量更优和覆盖面更广的就业服务，为新时期河南经济社会的高质量发展贡献了突出力量。2023年全省上下将继续全面落实党中央、国务院关于稳就业的各项决策部署，把就业创业作为头号民生工程来抓，以强有力、重实效的政策措施力保全省就业局势的稳定，推动河南就业创业工作取得更优异的成绩。

2023年，河南省将会继续保持积极稳健的经济政策，这将有利于缓解就业市场的压力。再者，河南为"稳就业"出台了一系列政策，例如《关于支持多渠道灵活就业的实施意见》《河南省人力资源社会保障厅深化服务"万人助万企"活动若干举措》《关于强化部分减负稳岗扩就业政策措施的通知》《河南省促进2021年高校毕业生更加充分更高质量就业若干政策措施》等，这些政策的贯彻执行也将在一定程度上增加就业机会、减轻疫情等因素对就业市场的冲击，为全省就业创业工作发挥重要的支撑作用。2023年及今后一段时间，河南省将重点从贯彻就业优先战略决策、解决重点群体就业问题、加强职业技能培训、优化就业创业环境等方面推进全省就业创业工作的提质增效，不断提高居民的收入水平，满足人民群众日益增长的美好生活需要。

（三）坚持动态清零政策，确保疫情影响平稳可控

当前，全球疫情风险仍处于高位，病毒还在不断变异，在与新冠病毒的博弈中，还有很多的不确定性因素，疫情所带来的风险和挑战依然存在。坚持动态清零政策，是当前我国新冠肺炎疫情防控的总方针。动态清零，是指在现在情况下，当出现本土病例的时候，我国所采取的综合防控措施的一种集成，以快速扑灭疫情。这是中国疫情防控经验的总结和提炼，也是现阶段我国疫情防控的一个最佳选择和总方针。为此，河南省不折不扣落实国务院联防联控机制，因时因地因势不断优化防控政策措施，以动态清零政策为指导，出台《河南省新冠肺炎疫情常态化防控办法（试行）》，并于2022年8月13日正式施行。该办法以实现长周期不发生规模性疫情为目标，聚焦河南省疫情防控中的重要环节、重点问题，把常态化疫情防控中采取的科学措施和有效经验固定下来，牢牢守住人民群众生命安全和身体健康，推动经济

社会平稳健康发展。可以预见，2023年在疫情防控政策的不断优化下，河南在处置疫情时将实现精准防控，真正让疫情防控兼具力度、速度和温度。

近期，全国疫情形势呈现多点散发趋势，各地都把做好疫情防控工作作为当前最重要、最紧迫的任务，通过坚持"外防输入、内防反弹"的总策略和"动态清零"的总方针，能够及时有效地控制住疫情的恶化，不断打赢一场场疫情防控歼灭战。河南省人口基数大，面临的疫情防控压力可想而知。为此，全省各级党委、政府高度重视疫情防控工作，始终坚持将人民群众的生命安全和身体健康放在第一位，紧抓精准防控，努力用最小的代价实现最大的防控效果，最大限度减少疫情对经济社会发展的影响。一旦局地发生疫情，迅速调集一切资源，动员一切力量，争分夺秒采取严控措施，保证大部分人民群众的正常生产生活。未来，我们仍可能面临疫情的多次冲击，但是随着防控的重点精准到个体或单栋楼房（院），对社会面的影响会大幅降低。可以预见，2023年河南省将继续秉承科学精神，不断优化防控政策措施，推动疫情不失控、经济不失速，人民不失幸福感。

（四）社会保障体系持续完善，群众获得感不断提升

社会保障是保障和改善民生、维护社会公平、增进人民福祉的基本制度保障，是促进经济社会发展、实现广大人民群众共享改革发展成果的重要制度安排，发挥着民生保障安全网、收入分配调节器、经济运行减震器的作用，是治国安邦的重要举措。河南省作为人口大省，始终将建立完善社会保障体系作为大事要事来抓。"十三五"时期，河南基本养老保险参保人数达7504.67万人、参保率达94.77%，失业保险、工伤保险参保人数分别达885.87万人、999.98万人。2023年，河南省将进一步认真贯彻"按照兜底线、织密网、建机制的要求，全面建成覆盖全民、城乡统筹、权责清晰、保障适度、可持续的多层次社会保障体系"的精神要求，持续完善河南省社会保障体系。

当前和未来一段时间，河南社会发展迎来换挡提速，高质量发展成果将惠及全体人民。社会保障作为民生之本，是民众最关心、最直接、最现实的

利益问题。建立健全多层次社会保障体系是摆在河南省各级党委、政府面前的一项重要使命。这就需要河南社会保障工作坚持权责清晰、保障适度、应保尽保原则，着力健全覆盖全民、统筹城乡、公平统一、可持续的多层次社会保障体系。2023年乃至未来一个时期，河南将从三个方面发力不断完善社会保障体系。一是提高待遇水平，兜底民生保障。不断完善社会保险待遇水平与经济社会发展联动调整机制，有效提升企业职工基本养老保险、失业保险、工伤保险待遇水平，全面落实城乡居民基本养老保险待遇确定和基础养老金的正常调整。二是健全体制机制，规范支柱体系。加快发展多层次、多支柱养老保险体系，大力推进个人养老金制度，规范发展养老保险第三支柱。三是优化措施转型，提高服务水准。以数字化转型为契机，推动社会保险经办服务点的线上办理，推动实现社保业务"全省通办"，构建以社会保障卡为载体的居民服务"一卡通"新格局。

四　2023年河南社会高质量发展的对策建议

2023年是"十四五"规划推进的重要窗口期，是步入全面建设社会主义现代化国家新征程的关键一年。面对风云变幻的国内外环境，面对艰巨繁重的社会经济发展任务，河南省应紧紧把握百年未有之大变局带来的机遇和挑战，保持战略定力，激发前进动力，增强发展耐力，不断夯实自身发展基础，深入推进重要领域体制机制改革，奋力完成社会经济发展各项目标任务，推动河南省在高质量发展的道路上昂首阔步、行稳致远。

（一）打好经济发展主动仗，巩固经济回升向好态势

经济工作是党治国理政的中心工作，要实现现代化，必须坚持以经济建设为中心，付出长期艰苦卓绝的努力。① 面对新形势、新任务、新挑战，河

---

① 李克强：《经济工作是党治国理政的中心工作　发展是解决我国一切问题的基础和关键》，中华网，2021年12月26日，https://finance.china.com/domestic/11173294/20211226/37266303_all.html。

南省要深入贯彻习近平总书记关于"疫情要防住、经济要稳住、发展要安全"重要指示精神,坚定信心决心、主动精准施策,千方百计稳住经济增长,增强发展活力和韧性,推动全省经济持续健康发展。一是着力提高政策的执行力。严格贯彻落实党中央、国务院、省市稳经济一揽子政策和接续政策,不断加大宏观政策调节力度,在扩大有效投资、稳市场主体、保障民生方面下大力气、下足功夫,推动政策落实项目化、清单化、节点化,促进政策直达快享和政策红利精确释放。二是持续做好助企纾困工作。全面推进惠企政策落地落实落细,深入实施"万人助万企"活动,重点培育壮大大型商贸流通企业、电商平台和现代服务业企业。多措并举扶持中小微企业,在税收优惠、房租减免、金融支持、服务保障方面加大政策支持力度,最大限度地帮助中小企业解决经营困难。统筹企业生产和疫情防控工作,完善四保"白名单"制度,确保疫情之下企业的正常生产运营,保障物流畅通、供应链需求链稳定。三是高标准推进项目谋划实施。坚持"项目为王",以项目建设为抓手,以高质量发展为导向,推动省委、省政府确定的重大战略及重点工作项目化落实,加强重要领域、重要产业项目建设,深入推进调结构、促转型、优环境,促进项目建设提速提质提效。四是加快促进消费回补。持续出台稳经济促消费政策,抢抓国庆节、"双十一"、元旦等消费旺季,支持各地统筹有序发放餐饮、住宿、百货等种类的消费券,积极谋划组织各类会展和促消费活动。突出抓好房地产、汽车、家电等重点领域消费,持续拓展文化和旅游消费,不断激活消费市场和促进消费潜力释放。

(二)积极应对各类风险挑战,全面推进市域治理现代化

市域治理是国家治理体系的重要组成部分,市域治理现代化水平对国家治理体系和治理能力现代化建设进程有直接的、关键的影响。近年来,随着新型城镇化进程的不断提速,市域治理被党和国家摆放到了更突出的战略位置。党的十九届四中全会、十九届五中全会接连提出"加快推进市域社会治理现代化""加强和创新市域社会治理,推进市域社会治理现代化"的要求,在百年未有之大变局与新冠肺炎疫情交织叠加的社会环境下,市域治理

现代化的重要性和紧迫性越发凸显。我们应将市域治理现代化作为撬动国家治理现代化的重要支点，不断提高市域治理的科学化、社会化、智慧化水平，以市域的安定有序来保障整个社会大局的和谐稳定。一是始终坚持以人民为中心。新型城镇化是以人为核心的城镇化，满足人民群众对美好生活的需要也是市域治理的最终目标。推进市域治理现代化就是要坚持以民为本，不仅要聚焦安全、环境、社会保障等人民群众最关切的社会问题，集中力量做好民生实事，也要重视人民群众的智慧和力量，引导人民群众在参与市域治理中积极发挥主观能动性，让人民拥有更多的获得感和幸福感。二是树立系统化思维。当前，社会治理领域面临的各类风险挑战不是单独存在的，而是盘根错节、相互影响的，很容易出现牵一发而动全身的连锁反应。这就需要我们树立系统化思维，从大局着眼、从整体出发，坚持问题导向、目标导向，将市域作为防范化解矛盾风险的主阵地，以更高水平的平安河南建设为抓手，统筹推进市域治理与基层治理、省域治理有效衔接、共同发力，将各类矛盾风险化解在基层，控制在市域。三是构建多元共治新格局。多元主体协同共治是"善治"的表现形式，政府、市场、社会组织、人民群众都是市域治理的主体。实现市域治理现代化，就务必充分调动各治理主体的力量，加强党建引领，完善基层民主制度，重视德治教化功能，强化法治保障，提高技术赋能水平，促进政治、自治、德治、法治、智治"五治融合"，构建形成人人尽责、共建共享、充满活力的市域治理新格局。

（三）多措并举应对人口老龄化，促进老龄事业和老龄产业协同发展

随着人类再生产模式的转变和社会经济的高速发展，人口老龄化已经成为一种不可逆转的人口发展趋势。步入中国特色社会主义新时代以来，河南省的老龄化呈现老年人口规模大、老龄化速度快、高龄化趋势明显、老龄化水平区域不平衡等显著特征，正在逐步从轻度老龄化社会向中度老龄化社会转型，全省社会经济发展将迎来更加严峻的挑战。为积极应对人口老龄化，河南省应立足人口大省的省情基础，以"老有所养、老有所依、老有所乐、

老有所为"为目标，持续加强养老政策支持体系、养老服务体系、养老保障体系建设，全力推动老龄事业和老龄产业高质量发展，构建形成老年友好型社会。一是培育形成积极老龄观。全面深入开展人口老龄化的国情省情教育，扭转社会公众对老龄人口、人口老龄化现象的传统固有观念，使公众对老龄化问题的社会影响、老龄人口的社会价值形成再认识，从政策层面完善健康老龄政策，从社会层面重视老年人社会参与，从个体层面引导老年人培养健康积极的生活态度和行为模式，在积极老龄观下推动老龄社会可持续发展。二是构建更加完善的养老服务体系。围绕老年人层次化、多元化、个性化的养老服务需求，深入推进养老服务供给侧改革，完善以政府为主导、以家庭为基础、以社区为依托、以机构为补充的养老服务供给体系，大力发展普惠型养老、互助型养老以及医养结合型养老，促进养老服务整体水平迈上新台阶。三是创新发展养老产业新业态。要抢抓信息技术飞速发展带来的新机遇，加大智能适老产品用品的研发力度，积极打造低成本、高科技、高智能含量的产品和服务体系；积极推动"养老+"业态发展，推动养老业与房地产、医疗卫生、文化旅游、体育健身、中医养生、休闲娱乐等其他行业融合发展，形成养老旅游、体育康养、养老文创、智能养老等一系列新兴业态，不断激发"银发经济"发展活力。四是加强老年友好环境建设。在城市规划建设、城市更新转型中践行积极老龄观，深入推进城乡无障碍设施环境建设以及居家社区适老化改造，为老年人提供更加宜居的生活环境；在数字化时代加大对老年群体的关爱力度，不断优化传统服务方式，增加科技适老产品供给，加强老年人智能技术教育，解决好老年人运用智能技术困难问题，逐步弥合老年人的"数字鸿沟"，促进老年人融入智慧化老龄社会。

（四）提高黄河流域生态治理能力，推动沿黄生态保护和高质量发展

生态环境是人类赖以生存的家园，也是中华文明永续发展的根基。习近平总书记曾强调"我们要像保护自己的眼睛一样保护生态环境，像对待生命一样对待生态环境"。近年来，党和国家把生态环境保护和生态文明建设

提到了前所未有的高度，做出了推动黄河流域生态保护和高质量发展的重大战略部署，全力推进生态环境保护治理与区域经济发展、文化兴盛繁荣协同发展。河南是千年治黄的主战场、沿黄经济的集聚区、黄河文化的孕育地和黄河流域生态屏障的支撑带，在黄河流域生态保护和高质量发展全局中具有重要地位。[①] 河南省应以习近平生态文明思想为指导，坚持走生态优先、绿色发展之路，加大黄河流域生态环境保护治理力度，传承弘扬发展黄河文化，在"让黄河成为造福人民的幸福河"的伟大实践中做出河南业绩。一是持续改善黄河流域生态环境。加强黄河流域生态环境综合治理，高质量开展水沙调控、湿地保护、矿山环境修复、河道整治等治理工作，不断优化黄河流域生态面貌；持续推进黄河沿线造林绿化，全面推进沿黄生态廊道建设，打造集生态、防汛、景观、休闲、交通等功能于一体的沿黄绿色生态带。二是强化水资源节约利用。加强水资源的统筹规划和科学布置，将水资源承载力作为各地城镇化建设、重大项目布局、产业发展的重要考量指标，在流域及受水区实施深度节水控水行动，大力发展节水新技术，促进农业节水增效、工业节水减排，全面提升水资源利用效率和水安全保障能力。三是促进黄河文化创新发展。黄河河南段流经三门峡、济源、洛阳、郑州、焦作、新乡、开封、濮阳等地，沿黄地区历史积淀深厚，文化资源丰富。要保护、传承、弘扬好黄河文化，加强黄河文化资源的挖掘、保护、推广、转化，促进黄河文化与文化遗产保护、红色教育、乡村振兴、水利工程建设等深度融合，大力发展红色旅游、乡村旅游、生态旅游、人文旅游，推动以"老家河南"为代表的黄河文化品牌向纵深发展。

---

① 魏蔚：《聚焦政协好提案 | 促进黄河流域生态保护和高质量发展　河南这样发力》，大河网，2021年12月30日，https：//news.dahe.cn/2021/12-30/944009.html。

发 展 篇

Reports on Development

B.2
河南推进高等教育高质量发展的
背景、现状与路径研究

张 侃*

摘 要： 河南高等教育发展取得了巨大成就，特别是改革开放以来、21
世纪以来，河南高等教育发展一再提速，取得了规模和质量的双
重提升，实现了从精英化教育到大众化教育再到普及化教育两连
跳，大大提升了河南人口人均受教育程度，为河南的经济社会发
展贡献了巨大力量。但同时，河南高等教育发展还面临高质量高
等教育资源仍相对稀缺、更接地气更具市场竞争力的高等教育机
构相对稀缺、高水平科研能力亟待提升等问题。未来河南高等教
育的发展必须立足于质量，走一条内涵式发展、特色式发展、本
土化发展的道路。只有这样，才能有效推进河南高等教育的高质
量发展，实现河南从高等教育大省向高等教育强省的历史性
跨越。

* 张侃，河南省社会科学院人口与社会发展研究所副研究员。

关键词: 河南　高等教育　高质量发展

新中国成立 70 多年以来,河南高等教育发展实现了从 0 到 1 的突破,实现了从弱到强的跨越,实现了从单一到多样的演变,取得了辉煌的发展成就。改革开放以来,河南高等教育进一步快速发展,取得了巨大的成绩,实现了从精英化教育向大众化教育再到普及化教育的转变、从单纯规模的扩大向高水平高质量发展目标的转变,为推动河南经济社会发展和国民素质提高做出了巨大的贡献,为河南从教育大省向教育强省的迈进提供了核心动力。

一　河南推进高等教育高质量发展的背景与意义分析

河南高等教育的发展取得了巨大的成就,与之相对应的是河南的高等教育研究也经历了一个从无到有,从研究相对较少和单一到研究范畴越来越大,研究成果日益丰富的过程。河南是人口大省,也是农业大省,人口中的农业人口较多,在很长的时期里河南的人均受教育程度、人均综合素质在全国范围内都处于一个比较低的水平,河南的高等教育发展也一直处于一个较低的水平。改革开放以后,特别是 20 世纪末开始大学扩招以来,河南的高等教育发展走上了跨越式发展的历程,实现了从精英化到大众化再到普及化的大变革、大发展。量变带来质变,规模的变化相应地需要新的理念、新的制度、新的设计。随着河南高等教育的大发展,河南的高等教育研究也日益活跃,围绕河南高等教育实践中出现的热点问题、热点趋势,形成了一批研究成果,对河南高等教育的发展起到了助推和智力支持的作用。

(一)背景分析

对高等教育的研究由来已久,从中世纪大学的出现开始,就已经出现了相应的研究。作为近代大学的原型,中世纪大学的很多特点和特质延绵至今,成为当代大学的原点。中国近现代高等教育发端于洋务运动,中国模仿西方的大学构建起自己的大学组织。但是如果从高等教育的视角来看，高等教育中国自古就有。从春秋战国时期"天子失官，学在四夷"开始，中国的高等教育机构就逐渐分离出来作为一种独立的教育机构存在。稷下学宫的出现与兴盛将先秦的高等教育发展推向了一个高点，将之与亚里士多德的吕克昂学园进行对此，我们能够依稀看到以知识为核心的高等教育机构发展的趋同之处。之后太学的产生、书院的兴衰，煌煌中华两千余年的文明史中，高等教育的发展始终贯穿其中，发挥巨大的作用。① 新中国成立以来，中国的高等教育发展几经周折，有成功有教训有经验有反思，最终实现了跨越式的发展，取得了丰硕的成果。就河南的高等教育研究来看，主要有两方面的趋向，一方面是从内部的视角来看河南高等教育的发展，从教育历程、取得的成就、面对的问题、未来的发展等几个方面进行全面梳理和深入研究，最后系统总结归纳河南高等教育发展的规律，为河南高等教育未来的发展提供启示和路径。② 另一方面是从教育的外部规律来切入，分析河南高等教育发展对河南经济社会发展的促进作用以及两者的相互影响等。③ 整体说来，河南的高等教育研究整体上还处于起步阶段，在如何立足河南实际发挥高校优势和特色助推河南经济社会发展方面，在进入普及化的高等教育发展阶段作为人口大省的河南如何更好推进高等教育的高质量内涵式发展方面，以及在高等教育理论的建设发展方面等都需要深入研究、拓宽视野、提升水平，实现河南高等教育研究和高等教育实践的双发展、双跨越。

---

① 张侃：《在权力和知识之间：中国古代大学教育的萌芽与制度化发展》，《煤炭高等教育》2021 年第 5 期。

② 冉祥华：《河南高等教育：十年成就、面临困难与发展对策》，《商丘师范学院学报》2009 年第 7 期；于淑瑞：《河南省高等教育竞争力研究——基于中部六省比较的视角》，硕士学位论文，河南大学，2011；穆瑞杰：《试析河南高等教育供给存在的问题》，《河南教育》（高校版）2009 年第 9 期；来俊军：《河南高等教育高水平发展略论》，《河南社会科学》2008 年第 5 期。

③ 范如永：《河南省高等教育发展的制约因素及战略选择研究——基于中原经济区建设的层面》，《中国高教研究》2012 年第 10 期；史璞：《区域经济和区域高等教育协调发展研究——以河南的实证研究为例》，《泰州职业技术学院学报》2008 年第 4 期；高生：《河南省高等职业教育与区域经济协调发展研究》，硕士学位论文，天津大学，2009；熊光慈：《河南产业结构调整与高职教育专业建设对策研究》，《河南科技学院学报》2010 年第 6 期。

（二）推进高等教育高质量发展的重要意义

河南的高等教育毛入学率跨越了 50% 的分界线，进入普及化发展阶段。量变的积累引致质变的到来。进入普及化发展阶段的高等教育不仅规模扩大了，更由此带来了一系列的变化，让我们面临一系列的新问题、新要求、新变革、新发展。立足于河南，我们更应该看到，高等教育发展的底子还很薄，民众的综合素质和人均受教育程度还很低，高等教育整体发展还处于较低的阶段。未来河南的发展必须立足于质量，走一条内涵式发展、特色化发展、本土化发展的道路，才能真正推进河南高等教育的高质量发展，实现河南从高等教育大省向高等教育强省的历史性跨越。具体来说，推进河南高等教育高质量发展的重要意义有以下几个方面。

1. 提升高等教育质量走内涵式发展之路是进入普及化阶段的河南高等教育发展的必然路径

1999 年以来高等教育扩招政策的实施有着各方面的实际需要和必然性，也取得了巨大的成功，让中国人口的整体素质在较短时间内有了一个飞跃式的提高。但是也带来了许多问题，第一大问题就是高等教育质量本身的下降，这是毋庸讳言的，因为教育资源的供给和受教育人群的增加严重不匹配，只能通过降低教育标准、教育要求的方式来获取数量和规模的快速增加。现在已经进入普及化的高等教育发展阶段，要开始逐步弥补这一问题，大力推行内涵式发展、大力苦练内功、大力提升质量。第二大问题就是教育质量的下降带来的毕业生适应社会需要的能力下降，造成了大量毕业生找工作困难，形成了一方面是招工难另一方面是就业难的现象，就业市场供需错配，结构性失业加剧，客观上也造成了大量教育资源的浪费。现在强调提升高等教育质量、走内涵式发展道路就是要解决这两大问题，这其实就是第三大问题，即入口、中间过程和出口的问题。入口有两个方面的选择，一是要适当提升难度，以提升入学学生的质量，或者不提升难度，采用宽进严出的方式，给更多人接受高等教育的机会，但是在教育过程中要严格教学、主抓质量，在出口处进行淘汰。中间过程就是要严抓教学和学生的综合素质，切

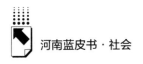

实提高教育教学质量。出口问题就是要注重教育教学与社会和就业市场的对接，让毕业生能够适应市场，有更强的职业能力，高效地为经济社会发展做出贡献。

2. 提升高等教育质量走特色化发展之路是进入普及化阶段的河南高等教育发展实现突破的必然选择

河南是人口大省、农业大省和新兴工业化大省，独特的地方特色必然要求河南高等教育能够立足特色、发挥优势，充分走出一条具有河南特色的高质量发展之路。河南的高等教育发展特别是在学科的设置、专业的设置、高层次研究方向的选择方面都要立足河南进行选择，对于农业发展、粮食安全、新型城镇化发展、乡村治理、乡村振兴、黄河文化保护传承和黄河流域高质量发展等方面都要有意识地强化建设、深挖优势、聚拢人才，力求达到"双一流"的要求。在河南高校整体布局方面，也要立足建设郑州核心，以有着优质教育传统和资源的一些地方高校为重要节点，联织成河南高等教育发展的信息网络、资源网络、学术网络，打造一批高层次师资力量和研究力量，为实现河南高等教育的突破式发展、打造更多的"双一流"学校和学科不断努力。

3. 提升高等教育质量走本土化发展之路是助推河南发展、谱写新时代中原更加出彩绚丽篇章的必然要求

大学有教学、科研和服务社会三大职能。这三大职能是相互依存、相互促进、相辅相成的关系。教学是基础，科研是核心，而这两者的落脚点就是服务社会。河南的各类高校作为地方性的高等教育机构，一个重要职能和作用就是要服务当地的经济社会发展，提供智力支撑、决策咨询和科技创新服务等。河南是人口大省、农业大省，现在正处在深刻的社会转型、产业升级、优势再造的关键阶段。新一届的省委班子提出在"十四五"时期锚定"两个确保"，全面实施"十大战略"，这需要全省各地的高校提供坚强的智力支持和科技保证，才能够更快更好更高效地落实。因此河南的高等教育高质量发展一定要走好本土化发展之路，立足河南的现实需要来推进一流学科建设，立足河南转型升级的需要来推进一流学校建设，立足河南经济社会发展所急需的人才来深化学科改革和教学改革，最终走出一条教学、科研和服务社会相互促进、共同高质量发展的具有本土特色的发展之路。

二　河南推进高等教育高质量发展的现状分析

河南高等教育发展取得了巨大的成就，特别是改革开放以来、21世纪以来，河南的高等教育发展一再提速，取得了规模和质量的双重提升，也大大提升了河南人口的人均受教育程度，为河南的经济社会发展贡献了巨大的力量。

（一）主要做法与成就分析

河南高等教育的发展是历届河南省委、省政府高度重视持续改革的结果，是广大高教人不断拼搏、无私奉献的结晶，河南高等教育的发展不仅是量上的更是质上的，不仅是物质的更是精神的，不仅是有利于当下河南经济社会建设的更是长远影响河南发展未来的。

1.高等教育规模得到持续扩大，实现了从精英化教育到大众化教育再到普及化教育的"两连跳"

河南是人口大省，但是受过高等教育的人口长期处于十分匮乏的状态，在新中国成立之初，河南全省只有1所高校，青壮年文盲率达80.01%，受过高等教育的人更是寥寥无几。新中国成立70多年来，特别是改革开放以来，河南高等教育发展势头迅猛，成果丰硕，取得了跨越式的大发展，为助推河南经济社会发展，实现河南从人口大省向人口强省的转型提供了核心动力。高等教育的发展具体可以从数量和质量两个方面来看。数量方面，河南高等教育规模不断扩大，毛入学率快速提高。2021年，全省普通高等学校166所，比1978年的24所增加了5.9倍；本专科在校生268.64万人，比1978年增加了97倍；在校研究生69359人，比1978年增加了568倍；普通本专科学校校均规模17217人，比1978年增加了18倍。随着规模数量的持续增长，河南的高等教育毛入学率也得到了快速提升，2004年首次突破15%，标志着河南高等教育实现了从精英化教育到大众化教育的跨越；2020

年首次突破50%，标志着河南高等教育实现了从大众化教育向普及化教育的跨越，新世纪河南的高等教育发展实现了"两连跳"。2020年河南每十万人中具有大学教育程度的人数达到11744人，是1949年新中国刚成立时的143倍。（见图1）

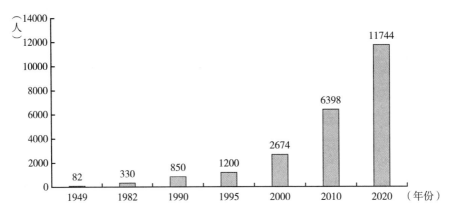

图1 河南每十万人中具有大学教育程度的人数变化趋势

资料来源：根据历次河南全国人口普查数据整理。

2.高等教育学校布局结构不断优化，高等教育的内涵式高质量发展持续深入

新中国成立之初，河南只有1所高校，高等教育资源匮乏，根本谈不上布局。改革开放之初，河南的高等教育学校主要集中在郑州、开封、洛阳等少数几个省内主要城市，发展到现在，全省的18个省辖市都有高等教育学校，其中13个省辖市有本科高校，全面广泛的布局，让高校为地方经济社会服务的职能能够得以发挥，为河南各地的经济社会发展提供了坚实的支撑。① 在高质量发展方面，河南的郑州大学1996年成为国家"211"工程建设院校，2017年，郑州大学成为"双一流"建设高校，郑州大学和河南大学一共有4个学科入选"双一流"建设学科，这也成为新时期河南高等教育高质量发展的一个新的开始。河南的教学和科研水平也

① 张侃：《河南省教育事业发展研究报告》，载何雄、谷建全主编《河南人口发展研究报告（2020）》，经济管理出版社，2021。

得到了持续提高，优势特色学科建设工程深入推进，成效显著。① 目前河南依托高校建成国家级"2011 协同创新中心"6 个，国家大学科技园 2 个，国家重点实验室（培育基地）6 个，国家工程（技术）研究中心 6 个，国家国际联合研究中心 7 个，国家（地方联合）工程实验室 11 个；建成省部级重点实验室 12 个，省部级工程研究中心 7 个，省部级人文社科重点研究基地 2 个。2022 年 3 月，由河南科技大学、郑州大学牵头，河南省内 18 家科研院所与龙头企业参与建设的龙门实验室揭牌。自 2021 年 7 月聚焦新一代信息技术的嵩山实验室揭牌以来，河南又建成聚焦种业科技的神农种业实验室、聚焦黄河流域生态保护和高质量发展的黄河实验室、聚焦生命健康与生物医药的龙湖现代免疫实验室、聚焦新材料与智能装备的龙门实验室，以及聚焦关键金属与材料的中原关键金属实验室 6 家省实验室，为优势产业在新赛道上提供澎湃动力。② 这些实验室都是由河南高校牵头或深度参与建设的，高校在高精尖科技创新研发方面已成为河南绝对的主力军。

3. 人口受教育程度快速提升，高学历人口占比显著提高

从 2000 年以来，河南人口的整体受教育程度得到了快速提升，最主要的标志就是总体人口中拥有大学（大专及以上）文化程度和高中（含中专）文化程度的绝对人口数量得到了显著提升。从表 1 可以看出，2000～2020 年的 21 年间，河南 6 岁及以上人口中，具有高中（含中专）文化程度的绝对人口数量增加了 64.46%，具有大学（大专及以上）文化程度的绝对人口数量更是增加了 378.37%。按照第七次全国人口普查数据，河南全省常住人口为 99365519 人，具有高中（含中专）文化程度的人口占到了总人口的 15.24%，具有大学（大专及以上）文化程度的人口占到了总人口的 11.74%。

---

① 《我省 10 所高校的共 21 个学科进入 ESI 全球前 1%，你知道吗?》，搜狐网，2019 年 9 月 1 日，https://www.sohu.com/a/337990086_503494。

② 夏先清、杨子佩：《开启现代化河南建设新征程》，《经济日报》2022 年 7 月 26 日。

表1 河南省6岁及以上人口受教育程度发展趋势

教育程度	2000年（人）	2010年（人）	2020年（人）	2000~2020年增幅（%）
小学	30321740	22669174	24400943	-19.53
初中	35919247	39925272	37279870	3.79
高中（含中专）	9207135	12423541	15142251	64.46
大学（大专及以上）	2439521	6016007	11669874	378.37

资料来源：根据第五、六、七次全国人口普查资料计算所得。

从学历结构上看，由于教育自身的长期性和一定的滞后性，我们把观察的时间拉长，就更能发现河南人口整体学历结构不断优化的趋势。从图2可以看出，1964年到现在，河南人口文盲和半文盲率快速下降，小学程度人口比例有一个明显的增加，在出现一个外凸的弧形后达到了一个平稳的状态，初中程度和高中程度的人口比例都得到了显著的提升，大学程度的人口比例在进入新世纪后开始发力，出现了明显的持续提升。综合来看，河南无论是绝对数量上的人口受教育程度还是人口的学历结构都得到了快速的提升和持续的优化，标志着河南人口受教育程度和整体素质的不断提高。

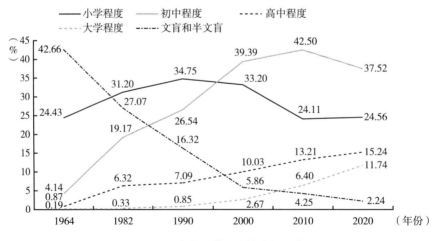

图2 河南人口学历结构变化示意

资料来源：根据历次全国人口普查资料和历年《河南统计年鉴》数据整理。

（二）河南高等教育发展面临的问题分析

河南高等教育发展面临的主要问题是高等教育整体发展水平与经济社会发展需求还不够契合，发展不平衡、不充分的矛盾仍然突出。特别是在进入普及化阶段之后，高等教育毛入学率大幅提升，接受高等教育日益成为广大民众最基本的一项教育诉求。在接受高等教育越来越容易的大背景之下，接受更优质的高等教育，提升受教育者的社会竞争力、职业竞争力日益成为当下对高等教育的基本诉求。就此来看，河南高等教育发展面临的主要问题有以下几个方面。

1.高质量高等教育资源仍相对稀缺，河南高等教育高质量发展任重道远

河南高等教育发展由于历史的原因，在 20 世纪 50 年代院系调整之后就一直处于十分弱势的地位。改革开放以来也没能赶上国家高等教育大发展的一系列机遇期，导致河南的高质量高等教育资源十分稀缺。一个有 1 亿人口的大省却没有一个"985"高校，没有一所教育部直属高校，只有一所"211"高校，在全国的高校中排名也不是很靠前。在大学招生本地化趋势的大背景之下，河南的考生很难考上外省的一流高校，省内的好高校又凤毛麟角，导致河南的人才培养面临极大的渠道阻隔，这又带来了一系列的连锁反应。河南的经济社会发展相对落后，位于中部，虽说交通便捷但是地区整体发展不足，对高精尖人才的吸引力不足，不仅很难吸引到好的人才，还造成了省内人才的外流。这又进一步导致高校的吸引力下降、人才短缺，致使大学的后发快速增长举步维艰。当前人口老龄化加剧，劳动力人口特别是高素质的劳动力人口成为各地疯抢的对象，在这股抢人才抢人力资源的风潮中无疑河南并不占优。河南的人才发展环境亟须改善，对人才的尊重、对高新人才的重视还有待强化。高等教育是社会大系统中的一个子系统，它不可能独立于社会大环境而存在，也不可能独立于社会大环境而发挥作用。河南高水平、高质量高等教育的发展，需要社会各方一起努力，在外部营造良好的环境吸引人才、吸引资源，促使人才来豫干事创业；在内部优化高等教育内部治理，营造良好的教育教学科研环境，让优秀人才在河南能够干成事，让

河南能够留住人、成就人、发展人。高等教育的发展是一个长期的过程，正所谓十年树木百年树人，国内外一流大学无不是经历了长期积累和发展，因此河南的高等教育高质量发展之路也将是一个系统工程、长期工程，不要急功近利，需要我们努力拼搏、静待花开，慢慢地孕育河南的高质量高等教育。

2.更接地气更具市场竞争力的高等教育机构相对稀缺，河南高等教育与社会市场的精准对接亟须进一步发展

高等教育机构的基本职能就是教学，使学生更好地进入社会，成为高素质人才。河南的高等教育高质量发展，走内涵式发展之路，最根本的一点就是要推行全面的教学改革，以适应快速发展的市场要求。河南是人口大省、人力资源大省，但是在就业上却面临结构性就业难的问题，一方面是大量的应届大学毕业生找不到合适的工作，另一方面是大量的用人单位找不到合适的应聘者。为什么会出现这种情况？最根本的就是高等教育的培养目标和社会的现实需要之间产生了脱节，大学培养出来的社会不需要，社会需要的大学没培养。这也是在推进河南高等教育高质量发展进程之中我们需要着力解决的一大问题。教育具有一定的滞后性，良好的教育与社会互动的形态应该是教育稍超前于经济社会发展的现状，从而起到引领的作用。这就对高等教育的发展有了更高层次的要求，高校并不是高高在上不谙世事的象牙塔，它应当是推进社会发展、引领社会进步的明灯。这是一个更高的要求，但应该是高等教育学校的定位所在，现在做不到不要紧，但是持续性地向这个方面努力是必需的。转变理念，更好地与社会进行深入互动、深度融合，全方位推进社会的发展是现代高等教育发展的应然之途。

3.高水平科研能力亟待提升，河南在建设一流研究型大学方面亟须加快推进

高等教育的科研职能是其核心职能，高等教育的教学需要依赖其科研职能的产出，因为高等教育区别于基础教育的本质就是其是高深知识的教与学，而不是基本的成熟的确定的知识的简单重复，高等教育的教学本身就是对最新知识的探索的一部分。高等教育服务社会职能的发挥也依赖其科研的实力和水平，没有对高新技术的掌握、没有对最新的社会科学的把握，又如何能够将知识转化成为推动经济社会发展的手段和举措呢？所以对于高等教育机构来说，科研不仅是需要的而且是必不可少的，科研与教学、服务社会是相辅相成、相互促进的关系，而不是对立的、非此即彼、无法兼顾的选项。河南高等教育最大的一个短板就是学术科研能力不强，最直观的表现就是当下一流大学和一流学科都十分稀少，与河南教育大省、人口大省、经济大省的地位不匹配，也无法支撑如此巨大体量的河南经济社会的发展。因此，改善机制、吸引人才，大力推进河南高等教育的学术科研工作，大力提升科研水平和能力，将是河南当前高等教育发展亟待解决的重点和难点问题。

三　河南推进高等教育高质量发展的对策分析

准确把握河南高等教育的特点是更好推进河南高等教育高质量发展的基础。河南高等教育发展的特点就是规模庞大但是整体质量有待提升。2021年，河南普通本专科毕业生达到 63.82 万人，位居全国第一；河南的普通高校数量位居全国第四，高考报名人数和高校专任教师人数也都位居全国第一。通过这些数据就可以知道，河南是当之无愧的高等教育大省，无论是学生数、教师数还是学校数都排在全国前列。可是河南高等教育的整体质量却不高，河南本身没有一所部属重点高校，河南高考的本科率、一本率在全国排名都是倒数，2021 年河南高考考生 79.04 万人，其中考上传统 "985" "211" 高校的考生有 3.4 万人，占比约 4.3%。2021 年的本科毕业生中，来自 "211" 高校的毕业生只占到 4.22%，"双一流" 毕业生也只有 7.25%。要想改变这种大而不强的局面，在高等教育已经从大众化步入普及化的新阶段，河南高等教育的发展只能通过大力推进内涵式发展和特色化发展来不断提升自身的质量和竞争力。

（一）大力推进高校分类发展

通过对高校的分类来合理搭配高等教育层次结构，推进不同类别高校的不同发展。第一类，就是要加快一流大学建设，以河南"双一流"高校建设为抓手，重点建设好2~3所高水平的综合性研究大学，通过这类大学的举办，把河南高等教育的层次提高上来，为河南输送经济社会发展所需要的高精尖人才。第二类，就是要选择若干学校和学科来推进特色骨干大学、特色骨干学科建设，对此河南已经开始实施，2019年12月，省教育厅、省发展改革委、省财政厅联合发布了《关于印发河南省特色骨干大学和特色骨干学科建设方案的通知》，2020年11月，确定立项河南农业大学等9所特色骨干大学建设高校、信阳师范学院等8所特色骨干学科建设高校、河南农业大学兽医学学科群等41个特色骨干学科建设学科（群）。第三类，就是要选择一批高校实施高水平应用型本科高校建设工程，通过重点建设若干高水平应用技术类本科高校和一批立足河南经济发展结构更好适应河南经济产业发展需要，特别是当地产业发展需要的专业群，提升高校服务社会促进区域产业发展的能力。第四类，就是要选择一批高等职业院校推进其高质量发展，发挥示范引领作用。通过重点建设一批优质高等职业院校，培养出能够更好服务区域经济发展的拥有专业技能和实际工作经验的高素质技术人才。通过这样明确的分类分层，让高校能够各司其职，多样化发展，避免高校建设的趋同化和盲目向高层次研究型大学发展。

（二）优化高等教育布局结构

通过科学制订高校设置规划，在高等教育资源薄弱、经济社会发展急需人才支撑、对高等教育布局结构具有明显补充作用的地市布局高校，构建以地市为依托、空间布局合理的高等教育发展骨干节点。积极鼓励社会资本特别是各类企业投资举办高职教育，让高职教育与企业发展更好结合、相互促进，构建良好的职教和产业发展共生共促关系。

（三）大力提升各级各类高校的科学研究和创新服务能力

根据高校的分类，分别在不同类型高校中大力推进实施高校基础研究增强工程、高校社会服务水平提升工程、高校哲学社会科学繁荣计划等一系列重点建设项目，大力提升不同高校符合自身定位和职能的科研创新能力和服务社会的水平。聚焦重点，着力推进对一流大学和一流学科的持续性建设。坚持"扎根河南、中国特色、世界一流"的基本发展定位，加大投入力度、优化政策，以郑州大学和河南大学为核心推进持续性的"双一流"建设。大力实施"双一流"高校内涵建设提升工程、高等学校"双一流"创建工程、特色骨干大学和特色骨干学科建设工程，以项目培育人才，以工程凝聚资源，构建具有河南特色的大学发展集群，多元化推进河南高等教育的内涵式高质量发展。

B.3
河南职业教育发展现状、问题及对策研究

李钰靖*

摘　要： 职业教育是国民教育体系的重要组成部分，是培养高素质技能型人才的基础工程。近年来，职业教育发展环境和改革方向发生了格局性转变，这对河南职业教育发展意义重大、影响深远。尽管河南职业教育在整体规模、体系建设、办学水平等方面已经取得明显成效，但体系不完善、发展不均衡、服务区域经济发展活力不强、社会价值认同存在偏差等问题也非常突出。深化职业教育改革、推进职业教育高质量发展是一个系统性工程，河南要从重塑发展新理念、完善体系建设、优化生态环境、丰富文化内涵等方面全方位推进。

关键词： 职业教育　高质量发展　河南省

　　党的十八大以来，国家高度重视职业教育，相继出台一系列政策推动构建教育体系、提高教育层次、扩大技能培训，为职业教育改革发展指明了方向。"十三五"期间，我国从法律层面进一步明确了职业教育的类型地位，纵向贯通、横向融通的现代职业教育体系基本确立，职业教育正加速迈入提质培优、增值赋能的高质量发展新阶段。"十四五"时期，作为全国重要的人口大省、经济大省和职教大省，河南如何准确把握职业教育发展新变化和

---

* 李钰靖，河南省社会科学院人口与社会发展研究所研究实习员。

新趋势，以及如何抢抓机遇深化职业教育改革、推进职业教育高质量发展成为全社会广泛关注的热点和难点问题。

一 河南职业教育发展新变化和新趋势

改革开放以来，河南职业教育经历了恢复起步、结构调整、规模发展、转型适应、提质增效等几个发展阶段，逐步迈向科学化、生态化和制度化的发展道路。近几年，随着职业教育作为类型教育以及与普通教育同等重要的定位得以确立，河南职业教育发展环境和改革方向都发生了格局性转变。准确把握新变化和新趋势是河南深化职业教育改革、推进职业教育高质量发展的必要前提和重要基础。

（一）职业教育发展环境发生深刻变革

进入 21 世纪以来，全球科技创新空前密集活跃，以信息技术、生命科学、能源技术等为代表的新一轮科技革命和产业变革正在参与重构全球创新版图、重塑全球经济结构。与之相呼应的是，河南经济社会正处于新旧动能接续转换、产业结构转型升级的关键期，对技术技能人才需求旺盛。然而，作为全国重要的人口大省和经济大省，河南的人才红利还没有充分释放，结构性人才短缺和技能错配导致的技能人才缺口依然是制约河南加快传统产业提质发展、加快新兴产业重点培育和加快未来产业谋篇布局的"卡脖子"难题。发展职业教育与科技创新格局和数字时代主题相契合，代表了河南人力资本需求的根本方向，已经成为全省优先发展的战略领域。深化职业教育改革、推进职业教育高质量发展正是在这样的大环境中应时而生，是河南实施促进中部地区崛起、黄河流域生态保护和高质量发展等重大国家战略的历史选择，是实施创新驱动、科教兴省、人才强省战略的重要抓手，也是开创高质量发展崭新局面的必由之路。

（二）职业教育改革方向发生根本性转变

党的十八大以来，职业教育在国民教育体系中的重要地位日益凸显，在为技能型社会提供人才输送和技能支撑中的作用不可替代。作为全国重要的职教大省，河南职业教育迎来前所未有的历史机遇，正加快步入稳根基、补弱项、扬特色的改革发展道路。一是稳根基。实施面向全体劳动者和贯穿其全生命周期的终身教育改革，着重建立终身职业教育体系，推动技能型劳动者在数量、结构、质量上稳步增进，在社会地位和经济待遇上显著提升，在贡献服务社会的作用上日益凸显。二是补弱项。加快推进以高层次建设为重点的高等职业教育改革，扩增职业本科院校数量、提高软硬件实力、加强内涵建设，力争让更多的职业学校毕业生有机会、有条件接受高层次职业教育，拓展其职业上升和生存发展空间。三是扬特色。聚焦以实现高质量发展为目标的类型教育改革，由追求规模数量向保证质量、提高能效转变，由参照普通教育办学模式向具有类型特征的办学模式转变，充分体现职业教育的类型特征。

二 河南职业教育发展取得的成效

近年来，河南高度重视职业教育，相继召开重要会议、出台重磅文件，以前所未有的决心和力度推动职业教育发展。2021年6月，教育部与河南省政府联合发布的《关于深化职业教育改革推进技能社会建设的意见》将河南列为部省共建职业教育创新发展高地的7个省份之一，河南职业教育步入新发展阶段。目前，河南职业教育在整体规模、体系建设、办学水平等方面已经取得显著成效。

（一）各层次职业教育规模不断扩大

一方面，中等职业教育学校布局不断优化，校均规模稳步提升。河南自2015年12月启动优化中职学校布局工作以来，通过撤销、合并、兼并、划转等形式推动中职教育资源向优质学校集中。截至2021年底，全省中职学校632所，较2015年减少243所，降幅达27.77%。同期，全省中职学校招生57.05万人，在校生150.72万人，校均规模2385人，较2015年增幅分别为 19.13%、14.63% 和 58.68%（见表1）。"一降三升"的规模变化充分体现了河南中职学校布局优化取得的良好成效。

表1 2015～2021 年河南省中等职业学校布局及规模

年份	学校数量 （所）	招生规模 （万人）	在校生规模 （万人）	校均规模 （人）
2015	875	47.89	131.48	1503
2016	800	47.79	128.25	1603
2017	789	52.87	133.23	1689
2018	755	50.03	136.63	1810
2019	669	52.94	137.87	2061
2020	639	52.56	143.74	2249
2021	632	57.05	150.72	2385

资料来源：据河南省教育厅发布的《河南省教育事业发展统计公报》汇总整理。

另一方面，高等职业教育办学规模持续扩大，总规模位居全国前列。2019 年以来，河南积极落实 2019 年国务院《政府工作报告》关于扩大高职院校招生规模的整体部署，通过扩大高职单招院校数量、分类动员等方式鼓励应往届高中和中职毕业生、退役军人、下岗职工和农民工等群体报考高职院校。截至 2021 年底，全省共有高等学校 166 所，其中，本科层次职业学校 1 所、高职（专科）学校 99 所，职业学校占比达 60.24%。[1] 此外，2021 年全省高职院校在校生人数达到 100.55 万人，首次突破百万，实现既定扩招目标，总规模位居全国第二。[2]

（二）高层次应用型人才培养体系初步确立

从院校建设来看，不断加大职业本科院校建设和高职单招工作力度。河

---

[1] 《2021 年河南教育事业发展统计公报》，河南省教育厅网站，2022 年 3 月 22 日，http：//fzgh.haue.edu.cn/_ _ local/6/02/F1/60F6D2E09C585AD29DE3BAA6480 _ 12165952 _ 167CE.pdf。

[2] 《两省超 100 万！最新全国高职院校在校生人数大盘点》，中国高职发展智库，2022 年 4 月 29 日，http：//www.zggzzk.com/redianzixun/shownews.php？id＝1038。

南通过引导具备条件的普通本科向应用技术类型高等学校转型，重点建设了一批示范性应用技术类型本科院校。"十三五"时期建设的黄淮学院、许昌学院、周口师范学院等9所示范校已经进入二期建设，"十四五"时期又扩充遴选河南城建学院、河南牧业经济学院、新乡学院等6所示范校作为重点建设项目。2019年5月，河南科技职业大学成为全国首批本科层次职业教育试点学校。2022年河南省教育厅批准91所高职高专院校以及14所本科高校开展高职单招工作。从专业设置来看，全省高职高专院校已开设专业涵盖教育部《职业教育专业目录（2021年）》中的农林牧渔、资源环境与安全、能源动力与材料等19个专业大类，专业覆盖率达到100%。其中，第三产业相关专业占比过半，其次是第二产业和第一产业相关专业（见图1），专业设置与全省产业布局结构基本相符，专业布局与全省经济社会发展总体相适应。

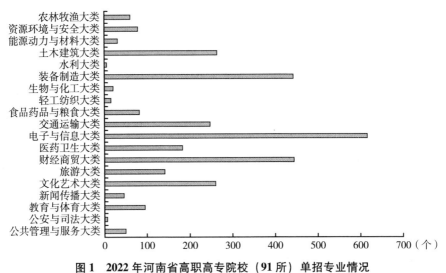

图1 2022年河南省高职高专院校（91所）单招专业情况

资料来源：根据河南省普通高校招生章程核定系统核定公示汇总整理。

（三）职业院校办学水平大幅提升

在中职学校建设方面，河南把发展中职教育作为普及高中阶段教育的重要基础，鼓励城乡新增劳动力普遍接受高中阶段教育，全省中职、普职比例保持大体相当。通过实施中职学校布局优化和标准化建设工程，全省中职学校基本办学条件大幅提升，正积极对标国家建设标准。在高职院校建设方面，河南在全国率先启动省级"双高工程"，立项建设了 102 所高水平职业院校和 152 个高水平专业群，其中，6 所院校入围国家"双高计划"，54 所成为省级"双高工程"建设学校，黄河水利职业技术学院跻身国家重点建设的 10 所世界一流职业院校行列。① 在产教融合发展方面，河南积极推进产教融合发展行动计划，遴选认定了 25 个省级示范性校企合作项目和 108 家产教融合型企业，结项验收 17 个国家现代学徒制试点，重点建设 30 个现代学徒制示范点。此外，在职业教育经费方面也不断加大投入力度。2016~2021 年，全省一般公共预算职业教育支出由 126 亿元增加到 199 亿元，累计支出 1018 亿元，年均增长 12%，高于同期教育支出增幅 3 个百分点。②

三 河南职业教育发展存在的问题及原因分析

河南职业教育发展实践与职业教育的类型定位相呼应，与全省经济社会新发展环境相适应、与劳动力市场对人力资本的根本需求相一致，其发展方向毋庸置疑是正确的。然而，职业教育体系不完善、发展不均衡、服务区域经济发展活力不强、社会价值认同存在偏差等问题非常突出，严重影响和制约了河南职业教育发展进程。

（一）职业教育体系建设存在诸多问题

随着职业本科教育稳步发展，河南已经初步建立了包含中职、高职、职业本科在内的现代职业教育体系框架，但体系建设并不稳固，仍然存在诸多

① 《亮眼！这份"河南职业教育成绩单"来了！》，河南省教育厅微信公众号，2022 年 3 月 1 日，https：//mp. weixin. qq. com/s? ＿ ＿ biz＝MzA5NTk2MDczNQ＝＝&mid＝2651129547&idx＝1&sn＝25d880fb88f6bcf82f0c948a467e1269&chksm＝8b46cd3bbc31442d6895ac8999ab25aee829275be5c4a018d9664e9046938ef645ce1fdf78f5&scene＝27。
② 《1018 亿支持职业教育发展！河南加快打造职教高地》，河南省人民政府网站，2022 年 7 月 29 日，http：//www. henan. gov. cn/2022/07－29/2550563. html。

突出问题。一方面,体系内部衔接断层问题显著。中职学校续接高职院校的升学渠道窄化、生源比例偏低;高职教育倚重专科层次建设,本科及以上层次建设刚刚起步,尚未形成规模效应。另一方面,资历框架建设面临重重困难。国家资历框架建设还停留在政策层面,地方试点推广与整合难度较大,学分综合转换、学习成果互认互通的终身学习体系仍处于积极探索阶段。形成这些问题的原因主要有以下几个方面:一是支撑职业教育体系建设的协同机制不完善,缺少专门协调跨区域、跨单位、跨部门职能的常设机构;二是体系建设缺乏类型化特点,不同教育层次之间缺少符合职业教育特征的衔接课程、考核内容、考核标准等建设要素;三是普职融通机制不健全,仍局限于从办学标准、课程设置、招生方式等方面深化改革,尚未与劳动力市场形成良性交互的发展模式和运作机制。

(二)职业教育发展不均衡问题显著

从地域分布情况来看,省内各地市职业教育发展极不均衡。依据《河南统计年鉴2021》,2020年全省共有中职学校544所、技工学校95所,其中,常住人口占比12.69%的郑州市拥有中职学校110所、技工学校19所,占比均在20%以上;而常住人口占比9.07%的周口市拥有中职学校29所、技工学校2所,占比分别为5.33%和2.11%。在1/3的地市,中等职业学校占比和技工学校占比均低于常住人口占比(见表2)。此外,全省6所国家"双高计划"建设学校有一半落户郑州,全省54所省级"双高工程"建设学校有25所位于郑州,占比高达46.30%(见图2)。

表2 2020年全省各地市中等职业学校和技工学校分布情况

范围	常住人口(万人)	常住人口占比(%)	中等职业学校(所)	中等职业学校占比(%)	技工学校(所)	技工学校占比(%)
全省	9941	—	544	—	95	—
郑州市	1262	12.69	110	20.22	19	20.00
南阳市	972	9.78	80	14.71	11	11.58
周口市	902	9.07	29	5.33	2	2.11

续表

范围	常住人口（万人）	常住人口占比（%）	中等职业学校（所）	中等职业学校占比（%）	技工学校（所）	技工学校占比（%）
商丘市	782	7.87	30	5.51	3	3.16
洛阳市	706	7.10	36	6.62	9	9.47
驻马店市	701	7.05	27	4.96	3	3.16
新乡市	626	6.30	27	4.96	5	5.26
信阳市	624	6.28	26	4.78	2	2.11
安阳市	548	5.51	16	2.94	4	4.21
平顶山市	499	5.02	22	4.04	8	8.42
开封市	483	4.86	27	4.96	8	8.42
许昌市	438	4.41	25	4.60	2	2.11
濮阳市	377	3.79	21	3.86	4	4.21
焦作市	352	3.54	22	4.04	4	4.21
漯河市	237	2.38	20	3.68	3	3.16
三门峡市	204	2.05	18	3.31	4	4.21
鹤壁市	157	1.58	5	0.92	2	2.11
济源市	73	0.73	3	0.55	2	2.11

资料来源：根据河南省统计局发布的《河南统计年鉴2021》计算整理。

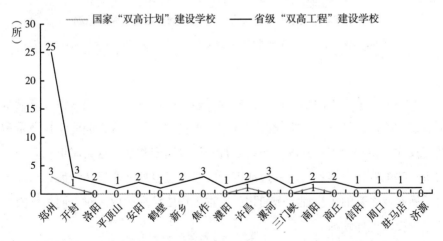

图2　国家"双高计划"与省级"双高工程"建设学校数量

资料来源：据河南省教育厅公布数据汇总整理。

从经费投入情况来看，全省职业教育生均经费投入普遍较低。2020年，全省中等职业学校生均一般公共预算教育经费9937.74元、生均一般公共预算教育事业费支出8827.44元，分别占同期普通高中生均费用的80.40%和78.67%，较2019年增幅分别为-2.89%和-4.58%，预算额度和增长幅度均低于同期全国水平，居中部六省末位（见图3）。相对于普通高等教育，高职教育生均经费投入也明显不足。

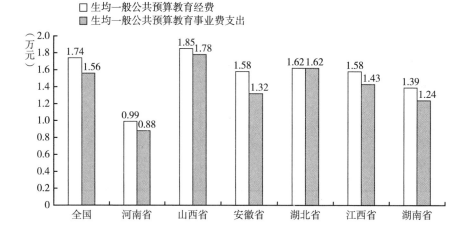

图3　2020年中部六省中等职业学校生均一般公共预算情况

资料来源：根据教育部、国家统计局、财政部发布的《关于2020年全国教育经费执行情况统计公告》汇总整理。

上述发展不均衡问题是由多方面因素引起的。首先，与地区经济发展水平直接相关，经济发展水平较高、人才需求量较大的地区，职业学校数量和经费投入也相对较多；其次，与地区行政地位紧密联系，省会城市和副中心城市资源配置相对富足，对周边地市的虹吸效应也格外明显；最后，与地区对发展职业教育的重视程度密切相关，重视程度较高的地区对不同类型教育的经费投入更加均衡。

（三）职业教育服务区域经济发展活力不强

尽管职业教育在服务河南经济社会发展中发挥着至关重要的作用，但发展不平衡、不充分的问题还比较突出，尤其在专业设置和人才结构两个重要维度上都与现实需求局部"错位"。一方面，专业设置与细分产业链适配性不高。高端制造业、生物医药和数字经济等市场急需的新兴专业在家长和学生心里的认知度和接受度不高，能给学校带来的生源和收益有限，专业建设滞后。相比之下，传统第三产业相关专业以及接近普通教育的通用性专业更契合学生和家长的固有认知、更受青睐，也因此成为职业院校争相设置的热门专业。另一方面，人才培养结构与经济转型发展需求不匹配。职业院校普遍存在低水平、重复建设问题，人才培养结构仍被框定在知识水平不高、技术含量不高、主要为劳动密集型产业提供低端劳动力支撑的层面。整体而言，目前职业院校毕业生初级技能人才基数较大、中高级技能人才非常短缺，这与河南大力发展战略性新兴产业和未来产业的现实需求不匹配，与技能型人才需求重心整体上移的趋势不相符。

（四）职业教育社会价值认同存在偏差

尽管职业教育在法律上拥有与普通教育同等重要的地位，但在大众视野里仍处于教育体系的末端，是一种不得已而为之的选择。究其原因，主要有两个方面。一方面，深受我国传统社会价值观的影响。在漫长的封建社会，长期占据主导地位的儒家文化主张积极入世，认为从政、为官是实现经国济世最有效的途径。儒家"学而优则仕""君子不器""劳心者治人，劳力者治于人"的文化思想深入人心，"士农工商"的职业排位成为广泛共识。如今，这些传统印记在现代社会价值观中依旧清晰可见，影响深远。另一方面，源于对现实利益得失的权衡。相对于普通高等教育，职业教育学历层次较低、就业渠道狭窄、工作环境不佳、收入水平不高，这些不利于维护个体生存发展的切身利益，影响个人和家庭幸福指数的提升。相对于知识和学历，技术技能的社会功能和价值被普遍弱化，即不具备制约权力、支配财富的力量，也不具备受人敬仰、人心所向的社会地位。因此，人们普遍希望子女都能接受更高层次的普通高等教育，重视知识文凭、轻视技术技能的价值观念内植于心、外表于行，已然根深蒂固。

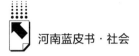

四 河南职业教育高质量发展的路径与对策

面对河南职业教育发展新定位、新方向以及发展实践中遇到的各种问题，如何把握机遇、突破瓶颈、开创局面是必须深入探讨的问题。深化职业教育改革、推进职业教育高质量发展是一个系统性工程，一方面，要从职业教育内部和外部两个维度深化体系建设；另一方面，还要从价值观念和文化内涵两个层面强化意识培育。

（一）重塑职业教育发展新理念

理念是行动的先导，关乎发展方向、决定发展道路、影响发展进程。以怎样的理念引领发展方向，事关我们对职业教育本质属性和发展动力的深刻认识，是推进河南职业教育高质量发展需要首先厘清的基本问题。从本质属性来看，主要体现在"现代性"和"职业性"两个方面。"现代性"是指职业教育不再是普通教育的衍生品或附属品，而是与普通教育同等重要、自成体系的教育类型，是惠及全民并覆盖生命周期的教育形态，具有平等性、全民性和终身性的深刻内涵。"职业性"是指基于传授一技之长、授人以渔的传统理念，并着眼于为个体未来职业生活做准备，具有全面性、专业性和实践性的内在要求。河南要立足职业教育的本质属性，坚持以体系建设为轴心的内涵发展模式，坚持知行合一、德技双修、终身学习的发展理念。从发展动力来看，包括外部驱动和内部驱动两个层面。长期以来，河南职业教育发展主要由外部驱动主导，统筹布局、顶层设计都是以政府推动为主要动力来源，服务经济发展、产业调整和技术进步也是以适应外部发展需要为主要价值取向。尽管这种自上而下、自外而内的动力模式具备一些突出优势，比如力度大、宜调整、见效快，但在一定程度上限制了内部动力发挥作用。河南一方面要继续发挥外部驱动的积极作用，另一方面也要充分释放内部驱动力量。鼓励职业教育所涉及的学校、企业、行业、政府、家庭等各方利益主体协同参与，构建多元化和交互性的体制机制，既体现不同主体的利益诉求又兼顾其价值取向，从而形成上下协同、由内向外的动力模式。

（二）完善河南特色现代职业教育体系

完善河南特色现代职业教育体系是推进河南职业教育类型化改革的重要前提，是推进河南职业教育高质量发展的基础工程和建设重点，要从层次结构和类型结构两个层面加强建设。在层次结构上，要着力强化各层次职业教育纵向联通。目前，河南现代职业教育体系已经初步确立，难点在于如何推动各层次教育之间衔接联通。职业教育内部各层次的纵向联通不能照搬普通教育的考核内容和评价标准，要与职业高考制度一并进行顶层设计、统筹谋划。结合河南发展实践来看，有三点建议：一是从技能水平和知识水平两个层面完善课程内容、考核内容、考核标准等建设要素，充分体现其类型特点；二是重点提高中职教育对接高职教育的比例，大力推动高职教育提质增效，有效提升中高级技能人才占比；三是将现代职业教育体系延伸至学龄初期阶段，在幼儿园和小学设置相关职业启蒙课程，潜移默化地培育孩子和家长的职业意识和职业思维。在类型结构上，要着力提升职业培训的规模性和规范性。作为学校职业教育的补充和延伸，职业培训具有适应性好、针对性强和反应性快的特征，能够同步产业转型和技术升级的更迭速度，匹配其现实需求。发展职业培训的重点在于扩大规模、提升规范性。结合河南职业培训发展实际，有三方面建议：在师资力量上，要充分挖掘在职教师、企业高管和技术人员、行业协会培训人员中的优秀师资，规范职业培训师资质认定制度，建立稳定的师资队伍；在生源渠道上，要建立覆盖全职业生涯周期的学习培训机制，将在读学生、在职员工、转岗转业人员、失业人员等就业创业群体广泛纳入职业培训范围；在资质认定方面，要进一步规范职业资格管理和技能等级认定工作，加快建立健全学历证书、资格证书和技能证书等交叉认证机制。

（三）优化职业教育外部生态环境

推进职业教育高质量发展不是一个封闭的教育问题，而是与生存空间、就业增收、阶层跃迁、价值认同等方面交互作用的社会问题，要从不同社会层面给予支撑和保障。其一，加快推动职业教育与普通教育融通发展。普职融通是不同类型、同等地位前提下的融通，是层次对应、标准各异框架下的融通（见图4）。它们需要一个中间转换机制，既要体现二者的等价性，又要实现二者的互通性。在体现等价性方面，要积极探索实施资历框架的地方模式，为同一层次、不同类型的人才提供分类分级标准，为个体获得同等社会认同和价值回报提供参照依据；在实现互通性方面，要积极深化"学分银行""1+X 证书"等相关制度，为两种教育类型互认互通、衔接过渡构建转换和评价标准，为个体自由选择、自我实现畅通渠道。

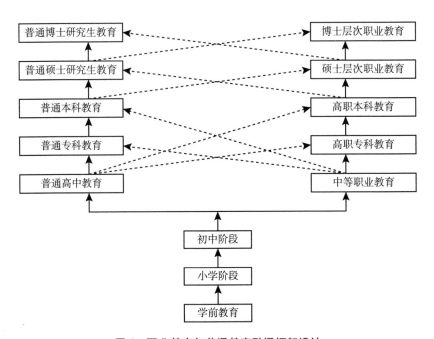

图4　职业教育与普通教育融通框架设计

其二，完善职业教育创业就业机制。推动创业就业是优化职业教育生源出路的根本渠道，也是实现区域劳动力供需平衡的主要策略。要加快建立适应用工新业态的就业服务体系，通过政策扶持、权益保障等策略推动多元化创业和多层面就业，重点解决好就业推荐、创业孵化、职前培训、失业保险、失业安置等方面的问题。要持续深化人力资源管理体系改革，推动人力资源法制化运作与管理，通过细化规则、日常化监督、纠错惩戒等方式进一步规范招聘行为，坚决治理招聘工作中的学历内卷和学历歧视问题，并从待遇、评价、晋升等方面合力推动就业公平。

其三，优化网络舆论生态环境。获得社会认可是实现大众主动选择、自愿接受职业教育的重要思想基础。在信息网络时代，网络舆论对社会大众的影响力是全方位渗透式的，任何一种新思想在网络平台都可以不受时空限制地进行双向传播。要用好网络舆论阵地，把国家层面、地方层面以前所未有之力度推动职业教育高质量发展的决心和努力清晰呈现给大众，把职业教育在类型定位、改革方向、发展优势和就业前景等方面发生的格局性变化准确传递给大众，把技能型劳动者的优秀典型、先进事迹着实传播给大众，从而不断坚定大众对职业教育的信心。

（四）丰富职业教育社会文化内涵

文化是价值观孕育和生长的土壤，特定的社会文化熏陶、感染和教化着置身其中的社会成员，促使其形成与社会发展相一致的价值观念和价值认同。当社会文化更多关注人的终身发展、技能获得和自我实现，更多给予技能型劳动者赞许、尊重和期待时，选择哪种教育类型以及从事哪种类型的职业都不再是择优问题，而是不断探索自身潜能和需求的结果，是如何实现自我、服务社会的重要抉择。丰富职业教育的社会文化内涵，可以从以下三个方面着手。一是重塑"学以致用""求效求实"的技术精神。技术精神是职业教育的精神内核，与"学以致知""求真求是"的科学精神大相径庭，却同等重要。我们要善于区分两种精神的实质，用技术精神引领职业教育发展方向、引导技术技能形成过程、评价技术技能行为和成果。二是营造"尊重技能、崇尚技能"的社会风尚。尊重和崇尚是社会认同的主要表现，可进一步区分为个体和群体两种知觉水平。其中，社会个体知觉的形成依赖于对社会群体知觉进行比较分析，如果群体像崇尚知识一样崇尚技能、像尊重知识型人才一样尊重技能型人才，那么个体从事技能型工作的期望水平和自

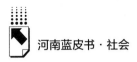

尊水平将会大幅提升。三是培育"技能成才、技能报国"的家国情怀。技能是与生产、生活密切相关的实践本领，技能型人才不仅是个人成才的重要类型，也是支撑中国制造、中国创造的重要力量。要以马克思主义青年成才观为价值引领，以国内国际发展格局为现实依据，坚定爱国信念、弘扬奋斗精神、练就过硬本领，进一步丰富新时代青年成才观的社会文化内涵。

参考文献

谢莉花、王可欣：《去职业性还是树立现代职业性——完善一体化职业教育体系的主导理念探析》，《职教通讯》2022 年第 7 期。

梅乐堂：《"人人持证、技能河南"建设的人才培养路径》，《人才资源开发》2022 年第 7 期。

王建庄、朱彬彬：《河南高等职业教育发展报告》，《黄河科技学院学报》2022 年第 1 期。

石伟平、李鹏：《"普职比大体相当"的多重逻辑、实践困境与调整方略》，《中国职业技术教育》2021 年第 12 期。

徐国庆：《中等职业教育的基础性转向：类型教育的视角》，《教育研究》2021 年第 4 期。

马欣悦、石伟平：《现阶段我国中等职业教育招生"滑坡"现象的审视与干预》，《中国教育学刊》2020 年第 11 期。

俞启定：《新中国成立以来职业教育定位及规模发展演进的回顾》，《浙江师范大学学报》（社会科学版）2019 年第 5 期。

和震、刘云波、魏明等：《中国教育改革开放 40 年：职业教育卷》，北京师范大学出版社，2019。

周凤华：《中等职业教育事业发展四十年：在反复中前行》，《中国职业技术教育》2018 年第 7 期。

杜威：《民主主义与教育》，王承绪译，人民教育出版社，2001。

B.4
数字社会背景下河南省新职业群体发展研究

席 爽*

摘　要： 数字技术为新业态提供了发展契机，促使我国就业结构和模式产生新变化。通过分析新职业群体的从业特征，考察河南省新职业群体的发展现状，发现数字社会背景下的新职业群体规模逐渐壮大，社会对新职业群体的重视度不断攀升，河南在推进新职业群体发展方面成效显著。从成长发展和从业感受中深挖河南省新职业群体发展困境，不难发现岗位数量不足、社会保障水平较低、数字环境不友好、多方协作性低成为制约其发展的主要因素。为改善新职业群体发展现状，需要发挥数字社会主体作用，推动新产业新经济新业态发展、加大数字环境治理力度、完善社会保障体系、建立多方协同机制，进一步优化河南省新职业群体发展路径。

关键词： 数字社会　新职业群体　就业　河南省

近年来，中国数字经济蓬勃发展。2022年7月，中国信息通信研究院发布的《全球数字经济白皮书（2022年）》显示，中国数字经济规模达到7.1万亿美元，位居全球第二。在数字经济的浪潮下，数字技术加速向生产和生活的各领域渗透，工业社会向数字社会转变。随着新产业、新业态、新

---

* 席爽，河南省社会科学院研究生院研究实习员，主要研究方向为社会治理。

商业模式的发展，涌现出一批新职业，这为人们提供了更多元化的职业选择。2022年1月，国家统计局在2021年的国民经济运行情况新闻发布会上表示，我国新产业新业态新模式仍在继续较快发展，各种灵活的就业模式吸纳了许多劳动力就业。目前我国灵活就业人员已经达到了2亿人左右。新职业意味着新需求，蕴藏着新机遇，新职业群体背后的业态和动能可以从生产、流通、消费等方面促进经济发展。但数字技术革命给经济和新职业群体带来发展动力的同时也在某种程度上引发了诸如算法禁锢之类的问题。数字分化、数字不平等的产生促使人们意识到仅有数字经济发展是不够的，数字社会也需要发展。

数字社会发展背景下，新技术依然是扩大就业边界的优选，但国家政策不断向保障新职业群体劳动权益倾斜，广大新职业群体的诉求引起重视。2021年8月，国务院印发的《"十四五"就业促进规划》提出，要培育有力的就业新动能，支持多渠道灵活就业和新就业形态发展，提倡加快建立完善适应灵活就业和新就业形态的劳动权益保障制度。[1] 完善灵活就业社会保障政策，开展新就业形态职业伤害保障试点，已作为稳市场主体保就业政策，写入2022年《政府工作报告》中。[2] 可见，新职业群体的劳动公平和保障，零工群体的劳动权益已受到广泛关注，这在一定程度上缓解了新职业群体的后顾之忧。"十四五"期间，将会有更多的新职业破土而出，打破现有的职业结构，新旧职业的交替将持续影响广大就业群体的职业选择。因此，从新职业群体的发展中窥探我们国家和身处数字社会的个人，才能更好地理解和把握当下的数字时代。

一　数字社会背景下新职业群体的特征

数字社会的形成依赖于中国经济社会的高速发展与数字时代来临的高度

---

[1] 《国务院关于印发"十四五"就业促进规划的通知》，中国政府网站，2021年8月27日，http://www.gov.cn/zhengce/zhengceku/2021-08/27/content_5633714.htm。

[2] 《政府工作报告——2022年3月5日在第十三届全国人民代表大会第五次会议上》，中国政府网站，2022年3月12日，http://www.gov.cn/zhuanti/2022lhzfgzbg/mobile.htm。

重合，数字化渗透到人们日常生活的方方面面，给人们的生产生活带来一定的影响。一是以数字技术为支撑的新业态具有独特的运营方式和工作形式，造就了新的工作岗位。二是激起了灵活就业浪潮。虽然灵活用工形式很早就存在，但只有在数字社会，灵活就业岗位中零散的个人工作才能够更好地嵌入生产中。三是劳动者可以挣脱时间空间的束缚，不断拓展工作边界。办公的地点不再拘泥于特定的场所，时间也更加灵活，人们可以即时接收发送办公消息，新冠肺炎疫情下的居家办公和网上视频会议就是这样的形式。无边界的网络场域打破了时间和空间的区隔，缺场交往快速开展，这为新职业群体参与到社会生产和消费中提供了新的可能和机遇，人们不必到场就能够提供商品和服务。同时，信息技术在一定程度上促进了开放性、扁平化、平等化的新型社会关系形态和内容生产方式产生。人人都可以随时随地创作内容，通过网络平台传播观点、生产信息、提供服务，知识型、创意型、技能型岗位逐渐增多。灵活的内容生产和服务提供方式使劳动者对单位组织的依赖性大幅度降低，人们可以独立自主地以灵活组织的形式就业，去雇主化趋势明显。这样充满了科技、新潮、灵活、自由的新职业吸引了大批劳动者从业，他们的群体性特征与数字社会大环境有一定的契合度。

（一）数字化属性强

80后、90后作为新职业群体的主力军，出现在科技和产业前沿，也活跃在一线社会生产和生活服务中。他们成长于网络科技飞速发展的新时代，具有鲜明的"互联网+"时代印记，乐于通过网络表达自己的意愿，对新事物、新变化的接受度高，对数字社会中信息化、智能化的生产生活方式认同度高。在择业时，受自身职业观念的影响，他们更倾向于选择随性、自由的工作，无边界的工作场域，去中心化、去雇主化的工作形态打破了传统职业观念的局限，让青年新职业群体看到了无限的可能。同时，闻所未闻的新职业对于不安于现状，创新性强、数字化属性强的青年来说具有更大的吸引力，他们注重工作体验感，愿意尝试全新的领域。

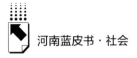
（二）看重自我工作价值

新职业群体在年龄方面呈年轻化趋势，但由于涉及行业较为广泛，对技术的要求高低不同，从业人员的受教育程度、专业背景、经济收入、社会地位也大不相同，社会需求自然也呈多元化趋势。他们当中不乏高学历、高收入、较高社会地位、享受完备社会保障的群体，诸如物联网工程技术人员、数据分析师、人工智能技术人员等。不过也有学历较低、收入不稳定、自我认同度不高的新职业群体，他们的工作被认为是"不体面"的工作，社会认同度较低，如网约车司机、网约跑腿员、网络主播等。还有一部分新职业群体出于热爱和自由选择成为"数字游民"，放弃朝九晚五的工作，通过互联网远程工作获取收入，或通过营销和出售服务进入零工经济，他们是自由职业者但又困于自由，高度的自律性、工作生活界限不明让很多人陷入焦虑。虽然大家的处境各不相同，但都有对实现个人价值的渴望，为社会做贡献、被社会认同、做自认为有意义的工作，都是对获得职业成就感比较重视的体现。自《中华人民共和国职业分类大典》颁布以来，已纳入不少新职业，随着官方对新职业社会价值和合理性的认可不断增强，人们对其认同度也逐渐提升，传统观念中对新职业群体"不务正业"的刻板印象也有所改善，相信未来会有更多人愿意加入新职业群体，以激情和热爱实现自我价值。

（三）倾向于兼职兼业

兼职兼业模式成为新职业群体从业的典型特征。工作场域边界的扩展、去中心化的平台经济、去雇主化的就业形态为兼职兼业模式提供了便利条件。不管是利用自己的专业技能和兴趣爱好，还是主动培训融入数字市场，跨界兼职兼业的新职业群体逐渐壮大。我们会在诧异中发现，网络畅销书作者在金融行业有一份主业工作；月入上万的美妆博主其实是在校大学生；有人在从事美工设计工作的同时还在杂志社当编辑；网文写手、网络主播、网络摄影师、外卖骑手、网约车司机等也在兼职兼业。兼职兼业成为潮流，不仅是在网络平台、零工经济低门槛的准入规则下人们迫于经济生活压力的选择，更是职业高度分化下部分新职业群体流动性强、工作不稳定的体现。不可否认的是，有部分新职业能够为从业者提供优渥的报酬，但仍有很大一批人薪资水平较低，在薪酬无法满足日常稳定开销或者更高水平消费的情况下，新职业群体往往会选择通过兼职兼业来维持生计，或者将新职业作为副业来经营。

二 河南省新职业群体发展现状

河南省新经济形态发展以及新业态新模式的出现促进了就业结构的转变，技能培训为有意向的从业者进入行业提供了有利条件，新职业群体不断壮大，社会对新职业群体的人文关怀逐渐增多。受就业心态演变新趋势影响，广大青年群体成为新职业从业主力军。

（一）新职业群体规模不断扩大

当前阶段，河南省一直实行就业优先战略和积极的就业政策，针对不同群体采取不同措施，重点群体就业情况持续改善，技能河南建设不断加强，相关技能培训持续进行，公共就业服务水平不断提升，2021 年全省城镇新增就业达 125.4 万人。同样，受数字经济和数字社会发展影响，河南省的就业结构特征也有明显变化，尤为突出的一点是，随着新产业新业态的不断涌现，以及智能化、信息化工作模式的转变，河南省新职业群体人数明显增加。其中，郑州"UU 跑腿"用工量迅速增加，以 70 多万人的数量占全国总规模的 1/7，并仍在不断增长。这类企业的发展将为经济注入新动能，并推动社会就业范围不断扩大。

（二）注重新职业培育和技能培训

新职业的培育和发展为就业人员提供了渠道，促进新职业群体规模不断扩大。2022 年 2 月，河南开展"人人持证、技能河南"专项行动，实施重点产业技能人才培训专项，提出要加大新型显示和智能终端、生物医药、新能源及网联汽车等十大新兴产业集群从业人员培训，加大新职业和数字技能人才培训力度，推动河南产业数字化、数字产业化。① 数字技术不仅广泛应用于高新科技产业，催生了供应链管理师、人工智能训练师、数字化管理师、物联网安装调试员等职业，也滋养了其他行业。河南省将数字化融入乡村振兴战略，通过电商培训推进农村电商行业发展，村民化身电商主播直播带货，依靠新媒体平台谱写"网红新农民"出圈记，依托智慧农业发展培养"职称农民"，数字社会促进新时代农民职业化、专业化发展。同时，疫情也催生了一批新职业，随着国家提出在大城市建立核酸采样圈计划，核酸检测员、防疫员、消毒员等新职业人员的需求量增加，河南提出在年底前完成相关培训取证5万人的总目标。"人人持证、技能河南"专项计划的提出及新职业的孕育反映了当前省内经济、社会和科技等领域的新发展和新变化。

（三）加大对新职业群体的关怀力度

2022年以来，河南省新发展新就业形态劳动者会员23.5万人，新建新业态基层工会2361家，在全国率先实现市、县两级新业态工会联合会全覆盖。② 其中，河南首个地市级新业态工会联合会在安阳成立，旨在改善新职业群体"分、散、弱"的状况，着重解决新职业群体在劳动报酬、社会保障、劳动保护、职业培训、组织建设、民主参与和精神文化需求等方面的困难和问题。③ 洛阳市成立"红色驿站"服务新业态就业群体，"红色驿站"成为户外工作新职业群体的温暖港湾。截至2022年8月，河南省工会联合相关部门共同成立"司机之家"83个、"骑手之家"76个，在全域范围内建立户外劳动者爱心驿站1.12万个，形成网上可查、地图可见的服务网络。

---

① 《2022年高质量推进"人人持证、技能河南"建设工作方案》，河南省人力资源和社会保障厅网站，2022年2月24日，https://hrss.henan.gov.cn/2022/03-24/2420155.html。
② 王绿扬：《我省率先实现市县两级新业态工会联合会全覆盖》，《河南日报》2022年8月20日。
③ 谢建晓、赵阿娜：《关爱新业态劳动者 全省首个市级新业态工会联合会在安阳成立》，《河南日报》2022年4月28日。

（四）实现与高校毕业生就业的有效联动

青年成为新职业从业主力军。2022年我国高校毕业生人数首次突破千万大关，河南省毕业生数量连续4年居全国首位，今年创新高，达81.7万人。作为河南省就业问题重点群体，高校毕业生就业压力进一步增大。"缓就业、慢就业"成为不少毕业青年的选择，但也有一部分青年顺应数字时代的洪流，成为新职业群体。有人把爱好和工作结合，在毕业后选择成为宠物美容师、电竞从业者、职业up主、网络文学写手、"剧本杀"编剧等。有人出于对数字化技能的偏好，依托智慧城市建设需求和科技潮流，选择通过线上线下学习、培训和考试成为自动驾驶公交技术人员、物联网工程技术人员、数字化管理师等。有人为服务业注入新鲜血液，在线学习服务师、网约配送员、城市网格管理员等让我们的生活更加多彩。因而，在新职业从业者主体不断增多的同时，其成长发展、职业特征、职业理念、从业感受应广泛关注。

三 河南省新职业群体发展的现实困境

新职业群体的成长发展与数字社会密不可分，职业特征、职业理念等受数字社会环境影响，理想状态下的数字社会和新职业群体是和谐共生关系，但在实践过程中有很多不和谐因素，新职业群体在数字社会中面临诸多困境。

（一）新职业岗位供给不足

河南省数字经济不断发展，新职业群体规模不断扩大，但相较一线和部分新一线城市来说仍有差距，2021年6月公布的万事达卡财BBD中国新经济指数排名中，郑州位于城市新经济总量第20位，落后于同样是中部省会城市的武汉、西安、合肥，新职业招聘数量也远低于杭州、成都、武汉、西安这些新一线城市。新职业岗位供给量低的原因大概有以下三点。一是相比之下，河南省数字产业发展速度较慢，新一代信息技术产业大多为中小型企业，缺乏产业集群性，没有充足的岗位供给，一定程度上限制了技术性新职业群体的发展。二是传统产业融入数字经济的动力不足，虽然有转型升级的意识，但客观条件上达不到转型升级的要求，缺乏资金支持、缺少专业人员的指导是它们融入数字社会的主要困境，而这也间接导致潜在的新职业岗位消失。三是部分岗位对就业人员的吸引力不高，新职业群体的主力军是一批数字化属性强、注重自我工作价值实现、需求多元化的青年人，偏传统型和服务型的数字化岗位在吸引力方面有所欠缺，这样的新职业群体更倾向于选择去北京、上海、深圳、广州等数字产业发展迅猛的城市工作。

（二）社会保障水平有待提升

充分了解新职业群体从业特征后不难发现，其在自由择业、追求自我价值实现的时候也要承担更多的社会风险。因为与新兴相伴的是探索，与自由相伴的是不确定性。目前，河南省对新职业群体技能培训的重视度较高，说明已经意识到随着信息化数字化发展，技能需求的职业缺口将会越来越大。但一些具有灵活就业性质的工作，诸如网络营销师、网约配送员等依旧面临社会保障制度不完善的问题，"安全感"的缺失容易导致从业者对新职业的体验感变差，不利于行业发展。因而，保障和培训需要一体推进，这样才能从根本上吸引从业者。在权益保障方面，虽然国家及各省级政府近期已出台相应的政策措施，但很多新职业成长基础比较薄弱，需要从根本上建立相应的制度措施，而这方面的政策落地惠及新职业群体需要一定的时间，毕竟新事物的发展总要经历一个不完善到完善的过程，相信适合灵活就业和新业态的劳动权益保障制度会在不断地试验中成型。

（三）数字环境有待改善

数字下沉使得人们已经找不到没有被数字影响和渗透的地方了，身处数字社会的个人或许能通过数字化产品、数字服务、数字创新获得一定的红利，但数字时代带来的不是只有红利，还有数字强制和数字治理漏洞。中国有 3000 多万名长途卡车司机，为人们提供货运生产服务，数字时代的卡车司机本来应该受益于技术带来的异质化订单，但却受到数字强制的压迫。河南某运输公司强制安装驾驶室监控系统，不仅侵犯了司机的隐私，还以安装费、培训费为由收取几千元的费用。[①] 利用数字化平台抢单的司机，给了平台向其收取抢单费、运输宝、意外险、技术服务费的机会。这样的数字强制手段已经屡见不鲜，网约车司机、外卖骑手等群体也深受其害。数字社会有开放性特征，也容易产生数字治理漏洞。不少依托于数字技术的新职业尚在初步发展时期，如健康照护师、康复辅助技术咨询师、老年人能力评估师等涉及人类健康领域的职业，其相关准入标准和行业规范仍不完善。关于新职业的评估也存在一定的问题，虽然数字社会的新职业具有很强的包容性，但仍有一些不合理的职业和行业需要新职业群体自己去鉴别。

（四）多方协作性低

政府、企业、高校、社会组织之间的协作性低，一方面，体现在人才的培养上。目前，河南省对新职业技术人才的培育较为重视，但努力的方向较为分散。政府和社会组织大规模的面向全体从业者的就业培训，企业内部培训，高校相关专业教学和毕业就业指导，从根本上看都是为了培育与数字社会相契合的人才，但都是单线培养，缺乏有效协作，这就容易导致企业员工只参加内部培训而对参与社会培训积极性不高，高校培养的学生与企业用工需求不匹配，学生毕业后继续参加社会培训的现象频出，极大地浪费了社会资源。另一方面，多方协作性低还体现为社会培训机构单打独斗，面临师资力量不足、技能培养层级较低的困境，学校相关专业的老师缺乏实践经验，部分院校培养学生急于求成，忽视了新职业专业的培养质量，不利于新职业人才的培育和发展。

---

① 数字原野工作室：《有数——普通人的数字生活纪实》，南方日报出版社，2022，第 3~10 页。

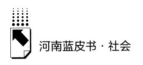

四 促进河南省新职业群体发展的建议

通过对数字时代职业重构和新职业群体特征的梳理，以及对新职业群体现实困境的分析，我们能深刻体会到数字社会和新职业群体是双向发展、协作共赢的关系。为进一步优化新职业群体成长发展路径，提出如下建议。

（一）推动新产业新经济新业态发展

随着新一轮科技革命和产业变革深入发展，河南省进入高质量发展阶段，开启了现代化河南新征程。虽然新兴产业引育形成的新发展动能持续壮大，但新产业新经济新业态占比不高，创新支撑能力不足的问题依然存在，新职业群体发展受限。为促进产业基础高级化、新兴产业集群化发展，需要动员龙头企业发展新技术、新产业，引进新业态，增设新岗位，鼓励中小型企业抓住机遇转型升级，招募和引进专业性技术人才。深化数字赋能，在各行业领域建立起数字化意识，推动产业发展。同时，将数字技术更广泛地应用到乡村振兴和基层社会治理中，加大对乡村企业的扶持力度，利用数字技术在乡村培育更多的工作岗位，使数字化成果全民共享。

（二）保障新职业群体权益

新业态的培育和灵活就业渠道的增多意味着未来新职业群体的数量将会持续攀升，因而加快建立完善适应灵活就业和新就业形态的劳动权益保障制度至关重要。新职业群体作为城市"人才争夺战"的重要资源，其各方面需求应该被关注到，要优化新职业群体相关的各项支持政策，诸如教育、医疗、落户等关系其切身利益的领域，开展新就业形态职业伤害保障试点，充分保障新职业就业者的权益，只有消除这些后顾之忧，才能提升新职业群体对所在城市的认同感和归属感。新职业群体中不乏以灵活就业形式工作的从业者，灵活就业具有劳动关系非正规化、与社会保障体系间几乎无制度关联、灵活自主安排工作时间等特征，对于就业者来说充满了不安全感，因而相关的社会保障制度也需要逐步完善，根据灵活就业特征和现存处境，通过多种途径实现对跨平台、多雇主、上门服务等灵活就业的劳动者的权益保护，给予广大新职业群体充足的社会关怀，调动新业态从业者的创造性和积极性。

（三）优化数字环境

数字赋能社会治理，为现代化治理体系建设做出了重要贡献，数字社会同样需要规制。数字强制、数字不平等可以被当作数字社会发展中产生的现象，随着数字治理规制达到相对健全和完善的水平，这些问题会得以缓解，而优化数字环境就是规制数字社会的第一步。为推动数字时代新职业快速发展，政府需要积极营造良好的营商环境，加大扶持力度，为产业经营提供便利条件，结合当地发展特色，帮助中小型数字化企业在大环境中寻找到合适的出路，确保妥善经营。同时应该充分认识到，发展新职业至关重要，但现存的相关产业、职业中必然存在不合理、不合规的部分，要从根源入手，把行业不正之风扼杀在摇篮里。鉴于此，要加强对新职业的监管。依规依法约束企业行为，严格制定行业准入规范，加快建立新职业技能认定评定标准，对新职业发展中可能会出现的问题进行预判，建立防范和应对机制，为新职业群体提供积极向上、公平竞争的市场氛围，让新职业从业者感受到行业"安全感"。

（四）建立协同机制

政府、企业、高校、社会组织要在加强信息互通、资源协同共享、发挥各自优势的基础上构建多方参与的协同机制，形成新职业培育和培训体系。可以从以下几方面入手建立协同机制。一是企业和高校要精准对接新职业人才需求，政府相关部门可以牵头促进校企合作、产教融合，建议高校以数字时代企业用工需求为出发点，发展和培育新职业人才，鼓励企业以大学城为依托，合作设立大学产业园。二是注重线上培训平台的应用，在各参与主体之间建立线上线下融合教育培训机制。人社部中国就业培训技术指导中心等

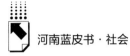

发布的《新职业在线学习平台发展报告》显示，96%以上的职场人士希望学习新职业技能，72%的用户选择线上学习。因而线上新职业技能培训能够吸引更多人投入新业态，促进新经济、新产业的发展。三是加强政府各部门之间的协作，建立以人力资源和社会保障部门为主导的支持系统，做好政策拟定和人才服务工作。

B.5
河南省共享汽车发展现状、问题与治理对策

——基于郑州市的调查

郑州轻工业大学课题组 *

摘　要： 共享汽车是共享经济在交通领域的表现形式之一。作为新时代的绿色出行方式，共享汽车不同于传统租赁和网约车，其以"互联网+短时租赁"的模式，满足了很大一部分人的出行需求，丰富了公共交通方式，提高了生活的便捷性和智能性。在"绿水青山就是金山银山"的发展理念下，实现了绿色环保出行，迎合了时代的发展需求。但是，随着共享汽车被大肆破坏、停车难、安全隐患大等困境逐渐显露，其可持续性发展面临严重威胁，亟须探索出一套良性的发展模式。针对共享汽车的发展困境问题，以往的研究大都缺乏整体性视角。因此，本研究基于整体性视角，认为应该通过政府、共享汽车企业、用户三方主体间的协调和整合，对共享汽车的发展乱象进行治理，完善共享汽车的发展模式，优化共享汽车的发展路径，促进共享汽车行业在我国进一步发展。

关键词： 整体性治理　共享汽车　路径探究

---

* 课题组成员：徐京波，郑州轻工业大学政法学院，副教授，社会学博士，社会工作系主任；尚珂、毛青、霍进进、赵欣、高晋，郑州轻工业大学政法学院硕士研究生；陈佳乐，华中师范大学社会学院硕士研究生。

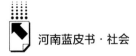

近年来，共享经济作为强势兴起的经济形态，迅速席卷了各大产业领域。基于共享经济模式的共享汽车，在我国"环保出行"的发展理念下，迎合了人们出行多样化的需求，给人们生活带来了更高的便利性，进一步引领了我国智慧出行的市场，并逐渐成为传统公共交通模式的一个重要的补充。2018年底，我国共享汽车的市场规模就已经达到了23.7亿元，并呈现螺旋式上升的趋势。据统计，2019年共享汽车的市场规模达到了54.3亿元，2020年突破到了92.8亿元。不过，我们在看到共享汽车发展迅速的同时，也要认清其目前在我国总体仍处于起步阶段，存在一定的发展困境。第一，用户个人层面。首先，由于用户素质的参差不齐，共享汽车被破坏和车内环境脏乱差的情况屡见不鲜；其次，刚拿到驾照的人拿共享汽车练手的现象仍然存在。第二，企业层面。汽车质量不达标所导致的行驶安全问题；服务体系不完善造成的停车难问题；用户信息查验不严格造成的驾驶主体不确定问题。第三，政府层面。共享汽车的有关法律政策相对缺乏以及辐射力度较小，共享汽车的市场准入标准过低等问题。因此，如何准确发现和解决共享汽车发展过程中的困境和问题，并结合影响我国共享汽车发展的限制性因素，探索出一个符合我国共享汽车长久发展的模式是非常必要且紧迫的。

本研究主要采用访谈法及问卷调查法对河南省郑州市共享汽车使用情况以及问题进行调研。调研内容主要包括共享汽车使用情况、共享汽车破坏行为、对共享汽车使用的评价等，明确共享汽车发展过程中所存在的问题和困境，并结合实际，提出可操作化的对策和建议。

一　研究方法与样本情况

（一）问卷调查法

本研究对河南省郑州市共享汽车使用情况以及问题进行了问卷调查。本次调查发放问卷319份，收回有效问卷279份，问卷有效率为87.46%。调查样本中，男性占56.99%，女性占43.01%；年龄构成方面，30岁以下占

93.91%，30~39 岁占 4.30%，40~49 岁占 1.43%，50~59 岁占 0.36%；职业构成方面，在校大学生占 64.87%，上班族占 28.67%，自由职业者占 3.94%，其他占 2.51%；驾照持有年限方面，半年至一年占 46.59%，一年至两年占 22.58%，三年以上占 30.82%。

（二）访谈法

本研究采取了结构式访谈法，就共享汽车问题设计了访谈提纲，主要包括共享汽车的使用情况和共享汽车的评价情况两部分。访谈对象的选取采用非概率抽样中的滚雪球抽样方法，共抽取 11 人进行访谈。

（三）文献法

本研究主要对以下文献进行了查阅和梳理：一是共享汽车相关的著作和学术论文；二是共享汽车相关的政策法规；三是共享汽车相关的统计数据。

二　共享汽车发展困境的表现形式

（一）共享汽车车内环境质量低

共享汽车作为共享汽车企业提供服务的载体，车内环境的好坏是用户评价其服务的标准，也是体现用户素质的一项重要指标。调查发现，车内环境较差、无法让用户满意的问题一直存在，具体表现为车内垃圾较多、车内异味较重和车内灰尘较重等。Q1，22 岁，Z 大学大四在读学生，据他表示：

> 车内卫生有时较差，前人用车后将果皮、塑料瓶、卫生纸遗留车内，商家未及时清理。

Y2，21 岁，Z 大学大三在读学生，也提到车内环境的问题：

> 最早用过一次盼达，烟头没见，但是烟味很重，很重很重。而且座

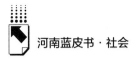

位上有很明显的灰。

问卷调查结果也显示了这个问题，问卷关于共享汽车车内气味状况主要有四个选项，通过不同选项的选择率高低，可以发现，42.29%的调查对象认为车厢封闭时间久了，有点味道，而选择没什么感觉的只占30.11%（见图1）。

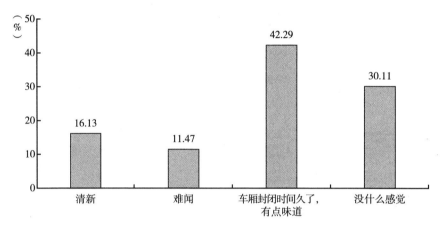

图1　共享汽车车内气味状况

究其原因，主要有两点：一方面，共享汽车具有较强的流动性，这使共享汽车的清理工作面临巨大的挑战；另一方面，共享汽车的使用门槛较低，只要年满十八岁并取得驾照的人都具备使用资格。问卷调查结果显示，有20.43%的调查对象遇到过人为破坏共享汽车的行为，调查对象反映共享汽车车内已消毒的占比为43.01%，未消毒的占比为56.99%（见表1）。综上所知，大多数共享汽车的卫生清洁工作不到位。

表1　共享汽车车内消毒情况

单位：次，%

共享汽车车内消毒情况	频次	频率
已消毒	120	43.01
未消毒	159	56.99

（二）共享汽车安全隐患大

共享汽车安全隐患大主要在于常见的交通安全和信息安全两大方面。具体来说，在交通安全方面，一是"新手"将共享汽车作为"练手车"引发的安全问题。共享汽车使用门槛较低，对驾龄没有要求，这使得许多刚拿到驾照的"新手"经常以练手为目的使用共享汽车。N3，22 岁，Z 大学大四在读学生，据 N3 说：

> 有一次，我们宿舍说要出去溜达，就开了这个车，半路上正好遇到我们班一个女生，那个女生刚刚拿到驾照，她也想开那个车，想拿这个车来练练手。后来，我们就坐在旁边，然后让那个女生开的。

事实上，问卷调查结果也显示，遇到过"新手"利用共享汽车练车现象的调查对象占比为 34.77%（见表 2），这在无形中增加了交通安全隐患。

表 2 "新手"练车情况

单位：次，%

"新手"练车情况	频次	频率
遇到过	97	34.77
未遇到过	182	65.23

二是共享汽车本身存在质量问题导致安全问题频发。有调查显示，在遇到极端天气的时候，排除驾驶员因素后，质量不好的汽车的事故率远远高于质量较好的汽车。关于这一点，访谈对象 N3 谈道：

> Gofun 的车比较轻，车速快的时候容易飘。下雨路面滑的时候，车容易打滑。它的方向盘也有点问题，有时候你打方向了，但是那个方向没有跟着方向盘转动。

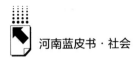
三是共享汽车企业对用户的身份查验不严格导致驾驶主体不确定，进而引发安全问题。据调查，我们的调查对象主要使用的是摩捷、EVCARD 和 Gofun 这三种类型的共享汽车，而这些类型的软件仅在用户注册的时候要求进行人脸识别，使用过程中却不要求人脸识别，这就大大增加了共享汽车使用的安全隐患。问卷调查结果显示，45.16%的人都认为共享汽车用户审查的严格程度为一般（见表3）。

表 3　共享汽车用户审查情况

单位：次，%

共享汽车用户审查情况	频次	频率
严格	31	11.11
相对严格	102	36.56
一般	126	45.16
不严格	20	7.17

在信息安全方面，共享汽车也存在较大的安全隐患。用户在注册使用共享汽车的过程中，需要上传个人的基本信息。如果这些信息泄露，将会给用户带来信息危机。调查结果显示，有 23.66%的调查对象表示在使用共享汽车过程当中遭遇过个人信息泄露（见表4）。

表 4　共享汽车用户个人信息泄露情况

单位：次，%

共享汽车用户个人信息泄露情况	频次	频率
遭遇过泄露	66	23.66
未遭遇过泄露	213	76.34

（三）共享汽车服务水平欠缺

调查发现，共享汽车在提供服务的过程中，存在服务水平不高的问题。

主要表现在以下几个方面。一是共享汽车调度不及时，再加上停车位较少，普遍存在停车难的问题。关于"使用共享汽车过程中遇到的问题"的问卷调查结果显示，取车停车难的选择率为 55.56%，选择率最高，其次是配套设施不足以及定位错误（见表5）。

表5 使用共享汽车过程中遇到的问题

单位：次，%

使用共享汽车过程中遇到的问题	频次	频率
App 操作困难	84	30.11
定位错误	100	35.84
取车停车难	155	55.56
押金退还难	93	33.33
配套设施不足	122	43.73

不难发现，共享汽车停车难、取车难的问题十分突出，被认为是共享汽车的一大痛点。据访谈对象 Y2 说：

有一次，我去郑州东站那边，那边的停车场都满了，我只能停在两公里以外的另一个停车场，然后自己又骑小单车，才回到宾馆。

L4，22 岁，Z 大学大四在读学生，也提到了这个问题：

还车的时候就比较难，还车的地点呀，或者说整个配套啊，都有一些问题。

二是客服解决问题的效度低。首先，线上服务延迟。Y2 根据他的共享汽车使用情况提出了自己的见解：

现在跟客服联系就必须打电话，但是他们的人工服务会让等啊，等

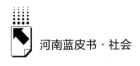

着转呀，很慢。

其次，线下服务人员解决问题的能力不足、方法不当。这一点在 G5（Z 大学研三在读学生）身上得到了体现：

> 有一次，我是因为这个充电的问题，一直充不上电，就相当于没有还车，就一直在给我结费。最后，打客服电话让他解决，客服电话打了也挺久，打完之后虽然解决了，但是挺浪费时间，又多费了半个小时。

另外，我们的问卷调查也涉及上述问题，就"共享汽车 App 客服服务满意度"的分析结果看，有部分用户不满意共享汽车 App 客服服务（见表6）。

表6　共享汽车 App 客服服务满意度情况

单位：次，%

共享汽车 App 客服服务满意度情况	频次	频率
很满意	15	5.38
满意	81	29.03
一般	162	58.06
不满意	20	7.17
很不满意	1	0.36

三是共享汽车清洁和维修不及时。在我们的访谈中，很多人都提到了共享汽车清洁和维修不及时的问题。Y2 表示：

> 我用过的一辆车就可能是被破坏了，或者是出过车祸，它前面的灯有一个很明显的凹陷，一看就是有点小事故。不清楚，暂时是没有人维修，就是很明显的那种剐蹭。

综上所述，共享汽车服务水平不高主要体现在停车难、客服解决问题效度低、清洁和维修不及时等方面。同时，问卷调查结果显示，共享汽车在使用时出现的问题，主要集中在停车难、电量不足、驾驶舒适度低、安全责任界定模糊等方面（见表7）。

表7　共享汽车使用过程当中的问题

单位：次，%

问题情况	频次	频率
扫码无反应	56	20.07
驾驶舒适度低	91	32.62
电量不足	123	44.09
停车难	187	67.03
行驶过程中与 App 断开连接	49	17.56
车辆被损坏严重	50	17.92
安全责任界定模糊	89	31.90

（四）共享汽车技术成熟度低

共享汽车的运营以 App 为基础，用户第一步下载 App；第二步在 App 上进行注册、身份信息认定；第三步通过定位来查询附近网点内可用共享汽车的位置，完成车辆的预约；最后通过 App 智能解锁，使用共享汽车。

在共享汽车的使用流程中，第三步出现问题的频率最高。一方面，App 会出现定位不准确的情况。问卷调查结果显示，35.84%的用户反映在使用共享汽车的过程中出现定位错误的问题（见表5），17.56%的用户反映行驶过程中共享汽车与 App 断开连接，致使用户体验感较差。具体表现为在用户预约完车辆去固定网点找车时，到了 App 页面显示的位置，却找不到可使用的共享汽车。这给用户带来了很大的不方便，不仅浪费了时间而且浪费了金钱，大大降低了共享汽车的便捷度。W6，26 岁，男，他说：

　　使用过程中遇到最多的问题就是 App 上车辆信息显示不准确，有

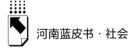

一些城市到达停车点之后，App 上显示有几辆车可以使用，但实际停车的地方却没有车可以用。

另一方面，使用中会出现断网以及车内导航不准确等问题。为了使共享汽车能够正常运营和拥有更多功能，每一辆共享汽车都会被联网，但是根据我们查阅的有关资料，如果共享汽车行驶过程中遇到红灯，停车再启动就有可能会出现短暂的断网，造成车辆无法正常使用。同时，还有导航不准确的问题。据 N3 表示，他在使用共享汽车的过程中发现，有的车辆本身自带的导航系统存在不准确的问题，给共享汽车的使用带来了很多不便。

综上所述，共享汽车的技术仍有完善的空间，主要包含两个方面：一是 App 会出现定位不准确的问题；二是在使用过程中会出现问题。不管何种问题，都需要企业加强技术创新，大力发展技术，为用户提供更方便、更优质的服务。

（五）共享汽车权责不明晰与法律缺失并存

现存的法律不足以应对共享汽车这种新生事物所产生的问题，因此，在共享汽车领域还存在许多权责不明晰的现象。首先，涉及主体较多，权责划分不明确。问卷调查结果显示，了解主体权责划分的调查对象仅占 10.39%，而不了解的调查对象高达 89.61%（见表 8）。

表 8　共享汽车的主体权责划分认知情况

单位：次，%

共享汽车的主体权责划分认知情况	频次	频率
了解	29	10.39
不了解	250	89.61

平台与用户在责任划分时，会出现许多的争端，诉诸公庭的事件和报道数不胜数。L4 说：

App 上它会有写得很详细的一些那个，算是协议吧，如果出现事故之后该怎么承担责任，这个责任该怎么划分，它上面是有一些具体的条款的，但是我没有看过，我也不知道到底是怎么回事儿。

其次，现存的法律与共享汽车发展速度不匹配。由于共享汽车在我国的发展时间较短，许多法律并未跟上，导致共享汽车的法律问题层出不穷。

（六）共享汽车企业与政府缺乏有效衔接

我们在查阅有关资料时发现，共享汽车企业在发展过程中存在与政府联系不紧密的问题。一是企业与政府协商不一致引发的停车问题。共享汽车用户在使用完共享汽车以后，把车停在了 App 指定的停车网点，但却被贴违停单，从而使共享汽车用户被惩罚。二是共享汽车企业与政府缺乏信息共享。按照违反交通规则归责到个人的规定，个人在违反交通规则以后，政府有关部门会扣除个人驾驶证上的分数，并保留相关信息，当个人驾驶证的分数被扣尽以后，个人本年度内就不具备行驶资格。但是，共享汽车企业如果不与政府建立起用户信息共享机制，那么就会出现丧失驾驶资格的人却能使用共享汽车的问题。三是政府对共享汽车的监督力度欠缺。目前，在我国政策设计层面，对共享汽车行业来说，缺乏关于汽车运营服务的考核机制和评价标准。

综上所述，共享汽车企业与政府缺乏紧密联系的现象存在率较高，这不仅不利于提升用户的共享汽车体验感，也不利于自身的发展，同时，相关部门应该加大对共享汽车企业的扶持力度，实现政府、共享汽车企业、用户的三方联动。

三 共享汽车发展困境的形成原因

（一）共享汽车治理碎片化

英国学者佩里·希克斯认为，碎片化是指政府、社会组织和公众之间缺乏有效的连接和合作共享的统一精神，低效率处理并缺乏有效的商议、合作和监督。缺乏责任制和合理的规章制度会出现无法达成多方合作联动的局面，无法对现有问题形成分工治理的问题解决机制，进而造成整体的社会效益下降。2018年，由于资金链断裂等，友友用车和EZZY宣布倒闭，共享汽车行业步入深度洗牌期。本是十分具有发展前景的行业却止步不前，整体行业各方主体的协调和整合尚未实现，这主要表现在以下几个方面。第一，共享汽车企业和政府之间缺乏衔接。共享汽车企业作为服务的提供者，其本身就应与政府和用户建立起联系，达到各方的整合，从而提高整体的社会效益。第二，共享汽车企业与用户之间缺乏有效连接。共享汽车企业与用户之间建立有效连接是满足需求方需求的前提。但是，在实际运转过程中，共享汽车企业与用户之间的连接效果并不理想，仍需不断加强。可见，碎片化的治理是共享汽车困境形成的重要原因之一，无法达到各部分之间的协调统一，无法有效满足公民的需求，所以亟须联合各方主体，整合资源、力量，加强整体性合作，对共享汽车实现共治。

（二）数字化、网络化、信息化发展不完善

党的十八届五中全会提出，要实施"互联网+"行动计划、发展共享经济，实施国家的大数据战略。国务院发布的《促进大数据发展行动纲要》也明确表示，要搭建数据开放共享的快速通道，将资源进行最大限度地整合，从而完善整个治理体系。首先，基于信息技术和网络技术的进步，依托共享汽车App的汽车共享才成为可能，但是在共享汽车治理过程中缺乏数字资源的整合性思维。一方面，提升技术水平能够改善共享汽车的汽车质量，可以提升用户使用的安全性，提高用户的体验感，从而达到提高市场份额的目的。另一方面，提升技术水平能改善目前共享汽车企业只运用大数据来定位共享汽车的情况，方便用户寻找共享汽车，也可以提高共享汽车停车点规范管理的创新性，这不仅能够加强与政府的衔接，而且能够形成更强有力的竞争优势。其次，共享汽车企业与政府之间缺乏数据共享机制。这使得政府对共享汽车的发展难以提供有针对性的、具体且

全面的政策法规。最后，政府与公民之间也缺乏数据连接。如果政府能够对公众进行数据管理，那么就能够迅速掌控公民的乱停乱放现象，使共享汽车无序停放的现象得到有效治理。

（三）以公众需求为导向并未实现

按照希克斯的说法，"公众有一些需要合作解决的问题"是整体性治理背后的三个假设之一。使政府的功能进行整合，则是整体性治理的目标，这样便于更有效地处理公众最关心的一些问题，而不是公众在部门和机构之间疲于奔命。可以看出，整体性治理视角是以满足公众的需求为落脚点的，但是共享汽车的发展在这一点上却未能如意。共享汽车的发展过程中出现的各方问题，其实都是公众的需求未得到满足。从共享汽车企业角度来看，在技术层面未能有效发挥技术的竞争力。在服务层面未能及时解决用户在使用过程中面对的各种问题，这主要表现在时间延迟和解决方案不合理两方面，导致用户的服务体验感不佳，需求满足度降低。从政府角度来看，共享汽车发展相关的政策法规缺位，使得共享汽车行业的发展面临种种困境，导致共享汽车企业的发展缺乏相应的规范、约束，难以有力保障用户的利益。因此，从整体性治理视角来看，共享汽车企业还尚未能把满足公众的需求当作落脚点。

四 整体性治理视角下共享汽车发展的优化路径

（一）确立整体性思维，多元主体协同治理

当今社会是一个分工极度发达的社会，专业化程度较高，同时，相互依赖的程度也较高。因此，更需加强主体间的协调和整合，由碎片化治理走向整体性治理，将协调、整合与责任作为治理体制中的三元素，强调跨层级、跨部门、跨功能的整合和协调，解决存在的碎片化问题。整体性治理有助于加强共享汽车各主体之间的联系，破除碎片化，优化共享汽车的发展路径。

首先，要加强共享汽车企业与政府之间的衔接。一方面，政府需要给予共享汽车企业一定的政策性支持并加强对共享汽车企业的监管。另一方面，企业要积极配合政府的治理。其次，要加强共享汽车企业与用户的连接。一方面，企业要大力发展"互联网+"等高端技术，发挥技术和创新的优势，提升技术水平与服务质量，给予用户较好的使用体验。另一方面，用户个人要提高道德素质，在使用共享汽车的过程中勿故意破坏共享汽车，要文明用车，促进共享汽车企业和用户之间的良性互动。最后，要加强用户与政府之间的联系。一方面，用户要自觉接受政府的监督，在使用共享汽车的过程中遵守政府出台的政策法规，与政府协调一致。另一方面，政府也要加强对共享汽车用户的监督，增加对用户使用共享汽车中违规行为进行惩罚的法规，以达到规范用户共享汽车使用行为的目的。总之，要改变之前政府、共享汽车企业、共享汽车用户之间的孤立局面，破除共享汽车的碎片化治理，建立起多方主体联系的共享汽车整体性治理体系（见图2）。

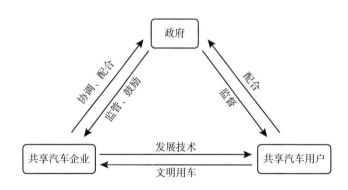

图2　多方主体联系的共享汽车整体性治理体系

（二）加强"三化"建设，为整体性治理提供技术性支持

"三化"，即信息化、网络化、数字化。彼此之间需要建立资源的衔接和共享，通过互动和合作，促进各方协调整合，以信息化、网络化、数字化为手段推进共享汽车实现整体性治理。首先，要加大共享汽车企业引进和开发高新技术的投入力度。一方面，共享汽车企业加大对技术的投入力度，可以

有效增强竞争力,改变盲目争夺市场份额的乱况,从而扩大市场规模。另一方面,加大对"三化"的投入力度,可以帮助企业以技术手段为支撑,更具规模性地投放共享汽车,使投入精准、高效,从而减少过度和盲目无序投放,促进共享汽车发展的规范化和科学化。其次,政府要有效利用"三化"的发展成果。政府可以通过对先进"三化"成果的合理运用,加强政府对共享汽车市场的有效管理。比如,可以利用 GPS 对共享汽车进行定位、联网,从而根据数据的分析和推算,提升对共享汽车市场的监管能力,促进共享汽车行业良性发展。另外,也可以通过"三化"发现用户在共享汽车使用过程中的不当行为,从而实现政府对用户的有效监督,改变共享汽车使用市场混乱的状况。最后,要建立政府和企业数据共享机制。整体性治理的核心是协调和整合,运用"三化"的连接性和共享性,加快政府和企业之间信息共享机制的建立,使政府和企业实现协调,实现信息和资源的整合、连接,通力克服共享汽车的发展困境,实现其发展的路径优化。因此,加强"三化"的建设,不仅要从政府和共享汽车企业两方面下手,也要从二者的连接和整合入手,实现以"三化"为依托的共享汽车的智能化、科学化、规范化发展。

(三)要以公众的需求为基础,提高其参与度

共享汽车的整体性治理过程,就是各主体整合和协调一致,从而攻克共享汽车发展难题的过程,而这一过程是以满足公众对共享汽车的需求为导向的。首先,要强化公众的参与意识。进行整体性意识的宣传,使公众意识到自己也是共享汽车发展的重要参与主体。这个主体性不仅表现在使用共享汽车中的用户角色上,而且也表现在公民角色上,即发挥社会监督的作用。作为用户,要文明用车,不能出现损坏共享汽车的情况,提高自己的道德素质,使自己真正参与到社会治理中来,促进共享汽车行业乃至整个社会的良性循环。其次,政府和共享汽车企业要联合起来为公众提供更好的服务,满足公众的需求。要想使共享汽车能够持续性发展,使整体受益成为可能,那就必须重视公众的需求,以公众的需求为导向,通过整体性治理来优化共享汽车发展路径,实现共享汽车行业的可持续发展,促进社会进步。

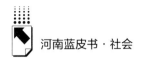

参考文献

翟冰心：《分时租赁汽车交通事故出租方责任归责原则研究》，硕士学位论文，上海师范大学，2019，第8页。

唐千皓：《中国租赁型共享汽车立法问题研究》，《广西民族大学学报》（哲学社会科学版）2018年第4期。

汪易、李丹：《创新形势下共享汽车发展状况与前景分析》，《全国流通经济》2019年第23期。

郭恒：《我国新能源汽车租赁行业的激励政策研究》，硕士学位论文，湖南师范大学，2019，第12页。

李鲁苗：《我国新能源汽车分时租赁发展现状、问题及建议》，《汽车纵横》2019年第8期。

牟荣华：《共享汽车安全保障问题研究》，《中国集体经济》2019年第9期。

张倩、綦晓倩、邬旭：《共享电动汽车及充电桩运营模式分析与规划》，《智能城市》2020年第1期。

陈佳能、李丹：《共享汽车行业未来发展分析》，《合作经济与科技》2019年第24期。

周熙钦：《共享汽车发展研究》，《时代农机》2017年第9期。

李冉：《危机中的共享汽车》，《人民交通》2019年第7期。

吴旭甜、王连娣：《共享汽车发展优劣势及未来发展趋势研究》，《智能城市》2018年第12期。

卢丽娜：《我国共享汽车的发展现状与问题浅析》，《福建商学院学报》2019年第2期。

霍正琦：《新时代共享汽车面临的困境与优势》，《智能城市》2019年第12期。

叶颖：《整体性治理视角下基层社会治理机制探究——以北京市"街乡吹哨、部门报到"为例》，《中共石家庄市委党校学报》2020年第2期。

韩兆柱、曹美晴：《整体性治理视角下共享单车治理路径探究》，《燕山大学学报》（哲学社会科学版）2019年第4期。

陈振明：《国家治理转型的逻辑：公共管理前沿探索》，厦门大学出版社，2016。

竺乾威：《从新公共管理到整体性治理》，《中国行政管理》2008年第10期。

B.6
持续巩固拓展脱贫攻坚成果机制研究[*]

崔学华[**]

摘　要： 当前，河南省正处于巩固脱贫攻坚成果同乡村振兴战略相衔接的关键时期。下一步，必须采取有力举措，克服灾情、疫情影响，抓好防止返贫动态监测帮扶、确保脱贫人口和监测对象稳定就业、推进扶贫产业提档升级、高度重视气候风险治理，持续巩固拓展脱贫攻坚成果。

关键词： 脱贫攻坚　乡村振兴　扶贫产业　河南

近两年以来，河南省克服灾情、疫情影响，精准抓好守住底线、强化发展、促进振兴三项核心工作，有效巩固拓展脱贫攻坚成果，防止规模性返贫的发生，为全面实现乡村振兴和走向共同富裕打下了坚实基础。当前，随着经济社会发展的不确定性因素叠加出现，诸如极端天气、全球疫情、经济衰退、俄乌冲突等新兴风险，加上全省"三山一滩"地区发展基础仍然薄弱，持续巩固拓展脱贫攻坚成果面临巨大挑战。要高度重视气候风险治理，强化防止返贫动态监测帮扶，强化产业就业帮扶，强化人才队伍扶持，防止灾情、疫情等不确定性风险引发规模性返贫。

[*] 本文为河南省社会科学院 2022 年度创新工程重点项目"持续巩固拓展脱贫攻坚成果机制研究"（22A16）的阶段性成果。

[**] 崔学华，河南省社会科学院副研究员。

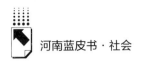

一 近年来河南省巩固拓展脱贫攻坚成果的基本成效

当前，河南省面对灾情、疫情和经济下行，使全省人民共享高质量发展成果、防止规模性返贫发生依然是当前农村工作的重中之重。全省上下不惧困难，千方百计杜绝帮扶政策刹车、防止帮扶力量减弱，有效巩固了脱贫攻坚成果。一是强化动态监测，精准守住返贫致贫底线。2020年完成脱贫攻坚任务后，河南省建立健全易返贫致贫人口的快速发现和响应机制，对于由灾情、疫情、行业风险、意外病残和经济下行导致的脱贫不稳定户、边缘易致贫户以及突发变故导致的严重困难户这三类人群，采取精准识别和精准扶持的举措，坚决做到不让一户群众出现返贫致贫。截至目前，没有出现"三类户"得不到及时帮扶的情况，也没有发生"三类户"因帮扶不力出现返贫致贫的现象。二是直面灾情、疫情，全力帮扶受灾村民。2021年的"7·20"特大暴雨给河南人民带来了沉重灾难，对于刚刚脱贫的广大农村居民更是雪上加霜。灾情发生后，河南省立即启动应急响应机制，组织广大干部群众有效利用未来降雨过程的间隙，迅速摸清洪涝灾害对农户生产生活的影响，及时确定因灾受损家庭需要纳入监测对象的七种情形，即"房屋严重损毁"、"安全饮水无法恢复"、"家庭成员因灾丧亡、重病、致残"、"庄稼严重减产或绝收"、"畜禽大量死亡损失惨重"、"因灾小型手工作坊损失严重"和"因灾导致停工"，对经过排查符合纳入防止返贫监测对象标准的所有灾民，确保全部纳入监测对象。同时，加强灾后重建，大力发展特色产业，加强就业扶持和就业培训，助推监测对象持续脱贫。截至目前，全省所有脱贫户和监测对象的年人均纯收入增幅已明显超过全省2021年度农村居民人均可支配收入增幅。三是强化资金保障，大力加强扶贫资产管理。资金有保障，是巩固脱贫攻坚成果和推进乡村振兴的基础。在洪涝灾害发生后的重建方面，截至目前，中央和省级财政已累计下达54.84亿元用于全省抢险救灾和灾后重建工作。同时，增量资金、整合财政涉农资金以及下拨的防汛救灾资金已全部用于巩固拓展脱贫攻坚成果，有力保障了灾后重建工作。

同时，河南着重加强扶贫资产后续管理，在全省大力推广平顶山市的"六权同确"扶贫资产管理模式，取得良好效果。通过对各类扶贫资产建立明细台账，健全扶贫资产管理制度，明确所有权、放活经营权、强化管理权、保障收益权、落实监督权、规范处置权，确保扶贫资产持续发挥效益。河南也比较重视保险业对巩固拓展脱贫攻坚成果的支持作用，为推动产业持续健康发展加上一道保险阀。

二 当前巩固拓展脱贫攻坚成果面临的风险与挑战

（一）持续巩固脱贫成果难度较大

巩固脱贫成果难度较大，突出表现为脱贫户因病因灾返贫风险突出、数量庞大。一是自然灾害造成巩固脱贫成果难度增大。2020 年初，国务院扶贫办明确提出了脱贫监测户和边缘易致贫户（统称"两类户"）的概念，并组织进行了边缘易致贫户和脱贫监测户摸底。根据河南省精准扶贫信息管理平台监测统计，全省边缘易致贫户和脱贫监测户共有 10.9 万户，合计 35.5 万人，边缘易致贫人口与标注脱贫监测人口比例为 3∶2，"两类户"因病因残返贫比重高达 56%，且有逐年增高趋势，是规模最大的返贫致贫群体。2021 年，国家提出了要将脱贫不稳定户、边缘易致贫户、突发严重困难户等"三类户"及时纳入监测帮扶范围。河南省自 2021 年 7 月以来，遭受灾情、疫情叠加影响，返贫致贫风险剧增。省乡村振兴局瞄准"房屋严重损毁"、"庄稼严重减产或绝收"、"安全饮水短期无法恢复正常"和"整户低保户" 4 类人群和需要纳入监测对象标的"七种情形"，对经过排查符合纳入监测对象标准的受灾群众，及时纳入监测帮扶。数据显示，截至 2021 年 11 月 15 日，全省 7 月以来累计新增监测对象 9.52 万户 30.16 万人，占灾前监测对象规模的 87.3%。二是因病因残造成巩固脱贫成果难度增大。在安阳滑县的调研中发现，某乡镇共有 6 个脱贫户返贫。其中 2 个返贫户都有癌症患者，一个患者做了手术，另一个患者保守治疗。另外 4 个返贫户，一个因为家里有中风病人返贫，弱劳动力被占用；一个因为脑出血后遗症返贫；另外两个分别因为痴呆和精神病

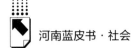

返贫，家里的主要劳动力去世了，只剩下憨傻痴呆患者，生活难以自理导致返贫。经常出现"一人生病，全家返贫"的现象。还有一些脱贫不稳定户、边缘易致贫户以及突发严重困难户，由于突然降临的风险返贫，没有被及时调整为返贫户。要对因病因灾返贫问题持续关注，对"三类户"重点监测，及时调整、及时帮扶，防止发生返贫致贫。

（二）稳定脱贫质量不高

部分脱贫村出列质量不高、基础设施落后、脱贫户人均收入较低、帮扶措施可持续性较差，造成一部分脱贫户很快返贫。一是对部分贫困户脱贫把关不严。"虚假脱贫""数字脱贫"等现象不同程度地存在，是返贫的潜在风险。通常表现为帮扶方式比较简单，主要是送钱送物，重输血轻造血，激发贫困户主动脱贫意识的能力不强，不符合稳定脱贫的内在规律，脱贫质量不高，返贫风险较大。二是部分脱贫户增收渠道单一。这部分群体需要重点监测关注，主要包括六类群体，分别是"脱贫户中人均纯收入较低的群体、主要依靠转移性收入的群体、劳动力系数较低而且没有政策保障的群体、家庭成员中有大病病人的群体、减少分红后人均纯收入较低的群体以及家庭成员中无劳动力的群体"，这些群体属于返贫风险较高的脱贫户，是防止返贫的重中之重。三是脱贫攻坚中存在脱贫不平衡现象。近年来，贫困人口在部分曾经的贫困村和非贫困村中的占比变化较大，不平衡问题比较突出。主要表现为贫困村的贫困人口占比逐渐下降，而部分非贫困村的贫困人口占比不断上升，非贫困村的公共服务水平和基础设施建设明显落后于曾经的贫困村。目前脱贫地区坚持政策不刹车、扶持力度不减弱，估计会产生新的不平衡问题。不平衡问题容易导致边缘易致贫户产生新的贫困问题，严重影响脱贫攻坚质量。

（三）扶贫产业带贫作用不强

产业扶贫仍是脱贫振兴的短板，全省产业扶贫覆盖率低、同质化现象突出、利益联结机制不完善、政策变动风险大、持续性较差以及农民主体性缺失，造成扶贫产业带贫作用不强。一是部分产业扶贫政策限制太多。地方政府在发展产业项目时，没有灵活合理的选择权限，导致扶贫产业带贫作用不强。在安阳滑县的调研中发现，为了降低违规违纪风险，地方政府只能选择一些符合文件规定但无法达到文件要求的产业项目，导致扶贫产业发展得不到政府足够的支持，带贫效益大打折扣。例如，2018年7月出台的《河南省扶贫车间建设管理办法（试行）》（豫脱贫办〔2018〕84号）要求"政府投资和政府或社会共同投资及社会投资政府予以奖补的扶贫车间，原则上每百平方就业人数不低于15人，贫困群众就业人数占总用工人数比例不低于30%并稳定就业"。因此，滑县的扶贫车间在建设选址时，综合考虑企业发展、用工数量和带贫需求，建设选址分布在人口较多、交通便利的行政村周边，但是选择在家就近就业且符合企业用工要求、能够被企业聘用的贫困户数量远低于文件规定的带贫数量。同时，滑县在带贫数量方面与用工企业做了很多沟通，比如放宽用工年龄限制，让行动不便但有就业意愿的贫困户在家完成作业交付企业等，但是达到30%的带贫比例还有一定的困难，导致全县的扶贫车间发展进退维谷。二是部分产业谋划质量不高。部分县域支柱产业、乡镇特色产业扶贫项目单一，同质化现象严重，加剧了市场竞争，后期发展面临较大的经营风险，部分脱贫户可能因此返贫。调研中发现，一些脱贫县产业发展项目覆盖率低，其中光伏扶贫项目就占42%。部分产业扶贫项目缺乏龙头企业带动，利益联结机制不完善，没有形成稳定的经济利益共同体，脱贫户通过产业发展项目获得稳定收益的途径需要进一步拓宽。

（四）稳定就业难度较大

一是职业技能培训难度较大。在新乡市封丘县的调研过程中，一位扶贫干部说："脱贫摘帽以后，要想巩固脱贫成果防止返贫，关键是让脱贫群众必须掌握一技之长，达到稳定就业、持续增收的效果。但是我们在培训工作方面，遇到很多问题。"总结起来，主要有四个方面。第一，部分脱贫户思想观念相对滞后，组织培训难度较大。通常经济条件差的劳动力在文化程度、思想认知、健康水平和劳动技能等方面较差，在技能培训和就业求职上存在"不愿学"和"不愿干"的问题。同时，由于农村的主要劳动力是留守在家的老人、孩子和妇女，他们在主观和客观上都难以接受职业技能培训。所以，多数基层政府组织的职业教育和技能培训通常是走走过场，组织难度较大，培训效果不甚理想。第二，培训条件有待提升。培训设施比较落后，职业教育硬件建设、师资力量都不达标，部分乡镇没有固定的培训场所，无力承担大型、专业培训任务。第三，干部着急、群众旁观现象比较明显。部分脱贫户把贫困当习惯，内生动力差，"坐、等、靠、要"思想严重，存在"上面热、下面冷，干部急、脱贫户不急"的问题，脱贫户缺乏自觉培训意识。第四，资金统筹管理难度大。统筹培训效果更好，但在具体操作过程中，由于各部门用于培训的经费来源不一样，使用标准不一样，如乡村振兴局牵头培训的经费来源于扶贫资金，人社厅牵头培训的经费来源于就业专项资金，想要实行统一管理难度较大。二是返贫人口就业能力较弱。2017 年，河南省返贫人口中劳动力人数合计 3410 人，其中普通劳动力 3399 人、技能劳动力 11 人，丧失劳动力 981 人，无劳动力 3471 人。2019 年，河南省返贫人口中劳动力人数合计 619 人，普通劳动力 615 人、技能劳动力 4 人，丧失劳动力 192 人，无劳动力 805 人。数据表明，2017 年返贫人口中丧失劳动力和无劳动力的比重达到 57%，2019 年达到 62%，有劳动能力的人绝大部分都是普通劳动力，所以返贫人口就业十分困难。三是脱贫人口创收增收渠道单一。调研中发现，多数脱贫人口收入构成不合理，增收渠道狭窄，其中经营性收入占比不到 19%，转移性收入在 51% 以上，属于政策性脱贫，存在较大的返贫风险。

三 持续巩固拓展脱贫攻坚成果的思考建议

（一）抓好防止返贫动态监测帮扶

一是确保应纳尽纳。要坚持"干部入户排查、群众自主申报、部门信息比对"三种渠道相结合，把"三类户"识别准，识别一户纳入监测一户。要发挥干部入户排查的主渠道作用，真正把排查工作做细做到家，不能靠村组干部凭印象随意定。要加强防止返贫监测帮扶政策宣传，提高群众对政策的知晓度，调动群众自主申报的积极性。要加强部门数据比对，结合因灾影响需要纳入监测对象的"七种情形"，重点关注因灾"房屋严重损毁"、"庄稼严重减产或绝收"、"安全饮水短期无法恢复正常"和"整户低保户"四类人群，及时将数据比对情况交由乡村核实。二是强化精准扶持。确保一对一帮扶，一名公职人员帮扶一名监测对象，根据返贫致贫风险点，精准制定帮扶措施、开展"一对一"帮扶，不能把帮扶责任推给村组干部。帮扶责任人每月要至少一次深入帮扶对象家中走访慰问、了解情况，有针对性地进行帮扶。要落实帮扶政策，"三类户"可以享受的教育、医疗、住房、饮水、就业、产业、金融、综合保障等方面的帮扶政策要逐一落实到位，做到应享尽享。要采取行之有效的帮扶措施、具体生动的帮扶方式，将帮扶责任人和帮扶政策措施以白纸黑字的方式入户上墙，让老百姓明明白白，让帮扶对象清楚该享受什么政策、已享受什么政策。三是做到审慎退出。对监测对象，通过实打实的帮扶，在确实达到风险稳定消除标准的前提下，再标注"风险消除"，不能为了追求风险消除率提高而快进快出，甚至在收入和"两不愁三保障"没有达标的情况下就标注"风险消除"。对脱贫村定期开展"回头看"，坚持问题导向和目标导向，以县为单位，每半年坚持对脱贫村回头检查，查找薄弱环节和短板不足，查看返贫发生率和返贫致贫风险，查看基础设施建设和公共服务水平，查看集体经济收入和外出务工收入，防止各类不确定性风险发生。

（二）确保脱贫人口和监测对象稳定就业

务工收入是农民收入的主要来源，也是乡村振兴的潜力所在。国家明确要求，中西部省份脱贫劳动力输出数量要保持 2021 年水平。尤其是河南省在遭遇特大洪涝灾害后，农民经营性收入有所下降，更要靠工资性收入补上来。各地要持续做好脱贫人口和监测对象就业帮扶工作，确保稳岗就业，确保全年就业总规模稳中有升，确保农民收入稳中有增。一是强化技能培训。要将相关部门的职业技能培训有机结合，例如人社厅、农业农村厅有技能培训，乡村振兴局和教育科技部门也有技能培训，虽然内容不同，但可以统筹经费，统筹安排学习，合力提高脱贫劳动力的技术水平，提高监测对象的上岗率，努力做到人人持证、技能上岗，让务工者稳定就业，让体力型就业逐步转化为技能型就业，确保脱贫人口和监测对象稳定就业，从而优化就业结构，增加工资性收入。二是推动转移就业。开展有组织的劳务输出，做好组织动员和劳务输出服务，采取点对点、组团式输出方式，让脱贫劳动力和监测对象走出农村、走出本土，并积极协调输入地帮助脱贫劳动力和监测对象稳在企业、稳在当地。三是推进本地就业创业。要动员和支持帮带企业和扶贫车间优先吸纳脱贫人口和监测对象就地就近就业，严格按照上级有关规定执行带贫扶贫措施，建立帮扶项目利益联结机制，真正为当地脱贫户带来稳定职业和稳定收益。要适当扩大公益岗位规模，积极开发排涝清淤、灾后重建、疫情防控、生态修复等领域的公益岗。要因地制宜采取以工代赈方式安排灾后重建项目，优先吸纳脱贫人口和监测对象参与工程建设，使其获得务工收入。四是支持返乡创业。要在充分调研的基础上，真正了解返乡创业人员的需求，合理制定完善一揽子优惠政策，满足返乡创业人员的资金、土地和技术服务需求，运用更加精准的服务措施、更为合理的操作流程，打通政策落地环节的堵点，进一步提升基层服务水平，让支持政策惠及更多的返乡创业者。

（三）推进扶贫产业提档升级

一是做大主导产业。要坚持因地制宜，发挥资源优势，突出地域特色，将产业发展"十大行动"不断引向深入，按照"延长产业链、提升价值链、打造供应链、完善利益链"四链同构的思路，推动乡村产业由点状布局向点面结合延展、从"小而全"向"大而精"迈进，逐步形成区域性、框架型、体系化的发展格局，提高产业市场竞争力和抗风险能力。二是强化政策支持。要切实将50%以上的财政衔接资金用于产业项目，并逐年提高投入比例。要重视以金融资金助力产业发展，省里已经明确，"过渡期内，财政资金对5万元（含）以内部分在2023年12月31日前产生的利息给予全额贴息，2024年元旦后产生的利息给予部分贴息"，这是一项重要的利好政策，各地要充分运用有限的财政资金，精准办理贷款手续。对于符合贷款条件且有小额贷款意愿的脱贫人口和监测对象应贷尽贷，对于因灾因疫导致无法按时偿还信贷的农户，应该及时办理续贷手续。同时，要加大精准帮扶企业的贷款投放力度，支持帮带企业不断发展壮大，完善帮扶项目联农带农机制，带动脱贫群众和监测对象增收致富。三是优化帮带模式。要加强产业扶贫基地、带贫龙头企业、农民专业合作社以及致富带头人的载体平台建设，推广应用好脱贫攻坚期内探索形成的有效帮带模式，比如，"龙头企业+贫困户"模式、"合作社+贫困户"模式、"扶贫基地+贫困户"模式，以及"龙头企业+合作社+贫困户"模式、"龙头企业+基地+贫困户"模式、"合作社+贫困户+金融"模式等带贫模式，使脱贫群众与带贫主体之间建立稳定、紧密、互利的利益联结关系，让脱贫群众持续稳定增收。四是抓好消费帮扶。要继续开展扶贫产品认定工作，严格扶贫产品向上申报的审核标准，实行扶贫产品动态管理。组织开展形式多样的产销对接活动，建好、管好、用好消费帮扶的专业场馆、消费专柜及扶贫专区，持续推进帮扶产品走进市场、走进商超、走进社区、走进学校、走进机关，让脱贫地区的农副产品卖得越来越好、越来越广，助农富农。

（四）高度重视气候风险治理

提升乡村防范自然灾害的能力，做好灾后重建工作。要把全面提升乡村防灾减灾救灾能力作为治本之策，加强乡村自然灾害防御体系建设。一是要建立联防联控机制。成功的灾害预防需要不同领域的权威专家、政府部门、新闻媒体和公众之间的合作才能完成。市级政府在主汛期要有高度敏锐的汛情风险意识，着力提升自然灾害的预报水平。强化联防联控，需要专业部门与非专业部门互通互联、会商研判，精准预警，精准响应，最大限度减少损失。二是要建立预警响应机制。建立健全水旱、地震、气象灾害、地质灾害、生物灾害等灾害的监测预警体系，强化预警信号传播和防灾减灾知识普及，完善预警信息"叫应"机制，确保信息发布到村、到户、到每个人，着力提升乡村防范自然灾害的能力。

B.7
河南农民工创业就业发展现状
与对策研究

高霞 韩晓明*

摘 要： 面对特大洪涝灾害、新冠肺炎疫情多点散发、大宗商品价格上涨、电力煤炭供应紧张等影响经济稳定的突出问题，河南坚决贯彻落实党中央、国务院和省委、省政府关于"稳就业"和"保居民就业"的决策部署，深入实施就业优先战略，因势利导，变被动为主动，引导返乡滞留农民工结合自身和区域优势，就近就地创业就业。但从总量看，创业就业岗位非常有限；从结构看，就业矛盾更加凸显；从外在环境看，新的影响因素持续增多；从地方政府功能看，主动服务仍需强化；从创业能力看，返乡创业企业亟须转型；从创业环境看，社会认可支持的氛围尚需加强。因此，河南应加强供需对接，优化创业就业服务，完善创业就业政策，坚持示范带动，营造社会氛围。

关键词： 农民工 创业就业 社会调查 河南

一 研究背景

近年来，河南省委、省政府积极贯彻中央决策部署，把鼓励支持农民

---

* 高霞，管理学博士，河南农业大学副教授；韩晓明，河南省社会科学院人口与社会发展研究所助理研究员。

工返乡创业摆在河南发展全局的重要位置，全省农民工返乡创业由早期的零星分布、较小规模逐渐发展为"产业聚集、量质齐升"，农民工返乡创业呈现出蓬勃发展的巨大潜力，对河南整体就业带动作用日益凸显，已成为新的时代潮流。2021年，面对特大洪涝灾害、新冠肺炎疫情多点散发、大宗商品价格上涨、电力煤炭供应紧张等影响经济稳定的突出问题，河南省就业系统坚决贯彻落实党中央、国务院和省委、省政府关于"稳就业""保居民就业"的决策部署，深入实施就业优先战略，完善落实减负稳岗扩就业政策，扎实做好高校毕业生、农民工、就业困难人员等重点群体就业工作，保持就业大局总体稳定。在当前困难形势下，因势利导、变被动为主动、引导返乡滞留农民工结合自身和区域优势就近就地创业，对推动河南转型发展、实现巩固拓展脱贫成果与乡村振兴有效衔接，都具有极为重要的现实意义。因此，本研究基于这种现实进行调研，尽可能全面摸清河南农民工返乡创业的现实状况，包括群体特征、创业动机、创业业态、现实需求等，总结农民工返乡创业的好的做法和成功要素，探索可行机制和经验模式，为切实推动农民工返乡创业工作提出具有针对性的对策建议。

二 研究动态

"农民工"群体是中国特有的称谓，国外对农村劳动力人口流动进行了大量研究，对社会创业研究的成果也相对较多，但仅就农民工返乡创业进行的系统研究相对较少。大部分外文文献主要关注城乡人口流动以及农村人口转移和创业。推拉理论是研究人口流动、移民的经典理论。舒尔茨（Schultz）和贝克尔（Becker）认为，劳动力迁移是投资人力资本的行为之一。国外学者对创业的研究较多，Cabaras认为创业的外部环境可以影响创业者的决策和选择行为。Davidsson认为，影响创业者行为的因素主要有"创业者经历、务工经验、家人支持"等。熊彼特（Schumpeter）认为，创业者本身的特性决定了其创业选择和决策。

从国内研究情况看，当前农民工返乡创业日益成为热点问题，研究成果明显增多。运用 CNKI 检索"篇名=农民工创业"，不限时间，可以查询到 4015 篇文献，其中，学术期刊 2143 篇，学位论文 284 篇，会议 29 篇，报纸 1390 篇，图书 1 部，成果 3 项，学术辑刊 14 篇，最早的文献是 2008 年 1 月 31 日由陕西省人民政府办公厅发布的政府公报《关于认真做好农民工回乡创业工作的通知》。其中，2009 年就发表了将近 1200 篇文献，然后逐步回落，每年发表的相关文献数量保持在 100~300 篇。从文献的关键词看，主要有农民工就业、农民工创业、农民工返乡、农民工返乡创业、回乡创业、返乡农民工、返乡创业、农民工创业园、新生代农民工、创业就业、返乡创业意愿、就业创业、创业意愿、创业培训、创业能力、创业动机、创业绩效、创业项目、创业贷款等，相伴的关键词还有新农村建设、乡村振兴战略等。从文献的发文主题看，关于"农民工"的文献 1144 篇，"返乡创业"文献 654 篇，相关的"乡村振兴"文献 306 篇。主题分布还包括回乡创业、创业培训、创业意愿、社会资本、创业环境、就业创业、创业绩效、创业能力、人力资本、创业就业、创业政策、社会网络、创业动机、创业创新、金融支持、精准扶贫等。从文献网络的中心度分布看，"农民工"的中心度高达 0.98，"返乡创业"的中心度为 0.23，"创业"的中心度为 0.17。此外中心度较高的关键词还包括乡村振兴、创业培训、创业意愿、回乡创业、劳务输出、创业就业等。综合来看，国内学者从各角度对我国农民工返乡创业进行了相关研究，聚焦在以下几个方面。一是农民工返乡创业的特征与成因。如谢恒认为，外出务工人员之所以会返乡创业，最初就是为了"提高收入、改善生活"，而后"家乡变化和家庭等原因"也是促使返乡创业的重要因素。邹玉有通过建立"GEM 改进模型"，从农民工"自身特质、家庭及所在环境"等方面，对农民工返乡创业原因进行分析。二是农民工返乡创业概况。如刘洋通过对返乡创业农民工文化素质和技能水平进行调查分析，将农民工返乡创业模式大致分为"扶持创业类、个体创业类、合伙创业类、组织创业类"等四种情况。三是研究农民工返乡创业过程中的政府行为。如刘珍英从中央政府和地方政府两个层面提出针对政府引导农民工返乡创业的政策。但由于农民工返乡创业仍处于培育发展阶段，目前的研究侧重于理论性分析，实证性研究成果相对不足，对河南省农民工返乡创业的动机、发展、保障、激励等方面仍需深入实施追踪研究。

三　河南农民工创业就业现状

河南作为农业大省、人口大省、农民工大省，城乡劳动力总量约 6700 万人，其中农村劳动力约 4800 万人。2020 年，河南农村劳动力转移就业 3040 万人，其中省外务工 1214 万人，外出人员返乡创业累计达到 166.19 万人，累计带动就业 976.85 万人。近年来，省委、省政府认真贯彻习近平总书记指示批示精神，统筹谋划，全力推进外出务工人员返乡创业。河南外出人员返乡创业呈现出"范围广泛、主体多元、业态多样、途径多形式"的特点。习近平总书记专门对河南外出人员返乡创业工作出重要批示，胡春华副总理也批示肯定，国务院办公厅专报刊发河南省"三轮驱动"支持农民工返乡创业工作做法，国家发改委、人社部先后在河南省召开返乡创业工作现场交流会。河南省出台的关于支持农民工返乡创业的系列扶持政策，在国务院第四次大督查中，作为典型经验受到国务院通报表扬。

（一）稳就业政策体系更加完善

截至 2021 年底，全省城镇新增就业达 125.4 万人，超额完成 110 万人的预期目标。2021 年 12 月城镇调查失业率为 5.3%，城镇登记失业率为 3.4%，均低于预期控制目标，实现了"十四五"就业工作良好开局。河南省强化就业优先政策，不断在政策端做"加法"，在企业端做"减法"，延续部分减负稳岗扩就业政策措施；出台社保"缓降"政策，为企业减负 37 亿元，向 11127 家企业发放稳岗返还 6.9 亿元，惠及职工 91.1 万人；为帮扶企业、商户复工复产，将新增发放创业担保贷款目标任务从 80 亿元提高到 100 亿元；印发支持多渠道灵活就业的实施意见，进一步拓宽灵活就业发展渠道；落实高校毕业生"3215计划"（即企业吸纳30万人、政策性岗位招录20万人、自主创业和灵活就业15万人），制定出台促进高校毕业生更加充分更高质量就业"13条"。各项就业政策的落实，为稳定和扩大就业提供了有效保障（见图1）。

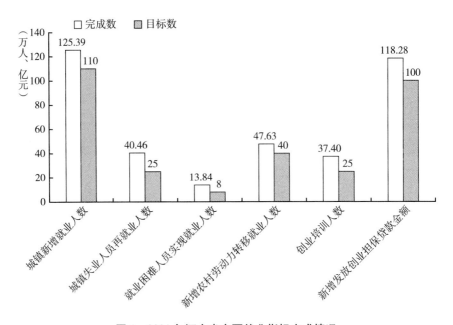

图1 2021年河南省主要就业指标完成情况

（二）重点群体就业扎实推进

截至2021年底，全省高校毕业生已实现就业65.9万人，总体就业率为93.3%，高于去年同期水平。有序推动农村劳动力转移就业，全年新增农村劳动力转移就业47.6万人，累计转移就业总量达3134.3万人。统筹做好困难群体就业，累计帮扶40.5万失业人员、13.8万就业困难人员实现就业；持续强化公益性岗位兜底，全年新安置城乡公益性岗位人员5.2万人，帮助2653名零就业家庭成员、重度残疾人、大龄困难人员实现稳定就业，确保零就业家庭"动态清零"（见图2）。

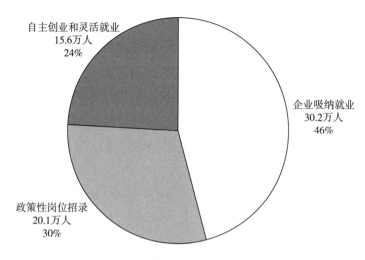

图2 2021年河南高校毕业生"3215计划"完成情况

（三）创业带动就业作用有效发挥

大力推进创业培训工作，全年创业培训累计服务37.4万人；不断加大创业担保贷款支持力度，全年新增创业担保贷款118.3亿元，扶持7.1万人自主创业，带动和吸纳就业25万人；持续支持创业孵化园区建设，全年新增16家省级创业孵化示范园区和2家国家级创业孵化示范园区，截至2021年底，人社部门管理和认定的省、市、县三级创业孵化基地达337个，在孵创业实体2.5万家，带动和吸纳就业超过20万人。

（四）就业服务更加优化

强化线上就业服务，截至2021年底，依托河南省"互联网+就业创业"信息系统，面向公众办理就业相关业务1272.4万笔，办结1263.6万笔，综合办结率99.3%，同比提高1.3个百分点；积极开展公共就业服务系列专项活动，全年累计组织线上线下各类招聘会1709场，7.5万家用人单位提供224.2万个就业岗位，求职人员207.2万人次，达成意向22.7

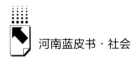

万人。

综上，河南省在各级政府的引导下，返乡下乡创业由过去的自发行为、分散布局逐渐向园区集中，产业链条式、集群化、规模化发展趋势更加明显，如汝州市的汝绣产业、鹿邑县的尾毛产业、清丰县的家具产业等，逐步形成了产业集群，成为当地支柱产业。返乡创业主体由过去的以农民工为主，扩展到现在的大学生、复转军人、科技人员等群体。外出务工人员返乡创办的市场主体也呈现多元化，涵盖个体经营、家族管理、合伙运营、法人公司、股份合作等多种类型，以"家族制""合伙制""公司制"最为典型。① 返乡下乡创业由过去以传统农副产品深加工和简单代加工为主向新业态、多业态转变，创业领域已覆盖第一、二、三产业，逐步走向产业融合。传统农业转向绿色农业、休闲农业、生态农业等现代农业；传统粗放型制造业转型升级，向主导产业、新兴制造产业领域转变，创新科技企业在农村落地生根；农村电商、乡村旅游、健康养生等新业态，激发了乡村服务业不断发展。返乡创业者利用当地优势、发展机遇和先进理念，在品牌带动、链条延伸、产业转移、资源开发、技术创新等方面探索途径、摸索路子，创业途径和创业模式朝着多样化发展。

四 河南农民工创业就业存在的问题

在河南省委、省政府的正确引导、市场主体的积极参与下，河南返乡创业工作发生了显著变化，推动了人才回归和要素流动，改善了农民结构素质，开辟了就业增收渠道，带动了乡村环境改善，为推进乡村振兴战略实施提供了人才支撑和要素保障。返乡创业人员作为农村发展的带动者、城市文明的传播者、美丽乡村的推动者，正日益成为推动乡村振兴的一支重要力

---

① 李斌：《河南加快构建全方位公共就业创业服务体系的思路与对策》，《黄河科技学院学报》2022年第4期。

量。不过，在看到农民工创业就业工作有所突破的同时，也应注意到农民工创业就业工作的难题和问题。

（一）总量上：创业就业岗位非常有限

河南有 5356 万劳动年龄人口，其中，在省外务工 1256 万人，返乡务工人员占比较小，创新创业的返乡务工人员占比更小，这一状况短期内无法改变。从劳动力供给看，目前河南省劳动力特别是新成长劳动力供给仍处于增长期。就业群体中 2022 届高校毕业生约 80 万人，中职中专毕业生约 45 万人，"两后生"约 25 万人，城镇登记失业人员约 45 万人，农村新增转移就业人员约 40 万人，加之城镇化进程加快推进带来的失地农民等，2022 年河南需要在城镇就业的劳动力超过 240 万人（见图 3）。

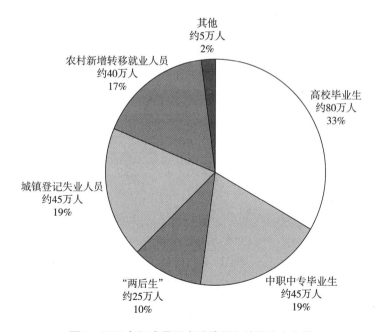

图 3　2022 年河南需要在城镇就业的劳动力结构

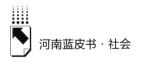

（二）结构上：就业矛盾更加凸显

总体上看，河南就业领域呈现出"招工难"与"就业难"并存的结构性矛盾。企业"招工难"表现为一线普通工人短缺，技能人才的求人倍率一直在 1.5 以上。[①] 企业方面，"90 后招不到，70 后不敢招"，且希望尽量降低用工成本。求职方面，大龄失业人员受"技能、灵活性、健康"的约束而再就业难，新成长青年群体因不愿去"薪资低、环境差、管理刚性"的企业也出现就业难现象。[②] 这种"两难"并存的局面，其根源在于劳动力需求和供给不匹配，实质是就业领域的不平衡不充分等结构性问题的集中体现。从需求端看，河南省企业多为产业链的中低端企业，市场中增加的岗位大部分是制造业、服务业一线普工和服务员；而蓬勃兴起的新兴产业，例如新能源产业、高端装备制造业和新材料产业等急需的是高水平的研发人员、科创人员、专技人才。从供给端看，新一代求职者更加注重职业发展、工作条件和自我价值实现，不愿意到环境艰苦、条件较差的岗位就业，供需对接存在错位。

（三）外在环境上：新的影响因素持续增多

在需求收缩、供给冲击、预期转弱的三重压力下，企业用工和劳动力市场都受到了深刻影响，批、零、住、餐、文、旅等聚集性服务业招聘更加谨慎，社会就业岗位供给减少，劳动者求职压力进一步增加，部分行业企业的稳岗压力较大。天基人才网的监测数据显示，2021 年第四季度河南网络招聘岗位需求数 49.0 万个，环比第三季度末减少 11.1 万个、下降 18.5%；线上求职活跃人才 84.1 万个，环比第三季度末增加 10.3 万个，增幅 14.0%（见图 4）。随着房地产三条红线政策的颁布实施，房地产行业及其上下游的建筑、装修等行业拉动就业的能力将逐步减弱，"双减"政策引发教育培训行业震荡等都是影响就业岗位减少的重要因素。

① 钱诚：《当前我国劳动力供求特征，趋势判断与政策建议》，《中国劳动》2020 年第 4 期。
② 人力资源和社会保障部：《坚持就业优先 推动实现更加充分更高质量就业》，《求是》2022 年第 12 期。

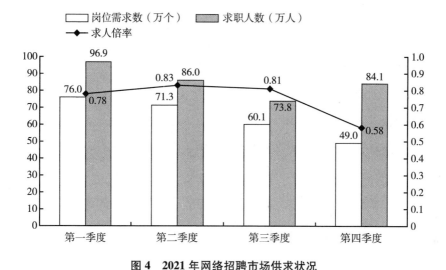

图 4　2021 年网络招聘市场供求状况

（四）地方政府功能上：主动服务仍需强化

从调研情况看，部分地方政府有关人员对农民工返乡创业的认识局限，缺乏从战略上理解农民工返乡创业重大意义的意识，对返乡创业工作理解不透彻，认为农民工返乡创业是小打小闹。比如，有些市县仍未建立返乡创业工作推动机制；有些虽然建立了工作机制，但没有结合本地实际制定相应的配套办法，导致工作推进难度大；有的县区没有一个示范园区、示范项目，缺乏创建示范引领意识；有些地方缺少调查研究，对当地现有产业特色、资源禀赋、发展动能不了解，对本地外出务工人员情况、潜在人力资源优势不清楚，返乡创业工作缺少规划和引导。目前全省仍有几十个县区没有成立农民工返乡创业服务中心，有些虽然成立了服务机构，但挂靠在服务窗口，没有专职人员、专门场地，工作上被动应付，没有建立返乡创业信息台账，不能按需分类开展服务。创业培训辅导服务的精细化水平不高，缺乏个性化、专业化、精细化的培训团队，存在培训覆盖面不足、培训理念相对滞后、培训内容与实际脱节等问题。对缺乏经验的初次创业者，创业辅导和技术支持不够；对已经起步的创业者，后续跟踪指导服务不到位。

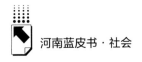

（五）创业能力上：返乡创业企业亟须转型

整体来看，受农民工自身文化素质、技能水平、社会资源的限制，目前农民工返乡创业企业的整体层次不高、科技含量较低。这类企业，由于处于产业链的相对末端，在市场竞争格局中处于弱势，很容易受宏观经济波动的冲击。很多返乡创业企业短期内享受政府政策红利尚能生存，但缺少长远发展规划，发展后劲不足，创业层次和创业质量普遍较低，市场竞争能力较弱，现有返乡创业企业面临的竞争压力将会进一步加大，亟须尽快转型。

（六）创业环境上：社会认可支持的氛围尚需加强

调研发现，有些地方对返乡创业政策的宣传力度不够，外出农民工对政策了解不深入，政策落实尚未完全到位。各类大型企业在建立供应链生态链时，主动吸纳农民工返乡创业的积极性不够，农民工返乡创业产业生态打造难度较大，现有农民工返乡创业典型的示范带动、上下游联动机制没有形成。此外，社会公众对农民工返乡创办企业的认识尚需转变，对这类企业生产的产品存在一定偏见。可见，农民工返乡创业仍然需要社会各界给予更多的包容和支持，全社会支持农民工返乡创业的氛围还有待进一步营造和优化。

五　河南农民工创业就业发展的建议

挑战是客观存在的，但也要认识到，河南经济发展一直具有长期向好的基本趋势，具有韧性好、潜力足、回旋余地大的明显特征，具有方兴未艾的新动能、迅速发展的服务业、大有可为的乡村振兴等发展机遇，更多更新的就业空间将会进一步拓展。[①] 尽管一段时间内，河南仍将存在企业缺工的现

[①]　刘志强、李心萍、邱超奕、韩鑫：《如何看待当前就业形势》，《人才资源开发》2022年第22期。

象，但是劳动力市场具备一定回旋余地，只要规避好消极因素、发挥好积极因素，就能在应对风险挑战中开创就业创业工作的新局面。

（一）加强供需对接

要围绕重点产业、重大项目、重大投资，加强岗位开发和用工保障，培育更多市场主体，加大对中小微企业、个体工商户、新业态就业人员的支持力度，激发各类市场主体活力，做大吸纳就业的蓄水池。帮助就业群体树立正确的择业观、就业观，积极引导其到共享经济、平台经济、新业态、新兴产业领域就业，到城乡社区基层就业。要抓住河南事业单位重塑性改革的有利时机，做优做强公共就业人才服务机构，形成覆盖全民、贯穿全程、辐射全域、便捷高效的公共就业服务体系，推动服务触角向基层延伸、向更多困难群体扩展。发挥好经营性人力资源机构作用，搭建线上线下供需精准服务平台，有针对性地加大线上就业信息推送力度，同时发挥线下人力资源市场的固有优势，根据不同群体需求，推出区域性、行业性、专业性招聘活动，不断提高岗位供需对接的精准度。

（二）优化创业就业服务

针对返乡创业现实需要，不断优化创业就业服务模式，提升服务效能。加快推进落实党中央、国务院关于"互联网+政务服务"的决策部署，统筹推进河南政务服务数字化转型，持续深化"放管服"改革，着力优化营商环境，加快建设服务型政府，推进政府决策科学化、社会治理精准化、公共服务高效化。要探索更有效的服务模式，积极提供"保姆式""个性化""一站式"服务。市场监管部门要持续深化商事制度改革，实现"多证合一"管理，推行登记电子化，方便企业申办营业执照；农业部门要鼓励返乡农民工创办农民专业合作社、家庭农场，开展新型农业经营主体带头人及新型职业农民培训；林业部门要加大造林补贴力度，鼓励农民工返乡从事林业生产；商务部门要积极开展电子商务进农村综合示范工程，加快推动农村电商发展；税务部门要积极落实税费优惠政策，降低农民工返乡创业成本；住建部门要以美丽宜居乡村建设吸引农民工返乡创业；人社部门积极发挥牵头抓总作用，协调推动工作开展；民政部门积极引导社会组织支持返乡创业等。加快推进返乡创业综合服务平台建设，推进公共服务向基层延伸，各地各部门要进一步完善住房、教育、医疗等公共服务，解除农民工返乡创业的后顾之忧。同时，要结合返乡创业农民工群体的特点，充分考虑创业个体的基本情况与实际需要、创业意向与创业项目，开展更有针对性的创业培训。深化返乡创业专家服务，组织返乡创业沙龙，组建返乡创业联盟，开设返乡创业网上诊所，为返乡创业人员提供指导服务。推进建设返乡创业实训基地，定期开展技能培训、创业实操、项目路演、销售对接等返乡创业实训服务。以落实"开展职业技能培训和评价取证"为重点，着力改善劳动者要素质量，有效缓解结构性就业矛盾，为经济高质量发展、产业转型升级提供更多与之相匹配的人力资源支撑，确保完成"3824"年度目标任务（职业技能培训300万人次，新培养高技能人才80万人，新增技能人才240万人）。各地要积极利用多种培训场所和培训资源，为返乡创业人员提供多层次、多类别、多阶段的创业培训，突出创业培训的针对性，创新开展"互联网+创业培训"新模式，有效解决农民工地域分散、时间碎片化的问题。

（三）完善创业就业政策

近年来，河南省政府先后出台了《关于支持农民工返乡创业的实施意见》等一系列政策文件。省直有关部门和各地结合部门职能与地方实际，也出台了一些可操作性强、含金量高的政策措施，为返乡农民工营造了良好的创业环境。各地应立足当前、着眼长远，结合本地产业优势、资源禀赋和人文生态，制定完善返乡创业发展规划和政府扶持政策，引领返乡创业发展，把支持返乡下乡创业与巩固拓展脱贫攻坚成果、加快乡村振兴、推进县域经济高质量发展紧密结合起来。要完善返乡下乡创业的市场分析、政策咨询、技术支持和产业论证等规划和服务，引导返乡下乡创业人员主动对接特色农产品优势区建设、农村三次产业融合发展、优势农产品区域布局规划、农业新产业新业态，建立农民工返乡创业项目资源库。[①] 要加大对受疫情影响大、就业容量大企业的支持力度，延续实施阶段性降低失业、工伤保险费率政策，因地制宜出台力度大、针对性强的帮扶措施，运用失业保险基金支持企业稳岗，落实税收优惠、担保贷款、就业补贴等，支持市场主体稳定就业。[②]

（四）坚持示范带动

要充分发挥省级农民工返乡创业示范县、示范园区、示范项目的带头作用，抓好示范创建和典型引领，总结先进经验，推广成功模式，持续发挥好示范引领作用，扩大农民工返乡创业规模，并给予资金奖补。如林州市积极吸引建筑业回归，专门设立"建筑业大厦"，免费为返乡创业建筑企业提供办公场所，已吸引300余家建筑企业回归；鹿邑县化妆刷相关产业经营主体有1000多家，带动了6万余人就业；宁陵县的豫东牧业，通过托养模式带动周边10000多家养殖户共同致富。[③] 要继续加强示范载体的创建工作，使其常态化、制度化，充分发挥各类典型的示范引领作用，让创业者学有榜样，让各地学有标杆，让创业服务人员学有样板，促进和带动更多的农民工返乡创业，同时培育一大批示范典型，以创建促发展。要提升返乡创业示范园区的服务能力，增添创业孵化功能，强化基础设施建设。要加快返乡创业示范项目传统产业优化升级，延伸产业链，提升价值链，创新供给链，推动返乡创业企业向高端发展。

（五）营造社会氛围

社会各界要重视农民工返乡创业良好社会氛围的营造，发挥合力。一方

---

① 《农业部：鼓励返乡下乡人员领办创办家庭农场》，环球网，https://baijiahao.baidu.com/s?id=1554490921026688&wfr=spider&for=pc。

② 黄超、沈靖然、刘新吾：《保障农民工及时足额拿到工资》，《人民周刊》2022年第1期。

③ 李红见：《河南：返乡创业集聚人才　助力乡村振兴》，《中国人力资源社会保障》2021年第10期。

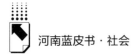

面，讲好创业故事。广泛利用广播、电视、报纸等传统媒体与微博、微信等新媒体平台，编印《春潮涌动》《风铃声声》《返乡创业故事》《示范县经验材料汇编》《创业之星风采录》，讲好群众身边的"返乡创业故事"。① 广泛深入宣传鼓励支持农民工返乡创业的优惠政策和先进典型，激发更多的有志之士创业创新。充分利用各类媒体特别是微博、微信等新媒体，多采取群众看得见、易接受的方式，多宣传群众摸得着、用得上的内容，多宣传创业的好模式、好经验、先进典型和优秀带头人，讲好群众身边的"创业故事"，让群众能够"照着学""比着做"，凝聚"创业还是家乡好、顾家赚钱两不少"的共识，营造人人议创业、人人想创业、人人争创业的良好氛围。另一方面，要让返乡创业者在社会上受尊重、在政治上有地位。省政府应持续隆重表彰"农民工返乡创业之星"，大力弘扬创业精神，使返乡创业成为外出务工人员的目标导向和价值追求。目前，全省许多返乡创业农民工以各种形式参与基层治理，成为农村发展的"主心骨"，基层组织的"领头人"。此外，要积极引导社会公众认可返乡创业主体、创业项目及相关产品，消除社会顾虑，提升社会对创业产品的认可度，增强消费信心，营造社会对农民工返乡创业更加包容、积极支持的舆论氛围。

参考文献

李斌：《河南加快构建全方位公共就业创业服务体系的思路与对策》，《黄河科技学院学报》2022年第4期。

钱诚：《当前我国劳动力供求特征、趋势判断与政策建议》，《中国劳动》2020年第4期。

人力资源和社会保障部：《坚持就业优先 推动实现更加充分更高质量就业》，《求是》2022年第12期。

刘志强、李心萍、邱超奕：《如何看待当前就业形势》，《人才资源开发》2022年第

---

① 戴柏华：《在全省返乡创业经验交流暨工作推进会上的讲话》，2019年8月17日，https：//www.doc88.com/p-95829283737928.html。

22 期。

黄超、沈靖然、刘新吾：《保障农民工及时足额拿到工资》，《人民周刊》2022 年第 1 期。

李红见：《河南：返乡创业集聚人才　助力乡村振兴》，《中国人力资源社会保障》 2021 年第 10 期。

治 理 篇

Reports on Governance

B.8
河南省市域社会治理现代化
创新路径研究*

李文姣**

摘　要： 河南省市域社会治理现代化工作整体进展顺利，本研究基于基本完成的阶段性目标任务总结当前市域社会治理现代化的经验与优势。通过完善协同治理形成治理合力、促进智慧韧性城市健康发展、构建全周期社会风险治理框架和"四治融合"助力维护社会稳定四个方面创新市域社会治理现代化建设的路径。

关键词： 市域社会治理　现代化　基层社会治理　河南

＊ 本文是河南省软科学研究计划项目"以市域社会治理现代化助推平安河南建设研究（222400410518）"的阶段性成果。

＊＊ 李文姣，中共河南省委党校哲学教研部副教授，社会学博士，研究方向为社会治理。

市域（administrative region of a city）是一个行政区划概念，指城市行政管辖的全部地域，包括城市区域及其管辖范围内的农村地区。① 市域是城市和农村两种社会形态的结合体，是统筹城乡一体化的具体载体。市域社会治理是指在设区的地级市的行政区域范围，党委、政府、社会、个人积极参与社会治理，并完善社会治理体系，提高社会治理能力的社会活动。② 市域社会治理现代化是 2018 年由中央政法委首次提出的社会治理领域的全新概念，是以地级市的城市区域为中心，依靠多元治理主体，综合运用政治引领、制度建设、法治保障、德治教化、科技支撑等方式完善治理体系，③ 防范和化解市域范围内的各类社会矛盾和社会风险，处理社会问题和社会冲突，塑造稳定、有序、和谐、共治的市域的社会治理行动。

一 河南省市域社会治理现代化的制度建设与实践探索

近年来，河南省积极贯彻落实中央关于市域社会治理现代化的决策部署和省委的相关要求，推动制度建设和实践探索的创新。市域社会治理现代化工作整体进展顺利，为建设更高水平的平安河南奠定了坚实基础。

（一）制度建设构筑市域社会治理现代化的顶层设计

制度建设构筑了顶层设计。2019 年党的十九届四中全会明确提出，加快推进市域社会治理现代化，要建设具有中国地方特色、市域特点、时代特征的新时代社会治理模式。④ 2020 年中央政法委牵头制定了《全国市域社会

---

① 马爽、龙瀛：《中国城市实体地域识别：社区尺度的探索》，《城市与区域规划研究》2019 年第 11 期。

② 陈成文、陈静、陈建平：《市域社会治理现代化：理论建构与实践路径》，《江苏社会科学》2020 年第 1 期。

③ 陈成文、张江龙、陈宇舟：《市域社会治理：一个概念的社会学意义》，《江西社会科学》2020 年第 1 期。

④ 习近平：《关于〈中共中央关于坚持和完善中国特色社会主义制度 推进国家治理体系和治理能力现代化若干重大问题的决定〉的说明》《人民日报》2019 年 11 月 6 日，第 4 版。

治理现代化试点工作指引》，首次明确了市域社会治理现代化的具体内涵、工作目标、考核标准。2021 年市域社会治理现代化首次被写入国务院《政府工作报告》。河南省前后颁布实施了《关于推进市域社会治理现代化的实施意见（试行）》《关于加快推进社会治理现代化开创平安河南建设新局面的实施意见》等重要文件，以深入推进市域社会治理现代化建设。①

制度建设离不开理论的指导。市域社会治理现代化建设过程中应该遵循"从实践到理论再到实践"的良性循环和螺旋式上升模式，高校和科研院所要为市域社会治理现代化的制度建设提供理论支撑和学术支持。河南省充分发挥高校和科研院所的理论强项和学术优势，例如与郑州大学协同创新中心开展合作，完成相关课题研究。支持鼓励试点城市建设市域社会治理研究院、研究中心等机构，② 积极开展市域社会治理现代化的理论研究，并为制度建设提供决策建议和政策咨询。

制度建设需要实践的检验。河南省委十届十一次全会重点工作任务和河南省委常委会年度工作要点均对市域社会治理现代化试点工作有明确的指导意见，并将其纳入全省经济社会高质量发展大局。河南省积极开展市域社会治理现代化试点工作，在全省范围内分两期实施，提出加强对试点工作的分类指导，探索市域社会治理新模式。制度建设为开展试点工作提供基本依据和具体指导，要求试点工作推进路径细化，并实行项目分解，以项目化方式推进市域社会治理现代化。截至目前，试点工作已基本完成阶段性目标任务，为实现市域社会治理现代化奠定了坚实基础。

（二）"三零创建"搭建市域社会治理现代化的载体

市域是社会治理宏观和微观的转承点，把社会风险化解在市域具有效率高、效果好、影响小的优势。2021 年 9 月以来，河南省把"零上访、零案件、零事故"的"三零创建"纳入市域社会治理现代化工作。各地区基于

---

① 朱殿勇、周青莎：《描绘平安和谐中原新画卷》，《河南日报》2022 年 4 月 28 日，第 1 版。
② 赵红旗：《精心绘好"路线图"推动形成双网融合》，《法治日报》2022 年 4 月 27 日，第 1 版。

当地实际，以"三零创建"为抓手搭建市域社会治理现代化的载体。郑州市是河南省市域社会治理现代化第一期试点城市，按照"三零创建"的要求建立了12项工作机制，研发"三零创建"软件系统，创新推出"最多跑一地、一码解纠纷"矛盾纠纷多元化解机制。当前郑州市已建设10000多个三级网格，将900多名社区民警、4000多名社区辅警、9000多名人民调解员、1000多名法律顾问和18000余名社区工作人员、基层党员、志愿者全部纳入网格，致力于完善基层社会治理和矛盾调解机制。为了实现"零上访、零案件、零事故"的目标，濮阳市实施"34234"和"四抓"工作机制，完善城乡网格化服务管理和综治中心"三诊法"，全盘谋划、一体推进"三零创建"。鹤壁市构建"1+5+8"安保维稳机制，着力解决基层社会治理难点，确保平安创建实效。三门峡市建设市域"综治中心+网格化"治理新模式，把社会矛盾和冲突防患于未然、化解于始发。市域社会治理现代化建设，需要持续创新社会风险防范体系，提升动态化、全程化、信息化和智能化条件下维护社会稳定的能力，切实把"社会安定、人民安宁"落实落细落地。以"三零创建"为抓手，建立健全市域社会风险防范化解体系，使市域成为社会风险的终结地，能够巩固全国安全稳定的"基本面"，是推进市域社会治理现代化的主要任务。

（三）"四治融合"助推市域社会治理现代化提质提效

2020年以来，河南省以自治、法治、德治、数治的"四治融合"为路径，按照国家市域社会治理现代化相关部署要求，全省各地基于区域特色探索创新市域社会治理方式，助推市域社会治理现代化提质提效。河南省精心设置试点建设路径，坚持高位推动、精准施策，强力推进现代化试点工作。各地坚持理念，不断创新治理方式，亮点纷呈。开封市创新"一中心四平台"推进"互联网+社会治理"模式，洛阳市以"三清两建"专项行动为载体实现群众自治，南阳市实施办好"民生实事"工程，济源示范区提出"道德积分储蓄站"工作法，舞钢市制定"五治融合、积分定优"工作方案，这些都是"四治融合"的典型先进经验。河南市域社会治理现代化以"四治融合"为路

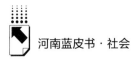

径，充分发挥了政法工作的优良传统，发扬共建共治共享的社会治理的制度优势，最大限度获得人民群众的支持和协助，坚持专群结合、群防群治。

（四）重心下沉夯实市域社会治理现代化的根基

市域社会治理现代化最坚实的力量支撑在基层，最突出的矛盾和问题也在基层。河南各地坚持关口前移，将权力、工作、资源下沉到基层。河南各地根据地区经济基础、发展水平、城乡现状、人文特色等，以基层社会治理创新为切入点和着力点，推动社会治理重心向基层下沉。2022年1月以来，河南省深化推进"六防六促"专项行动，全省共走访5381.45万人次，矛盾纠纷排查化解率达91.85%，清查各类安全隐患，守护和谐安宁。商丘市规范三级综治中心建设，新乡市建立"两长三员"工作方案，焦作市创新"三官两员一律"工作机制，洛阳市开展"四官"服务进村（社区）活动，周口市开展"六村共建"活动，三门峡着力打造市域"综治中心+网格化"治理新模式，濮阳市重点推进县乡两级综治中心提档升级，平顶山市实施"一日一排查、两日一报送、一周一研判"工作方案。上述各个地区的创新性探索，坚持和加强党的全面领导，着力发挥政治引领作用、综治能动作用、法治保障作用、德治教化作用、自治强基作用、智治支撑作用，提升了市域社会治理水平。

二 市域社会治理现代化的治理优势

（一）有助于实施源头治理，将社会风险化解在萌芽状态

市域是社会风险的易发地、集聚地，在防范和化解社会风险方面，市域是具体实施的治理层级，在风险的源头治理方面具有优势。不确定性、突发性和波动性是社会风险的重要特征，市域的自由度体现在可以根据风险的特点进行社会治理创新的尝试，采取动态化、机动化、常态化的风险管理。动态化的风险管理是针对风险的不确定性，采取平战转换的方式，以随时应对

风险挑战；机动化的风险管理是指向风险的突发性，采取平战结合的方式，提高风险管理的精细化水平；常态化的风险管理旨在风险的波动性，当前社会风险呈现出时而高涨时而低落、绵延不绝的特征，采取平战一体的方式，风险防治与经济社会发展两手抓，从而将社会风险防范和化解在萌芽状态。总之，实施源头治理是市域社会治理的重中之重，要主动适应新情况、新问题，压实主体责任，落实落细社会风险防治制度。

（二）有助于统筹资源配置，广泛凝聚社会治理合力

在治理能力方面，市域具有统筹资源的优势。从治理功能上看，市域社会治理需要统筹政策法规以及人力、物力、财力、技术、平台等多种资源，才有利于治理目标落地，避免治理失灵。有研究认为，省、市、县三个治理层级之间存在显著的差异，省域治理层级最高，其治理偏向政治性功能，治理目标侧重于维护公平、公正和合法；县域治理层级最低，其治理偏向社会性功能，治理目标侧重于管理具体的社会事务。市域介于省域和县域之间，与省域相比，市域更接近基层实际，可以更直接地推动基层政策实施和资源配置；与县域相比，市域拥有更多的资源和配置资源的能力，可以提高社会治理效能。市域能够将治理的政治性与社会性有机统一，因而在省域和县域之间起到承上启下的桥梁与纽带作用。同时市域还具有更强的协调资源的能力，市域可以在同级城市之间达成资源共享、风险共担的机制，形成社会风险治理合力，有效解决各种社会问题。

（三）有助于贯彻依法治理，保障政策创新合理空间

市域治理是国家治理向基层的进一步延伸。在市域管理层级方面，十二届全国人大三次会议对地方立法权做出修改，所有设区的市均具有立法权，可以制定地方性法规或规章。① 市域拥有地方立法权，在制定政策法规方面具有较高的自由度是实现不同地区采取差异化管理的有效机制，强化了市域

---

① 夏美武：《承启与周延：市域社会治理的五个辩证关系》，《理论建设》2021 年第 37 期。

在社会治理中兼具顶层设计和统筹兼顾的能力。市域拥有相对独立和完备的行政、司法权限，就拥有了更灵活的政策创新空间。同时，在社会治理的具体实践中，不同地区会存在较大的区域差异，放权让各地因地制宜制定政策有利于社会治理资源的有效配置和公平分配。

（四）有助于形成最优治理半径，构建基层治理网络

在治理空间方面，市域能够形成最优治理半径，有助于构建横向到边、纵向到底且疏密适宜的风险治理网络。现代社会风险具有突发性、紧迫性和跨界性，从出现风险苗头，到酝酿发酵，直至集中暴发时间非常短，影响的直接利益群体和非直接利益群体都远远超出县域的管辖范围，因而要重视市域在防范和化解社会风险中的重要作用。经过新冠肺炎疫情的考验，可以看出市域是进行社会风险排查、防范和化解最直接、最有效的治理层级。市域可以解决省域及以上层级风险应对不及时的问题，也可以避免县域在风险治理中协同能力不足的问题。同时能够动员多元主体在市域社会治理中发挥作用。强化公众的参与意识和参与深度，同时使政府接受公众的有效监督，政府的一切行为和决定的出发点都是以人民为中心的，在疫情防控中实现共建、共治、共享。市域是将矛盾纠纷隐患化解在萌芽、解决在基层的最关键的治理层级。

三　创新市域社会治理现代化建设的路径

在中国特色社会主义进入新时代的大背景下，市域在国家治理体系中起到了枢纽的作用，市域处在省域和县域之间，既可以承接省域的资源和力量，也可以对接县域具体实际。但同时市域也面临多元利益冲突，因此需要进一步加强政治引领，才能推进市域社会治理现代化。通过强化统筹机制，整合市域治理的协同性，推进市域社会治理现代化，发挥市域在社会风险防范和化解中的优势，必须坚持目标导向和问题导向相统一，进一步认识和把握市域社会治理的内涵，不断提升市域社会治理效能。

（一）完善协同治理形成治理合力

协同治理有利于实现治理资源优化配置，有效提高治理效率，控制治理成本。政府是社会治理的主导性主体，市域社会治理同样离不开资源的有效调度与成本控制，因此必须重视提高政府的协同治理能力，争取政府的内部管理与外部联动、治理力量的整合与分配、经济效益与人文关怀等要素在统一的基础上实现最大化产出。

市域社会的协同治理包括三个层面的协同。一是地方政府间的协同。[①]传统的市域社会治理仅限于本市域之内，但当前社会风险影响面广，涉及的区域也更加广泛，因此跨市域之间的合作越来越具有必要性和紧迫性。各个市域之间既有相似之处又各有特点，因此在面对有共通性的社会风险时，市域地方政府之间可以相互借鉴防范和化解风险的经验，同时可以构建具有各自地方特色的治理机制。并且市域之间的合作协同有助于重大风险的联防联控，通过制定协议和制度合力化解跨市域的风险。加强市域社会治理，有利于在更大范围内实行联动和合作，避免风险防治过程中可能出现的碎片化、无序化、失控化的情况。在新冠肺炎疫情防控过程中，市域是工作部署的重心，已有的经验显示市域在疫情防控中将市域的治理效力、组织力、动员力充分发挥出来了。

二是政府部门间的协同。在社会治理日益复杂的今天，单靠一个部门进行社会治理几乎是不可能的，市域社会治理需要动员多个相关部门共同构建治理机制。加强和创新市域社会治理其中一个重要的方面就是构建协同治理平台，这一平台在不同的市域各具地方特色，如河南开封的"一中心四平台"、浙江嘉兴的社会治理"一朵云"、浙江杭州的市域社会治理数字化系统、广东东莞的"智网工程"、甘肃兰州的"三位数字"社会治理、浙江衢州的"龙游通+全民网格"基层智慧治理等模式。类似的平台能够进行智慧

---

① 黄新华、石术：《从县域社会治理到市域社会治理——场域转换中治理重心和治理政策的转变》，《中共福建省委党校（福建行政学院）学报》2020年第4期。

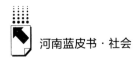

联动，通过线上线下融合实现部门之间的信息交换、联合部署、风险共担、平安联创。

三是政府与社会组织、公众间的协同。市域社会治理特别强调公众参与的重要性，河南省郑州市二七区推行的"一领四单，五联共治"、焦作市解放区的"334"模式以及山东省济宁市的"民意5米听"行动、广东省深圳市坪山区的"六治融合"等都是公众参与市域社会治理、协同防范化解社会风险的创新性探索。社会组织参与协同治理，能够发挥其社会工作方面的专业优势，提高市域社会治理的社会化和专业化水平。公众参与社会治安防控和社区网格化管理，则有助于提升市域社会治理的社会化程度。完善社会组织和公众的协同治理机制，是促进社区、政府和居民协作互助、形成治理合力，引领共建共治共享的社会参与制度。

（二）促进智慧韧性城市健康发展

党的十九届五中全会首次正式提出了"韧性城市"这一概念，在《中华人民共和国国民经济和社会发展第十四个五年规划和2035年远景目标纲要》中又进行了具体的顶层设计。提升市域治理韧性需要从智慧城市向"智慧+韧性"城市升级，注重"智慧"和"韧性"的融合推进，建设可自适应和可持续发展的"智慧+韧性"城市。关于智慧城市的建设，一直以来都有一个误解，那就是无论是专家学者还是普通公众都认为科学技术的进步一定会促进社会治理的进步和社会矛盾的化解，然而众多事实显示对数字技术的过度依赖反而可能使城市治理陷入困境。因此提升城市治理韧性，构建"智慧+韧性"城市可以从以下几个方面着手。

一是做好信息备份和设备备份工作。为了弥补数字技术自身的脆弱性，在"智慧+韧性"城市的建设过程中要对关键的信息数据、重要的技术平台和基础设施做好备份工作，当主系统在灾害中受损无法正常运转时，备份系统可以随时启用，以保障基本的信息传递、通信通话、道路交通在抗灾救灾过程中能够经受灾害的检验而不失灵。应对突发情况是在与时间赛跑，因而完善通信网络容灾机制、提高关键基础设施的抗灾抗毁等级、加强重点区域应急保障能力，是提升城市韧性治理能力的基础。

二是加强新兴技术与传统设施融合。面临重大灾害时，很多依赖网络的新兴技术会突然失灵，而相对传统的设备，比如电台、喇叭、广播等，会成为灾害中传输救援信息的有效工具，发挥巨大作用。因此，建设"智慧+韧性"城市需要规划一个更抗风险、可持续发展的城市。把新基建设施与传统基础设施相结合，城市在进行智慧创新、科技转型和智能提升的同时，不能废止放弃现有的传统基础设施和技术，而是要将二者有机融合，和平时期发挥智慧城市全智、全能、全时的高效率优势，非常时期发挥传统设备保稳、保通、保畅的稳定性优势，使二者的功能互为补充、互为备份，共同构筑城市韧性。

三是社会风险韧性治理通过提高社会结构的自我修复能力，提升治理主体抵御风险的水平，增强社会系统的抗扰动能力，来维持整个社会的正常运转。这为社会治理创新提供了新的视角，同时也为市域社会治理厚植基础，完善了风险治理中国家、市场和社会共同构成的多元治理体系。

（三）构建全周期社会风险治理框架

随着社会风险在基层日益凸显，市域成为防范和化解社会风险的重点区域。市域处在县域和省域之间，是防止社会风险外溢和向上传导的关键一环，因此市域社会治理现代化建设需要从被动防御向主动防范转化，加强源头治理需要提高防范化解社会风险的预见性。在治理方式上，省域及以上层级偏重于间接性和宏观性治理，县域及以下层级则偏重于直接性和微观性治理，而市域社会治理兼具宏观的间接管理和微观的直接管理。因而从事后处理向源头治理转变需要坚持关口前移、源头预防，通过加强社会风险的评估研判，开展社会风险动态排查，建立健全社会矛盾冲突化解机制，完善多元主体联动机制，打造立体化、法治化、专业化、智能化的市域社会风险防治体系。

市域的社会风险复杂严峻，如果不能化解在初始阶段，就很容易转化成公共事件危机，大大提高社会治理成本。以往所述源头治理被普遍认为是在事前将社会风险化解在萌芽状态，但市域社会治理强调从整体性视角防范和化解社会风险，即认为在风险事件出现的事前、事发、事中、事后四个阶段都存在采取源头治理的关键节点。在上述四个阶段如果能抓住社会风险转化的关键节点，就能够防范风险在传导过程中被放大，不仅要在事前防范风险的发生，更要在事发、事中和事后尽力化解风险，实现公共安全全覆盖、全链条、全要素管理，降低风险的负面影响及其带来的损失。这就对党委、政府部门提出了更高的要求，加强和创新市域社会治理必须重视事前的风险研判和风险评估、事发的风险控制、事中的风险管理和事后的风险防治效果评价，以提高基层处置突发事件的能力。

（四）"四治融合"助力维护社会稳定

维护社会稳定是长期以来社会治理的重要任务之一，但是近几年专家学者普遍认为刚性维稳并不能在根本上实现平安创建。楼阳生书记在中国共产党河南省第十一次代表大会上指出"推动自治法治德治数治四治融合"，扎实开展"零上访零事故零案件"平安单位（村、社区）创建活动。维稳式的社会治理只能解决表层的、静态的、相对简单的社会风险。而在社会风险日趋深层次、动态变化和复杂严峻的当下，需要通过加强和创新社会风险治理，增强社会韧性，减弱社会矛盾带来的冲击力，创新性地使整个社会大局处于动态稳定状态。习近平总书记指出，必须"从源头上提升维护社会稳定的能力和水平"①。防范化解社会风险首先要构建预防和化解社会矛盾的机制。随着社会治理的重心向基层下沉，基层社会成为社会风险的第一道防线，从维护稳定向创造稳定转变，需要将矛盾和风险防范化解在基层。通过整合市域中不同利益群体的诉求，在他们之间建立沟通的渠道和平台，发挥新时代枫桥经验，为基层创造稳定的社会环境。

"四治融合"是平安河南建设的新路径。首先，以自治为核心，激发社

---

① 习近平：《提高防控能力着力防范化解重大风险　保持经济持续健康发展社会大局稳定》，《人民日报》2019年1月22日。

会稳定的内生动力。自治的基础是政府与公众对社会风险的协同治理，在治理过程中激发公众参与治理的内驱力，基层社区的公众之间形成自愿合作，共同为社区的稳定做出贡献。自治在防范与化解社会风险方面的基本目标是保障公共利益不受损失，同时保护公众的人身权、财产权、人格权、参与权。在市域社会治理中居民自治是基层民主最主要的形式，政府需要为居民自治提供充分的政策支持、财力保障和意见指导，规范基层群众性自治组织的建设，持续提高居民自治的能力和水平。

其次，以法治为保障，保障社会稳定基础。习近平总书记指出："创新社会治理体制、维护社会和谐稳定都需要密织法律之网。"① 法治是一种刚性的社会治理手段，在市域社会治理现代化中要坚持法治精神，用法律手段解决社会矛盾和冲突，完善依法治理；坚持法治保障，用法律维护社会各个阶层的合法权益，并保障法律的权威性；坚持全面守法用法，在群众中推广普法教育，在防范化解社会风险中形成遇事找法、办事依法、化解冲突用法、调解矛盾靠法的治理机制。

再次，以德治为支撑，增强维护社会稳定的道德底蕴。在法律约束的边界之外，需要依靠道德对公众的行为进行规范和约束，与法律相比，道德的约束面更宽，约束效力更强，治理手段相对更柔和。德治可以触及法律覆盖不到的社会各个角落，因此应该注重抓长抓细抓实，把高尚的道德情操和崇高的理想追求转化为社会成员的具体行动。可以通过提高社会成员的道德素质，强化道德自律，用矛盾调解的方式化解社会矛盾纠纷，增加社会的和谐因素，来提升市域社会治理的成效。

最后，以数治为依托，创新维护社会稳定的方式。市域社会治理现代化的关键在于数治。数治是一种治理理念，在我国进入信息化社会之后，通过将大数据、云计算、物联网、区块链和人工智能等新一代数字技术应用于社会治理，提升治理效能，充分发挥新时代的数治优势，实现治理体系和治理

① 中共中央文献研究室编《习近平关于协调推进"四个全面"战略布局论述摘编》，中央文献出版社，2015。

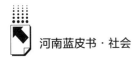

能力现代化,共筑数字中国战略。数治不仅让数据跑起来,而且使之成为精细化管理的工具和处置社会安全隐患的利器。数治时代,平安建设从以往的经验判断转为数据分析,从被动处置转型为主动发现,实现了市域社会治理向更高层级跃升。

四　未来展望

随着社会结构的分化、社会矛盾的凸显、社会风险的频发、多元主体利益的分化,市域社会治理现代化建设面临更多挑战。河南省近些年开展了具有本省特色的探索和创新,通过推进社会治理体制创新,深化基层精细化管理,鼓励社会多元主体参与,开展市域社会治理现代化试点,在强化市域社会治理创新的同时筑牢了平安河南建设的根基。当前仍需要进一步补短板、强弱项,借鉴其他地区的成功经验,以"他山之石攻己之玉",全面提升市域社会治理现代化的立体化、法治化、专业化、智能化水平,实现社会治理体系和治理能力现代化。

河南省基层治理中的社会力量
参与问题研究

李三辉*

摘　要： 社会力量是深化社会治理实践的重要推力，多方吸纳社会共治力量元素参与基层治理，是坚持和完善共建共治共享社会治理制度的内在要求、筑牢社会治理基层基础的重要手段。近年来，河南省认真践行共建共治共享的治理理念，不断发展壮大社会力量参与基层治理，积极推进社会组织发展正常化、制度化，社会力量参与基层治理的机制体系、渠道途径和运行效度不断拓展，但在社会组织发展机制健全、专业人才队伍保障、能力建设提升等方面仍面临一些问题。需要在有效对接政府管理与社会自治中统合自上而下与自下而上的两种治理力量，做好新型社会组织的培育发展工作，畅通社会组织深入参与基层治理实践的机制途径，从而积极汇聚社会治理的多元社会力量，不断提升基层治理效能。

关键词： 基层治理　社会参与　共建共治共享　河南

基层治理是社会治理的重要方面，也是国家治理的基石。一直以来，社会自治都是基层治理实践运行的基本方式，而社会自治行动所凭借的就是正式力量之外的社会力量的自觉协同参与。新形势下，尤其是党的十八大以来，我国的社会治理实践和创新都发生了巨大变革，其变化不仅表现在治理

---

* 李三辉，河南省社会科学院人口与社会发展研究所助理研究员。

意识和理念的变迁上，也体现在治理机制和体系机制的创新上。党的十九大报告明确强调，要"推动社会治理重心向基层下移"①，党的十九届四中、五中全会相继聚焦"强化基层社会治理体系建设"，强调要在共建共治共享下完善党委领导的社会治理体系，健全党组织领导的城乡基层治理体系。其反映到治理主体格局上，就是多元化的治理主体或治理力量日渐形成，以各类社会组织为代表的社会力量协同社会治理成为时代趋势。当前，社会主义现代化河南建设正在加速推进，《河南省国民经济和社会发展第十四个五年规划和二〇三五年远景目标纲要》再次明确要加强和创新社会治理，并强调要"引导社会力量积极参与基层治理"②，发挥好群团组织和社会组织在基层社会治理中的作用，从而不断增强社会治理共同体，持续提升基层社会治理效能。

一 引导社会力量积极参与基层治理的重要意义

（一）引导社会力量积极参与基层治理是新时代加强和创新社会治理的基本要求

作为基层治理的基本主体和重要力量，以社会组织为代表的社会力量面临新的时代机遇和形势要求，其在基层治理实践中扮演的角色越来越重要。2012 年党的十八大以来，我国社会治理体系建设进入新阶段。党的十八大报告提出"加强和创新社会管理，加快形成党委领导、政府负责、社会协同、公众参与、法治保障的社会管理体制"。十八届三中全会通过的《中共中央关于全面深化改革若干重大问题的决定》，首次提出以"社会治理"代替"社会管理"，社会治理体制变革、方式创新不断推进，并

---

① 习近平：《决胜全面建成小康社会　夺取新时代中国特色社会主义伟大胜利——在中国共产党第十九次全国代表大会上的报告》，《人民日报》2017 年 10 月 18 日。
② 《河南省国民经济和社会发展第十四个五年规划和二〇三五年远景目标纲要》，河南省人民政府网站，2021 年 5 月 6 日，http：//www. henan. gov. cn/2021/05-06/2139250. html。

持续强调"社会协同、公众参与"①，鼓励汇聚各方社会力量参与社会治理。党的十八届五中全会又提出"加强和创新社会治理，推进社会治理精细化，构建全民共建共享的社会治理格局"，延续治理实践和理念变革，党的十九大又进一步提出要"打造共建共治共享的社会治理格局"，② 并着重明确了要注重社会治理重心的基层强化。随后，十九届四中全会决议在先前论述基础上又进一步做了深化丰富，在加强和创新社会治理体系上，增添了"民主协商""科技支撑"③ 等新内容，完善拓展了党委领导下的治理主体多元、协同治理力量多重的社会治理机制。2021 年《中共中央 国务院关于加强基层治理体系和治理能力现代化建设的意见》又指出，基层治理体系一定是涵盖各类组织协同、群众广泛参与的运转体系。④ 分析我国不断深化发展的"社会治理""基层治理"政策论述，可以发现，加强和创新社会治理是我国政治生活尤其是党的十八大以来的重要命题，而积极推进社会共治元素力量参与基层治理，又是其中一条贯穿始终的拓展路线。

（二）引导社会力量积极参与基层治理是打造共建共治共享的社会治理格局的使命必然

毋庸置疑，"共建共治共享"经由很长一段时间的探索、实践、深化、完善，已逐步发展成为政府部门与社会各界对做好社会治理工作的价值共识，其一个核心要义就是强调"共治"，而共治就是多元主体共同治理，绝非单一性主体。从中国共产党领导的百年基层治理实践看，我国基

---

① 魏礼群：《党的十八大以来社会治理的新进展》，《光明日报》2017 年 8 月 7 日。
② 习近平：《决胜全面建成小康社会　夺取新时代中国特色社会主义伟大胜利——在中国共产党第十九次全国代表大会上的报告》，《人民日报》2017 年 10 月 18 日。
③ 《中共中央　关于坚持和完善中国特色社会主义制度　推进国家治理体系和治理能力现代化若干重大问题的决定》，中国政府网站，2019 年 11 月 5 日，http：//www.gov.cn/zhengce/2019-11/05/content_ 5449023. htm？ivk_ sa=1024320u。
④ 《中共中央　国务院关于加强基层治理体系和治理能力现代化建设的意见》，中国政府网站，2021 年 7 月 11 日，http：//www.gov.cn/zhengce/2021-07/11/content_ 5624201. htm。

层治理一直在逐渐迈向"共建共治共享"治理格局，基层治理主体经由较单一性权力结构越来越多元分散，已基本形成了"一核领导：中国共产党"与"协同共治：多元主体参与"的治理主体格局，推动了基层治理实践的不断延展与治理效果的持续呈现。但是，基层治理主体架构中的多方主体参与均衡度还不够，尤其是基层治理中的社会力量发展仍然处于相对滞后的状态，推进现代化建设中的基层治理，势必要正视"政府、社会、市场"三者间的关系变化和力量格局变化，扫除社会力量有效参与社会治理的各类障碍。奋进新时代，走好新征程中的基层治理之路，必然要求我们在加强和改进基层治理的过程中，确立多元协同的治理理念，在治理的善治根本共识的基础上，政府、社会、市场、个体等主体各司其职、各尽其责。为此，必须在基层治理主体结构上继续坚持多元共治的治理理念和治理模式，不断拓展基层自治有益实践，广聚各类社会力量参与社会治理。

（三）引导社会力量积极参与基层治理是激发社会活力与提高社会治理社会化、专业化水平的客观需要

结合我国各地基层治理的实践操作来看，无论是治理实践模式创新还是治理效果呈现，社会参与在推进基层治理中扮演着重要角色，已成为不可或缺的重要力量。党的十九大报告在明确提出"打造共建共治共享的社会治理格局"的同时，也提出了着力提高社会治理"四化"水平的行动目标。要实现基层治理的社会化，必然要突破单一线条的治理模式或方式，其治理方式和手段必然是社会性的，需架构起市场主体、社会力量广泛参与的网状治理机制。事实上，近年来各地在政府购买社会服务方面都出台了系列举措办法，推动了政府、市场、社会职能的厘清，对各类合作社、协会以及其他社会组织的培育都起到了积极作用，一定程度上释放了社会组织等主体的治理能量。同时，随着各类社会力量借助不同渠道、不同平台参与到社会治理的方方面面，专业的社会组织力量较好地提升了其在参与基层治理实践中的专业化水平。

二 河南省基层治理中的社会力量参与现状与问题

近年来,河南省委、省政府认真践行"共建共治共享"治理理念,高度关注基层治理创新、不断发展壮大社会力量参与基层治理,社会力量参与基层治理的机制体系、渠道途径和运行效度也获得了不断拓展。

(一)社会力量参与基层治理的主要做法与实践成效

1. 以转变政府职能完善政府、市场、社会三者关系,社会事业开放不断扩大

近年来,河南省认真推进政府职能转变,厘清政府、市场、社会三者的关系,不断优化公共服务,强化了社会参与,扩大了社会事业开放。一是适时出台了一系列健全完善行政体制的政策法规,极大推进了行政体制改革。近年来,为了深入推进省级政府、市县政府职能转变和机构改革工作,河南省委、省政府陆续出台了系列指导文件,如《关于省政府职能转变和机构改革的实施意见》《关于市县政府职能转变和机构改革的意见》《河南省党政机构改革方案》等政策文件,① 在深入推进政府职能转变、提升政府社会治理能力上起到了积极作用。二是持续开展简政放权行动,不断优化社会服务。近年来,河南省陆续多次取消和调整行政职权事项,持续用"组合拳"深化"放管服",规范了行政权力、优化了营商环境、方便了民众生活,以高效的政务服务促进了治理体系和治理能力提升。三是将扩大社会事业开放与社会治理创新结合起来。近年来,河南省社会事业领域项目不断扩大向社会资本开放,相继出台了《河南省人民政府关于创新投融资机制鼓励引导社会投资的意见》《河南省政府购买社会工作服务实施办法》等文件,民间资本在城市基础设施、社会事业、交通等方面的参与渠道不断拓展,利用社会力量发展社会事业的步伐不断迈进,政府购买服务工作有序推进,实现了

---

① 梁信志:《河南打造共建共治共享的社会治理格局研究》,《农村·农业·农民》(B版)2019年第4期。

政府与社会组织的良性互动。

2. 不断推进社会组织管理体制改革，社会组织的政策法规日益健全

党的十八届三中全会通过的《中共中央关于全面深化改革若干重大问题的决定》明确提出，要"激发社会组织活力，推进社会组织明确权责、依法自治、发挥作用"。[①] 近年来，河南省委、省政府高度重视社会组织的培育与扶持发展工作，相继出台了《河南省〈社会团体登记管理条例〉实施办法》《基金会管理条例》《民办非企业单位登记管理暂行条例》《关于加快行业协会商会改革和发展的实施意见》《关于加强社区民间组织培育发展与管理的意见》《河南省培育发展社区社会组织专项行动实施方案（2021—2023 年）》等政策法规，较好地引导、支持和规范了社会组织在不同时期的健康有序发展，提升了河南社会组织发展的规范化与制度化水平。

3. 培育和发展社会组织，社会组织的规模不断壮大

近年来，河南省社会组织数量规模呈现出较为快速的增长趋势，涵盖全省经济社会发展各领域，社会组织发展体系日益完善。《河南社会治理发展报告（2021）》指出，2012 年河南省各类社会组织数量为 20970 个，2020 年为 47371 个，居中部六省首位。而且从 2020 年全国社会组织数量的平均增长速度来看，2020 年河南省社会组织的增长速度为 7.74%，高于全国平均增长速度（3.21%）。[②] 其中，河南省社会团体的增长速度和民办非企业单位的增长速度均高于全国的平均增长速度。

4. 大力发展社会工作服务，凝聚基层治理与服务的重要力量

近年来，河南省在发展社会工作服务、强化社会工作人才培养等方面做了很多工作，极大推进了全省社会工作服务机构、社会工作人才队伍的建设发展。河南省民政厅、省委组织部等 21 部门联合发布的《关于加强河南省

---

① 《中共中央关于全面深化改革若干重大问题的决定》，国务院新闻办公室网站，2013 年 11 月 15 日，http://www.scio.gov.cn/zxbd/nd/2013/document/1374228/1374228.htm。

② 《河南社会治理发展报告（2021）》发布，大公中原网，2021 年 9 月 9 日，https://www.dgbzy.com/251607.html。

社会工作人才队伍建设加快推进社会工作发展的意见》提出，河南社会工作服务机构数量在 2025 年要达到 500 家，县（市、区）社会工作服务机构覆盖率达到 100%。[①] 从实践上看，2021 年河南积极推进乡镇（街道）社工站建设，累计投入资金 9579.35 万元，建成社工站 621 个，服务群众 31.89 万人次，[②] 社工站助力社会治理作用持续彰显。同时，2021 年河南省人民政府还印发了《河南省"十四五"人才发展人力资源开发和就业促进规划》，谋划了河南"十四五"期间的社会工作人才队伍发展。随后，2022 年《河南省"十四五"民政事业发展规划》正式发布，强调了大力发展社会工作这一重要事项。

（二）社会力量参与基层治理面临的主要问题

从整体上来看，当前河南社会组织总体发展水平还较低，其培育机制体系还不够完善，其参与社会治理实践的广度、深度与效度，还与其所应当发挥出的功用有一定差距。一是培育扶持社会组织发展的制度和机制仍不健全。虽然多地针对社会组织发展都有政策文件制定、试点培育，但落实力度并不尽如人意，长效培育机制还十分欠缺。政府购买服务存在购买服务类型较少、项目设置有限的问题，并且集中在养老、医疗、扶贫、文教等领域。同时，政府购买服务缺乏完善的监督、考核与追责机制，竞争机制和第三方评估机制没有真正形成，这些问题制约了社会组织的稳定发展。二是社会组织自身建设不力，服务能力有限。在思想认识和自身定位上，社会组织对公益性、民间性和自身角色定位认识存有一定偏差，行政依赖性较强，独立性偏弱，行业协会脱钩尚未完成，领导兼职社会组织现象虽有减少但影响依旧存在。在管理制度上，一部分社会组织尚未健全机构，诚信建设、自律能

[①] 《加强人才专业化建设，2025 年社工人才达到 5 万人目标！河南 21 部门联合发文推进社会工作发展》，大河网，2020 年 9 月 18 日，https：//baijiahao.baidu.com/s? id = 1678104256530175185&wfr=spider&for=pc。

[②] 《2021 年河南社工站建设取得重大进展》，河南省民政厅网站，2022 年 1 月 6 日，https：//mzt.henan.cn/2022/01-06/2378667.html。

力及内部监管不到位，资金流向透明度偏低。在资金能力上，社会组织的运行资金多来源于政府扶持经费和购买服务支付，自主筹资发展能力较低。在业务认知上，社会组织普遍存在不能高质量完成承接的服务事项的情况，部分社会组织承接服务多是为了获取政府经费资助，而不管服务效果如何，给社会组织的公信力和社会认可度带来不良影响。三是推动社会组织发展的人才队伍力量保障还不够。从自身能力建设方面看，当前社会组织从业人员的专业能力还不足，高素质、高学历、高技能人才占比较低，在业务能力建设和承接专业性较强的服务项目上有些吃力。从社会组织人员的储备情况看，限于待遇水平不高、发展空间不足等因素，社会组织普遍存在专业人才流失的现象。同时，一些社会组织之间存在争抢专业人才现象，甚至出现相互挖走专业人员情况，影响了社会组织提供高质量、专业服务的能力提升。

三 河南省引导社会力量积极参与基层治理的思路对策

（一）政府管理与社会自治有效对接，统合自上而下与自下而上两种治理力量

党的十九大报告明确指出，"要推动社会治理重心向基层下移，发挥社会组织作用，实现政府治理和社会调节、居民自治良性互动"。[①] 这就进一步为基层治理中政府与社会组织间的关系标定提供了支撑，要加快构建起以互助、合作为指导方针的社会自治机制，不断提升自治水平和能力。要认清政府并非社会治理的唯一主体，切实转变政府职能，适时调整国家与社会、政府与基层间的关系，既要有传统治理体系中的自上而下，也要有自下而上的治理融通，真正从"社会管理"走向"社会治理"，实现治理力量多重

---

① 习近平：《决胜全面建成小康社会 夺取新时代中国特色社会主义伟大胜利——在中国共产党第十九次全国代表大会上的报告》，《人民日报》2017年10月18日。

化。事实上，随着社会治理现代化实践的不断推进，基层共治理念和创新意识在治理实践中越来越有"土壤"，公民参与基层公共事务治理的意识与能力也在不断增强，社会组织和公民个体都应在基层治理实践中扮演好各自的分工角色，积极发挥出协同共治的效用。因为公共事务需要社会共治，没有公众与不同社会力量的多元参与就谈不上社会共治，社会共治归根到底是主体间的协同治理，因此，推进基层治理现代化必须要改变政府职能，实现政府管理与社会自治的有效衔接。

（二）消除社会组织参与基层治理的内外障碍

分析社会治理的基本内容，治理主体形态无疑是关键议题，也正因如此，社会治理主体多元化结构形成程度已成为衡量一个社会单元治理现代化水平的重要指标。而在社会治理主体多元化结构形成的过程中，社会组织及其发展又是十分重要的组成部分和推力来源。事实上，现代社会组织不仅是作为现代社会的必要产物，更是作为政府部门的补充力量来做好公共服务供给。培育社会组织是当前完善社会职能的一项重要举措，要不断营造宽松的政策准入和社会环境，谨防行政干预，促进社会组织由内而外迸发活力，调动其主动有序参与基层治理，提高参与社会公共事务治理的能力。一是需要从制度环境上来保障社会组织参与基层治理的机制、渠道，最大限度地降低行政力量的无端干预，最大限度地激活社会组织发展的动力，自发形成有利于其产生的社会氛围和条件，提高社会组织自身的自主自治能力。二是要放低门槛准入条件，吸引更多的社会组织参与到社会治理的大格局之中，多样化的需求产生多样化的社会组织。三是政府要认清社会组织的服务理念与价值认识，真正领会"市场经济越发达，越需要专业的组织、机构和专业人员从事专业服务"，正确定位社会组织（专业）服务和社工、志愿者、义工在社会治理中的作用，更加重视社会组织参与社区治理的意义。四是对社会组织的管理多采用软性措施，形成健康和谐、诚信自律的社会氛围。

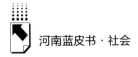

（三）着力培育和发展新型社会组织，引导各种社会力量参与基层社会事务治理

考察我国基层治理的运转机制和治理体系架构，可以发现，党领导下的基层治理运行体系和生动实践已走过百年。其最重大的有益经验就是要坚持党的领导，不仅要坚守党组织作为领导核心的组织架构设计，持续加强基层党组织自身建设和服务能力，还要切实发挥基层党组织统揽全局、协调各方的领导作用，做好对群众组织、自治组织和社会组织的带动引领，[①] 支持多重民间力量参与经济社会事务治理。尤其需要注意的是，当前河南农村地区的社会组织发展程度较低，孕育机制很不健全，农村社会组织普遍存在功能定位不准、自身建设不力等问题，专业人才队伍缺乏限制了其专业化水平提高和社会服务能力提升。这就需要我们进一步从治理机制优化上来提升社会治理水平，以政府、市场、社会的关系理顺集聚社会共治力量，大力培育新型社会组织，不断激活妇联、团支部、残协等组织的活力，提升基层社会事务治理的"公共参与性""协商共治性"，从而弥补市场化条件下政府在公共服务供给上的欠缺，推动各种社会自治力量积极参与基层治理。

---

① 李三辉：《将党的建设贯穿乡村治理全过程》，《学习时报》2021 年 9 月 10 日。

B.10
河南省数字治理实践路径研究

刘　畅*

摘　要： 数字治理成为提升治理体系和治理能力现代化的核心内容。河南省在"数字河南"战略目标的实施下加快形成了数字治理新格局，在数字化转型发展的重要机遇期营造了良好的数字治理新生态，在数字社会建设实践中深化拓展了数字治理的新模式。但是，当下的河南省数字治理依旧面临数字治理理念的桎梏、数字权力的滥用和数字技术风险的显现等困境和难题。河南省数字治理亟须回归以人为本的价值理性，构建数字治理的体制机制，夯实数字治理的法治基础，推动数字治理的技术进步。

关键词： 数字河南　数字治理　社会治理

随着数字信息技术的迅猛发展，当今社会已经全面进入数字时代，数字治理也得到了前所未有的关注。数字治理需平衡好科技发展与人文进步、科学价值与伦理道德、工具理性和价值理性、效率和公平、秩序和包容等多重治理张力，才能在扩大公众参与、推进社会治理转型等方面实现数字治理的价值目标。河南省的数字治理实践已经取得了优秀的成绩，但是依旧面临数字治理实践路径创新的问题。探索河南省数字治理实践路径，激发数字要素的工具效能，释放现代化治理的价值理性，完整、准确、全面贯彻新发展理

---

* 刘畅，河南省社会科学院新闻与传播研究所研究实习员，主要研究方向为网络舆情、文化治理。

念，服务和融入新发展格局，有利于促进经济行稳致远、社会和谐稳定，提升河南省治理体系和治理能力现代化水平。

一 河南省数字治理的现实实践

（一）"数字河南"战略加快形成数字治理新格局

河南省前瞻布局数字基础设施、数字核心产业、数字融合应用、数字治理能力和数字生态体系五位一体的"数字河南"建设，数字经济发展的新局面、数字治理完善的新格局加速形成。在河南省数字治理的整体格局中，河南省贯彻数字强省战略，积极推进数字治理体系建设，擘画数字治理的建设蓝图。先后出台数字政府总规划和行动计划，为河南省数字治理指明了发展方向，提供了目标遵循。同时，河南省数字经济正推进产业深刻变革，数字产业已成为河南省的新名片。2022年，河南省数字经济对于GDP的增长年均贡献率超过了50%，数字经济的规模比"十三五"初期扩张了一倍。整体上来看，数字河南的蓝图已经绘就，数字治理的格局逐渐形成。在河南省数字政府的建设方面，随着《河南省数字政府建设总体规划（2020—2022年）》的持续推进，2022年河南省数字政府建设基本形成以为民服务、为企协同的价值需求为导向，以政务服务、社会治理、科学决策和行政管理为主要内容的总体架构。其中，河南省建成覆盖省、市、县、乡、村五级的政务服务网络，政务服务网络基本形成；政务云建设水平和省级政务服务一体化程度位居全国第一梯队，零跑动、无须见面审批的政务事项已经占比95%以上；实现4000项政务服务事项全豫通办、全程网办；推进政务服务"好差评"全覆盖，实名差评回访整改率达到100%。政府服务效能和治理现代化能力持续增强，数字政府建设履职数字化和智能化的水平显著提升。

（二）数字化转型发展营造良好数字治理新生态

河南省全面部署数字化转型战略，加快建设数字强省的步伐，不仅为河南省数字治理营造了良好的数字生态，也为现代化河南发展提供了数字技术支撑和创新发展动能。在数字化转型的宏观规划和顶层设计层面，河南省委、省政府先后出台《实施数字化转型战略工作方案》《河南省"十四五"数字经济和信息化发展规划》《河南省数字经济促进条例》等多个政策文件，理顺当下河南省数字化转型的重要目标和主要任务，为河南省数字化转型战略的实施提供了制度支撑。同时，2022数字河南云博会和第二届数字产业博览会等活动也取得了优异成绩。统筹谋划的顶层设计、分层衔接的项目活动和线上线下的全民参与，营造出河南省良好的数字治理生态。在数字基础设施建设完善与优化布局层面，2022年河南省全省的5G数字基站建设达到12.47万个，5G网络的覆盖规模位居全国第一方阵，网络基础设施持续优化。河南省积极融入国家"东数西算"工程建设，构建和打造全省一体化的大数据协同创新体系、新型数据中心统筹"两核多点"的布局。河南省推进公共算力服务平台的搭建，提升郑州的中心算力，同时，推动全省算力资源共享，完善算力基础设施。最后，2022年洛阳、许昌、漯河、郑州、新乡等多个城市推进工业互联网标识解析的节点建设，持续加快融合基础设施和新型基础设施的建设。

（三）数字社会建设深化拓展数字治理新模式

河南省加快推进数字社会建设，拓展深挖数字治理的场景，数字化的发展成果不断惠及更广大人民群众，数字化的治理创新不断推进治理能力和治理体系现代化水平提升。在河南省加快建设新型智慧城市层面，河南省实施分级分类推进新型智慧城市建设，《河南省发改委关于印发河南省新型智慧城市建设试点市名单的通知》明确郑州、洛阳、鹤壁、新乡、焦作、漯河、三门峡和驻马店等8市开展新型智慧城市试点市建设。同时，城市的基础设施布局逐渐完善，精细化的城市治理模式和体系逐渐形成，规范化标准化的智慧小区布局初步实现。《2022年河南省数字经济发展工作方案》提出对8个省级新型智慧城市试点市建设进行中期评估，推广一批智慧城市建设的典型应用场景。在河南省推动数字乡村建设的实践层面，2021年的河南省数字乡村建设推进会明确提出统筹推动数字乡村的五化建设，即城乡信息一体化、乡村产业数字化、乡村治理数字化、农民生活数字化、乡村数字产业化发展。到2022年，河南省4.6万个行政村实现了4G网络全覆盖，农村家庭固定宽带的普及率达到了98%，数字信息进村入户工程有序推进。另外，河南省搭建"三农"信息服务平台，实现了"三农"服务"一张网"。2022年，河南省打造了30个省级数字乡村示范县建设，总结推广乡村数字化治理典型经验做法。同时，积极推进政企合作模式投入数字乡村建设，河南省与阿里巴巴、京东、华为、拼多多等多个企业签订了数字乡村建设战略合作协议，实施"互联网+农产品出村进城"工程。

二　河南省数字治理的创新困境

（一）数字治理理念的桎梏

在数字治理主体与客体的层面，河南省的数字治理实践对数字治理的涵盖范围在可操作的空间内已经进行了很大程度的拓展创新。在河南省政策文件中，数字治理通常包含数字政府的建设、数字公共服务的供给和数字社会的构建，这个数字治理的内涵和外延是已经创新发展的，并没有局限于以数字为治理对象，或者将数字工具作为单一的治理工具。数字治理融合了数字要素和治理要素，拓展到数字社会治理的方方面面，也可以说是今后社会治理的主要方式。在当下对数字治理的主体与客体的理解层面，在数字治理取得阶段性成果的基础之上可以进行进一步的延伸，将数字治理真正贯穿于社会治理的每个角落，这不仅仅是数字治理理念创新的要求，更是数字社会不断发展演变对社会治理提出的要求。

在数字治理的价值与目标层面，数字治理并不能被简单地归为"数治"，数字运行法则也并不能凌驾于社会基本运行法则之上，技术只能是"赋能者"，不能是"治理者"。数字治理工具归根结底是数字要素与社会治理要素的结合，其根本目的依旧是保障和实现最广大人民的根本利益。如果在治理过程中过分崇尚数字技术的工具理性，从而忽视"人"的主体性价值，就会不可避免地产生数字权力的异化，从而背离治理的初衷。不应一味追求数字化、自动化或者是智慧化的建设指标，不停留在表面的精准治理、智能治理，而是积极探索数字技术推动下社会治理的创新与变革。在河南省数字治理实践的一些领域中也存在数字治理往往遵循了其技术逻辑，而忽视了实际现实生活复杂状况的现象。

（二）数字权力的滥用

对于公共部门而言，数字运行规则在一定程度上决定了数字社会运转的方式。作为理性工具的数字算法不可避免地与公权力相互交织。那么，就存在数字权力被动地与行为失范的治理主体合谋的可能。2022年6月，河南省郑州市纪委监委发布《关于部分村镇银行储户被赋红码问题调查问责情况的通报》，通报了因多名村镇银行储户入郑扫场所码被赋红码多人被问责的情况。此次事件中，以行程码为代表的数字技术工具已经深刻地融入了人们的日常生活，深刻地改变了人们的学习、工作和生活方式。在这一过程中，最重要的就是坚持人本导向，让更多人享受到数字发展的红利，提升人们日常生活的幸福感与安全感。如何避免数字权力形成过程中的失规、失范，不仅仅是河南省数字治理要面临的问题，也是当下社会数字治理的关键议题。

对于市场主体而言，在数字市场经济的场域中，部分市场主体借助于数字技术的伪装，滥用数字权力谋取市场利益，扰乱了市场竞争规则，损害了消费者的合法权益。例如，电商平台的"大数据杀熟"现象。2022年，《中共中央国务院关于加快建设全国统一大市场的意见》明确提出"防止利用数据、算法、技术手段等方式排除、限制竞争"。在2022年河南省网络市场监管专项行动中，全省各地各部门查出网络违法案件5000多起，违法违规的网络平台856个，淘宝、京东、苏宁、美团等多家大型电商平台纷纷做出承诺，主动履行电商主体责任，诚信规范市场经营行为。所以，在数字经济下的隐蔽的"市场失灵"需要政府主体予以纠错，规范数字权力的形式，维护数字秩序的稳定。

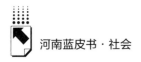

（三）数字技术风险的显现

一方面是数字技术的发展有侵蚀个人主体权力的风险。在大数据算法下，公民的个人隐私无处遁形，私人领域进一步被压缩。公权力以数字化的隐蔽形式渗透和蔓延到生活的各个角落。在当前的数字治理结构中，相关公共管理部门被赋予了强大的数字权力，但是其数字治理的权力边界和法治底线并不明显。同时，数字信息技术过分加持下的社会管理模式成为一部愈来愈庞大和精细化的机器，从而丧失了社会治理原本的温度和尺度。2022年3月，河南省消协发布《个人信息保护现状专项调查报告》，调查报告显示，消费者个人信息被过度搜集的情况广泛存在，消费者个人信息被泄露情形屡见不鲜，而且大多数消费者认为当前社会有必要进一步加强个人信息保护。

另一方面是数字技术的发展或引发数字信息安全危机。数字经济蓬勃发展，虽然促进了各行各业的智能化转型，提升了产业增长点，但也面临巨大的数据安全风险隐患和挑战。依据数字技术的根基架构起来的数字治理框架，在享受数字技术带来的便捷高效福利的同时，也放大了数字技术本身的不稳定性和风险性。如果说数字治理理念的创新是数字治理的核心，数字权力的规范是数字治理的关键，那么，数字技术的风险防范则是数字治理的底线。针对数字技术发展或引发的安全危机问题，河南省也展现出足够重视的态度。在"2022年国家网络安全宣传周河南省活动"中，河南省委常委、副省长费东斌特别指出，切实筑牢网络安全屏障，不断开创网络安全工作新局面。创新河南省数字治理模式，需要构筑数字信息安全防线，为"数字河南"建设保驾护航。

三　河南省数字治理的路径探索

（一）回归以人为本的价值理性

推进数字治理的创新发展，依靠理念创新、制度成熟、组织健全、法治完善和伦理价值等多个维度，河南省数字治理要把握好人民群众根本利益这一根本出发点和落脚点，结合数字技术的刚性约束和人的自主性价值追求，把握好数字治理的效度、温度和尺度，促进人自由而全面的发展。河南省的数字治理理念创新需要做到如下两点。

一是积极推动以人为核心的数字治理模式。首先，将满足人民群众对美好生活的向往作为数字治理的出发点和落脚点，增进人民群众的获得感、幸福感和安全感。河南省数字治理的实践要强化以人民群众为中心的治理理念，顺应民意、体察民情、致力民生，不断实现和扩大人民群众参与到数字治理的过程中来，汇聚强大的治理合力。其次，持续推动河南省数字政府和数字河南建设。推动数字治理的基础设施建设不断完善，加强数字化政务服务系统的应用，推动科学决策的应用体系建设，同时注重数字治理的组织保障。最后，提升河南省的公民数字素养，确保在数字治理过程中，调动人自身的主动性。数字素养是在数字社会生存中的基本能力和基本素养，需要依靠全省的力量建立有效的数字教育和培训体系，让数字技术赋能人的工具价值充分发挥。

二是价值理性回归和治理公共性凸显。公共性作为一种价值理性的回归，赋予了数字治理公平与正义的伦理，从而使得数字正义和数字向善成为数字治理的终极追求。数字治理过程中价值理性和公共性的皈依，促使治理理念变革，政府治理模式更加趋向于服务型政府、数字化政府和法治型政府的建设维度。由此数字治理观念的扭转克服了工具理性的僭越，从而实现合理性与合法性的统一、多元化与差异化的统一。实现数字治理价值理性的回归和治理公共性的凸显，不仅仅是社会治理部门、数字治理参与者应该并称的价值核心，也是推动和促进治理能力和治理体系现代化的题中之义。河南省数字治理的实践要遵循价值理性和公共性的原则，坚持"以人为本"的价值理念，创新数字治理方式和手段，构建公平正义的治理格局。

（二）构建数字治理的体制机制

构建健全的数字治理体系，是回应数字社会飞速发展的应有之义，是提升治理能力和完善治理体系的必然选择。河南省数字治理体制机制的构建需要政府、平台、企业、社会和个人共同构建多元协同、安全高效的治理格局，通过创新协同互动机制，统筹公平和效率，优化数字治理的手段促进"数字河南"建设。

一是强调数字治理多元主体间的协同关系。回应政府失灵和市场失灵，从多元治理主体的合力不强到数字治理体系的整体协同。从数字治理的横向协同来看，实现数字资源在教育、卫生、商业、交通、民政等多部门、多方面的沟通共享，为数字治理实现协同治理创造条件；从数字治理的纵向联动来看，省、市、区、县、乡、镇、街道不同层级的数据对接实现联动治理。政府与企业协作，企业与社会共振，充分释放数字治理的潜能。通过数字治理多元主体的协同互动，进一步推进社会治理的创新和完善。

二是完善数字治理体系构建的制度规则。首先，充分利用河南省数字经济的超大市场规模、海量信息数据和丰富应用场景，探索适合河南自身发展的数字治理道路。其次，建立协调统一的数字治理框架体系和规则体系，加快数字政府建设的步伐，依托一体化政务服务平台，实现线上线下政务服务深度融合，推进重大公共事件快速响应和联动处置。最后，建立健全网络安全责任规范体系，明晰数字治理多元主体的各自职责，加强对各行业、部门和平台的监管，完善数字空间的社会治理。

三是强调整体性、全局性的数字运行机制。数字治理呈现出高创新性、广覆盖性的特质。在河南省的数字治理实践中，在第一层，通过政务云平台实现数字信息的汇聚和监管，统筹利用各部门、各单位的数字资源；在第二层，通过打造郑州这一城市大脑，实现数据的整合与计算，实现各环节、各领域的数字优化；在第三层，通过数字驾驶舱和各种虚拟门户实现数据的归纳与交互，最终实现各业务、各场景的统筹管理。

（三）夯实数字治理的法治基础

持续完善数字治理的法理架构，健全数字治理的政策法规，为数字河南建设提供法治保障。当下，河南省已在积极完善相关的数字治理的政策法规，2022 年，河南省数字治理的立法工作稳步推进。7 月，《河南省网络安全条例（草案）》提交审议，该草案一方面规范了网络商业平台的算法安全主体责任，另一方面规范网民言行举止，普通网民在网络上发布违法信息将承担相应法律责任。同时，《河南省数据条例》立法工作持续推进。但是，夯实河南省数字治理的法治化建设依旧任重道远。

一是要加快推进河南省数字治理的立法工作。数字治理的法治化构建迫在眉睫，在网络信息安全、知识产权保护、网络行为主体规范、消费者合法权益等多个方面亟须完善数字治理的法治依据，完善数字治理的法治体系。河南省的数字治理实践也表明，在数字化发展过程中，不断出现各种各样、日新月异的新问题和新挑战，急需法治体系和法治规范的引导，又因为社会转型发展时期的复杂结构和数字技术发展的精确化需求，数字治理的法治构建需要更加清晰、全面、可操作。同时，要积极探索数字治理过程中非传统领域的司法保护机制。

二是要牢固树立河南省数字治理的法治思维。提升公共治理部门主体数字治理的法治思维和运用法治手段的能力，不仅需要加强数字治理的法治化研究，明确法治规则与评判标准，强化数字治理的法治化思维引导，为数字治理实践中出现的层出不穷的问题提供司法解释，也为相关法律法规的健全提供实践依据。而且需要持续拓展数字法治的服务职能，深化数字治理法治化产学研的交流合作，推动全民参与到数字法治化建设的过程中来，让数字治理更好地服务、造福于广大人民群众。

三是落实数字治理法治化的监督考核评价机制。推进实施河南省数字治理的"互联网+督察"的模式，面向社会各界征集数字治理的意见和建议。"互联网+督察"模式充分利用数字信息技术，规避信息失实、民众失语、政策失误的情况，畅通数字治理的沟通渠道，打通数字信息阻隔。同时，制定河南省数字治理法治执行的评价衡量标准，提升法治能力。

（四）推动数字治理的技术进步

数字技术的创新发展，不仅仅是技术变革，也是社会组织形式和思想行

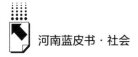

为观念的变革。数字化发展为治理能力和治理水平现代化的创新带来了机遇，积极推广数字技术的广泛应用，不断完善数字治理体系。

一是强化数字治理的技术支撑。以数字技术的进步助推河南省创新体系的变革，加快河南省数字产业化发展步伐，构建协同转化的数字技术创新体系。不断推动技术应用场景创新，促进数字技术不断提升进步。在人才队伍建设方面，积极培养数字信息技术人才和数字治理人才，为数字社会的发展积累人才资源。

二是防范化解数字技术风险。数字技术的飞速发展虽然极大地便利了人们的日常生活，但是随着人们对数字技术的依赖程度加深，数字技术发展中的伦理性风险、安全性风险和合法性风险也逐渐增多，防范化解数字技术风险就显得尤为必要。河南省数字治理要树立危机意识和底线思维，做好源头识别、风险预测、监测预警和及时纠正。借助跨部门协作、行业智库的力量，提前做好数字技术发展的战略规划、源头上的顶层设计，以确保安全，然后及时查找数字技术发展过程中可能发生的风险危机。

B.11
以农村基层党建引领乡村振兴的
河南探索与启示[*]

B.11
以农村基层党建引领乡村振兴的
河南探索与启示 [*]

郭嘉儒 [**]

摘　要： 农村基层党组织建设能否有效引领乡村振兴关系到中华民族伟大复兴的成败，关系到农村经济社会发展的前景，必须坚定不移地加强农村基层党组织建设。近年来河南省积极探索以农村基层党组织建设引领乡村振兴的方法与路径，如建立全方位的农村基层党建工作格局，强化农村基层党组织建设，选配优秀的农村基层党组织书记，夯实农村党员队伍建设等，取得了诸多成效并积累了一定经验，为进一步推进以农村基层党建引领乡村振兴提供了有益的经验借鉴和启示。

关键词： 乡村振兴　农村基层党建　河南省

党的十九大报告强调，要始终把解决好"三农"问题作为全党工作的重中之重，实施乡村振兴战略。全面推进乡村振兴战略是实现中华民族伟大复兴的必然要求，是解决关系国计民生的"三农"问题的总抓手，是推动农民实现共同富裕目标的必由之路，必须毫不动摇地坚持好、落实好。办好农村的事情，实现乡村振兴，关键在党。农村基层党组织是党在农村全部战

---

* 本文为 2022 年度河南省社会科学院创新工程一般项目"乡村振兴视域下河南省村级组织负责人'一肩挑'研究"（22A26）阶段性成果。
** 郭嘉儒，河南省社会科学院政治与党史党建研究所助理研究员，主要研究方向为基层党建与基层治理。

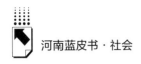

斗力的基础，是乡村振兴战略的主要领导者和推动者，必须不断加强农村基层党组织建设。

一 以农村基层党建引领乡村振兴的价值意蕴

全面乡村振兴战略对农村基层党组织的治理能力和治理水平提出了更高要求，农村基层党组织必须坚定不移地全面加强自身建设，才能更好地贯彻落实党和国家在农村的各项战略目标，推动农村的全面振兴。

（一）有效夯实党在农村的执政基础

中国共产党根植于人民，全心全意为人民服务，人民群众是我们党的力量源泉和执政根基，保持同人民群众的血肉联系是我们党事业成功的关键。中国共产党百年发展史正是与人民群众团结奋进、荣辱与共的奋斗史，没有人民群众的支持和拥护就没有中国共产党的伟大成就。只有始终保持与人民群众的血肉联系、不断夯实党在群众中的根基，才能将人民群众的支持和拥护凝聚成实现中华民族伟大复兴的强大力量。当前，党在农村地区的执政出现了一些新情况和新问题。随着改革的不断深化，农村群众利益诉求日益多样化，处理难度大大增加。农村基层干部素质不能满足农村发展需求：担当意识不强，存在回避矛盾的倾向；服务群众意识淡化，不能及时解决群众急难愁盼的问题；做群众工作的方法较为陈旧，难以让群众满意等。这些问题在一定程度上损害了党的形象，削弱了群众对党的信任，侵蚀了党在农村的执政基础。因此，加强农村基层党建工作成为农村工作的当务之急。加强农村基层党建工作能够有效激发农村基层党组织的先进性和活力，充分发挥农村基层党员的模范带头作用，不忘初心牢记使命，全心全意为人民服务，以担当负责、一心为民、清正廉洁的工作作风赢得人民群众的信任，增强党对群众的吸引力和凝聚力，夯实党在农村的执政基础。

（二）全面提升农村治理现代化水平

推进国家治理体系和治理能力现代化是党的十八届三中全会以来我国全

面深化改革的重要目标，作为农业大国，实现农村社会治理现代化对于整个国家构筑现代化治理体系具有举足轻重的作用。当前农村处于改革转型期，多种矛盾和利益冲突不断叠加，治理难度较大，主要表现为：农民利益诉求日益多元化，矛盾冲突较多；"空心村"和农村留守问题较为严重；农民对农村治理热情不高，参与度较低；农村宗族势力干扰农村社会治理等。这些矛盾和冲突成为农村社会治理的难点，对农村基层党组织的治理能力和治理水平提出了更高要求。加强农村基层党组织建设就要不断提升农村基层党员干部的执政能力，增强农村基层党员干部的担当意识和责任意识，积极承担起化解群众各种矛盾冲突、解决群众急难愁盼问题、推动农村经济社会发展的重要责任，加强农村法治、德治、自治相结合，提升治理效能，团结村民广泛参与农村社会治理，协调农村致富带头人、乡贤的力量，形成推动农村发展的强大合力，提升农村治理现代化水平。

（三）为全面实施乡村振兴战略提供组织保障

实施乡村振兴战略是新时代推动农村社会发展的有力抓手，是缩小城乡差距、实现新时代农民对美好生活的向往目标、加快农村全面现代化进程的重要战略安排。当前，在农村基层党组织的领导下，农村地区取得了长足的发展，但还存在一些亟待破解的难题，如一些农村集体经济较为薄弱、不同地区农村发展水平差异较大等，这些问题是全面实现乡村振兴必须解决的难题。而解决这些问题需要一个强有力的农村基层党组织，能够切实承担起管理农村、发展农村的重任，发挥领导核心和战斗堡垒作用，充分调动全社会力量的积极性，将人才、政策、资源等各种推动乡村发展的积极因素凝聚到党组织周围，形成推动农村全面振兴的强大合力，探索构建推动农村、农业、农民高质量发展的工作机制，建设一支专业素质过硬、愿意投身"三农"事业的高素质人才队伍，为乡村振兴的实现提供强有力的组织保障。

二　河南省以农村基层党建引领乡村振兴的实践探索

近年来，河南省高度重视乡村振兴战略的实施和农村基层党建工作的开展，不断创新工作方法，积极提升农村基层党组织的组织力和凝聚力，充分激发农村党员干部干事创业的积极性和主动性，以农村基层党建工作的高质量发展引领乡村全面振兴，取得了脱贫攻坚全面胜利的伟大成就，推动乡村振兴进入新的阶段。新阶段乡村振兴要实现更高的目标，必须进一步加强农村基层党建工作。

（一）建立农村基层党建工作高质量发展新格局

首先，各级党委切实承担起加强农村基层党建工作的责任。推进农村基层党建工作必须明确责任归属，才能取得良好效果。《中国共产党农村工作条例》要求，坚持"五级书记"共同抓乡村振兴，其中首要任务是抓农村基层党建工作。党的十八大以来，河南省高度重视推进全面从严治党，积极谋划部署农村基层党建工作，各级党委切实担负起各自在农村基层党建工作中的主体责任，农村基层党建工作取得了明显成效。同时制定了《中共河南省委关于推进全面从严治党的若干意见》，积极对农村基层党建工作情况进行调研。通过各级党委的不懈努力，逐步形成了"一级抓一级，一级带一级"和五级党组织协调配合的农村基层党建工作体系。

其次，多方合力共同推进农村基层党建工作。机关、企事业单位和高等院校在党建工作中具备较强的优势，利用其优势定点帮扶农村党支部建设，据此实行农村基层党建联系点制度。2020年制定了《中共河南省委关于加强和改进全省机关党的建设的若干意见》，规定党政机关要定点帮扶农村党支部建设，开展党支部建设"手拉手"活动。① 主要省直单位迅速响应，联系全省27个县的多个农村党支部，并带动了市、县两级全方位落实农村基层党建联系点制度。通过有针对性的指导，解决了农村基层党建工作中的诸多难题，农村基层党组织充分发挥领导核心作用，农村党建工作取得了长足进步。同时，企事业单位和高等院校也充分发挥自身在资源和人才等方面的

---

① 中共河南省委：《中共河南省委关于加强和改进全省机关党的建设的若干意见》，《河南日报》2020年1月14日。

优势，积极帮助定点联系村解决党建工作中的问题，推动党建工作责任制的落实，巩固农村党支部领导核心地位，充分发挥党支部作为推动乡村振兴的领导者作用。

最后，持续为农村选派大量优秀的驻村第一书记。驻村第一书记制度是推动脱贫攻坚和乡村振兴的重要举措。作为最早一批实施驻村第一书记制度的省份，河南在派驻村第一书记工作上具备较为丰富的经验，也收获了较多成果。驻村第一书记都是从机关、企事业单位中选派的理想信念坚定、党性观念强、勇于担当奉献、具备较强工作能力、善于做群众工作的先进党员，通过他们的认真工作，众多曾经的落后村、贫困村都发生了翻天覆地的变化，成为今天的模范村、富裕村，摘掉了贫困村的帽子，走向共同富裕的康庄大道。同时，又从机关、企事业单位中选派一批第一团支书，让他们也投入推动乡村振兴的事业中，与驻村第一书记共同成为推动农村发展的强大力量，并构成单位包村、干部驻村、企业联村中的重要一环，为乡村振兴提供重要的干部人才保障。

（二）建设强有力的农村基层党组织

首先，农村党的组织覆盖和工作覆盖不断扩大。扩大党的组织覆盖和工作覆盖是农村基层党建工作的重要任务。河南省现有行政村 4.53 万个，目前已经全部建立党组织，实现了党组织全覆盖。随着农村新经济组织和新社会组织快速发展，提升"两新组织"中党的组织覆盖和工作覆盖水平成为需要重点攻克的难关。为此，河南省委在《河南省乡村振兴战略规划（2018—2022 年）》中提出要创新党组织的设置方式，注重在农业企业、农民合作社等组织中建立党组织，加强对这些党组织的领导和管理。① 在坚持有利于党员管理和党组织功能发挥等原则的前提下，"两新组织"不断创新党组织设置方式，党员较少的企业与邻近企业建立联合党支部或者挂靠组建党支

---

① 河南省农业农村厅：《河南公布〈河南省乡村振兴战略规划（2018—2022 年）〉》，河南省人民政府网站，2018 年 12 月 26 日，https：//www.henan.gov.cn/2018/12-26/727711.html。

部，流动党员较多、工作地点相对集中固定的企业成立临时党支部，同一区域内多个项目联建共建党支部，同一产业链上的企业建立统一的党支部等。因地制宜、不断创新，有力地提升了"两新组织"的组织覆盖和工作覆盖水平，朝着"哪里有党员，哪里就有党组织；哪里有群众需求，哪里就有党的工作"的目标不断迈进。

其次，农村党支部标准化、规范化建设水平不断提升。党支部标准化、规范化建设是加强党组织建设和提高党建工作质量的重要抓手。为提升农村基层党组织的标准化、规范化水平，2017年河南省委组织部在全省范围内开展"逐村观摩、整乡推进"活动，主要针对覆盖不全面和重点轻面的问题，市县乡党委统筹推进，采取评比带动和观摩加压的形式，促进农村基层党组织因地制宜、大胆创新，推动党建先进村发挥带动示范效应，党建提升村提高规范水平，党建后进村积极整改提升。通过活动的推进，农村党建工作质量大大提升。同时着力推进农村党支部建设工程与农村党支部建设"百千万"创建行动，三年内集中建设农村党建示范点省级100个、市级1000个、县级10000个，通过创建优化农村基层党组织的设置，完善农村基层党组织的组织体系，进一步提升农村党支部的标准化、规范化水平。

最后，着力整顿软弱涣散党组织。高度重视软弱涣散党组织的整顿，通过严格督查和整顿，一年内为217个村配备了党支部书记，将3655个软弱涣散党组织整顿到位。① 通过推广兰考县首创的"六步工作法"，全面筛查全省农村基层党建方面的九个问题，着眼于形成一套高效的"班长—班子—思路—机制"工作机制，努力夯实农村基层党组织的政治和服务功能，坚持应整尽整原则，精准筛选出软弱涣散党组织。紧扣组建专门整治队伍、摸透村情、制订整治方案、集中整顿和严格验收问责五个环节，进行严格整顿，并制定省市县乡多级检查验收办法，确保整顿到位。

---

① 谢小杭：《河南在基层党组织中开展"逐村观摩、整乡推进"活动：阅兵场上见真章》，《中国组织人事报》2018年7月4日。

（三）选优配强农村基层党组织书记

首先，严格选任。各级党委承担选优配强农村基层党组织书记的第一责任，建立联系点制度，在人选推举、把关和选举的全流程中充分体现领导责任。因地制宜推行农村党组织书记"一肩挑"制度，在"一肩挑"的书记选任过程中，坚持正确的政治方向和用人导向，制定适宜的用人标准，对候选人的政治素养、治理能力和廉洁自律水平进行严格把关，努力选拔出政治素质好、治理水平高、带头致富能力强、清正廉洁的农村党组织书记，并着力打造工作能力强、团结协作、一心为民、群众满意的"两委"班子。

其次，加强培训。坚持实施村干部素质提升工程，实行省市两级示范培训和县级普遍培训的培训模式，持续加强对村"两委"干部的培训。省委组织部每年针对不同的主体和类别开展主题培训，各市县乡党委也采用多样化的方式和途径对村党组织书记加强培训，并取得良好效果。濮阳市因地制宜、解放思想，不断改进村党组织书记的培训方法，打造出一套独具特色的培训体系，并创办了全国唯一一家专门的农村党组织书记教育基地，也开创了全国农村党支部书记学院的先河。省内多个地市还针对农村党支部书记开展多样化的技能培训，使党支部书记真正成为带领村民发展致富、实现乡村振兴的带头人。

（四）建设素质过硬的农村党员队伍

首先，严格党员发展工作。对于发展农村党员工作，各级党委都给予了高度关注。针对农村人才现状制订适宜的发展方案，将发展重点放在积极向上的青年农民、受教育水平较高的青年和妇女上，全面实施"双推双评三全程"的标准，即积极分子从党员和群团组织推荐人选中确定，党员发展要首先经过党员和群众评议，党员发展要实行全程纪实、全程公示、全程追究责任。党员发展要严把政治关，严格按照发展程序要求，加强群众监督，注重优化结构，通过严格筛选把优秀人才发展为党员，不断提升农村基层党组织的战斗力。

其次，强化党员教育培训。党员教育培训是党员素质不断提升的重要保障。各级党委开设了丰富多样的农村党员培训课程，包括农村党员政治素养提升课程和有针对性的知识和技能课程等，不断推动党员整体素质提升。新密市实施"万名党员进党校"工程，专门针对农村党员进行党史党章、党代会精神、理想信念、传统优秀文化、新密发展史等方面的培训，同时针对不同区域党员的特点有所侧重。新乡市充分发挥"互联网+智慧党建"的融媒体平台的优势，开展解读中央政策和精神的"远程夜校"培训，充分利用党员的空闲时间为党员学习提供便利。

最后，创新党员管理办法。为提升党员管理效能，创新推出党员日常表现纪实管理办法，通过积分考核、星级评定和分类量化为党员管理考核制定明确的标准。三门峡市实行积分制管理，为党员的表现和政治素养水平评定分值，用积分进行量化管理，使党员管理更加科学化。在积分评定的压力之下，党员的党性意识和服务意识不断被激发，先进性得到充分彰显。对于流动党员的管理，实施"双联双促"工作法，即每半年党组织与流入地党组织至少沟通一次，充分了解流动党员的状况，促使党员严格要求自己，努力为流入地做贡献，每年至少为家乡发展提出一条合理化建议，加强党员对于家乡发展的责任感和使命感。

三 河南省以农村基层党建引领乡村振兴的经验启示

乡村振兴背景下加强农村基层党建工作是一个系统工程，需要多方配合、发挥合力，共同构筑实现乡村振兴的坚强堡垒。

（一）党中央的集中统一领导是根本保证

实现乡村振兴，关键在党，根本前提是加强党中央的集中统一领导。乡村振兴依靠农村基层党组织的领导和推进，因此农村基层党组织必须不断加强自身建设。农村基层党组织作为党的组织体系的基础，各级党委在农村基层党组织建设中都有重要责任，需要在党中央的统一领导下多部门形成合力，形成广泛动员、统一指挥、上下联动、协调推进的工作体系，充分发挥党的组织和凝聚作用，体现我们党的组织优势。同时，在党中央集中统一领导下，地方各级党委积极发挥主观能动性，因地制宜制订适合自身的农村基层党组织建设方案，明确各级党委在推动乡村振兴中的责任，躬身入局，切实承担起自身肩负的使命，在高标准、严监管、重质量的前提下充分激发各地方党委积极性和主动性，充分发挥自身主观能动性，使农村基层党组织建设的效果充分迸发。

（二）完善的体制机制是重要保障

在推进农村基层党建工作过程中，高度重视体制机制的完善，在严格遵循《中国共产党支部工作条例（试行）》与《中国共产党农村基层组织工作条例》基础上，结合河南实际制定完善的农村基层党组织建设的体制机制，确保农村基层党建工作既有长远规划又有近期安排，既有长期目标又有阶段性任务，既有激励性措施又有惩罚性手段，既有人才的选任培训管理又有强有力的监督约束。完善的体制机制，为加强农村基层党组织建设提供了根本遵循，为农村基层党组织在推动乡村振兴中有效发挥作用指引了方向、指明了道路，充分保障农村基层党建工作有的放矢、张弛有度、有条不紊，使农村基层党建工作高质量推进，确保党在农村的执政基础坚不可摧，为推动乡村振兴的实现提供重要保障。

（三）选优配强农村党支部书记是关键所在

农村党支部书记肩负带领村民实现乡村振兴的艰巨任务，必须选派理想信念坚定、德才兼备、干事创业能力强、廉洁自律的优秀人才。在选派农村党支部书记时严格遵守"三有三带"的原则。① 针对农村党支部书记的培训制定了规范的制度，严格执行省级示范与县级轮训培训制度。针对农村党支

---

① 丁需学：《平顶山市湛河区：突出"三有三带"选好基层带头人》，《河南日报》（农村版）2018年4月11日。

部书记的工作需求，制定科学的培训内容和课程体系，从政治素养、治理能力、法律常识、经济知识等方面全方位提升农村党支部书记的政治素养和带领农村发展的专业化能力，突破限制推动农村发展的各种能力瓶颈，补齐推动农村发展中的各项素质短板，将他们培养成带领农村实现振兴的行家里手。在此基础上，通过考核评价增强培训效果，巩固培训成果，让他们在带领农村发展的实际工作中锤炼能力，提升农村党支部书记的工作水平，真正发挥乡村振兴带头人作用。在工作中加强对农村党支部书记的监督管理，激励他们严格按照党章标准要求自己，努力做到克己奉公、一心为民。通过长期努力，农村党支部书记岗位上涌现出了优秀的代表，如史来贺、吴金印、张荣锁等，并形成了鼓舞人心的新乡先进群体精神，成为激励全省农村党支部书记在岗位上努力干事创业的强大精神力量。

（四）锤炼高素质党员队伍是组织基础

党员教育是农村基层党建工作的基础性工程。必须科学谋划、精准施策，建立形式多样、科学高效的农村党员教育培训制度，才能解决党员队伍中存在的党性意识不强、先进性不足等问题。要高度重视党员的党性意识培养，加强党员作风建设，坚定党员理想信念，使每名党员都能有过硬的政治素质，充分体现党的先进性。同时党员培训要加强生产知识和技能的传授，提升党员推进乡村建设的能力，成为乡村振兴的中坚力量。加强党员的管理考核是激励党员争先创优的有效措施，制定科学的党员表现积分管理办法，使其成为党内评议、评选优秀、群众监督、科学奖惩的有效指标，确保公平公正、公开透明，能够充分激发党员干事创业的内在动力，打造一支坚强有力的党员队伍。

B.12
城乡社区治理中协商民主的价值、
困境与实现路径

张 沛*

摘　要： 党的十九届四中全会提出"构建基层社会治理新格局"，强调
要"推动社会治理和服务重心向基层下移"。城乡社区是社会
治理的基本单元。基层协商民主作为基层治理的重要取向和
实现方式，其功能作用与基层治理的发展需求、价值取向等
高度契合。在城乡社区治理中发挥协商民主的独特优势并将
其转化为治理效能，对丰富社会主义协商民主制度实践、推
进基层治理现代化有着重要现实意义。新时代推进社区治理
现代化，应着力完善协商参与机制、推动社区治理质量提升，
健全协商保障机制、推进协商治理程序完善，创新协商激励
机制、促进社区治理效能释放，以充分发挥其独特优势，为
丰富社会主义协商民主制度实践、推进国家治理现代化奠定
坚实基础。

关键词： 社区治理　协商民主　治理路径

党的十九届四中全会通过的《中共中央关于坚持和完善中国特色社会
主义制度　推进国家治理体系和治理能力现代化若干重大问题的决定》指
出"社会治理是国家治理的重要方面"，要"构建基层社会治理新格局"，

---

* 张沛，河南省社会科学院政治与党史党建研究所助理研究员。

建设"人人有责、人人尽责、人人享有的社会治理共同体"。① 社区是群众生活的基本单元和社会治理的"最后一公里",在国家治理体系中有着基础性的地位和作用。协商民主作为我国协商民主体系的重要构成和推进社会治理现代化的重要抓手,与城乡社区治理的发展需求、价值取向等方面高度契合。近年来,各级党委、政府积极探索协商民主与基层治理深度融合,将民主协商作为新形势下化解基层矛盾、发展基层民主、完善基层治理的重要机制和治理形式,为构建共建共治共享的社会治理新格局提供了鲜活实践和有益探索,对于落实全过程人民民主,推动基层治理现代化具有重要意义。

一 协商民主在城乡社区治理中的实践效能

协商民主是人民民主在新时代背景下创新发展的最新形态。习近平总书记强调,"涉及人民群众利益的大量决策和工作,主要发生在基层。要按照协商于民、协商为民的要求,大力发展基层协商民主,重点在基层群众中开展协商"②。有事好商量、众人的事众人商量是社会主义人民民主的真谛,也是基层治理现代化的出发点和落脚点。党的十八大以来,党中央先后出台了《关于加强社会主义协商民主建设的意见》《关于加强城乡社区协商的意见》《关于加强基层治理体系和治理能力现代化建设的意见》,对建设"党委领导、政府负责、民主协商、社会协同、公众参与、法治保障、科技支撑的社会治理体系"做出重要部署,③ 对推动城乡社区协商民主发展做出制度安排。协商民主作为重要的治理理念和治理方式,被纳入国家治理体系和治理能力框架中。社区是国家治理体系的末端,与人民群众的联系最为紧密。在社区治理中发展协商民主就是将党的领导和人民当家做主有机统一的过

---

① 《〈中共中央关于坚持和完善中国特色社会主义制度推进国家治理体系和治理能力现代化若干重大问题的决定〉关于国家治理和社会治理的重要论述(节选)》,《社会治理》2019年第11期。

② 中共中央宣传部编《习近平新时代中国特色社会主义思想三十讲》,学习出版社,2018,第56页。

③ 桑玉成:《着力构建基层社会治理新格局》,《人民日报》2020年2月13日。

程，也是党的价值追求转化为人民美好生活追求的过程，在构建社区治理新格局中发挥着重要作用。

（一）制度化协商奠定协商共治治理基础

一个国家的制度和治理体系是由其历史文化、社会性质、经济发展水平决定的。社会主义协商民主是建立在深厚的文化基础、实践基础、理论基础之上的，有着独特制度优势和完整程序实践的民主机制和治理形式。城乡社区协商作为社会主义协商民主体系的微观基础和基层协商民主的主体部分，是党和政府为引导和保障居民能够在社区治理实践中充分发挥主体地位作用，实现自我管理、自我服务而设立的。通过协商民主的制度化安排和实践，人民群众能够通过政协协商、基层协商等多种渠道，在社区治理中行使公民的话语权和决策参与权。

当前，社区治理的一个鲜明特点就是在坚持把党的领导与群众自治有机统一起来的基础上，更加强调新时代社区协商民主的特色和优势。党的十八届三中全会强调，要"在党的领导下，以经济社会发展重大问题和涉及群众切身利益的实际问题为内容，在全社会开展广泛协商，坚持协商于决策之前和决策实施之中"。① 在社区治理中，协商民主作为一元引领和多元共存的衔接点，能够在居民广泛而有序的政治参与和意见表达中，最大限度地满足各方面、各阶层的多样诉求，有效避免了利益分化而诉求又无法充分表达对社区稳定造成的冲击和破坏。通过社区协商的有效运行，党的领导和人民当家做主在社区治理中充分结合，党政权力和自治权力在社区民主中有机补充，成为基层治理中凝聚共识、优化决策与提升效能的重要途径。

（二）多层次协商契合基层治理新格局发展需要

基层治理是国家治理的根基。把协商民主引入社会治理是近年来各级党

---

① 张红国：《中国协商民主发展的逻辑与现实》，《天津社会主义学院学报》2017 年第 2 期。。

委、政府探索构建基层治理新格局的努力方向和重要方式。基层民主是中国特色社会主义民主最广泛的实践,在社会主义民主政治格局中,基层民主具有完整的制度程序。各级人民政协、党派团体、社会组织等在基层一线都设置有专门的协商渠道,并且以社区协商为重点不断深化社区协商治理参与实践,以保障广大民众能够通过协商民主渠道和程序参与到社区的公共决策过程之中,其组织上的广泛代表性和政治上的巨大包容性能够为基层治理提供多元化参与主体,与构建共建共治共享的基层治理新格局发展需求高度契合。

社区协商民主作为社区居民参与本辖区公共事务决策的重要途径,直接体现着社区居民民主权利的广泛性和真实性。为多元主体平等参与公共决策提供了重要平台和渠道。通过多层、广泛的协商民主,社区各方面、各阶层主体在充分理性表达和平等对话协商的基础上达成治理共识。同时,协商民主的功能不局限于决策中,而是持续作用于社区治理过程的始终,实现决策前的意见表达和决策后的成效监督,从而使社区治理运行更具科学性、合理性和公共性,有利于形成更加健康和谐的治理生态,不断提升社区治理效能。

(三)广泛性协商彰显社区治理价值旨向

国家治理体系现代化的核心要义是保证和支持人民当家做主。社区协商民主作为社会主义协商民主的关键一环,能够确保人民群众履行主体权利,有效参与到治国理政活动全过程中。习近平总书记指出,"发展社会主义协商民主,要把民主集中制的优势运用好"①。协商民主的民主集中制优势,就是党的群众路线在国家治理中的重要体现,彰显出鲜明的价值旨向和显著的治理效能。

"十四五"时期我国进入新发展阶段,随着社会主要矛盾的变化以及社

---

① 习近平:《在中央政协工作会议暨庆祝中国人民政治协商会议成立70周年大会上的讲话》,《求是》2022年第6期。

会结构利益的调整，人民群众的利益需求更加多元。这一点在城乡社区体现得尤为明显。要在意见多元化的现代社会中最大限度地集中共同意愿，需要发挥广泛的民主协商，使基层治理能够充分协调满足不同主体的利益诉求，提升基层治理现代化水平。在社区治理中，通过广泛高效的民主协商能够引导和保障各方面社会主体在社区党组织引领下充分发挥主体作用，实现自我管理、自我服务。依托地方人大、基层政协以及群众自治组织等多层级组织载体和成熟的工作程序，一方面，各主体能够围绕社区治理的中心工作以平等身份参与重大决策问题讨论。上至公共议题的谋划制定，下至具体事务的决策考量，在协商过程中既能集聚社会治理的共识力量，也可以对治理过程中出现的问题予以调解，实现协商治理和社会自我调节、群众自治的良性互动，使协商共治更具可持续性。另一方面，也能紧扣社区治理中的热点难点问题，通过政治协商程序参与党委、政府的决策程序，实现决策前和决策中的有效参与、决策后的民主监督。可以说，广泛性协商使党的领导和人民当家做主得到充分结合、党政权力和自治权力实现有机补充，为更好地优化基层决策、凝聚社会共识发挥了积极作用。

二 城市社区治理中协商民主面临的现实困境

在社区治理实践过程中，协商民主的运作方式是丰富多样的。近年来，各地积极推动协商民主向基层延伸，形成了许多卓有成效的经验模式，比如邓州市的"四议两公开"、洛阳市的"有事好商量"协商议事平台等，取得了显著成效。[①] 但同时要看到，实践中存在的一些问题制约了协商民主在社区治理中的作用发挥，主要体现以下几个方面。

（一）协商主体要素建设相对薄弱，影响协商诉求的有效整合

协商民主在社区治理中虽具有独特优势，但实践中由于当前社区协商民

---

① 中共民政部党组：《党的十八大以来中国特色基层民主建设的显著成就》，《中国政协理论研究》2017年第3期。

主主体自身要素建设相对薄弱，在一定程度上影响了社区治理中不同主体间利益诉求的整合和协商共识的形成。一方面，协商主体在治理实践中作用发挥相对有限。社区协商民主虽倡导在社区各个主体领域范围内进行协商决策，但在实践运行中，却存在尚未充分纳入各群体的情况。特别是一些偏远地区群众、城市流动人口和社区老年人等弱势群体，对自身民主权利和参与方式知之甚少，导致这部分阶层人群的利益诉求难以在社区治理中得到有效呈现。另一方面，当前社区协商治理的参与机制相对滞后。比如在基层协商、社会团体协商等运作形态中，主体进入都会有一定的限制条件，导致一部分社会人员难以进入相关运作形态的协商程序。这些问题的存在，使得社区协商的实践操作中能够纳入的协商主体比较有限，难以在基层治理中有效发力。

（二）协商民主制度化机制不够完善，制约协商程序的有效运行

目前，虽然宏观层面上社区协商民主的制度机制已基本建立，但在实践操作层面的具体工作细则和操作规程仍不够完善。一是协商内容层面，对需要协商的社区公共事务和群众关心难点问题缺乏明确清晰规定，导致协商工作的针对性不强、协商的结果也难以作为处理相关问题的有效方案供决策有效参考，进而影响社区协商治理的质量和效率。二是协商程序运行不够规范，一些地方在社区协商程序运行中存在以主观意识为主、随意性较强的情况，协商工作缺乏组织性和计划性，导致协商流于形式陷入空转。三是在协商成果落实上，缺乏硬性的制度规定和监督机制，缺乏对党委、政府及相关部门反馈意见的跟进对接，进而影响了社区协商制度程序的高效运行和协商成果的有效转化。造成以上情况的主要原因在于社区协商民主机制不够健全，需要在实践层面对社区协商民主机制做出进一步具体指导和明确规范。

（三）协商创新发展不够平衡，影响治理效能的充分实现

当前，社区协商民主已经在河南省各地市和社会各领域广泛开展，形成了诸多创新成果。但同时，由于经济基础、人才资源等多方面因素影响，城

乡社区协商实践呈现出多样性特征，协商民主在社区治理中的效能实现也呈现非均衡性。从区域分布来看，相对经济发展较为落后的地区，城市社区以及具有较好经济条件和组织基础的农村社区在协商创新成果上占据较大优势，协商治理实践创新十分活跃，成效显著。从领域构成来看，传统治理主体在资源、信息占有等方面占据较大优势，新社会阶层、普通群众及弱势群体在协商规则、程序设置和机制运行中的话语权较低、利益关联较弱，容易在实践过程中被边缘化，导致协商治理可持续发展的内生动力不足。从创新质量来看，一些社区的协商治理实践存在不同程度的形式化和仪式化问题，虽然有居民议事会、委员工作室等多种形式创新，但协商平台的数量和质量仍难以满足社区治理现代化需求。这些问题会导致人民群众对协商民主的认同感较低，不利于广泛凝聚社区治理的共识，进而制约协商治理水平的整体提升。

三 新时代城市社区治理中协商民主的实现路径

协商民主是党领导人民有效治理国家的重要制度设计，在推进基层社会治理现代化中肩负着重要使命。需要通过进一步完善协商参与机制、健全协商保障机制、创新协商激励机制，以充分发挥协商民主的制度优势，并将其转化为社区治理的强大效能。

（一）完善协商参与机制，推动社区治理质量提升

当前，基层协商民主在协调关系、化解矛盾、凝聚共识等方面的独特优势已经在实践中得到验证。新时代，要推动协商民主治理效能的发挥，需要进一步完善协商参与机制，推动社区治理中协商民主的高质量发展。

第一，要不断强化社区协商主体培育。广大党员干部作为社区治理的重要主体和引领力量，要立足职责使命，自觉增强协商素养和协商能力。社区党组织要持续加强组织建设，建立健全与党政部门经常性联系和社区常态化协商工作机制，实现外部制度和内部机制的配套衔接，以党的建设促进社区

协商民主质量提升。要把社区治理中协商民主开展落实情况作为年度工作和干部绩效考核评价的重要指标，构建组织评价和群众评价相结合的服务绩效评价体系。社会组织、非公企业等社区治理主体，要不断提升担当意识、参与水平和协商能力，积极通过多种协商渠道发挥作用。

第二，要持续完善社区协商联动机制。由于社区协商与其他层级在协商内容、协商对象、承载能力等方面不尽相同，因此，需要根据社区治理工作实际构建具有基层特色的协同联动工作机制。要整合多方协同共治的社区治理资源，推进社区协商与政协协商、社会团体协商等多种方式在公共事务中有机联动，克服街道社区力量"单打独斗"的局限。[1] 要持续完善社区协商工作程序，构建起包含议题生成、过程协商、成果报送和效果反馈的全过程的协商工作机制，以解决社区治理实践中不同程度存在的协商程序空转等问题，切实增强社区协商实效性。要持续完善社区协商网络，真正将民主协商纳入地方公共决策程序，建立联动高效的社区协商工作格局。

第三，要进一步完善社区协商平台载体，推进社区协商与地方党委、人大、政府议事规则和工作规则协调衔接，通过建立定期联系机制及协商成果采纳、落实和反馈机制等方式，畅通不同利益主体参与协商的信息渠道，完善知情明政机制。同时，进一步推动政协协商向基层延伸，实现政协协商和社区协商的深入衔接，探索构建党政分管领导、政协委员、专家学者、议题相关职能部门及有关界别群众共同参与的协商模式，充分发挥人民政协广纳良策、广聚共识的功能优势，切实提升社区协商工作规范化水平。

（二）健全协商保障机制，推进协商治理程序完善

制度化协商是实现新时代社区治理现代化的重要途径。新时代，要推动协商民主优势效能在社区治理过程中充分发挥，需要进一步完善其保障机制。

第一，要持续完善社区协商的组织引领。进一步加强党建引领社区协商

---

[1] 钱再见：《人民政协作为国家治理体系重要组成部分的政治逻辑、制度优势与实践路向》，《统一战线学研究》2020年第4期。

治理的顶层设计，构建党建引领社区协商治理的统合机制，充分发挥基层党组织的完善组织架构和强大组织优势，挖掘社区治理框架下的本土资源，以服务型党组织建设为统领，不断规范优化社区党组织阵地建设和服务功能。要进一步拓展城乡社区自治空间，把协商机制纳入基层群众自治运行体系，以党建引领整合带动多元治理资源集聚，有效化解社区治理中存在的动员难、共治难、参与不高、执行不足等难题。

第二，要持续强化社区协商的制度保障。要持续完善社区协商民主制度，对协商民主在社区层面的内容和程序等全过程明确细化规范。要积极探索社区民主协商新形式，特别是对近些年涌现出的委员会客厅、民主议事会等城乡社区协商民主新形式，以及随着信息技术快速发展出现的自媒体社区、网络社团等依托新载体的网络协商进一步规范完善，以保障社区协商实践健康有序发展。

第三，要持续完善社区协商的运行结构。要进一步释放社会参与权限和范围，加强社会自主性平台培育，完善社区治理中社会组织的运行规则，充分激活社会领域治理活力。要进一步提升居民协商自治水平，畅通居民参与社区民主协商的沟通机制和渠道路径，形成双向稳定有序的协商工作结构，打造协商共治、共建共享的社区治理场景。要进一步理顺社区协商工作机制，厘清明确基层党委、政府、社区、驻区机关、社会组织、居民等社区治理主体的职责和角色定位，避免出现上情下达中的梗阻以及社区治理行政化等问题。

（三）创新协商激励机制，促进社区治理效能释放

面对新时代提出的新要求，社区协商需要适应当前社会治理的新特点新趋势，持续创新社区协商民主平台渠道和激励机制。

第一，要持续创新社区协商民主思维。不仅要通过自上而下的制度安排，推动社区协商工作制度机制的不断完善，而且要调动起自上而下的主体力量，加强居民自治体系建设，构建常态化协商主体教育培育机制，以群众喜闻乐见的方式普及协商理念，提升自治能力，积极搭建灵活多样的协商参与平台，有序引导居民在社区公共事务中实现自我管理、自我服务，推动社

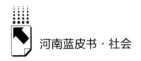

区协商沿着制度化、规范化、程序化的方向发展。

第二，要持续创新社区协商民主的平台方式。要顺应时代新变化，结合社区治理工作特点，积极拓展社区协商新空间，探索协商工作新模式。要在进一步强化基层党组织核心领导的基础上，完善社区微治理和居民微自治机制，充分发挥社会组织和社会工作者在社区治理中的专业优势，探索项目化运作等社区协商新方式，提升社区治理精细化水平。要进一步拓展社区协商场域，通过搭建多样化协商平台、构筑常态化协商空间，推动协商资源和触角不断向基层一线延伸，以保障弱势阶层的话语权和基本权益。① 与此同时，要积极拓展社区协商的网络空间，做好"互联网+协商"大文章，充分利用移动互联网、大数据等技术打造"线上+线下"的互动式沟通平台，充分吸纳新的利益阶层和群体以协商的方式参与社区治理，扩大社区协商治理的覆盖面，提升参与度。

第三，要持续完善社区协商效能评价机制。要构建科学高效的社区民主协商评价体系，利用调查问卷、网络评议、走访座谈等方式，对协商成效进行具体评价，注重对评价结果的运用。要进一步完善社区协商监督机制，不断加强群众对协商工作的监督，通过建立网络平台等多种渠道及时公开协商工作情况。同时，要进一步加强对基层政协开展社区协商工作的定期考核，并将群众意见反馈作为重要指标纳入年度考核评价，推动政协履职变"软指标"为"硬任务"，从而最大限度地发挥协商民主这一机制在推进社区治理现代化中的重要作用。

---

① 陈家刚：《持续推动政协协商向基层延伸》，《人民政协报》2021 年 4 月 14 日。

B.13
河南数字政府建设的成效、
不足及对策建议

孙月月*

摘　要： 数字政府是数字中国的重要组成部分和核心枢纽。加强数字政府建设，对推动国家治理的数字变革、加快政府职能的有效转变、赋能数字经济的加速发展具有重要意义。近年来，河南数字政府建设取得成效明显，政策引领带动作用充分发挥，基础支撑体系建设成效凸显，一体化政务服务效能大幅提升，各地创新探索实践不断涌现。但在顶层设计、协同管理、基础支撑能力、共享开放水平等方面仍发展不足。因此，提出四点对策建议：一是坚持以人民为中心，树立数字便民惠民导向；二是学习借鉴先进经验，增强数字治理创新能力；三是加速数据互联互通，提高数字开放共享水平；四是全面提升数字素养，夯实数字人才队伍基础。

关键词： 数字政府建设　国家治理现代化　创新改革　河南

　　加强数字政府建设是数字中国、网络强国建设的基础性和先导性工程，也是创新政府治理理念和方式、构建数字治理新格局、推进国家治理体系和治理能力现代化的重要举措。近年来，河南省委、省政府高度重视数字政府建设，深入贯彻党中央、国务院关于数字政府、数字中国、网络强国建设的

＊　孙月月，河南省社会科学院《中州学刊》杂志社研究实习员，主要研究方向是国家治理现代化。

战略部署，将数字政府建设摆在工作全局更加重要的位置，推动政府职能重塑、治理流程再造、治理效能提升，建设人民满意的服务型政府，为加快河南数字化转型和发展提供有力支撑。

一 数字政府的概念内涵和主要特点

我国已全面迈入数字时代，为顺应人工智能、大数据、区块链等新一轮数字技术的变革趋势，数字政府应运而生。党的十九届四中全会明确指出，"建立健全运用互联网、大数据、人工智能等技术手段进行行政管理的制度规则""推进数字政府建设"。党的十九届五中全会再次强调加强数字政府建设，《中华人民共和国国民经济和社会发展第十四个五年规划和2035年远景目标纲要》明确了数字政府建设的任务，将"提高数字政府建设水平"部分单独设立章节。

关于数字政府的概念，学术界和实务界目前尚未达成统一认识。学者黄璜认为，数字政府是以数字技术为基础，在技术层面上实现更有效率的信息分配，在组织层面上基于数字基础设施的赋能、协同和重构。[1] 鲍静等则将数字政府定义为"政府为适应和推动经济社会数字化转型，对政府治理理念、职责边界、组织形态、履职方式以及治理手段等进行系统发展和变革的过程"。[2]

数字政府具有以下五个主要特点。一是信息化，数字政府是"信息"覆盖经济、社会、环境各领域、贯穿行政全过程的政府；二是管理网络化，数字政府是构建庞大规模网络、实现信息整合共享的政府；三是办公自动化，数字政府是运用网络信息技术提高整体运转效率的政府；四是政务公开化，数字政府是更具有责任、更公开透明、更有公信力的政府；五是运行程序优化。数字政府是组织结构、管理服务和运作程序调整优化的政府。[3]

---

① 黄璜：《数字政府：政策、特征与概念》，《治理研究》2020年第3期。
② 鲍静、范梓腾、贾开：《数字政府治理形态研究：概念辨析与层次框架》，《电子政务》2020年第11期。
③ 周文彰：《数字政府和国家治理现代化》，《行政管理改革》2020年第2期。

二 加强数字政府建设的重要意义

（一）推动国家治理的数字变革

数字政府建设是推动国家治理数字化变革、推进治理体系和治理能力现代化的关键抓手。治理体系的动态调整完善和治理能力的动态优化提升是国家治理现代化的基本要义，政府作为国家治理系统的多元主体之一，扮演着"元治理"角色，发挥着主导作用，承担着诸多职责，其数字化转型对提高治理现代化水平、实现国家治理现代化目标意义非凡。首先，数字政府建设有利于决策走向科学化，充分和真实的信息掌握对于政府科学决策十分重要。数字政府基于智能、先进的信息技术，能够即时地收集、记录、整合、分析和研判决策数据，建立起更为科学的决策机制，大大提高政府决策的科学性和预见性。其次，数字政府建设有利于决策的民主化。传统以座谈会、舆情收集为主的决策机制已经难以满足数字社会的民意诉求，数字政府能够通过网络渠道进一步保障公民的知情权、参与权、表达权和监督权，更能提升汇聚民智、群策群力的效果，使政府决策最大限度地体现人民意志。最后，数字政府建设有利于社会治理实现精准化，数字政府能够掌握更加精确、全面、综合的统计和监测数据，从中找到社会治理和公共服务的痛难点，政府对生态环境、城市交通、信用体系建设等社会各方面的治理也会向精细化治理、系统化治理转变。

（二）加快政府职能的有效转变

数字政府建设是加快转变政府职能，构建服务型政府、廉洁政府的必然要求。第一，数字政府建设能够促进政府公共服务高效化，大幅度提高政府的履职能力，加快向服务型政府转变的步伐。数字政府通过有序的数据流动、开放的数据平台、安全的数据共享，在提高自身行政效能、创新行政方式的同时，也为人民群众提供更加灵活、智能、便捷、个性化的公共服务，

"一站式""一体化"的平台式公共服务促进政府在服务中管理、在服务中履职。第二，数字政府不仅使各类事项的申办按数字程序进行，极大地减小人为干预和操控的可能性，而且通过数字化手段管理公共权力、公共资金、公共资源和公职人员，将权力运行的各环节置于"数字"的制约和监督之下，为塑造公正廉洁、风清气正的政府形象发挥重要作用，也使腐败失去了发生条件。

（三）赋能数字经济的加速发展

数字政府建设是推动有效市场和有为政府进一步结合、引领驱动数字经济加速发展的重要途径。一方面，数字政府建设是数字经济发展的必然结果。近年来，我国数字经济发展态势强劲，正在逐渐成长为经济发展的核心动力和主要引擎。2021年，我国数字经济规模达到了45.5万亿元，占GDP的比重达到了39.8%，[①] 经济发展由于新的数字技术和实体经济深度融合而演进到数字形态，这一变化对政府部门提出了新的要求，数字政府的兴起正是对数字经济发展诉求的立即响应和自我适应。另一方面，数字政府建设更是数字经济发展的动因。建设好数字政府能够加快要素的高效释放和流动、促进市场主体的培育、强化市场秩序的有序维护，有利于营商环境的持续优化，能够更好地为发挥政府对市场发展的引导和助推作用奠定良好基础，更充分地提振经济发展的新动能，对经济发展产生全方位、深层次的影响。

三 河南建设数字政府的探索及成效

近年来，河南省结合实际，积极实施数字化转型战略，持续深化"放管服效"改革，稳步推进数字政府建设向更高标准、更高质量迈进，数字

---

① 岚山：《人民网评：数字中国建设要顺势而为，也要乘势而上》，人民网，2022年7月26日，http://opinion.people.com.cn/n1/2022/0726/c1003-32485516.html。

政府建设成效明显，创新实践不断涌现，数字治理格局日益完善，为释放数字化发展活力、构建数字时代地区发展新优势打下了坚实基础。

（一）政策引领带动作用充分发挥

河南数字政府建设的政策体系不断完善，引领带动数字政府建设迈上新台阶。2020年9月9日，河南省政府办公厅印发《河南省政务云管理办法》，以解决电子政务基础设施重复建设、资源难以集中等问题。同年12月11日，河南省政府印发了《河南省数字政府建设总体规划（2020—2022年）》（以下简称《规划》），《规划》旨在大力提升政府的科学决策、社会治理、便民服务等能力，阐明数字政府建设的指导思想、主要任务、基本原则和具体实现路径，明确数字政府建设的管理、业务、技术和数据架构，提出建设国家（郑州）数据枢纽港。紧接着，河南省大数据局紧紧围绕《规划》，与国家层面的相关政策文件相结合，拟定了《河南省数字政府建设总体规划（2020—2022年）实施方案》，该方案于2021年10月9日由河南省政府办公厅名义印发，进一步明确落实《规划》的具体措施、实施路径、责任单位、建设内容和保障措施等。

2022年6月，国务院印发《关于加强数字政府建设的指导意见》，对我国数字政府建设的路线、任务和进度进行了系统谋划，对政府数字化改革过程中的主要矛盾、问题和重点做出了统一部署。河南紧跟时代步伐，正在加快编制"'河南链'建设实施方案"，进一步推进具有河南特色的政务区块链基础设施建设，探索"区块链+政务服务"等更多应用场景。另外，建设形成了"一局"（河南省行政审批和政务信息管理局）、"一中心"（河南省政务大数据中心）、"一公司"（河南省属政务信息化功能类企业）、"一研究院"（河南省大数据研究院）机构职能体系，为数字政府建设提供组织动力。

（二）基础支撑体系建设成效凸显

根据《河南省数字政府建设总体规划（2020—2022年）实施方案》，

河南积极建设数据湖仓、数据汇聚治理、基础工具平台等基础模块，全面整合业务办理系统，逐步提高数据共享和开放水平，有效破除数据壁垒，构建全省一体化数据资源共享体系，全省"一朵云""一张网"正加快形成。首先，"1+18"省市一体、资源整合、管运分离、数据融合、业务贯通的数字政府云正加快构建，将各级各部门的政务数据汇聚起来，实现政务云资源在全省的集中调度，为各级政府部门提供弹性灵活的云资源服务，各级各部门的非密政务信息系统正在向政务云平台迁移。截至2022年7月，全省政务云开通云主机11617台、高性能物理机1107台、存储和备份50.98PB。按照"应上尽上"的原则，全省67个厅局的501个政务信息系统迁移上云。其次，不断完善电子政务外网，加快建设全省"一张网"。电子政务外网纵向连接着国家和省、市、县、乡五级，横向联通着16986个各级部门，部署业务系统2126个，形成全省性能可靠、安全等级高的"一张网"，是河南省覆盖范围最广、接入部门最多、承载业务项目最为丰富的网络平台。①

（三）一体化政务服务效能大幅提升

河南一体化政务服务平台建设成效凸显，一体化政务服务效能显著提升，枢纽作用得以充分发挥，信息便民惠民加速普及。政务服务办事环节精简和流程再造力度持续加大，全环节覆盖度持续加深，贯通省市县乡村五级的河南政务服务网全面建成使用，能基本实现用户"一次注册、全网通行"。目前，河南政务服务网自然人用户活跃数和法人用户活跃数分别达到了883.29万人、690.72万户。政务服务网汇聚了236万项政务服务事项，联通着423个审批业务系统，全省政务服务的事项基本能够实现网上可办，日均办件量超过了2万件，有效解决了困扰企业和群众办事的"上多站、满网跑"问题。

根据国务院办公厅电子政务办公室发布的《省级政府和重点城市一体

① 《推进产业数字化转型，加快产业转型升级步伐：全面提升数字治理能力》，大河网，2022年9月16日，https：//baijiahao.baidu.com/s? id = 1744131296900574058&wfr = spider&for = pc。

化政务服务能力评估报告（2022）》，河南省级一体化政务服务能力总体指数得分超过90分，属于"非常高"的全国第一档组别，实现了从2018年的全国24位到2021年首次进入全国第一方阵的跨越。持续推进"四减一优"（减环节、减材料、减时间、减跑动，优流程），省本级行政许可事项的办理时限平均压减超过70%，不见面审批事项比例更是达到了95%以上，"三十五证合一"等的改革走在全国前列，企业对营商环境满意度上升到90%。① 而且，在线下，"一站服务"也有序推进，基本实现综合性政务服务场所省市县乡村五级的全覆盖，真正实现企业、群众办事"只进一扇门""最多跑一次"。如河南省政务服务中心在2022年6月1日正式运行，实现了"应进必进"，"一站式"办事大厅包括了省直40个部门，功能齐全、便民利企，通过"前台综合受理、后台分类审批、综合窗口出件"的服务模式，提供365天不打烊政务服务，可以称得上河南最强"政务综合体"。

另外，打造特色鲜明的政务服务移动端"豫事办"，不断完善和优化功能服务，逐步覆盖人社、教育、卫健、税务等近20个部门，与群众生活工作密切相关的5188个事项可以"掌上办"。截至2022年9月，该App注册用户数已经超过7100万人，数字服务的速度正在被刷新。②

（四）各地创新探索实践不断涌现

河南各地的数字政府建设有序推进、特色明显、成果颇丰。例如，2022年，南阳市先后印发《南阳市新型智慧城市和数字政府建设总体规划（2022—2025）》《南阳市数字政府建设实施方案（2022—2025）》，结合省域副中心城市建设、新型智慧城市建设的需要，重点开展推动新型基础设施

---

① 《河南市场主体数量突破900万户 居中部六省第一位》，中国新闻网，2022年9月20日，https：//baijiahao.baidu.com/s？id=1744491894770396207&wfr=spider&for=pc；《陈辉：〈省级政府和重点城市一体化政务服务能力评估报告（2022）〉发布 河南名列第一档》，河南日报网，2020年9月13日，https：//www.henandaily.cn/content/2022/0913/341054.html。

② 《全国第一档！看河南一体化政务服务能力如何做到"非常高"》，大河网，2022年9月13日，https：//baijiahao.baidu.com/s？id=1743834936793242780&wfr=spider&for=pc&searchword=。

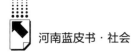

建设、推进数据资源开放、实现政务服务智能审批、打造便捷易用南阳政务App、完善线上线下融合服务模式，构建数字健康体系、完善文旅智能化体验等工作，打造了数字政府建设的"南阳范本"。三门峡市深入推进政务服务供给侧改革，创新提出"数字化营商环境"新模式，企业和群众的满意度和获得感大大提升，三门峡在2020年被河南省确定为"数字化营商环境"试点城市。驻马店市推动数字政府不断向基层延伸，助力乡村振兴，以正阳县袁寨镇为试点，运用智能化、数字化、网络化技术，搭建数字乡村平台，实现村务治理、疫情防控、基层党建等的综合统一管理，赋能现代农业发展，基层治理能力得以提高。

数字政府的实践探索获得了较高认可度，如，在2021数字政府论坛上，许昌市的许昌莲城智能体项目、三门峡市大数据抗疫体系成果案例荣获"2021数字政府创新管理奖"；在2022数字政府论坛上，鹤壁市"推进政务数据互通共享率先实现不动产登记'零跑动'"荣获"2022政府数字化建设卓越实践成果奖"。

四　河南数字政府建设的不足

整体来看，河南数字政府建设还不十分成熟，仍存在一些发展不足。一是顶层设计有待进一步完善。目前，河南尚未建立起有关数据归集、应用开发适配等方面的数字规范和标准体系，数据流动等相关的制度体系还不够完备，统筹数字政府建设长远规划、投资、建设的力度较弱，各级各部门的服务思维、整体思维和系统思维不够强，数据创新应用能力和数据治理合力有待加强。二是协同管理有待进一步加强。全省各类政务服务窗口平台繁多，存在要重复下载多款政务App、应用界面复杂混乱等现象，跨登记、跨部门、跨系统、跨业务的数字协同管理仍有较大提升空间，存在"重复提交资料"等问题。三是基础支撑能力有待进一步增强。数据系统技术相对落后，且维护成本高，存在数据安全风险，隐私信息保护仍面临挑战，全方位、多层次的网络安全防护体系尚未形成，人才支撑也相对不足。四是共享开放水平有待进一步提升。政务数据对内对外开放进程相对缓慢，数据共享效率相对较低，动态数据更新有待加速。①

五 进一步推进河南数字政府建设的对策建议

（一）坚持以人民为中心，树立数字便民惠民导向

一是坚持服务思维。遵循以人民为中心的价值意蕴，以满足企业和群众的需求为导向，将企业和群众"爱不爱用"作为政务服务的衡量标准，促进线上线下政务服务相辅相成和深度融合，提升整体服务质量，以更均等、更暖心的公共服务增强群众和企业在政府数字化改革中的获得感、幸福感和安全感。二是坚持用户思维，要从用户体验的角度优化升级政务服务，及时预见和响应用户日益复杂和多元的诉求，做到"有求必应，无事不扰"。三是坚持数字思维。要加快转变传统治理理念，逐步提高数字意识，做到心中有"数"，既以"数据"作为政府治理的重要基础，又将"数据"作为政府治理的对象之一，以数字视角推进便民惠民的公共服务改革。

（二）学习借鉴先进经验，增强数字治理创新能力

一是要学习借鉴国外如新加坡，国内如广东、浙江、贵州等地的创新举措和先进经验，在充分调查研究的基础上，结合河南信息基础的实际情况，因地制宜地寻找政府数字化变革的突破口和发力点。二是要敢于抓住数字机遇，敢于先行先试、突破创新，敢于迈出数字政府建设新步伐，重点破除体制性、机制性、政策性障碍，前瞻部署创新基础设施。强化技术支撑，促进数字政府建设更加智慧化、智能化。强化协同治理，促进数字政府建设更加集约化、一体化。强化多领域应用创新，促进数字政府治理更加精细化、高

---

① 参见刘京州、孙兆刚、刘若琪、韩晓明《河南建设数字政府路径的调查与建议》，大河网，2022年7月27日，https://news.dahe.cn/2022/07-27/1067223.html。

效化。三是积极培育数据生态，探索制定统一的政务数据规范和管理标准，鼓励有条件的地方进行数据规范化、标准化试点示范。重视制度供给，加强制度、政策、法规的完善。健全信息网络体系，筑牢数字政府安全底线。

（三）加速数据互联互通，提高数字开放共享水平

一是探索建设政务数据管理开放机制。继续完善拓展各类基础数据库，汇集整合现有数据资源，建立统一的数据资源目录。建立政务数据资源"负面清单"，除了不宜公开的范围，其他全部向社会开放。通过融合开放的数据服务平台，推进政务数据在不同地区、部门、层级之间无障碍地共享交换。通过网络留痕来加强电子监察，通过公开透明来加强公众监督，通过便捷知情来加强政务参与，[1] 通过即时评价来加强反馈改进。二是探索发展数据互通共享机制。推进政府数据、企业数据、社会数据的互联互通，研究各类数据开放融通流转的新模式，进一步探索数据资源化、价值化、产品化的新路径，在确保安全的前提下有序开放共享数据，尤其是加大对政务数据的推广应用，最大限度地让数据赋能经济社会发展，让数字活力得以充分释放。三是促进"跨省通办"更高效、更便捷。着眼于企业跨区域经营和群众异地办事的困难，密切配合全国政务服务一体化建设，加强与全国及其他政务服务平台和系统的高效对接和联络。[2]

（四）全面提升数字素养，夯实数字人才队伍基础

一是搭建数字化终身学习教育平台，构建全民数字素养和技能培育体系。充分利用社会力量，探索开展"数字无障碍化"行动，不断优化数字社会环境，营造良好数字生态和氛围，厚植数字人才土壤。二是强力推进政府公务人员的数字思维、技能和素养建设。政府公务人员的数字素养水平对

---

[1] 赵涛、马长俊：《数字政府建设的几个原则》，国家互联网信息办公室网站，2019 年 6 月 3 日，http：//www.cac.gov.cn/2019-06/03/c_ 1124575880.htm。

[2] 《国务院办公厅关于扩大政务服务"跨省通办"范围 进一步提升服务效能的意见》，河南省人民政府网站，2022 年 10 月 5 日，www.henan.gov.cn。

数字政府建设具有重要影响，创新政府公务人员数字能力培育机制，对其进行理论和实践的培训，系统提高其运用先进技术开展工作的能力。建立健全数字素养综合考评机制，将其与干部的遴选、任命和提拔相联系，不断激发政府公务人员提高数字素养的积极性和主动性。三是围绕数字化细分行业和技术领域，加大高层次人才特别是数字经济人才的引进和激励力度。建设一支高水平的专家队伍，深化对数字政府建设的全局性、战略性、前瞻性问题研究，河南高等学校、职业院校要承担起为数字政府建设输送优质人才的职责，尝试设置相关学科，同时加强校企合作，搭建数字人才实训基地。[1]

---

① 薛粟尹：《山西省数字政府建设的现实困境和优化路径研究》，硕士学位论文，山西财经大学，2022。

调 查 篇

Reports on Social Survey

B.14
河南网络舆情事件分析报告[*]

——以 2020~2022 年河南 30 例网络舆情事件为例

殷 辂 杨静文[**]

摘 要： 2020~2022 年，河南网络舆情具有以下特点：疫情关联事件较多，
社会影响强烈；涉官涉政事件仍然存在，一些事件产生次生舆情；
抖音等视频平台成为舆论的发源地和传播地；城管执法、强制拆
迁事件减少，伦理、医疗、教育类事件增多。网络舆情事件的应
对是一个非常重要的"能动性"变量，它不但影响着网民的态度
和倾向，还关系到事件的走向。网络舆情事件应对失当，其影响
不可能停留在个案之上，会将局部问题转变为公共治理问题。应对
失当并不是简单的技巧不足，而是治理理念和机制的问题。相信民
众的理性和良知，树立治理理念，舆情应对就会成为积极的力量。

---

      * 本文为河南省哲学社会科学规划项目"网络舆论治理式引导机制研究"（2020BZZ003）阶段
性成果。
     ** 殷辂，河南省社会科学院社会发展研究所研究员，博士，研究方向为网络社会与社会问题；
杨静文，郑州大学公共管理学院研究生。

关键词： 网络舆情事件　舆情应对　治理路径　河南

　　网络话语空间的出现是当今时代的一大特点，它使得舆论生态及话语权结构发生了深刻的变化。在网络时代来临的同时，社会进入了矛盾、风险的叠加期，突发事件频频出现。网络舆情事件是突发事件在网络话语空间的体现，它具有群体性事件的共性，但却比后者复杂得多。由于网络话语空间的特殊性质，事件可能不会按其本来面目原原本本地展现。在事件、背景因素、社会情绪与网络的交互作用之下，极容易发生变异，出现放大、衍生、失焦、失真等问题。如果应对出现问题，就会演变为公共危机，形成不良的社会影响。网络舆情事件的应对是互联网时代十分重要的问题，是善治语境之下的命题。

一　网络舆情事件的特性及构成

　　网络舆情事件是指由突发事件引发，在网络公共空间聚焦，引发网民参与围观，造成群体性聚集，产生重大影响的社会事件。[①] 突发事件之所以被广泛关注，除了事件本身具有震撼性和冲击性，能够激起民众的集体认同之外，还因为触动了与现实矛盾、问题相对应的社会情绪。如果突发事件是主体的话，那么现实社会中的矛盾与问题就是其背景，正是事件、背景、网络三者的交互作用，才会在网络公共空间产生强烈的舆论效应。

　　网络舆情事件包括事件、共同关注、网络环境三个要件，但并不是简单的叠加。首先，事件与公共价值相悖，偏离民众的同情共感。其次，网络舆情事件并不是孤立的偶发事件，而是与社会背景相关的社会性事件。社会性事件包括两个层面。一是社会系统内生事件。这类事件是社会各种问题、矛盾、风险交互作用的结果，因为产生于社会之内，必然具备社会性。二是外

---

① 殷辂：《网络公共事件舆情失真问题及其治理》，《中州学刊》2016 年第 9 期。

部性事件引爆社会内在风险而演变为社会性事件。单纯的偶发事件虽然也可能具备震撼力，但往往瞬间即逝，不会引发持续性的群体行为，只有演变为社会性事件，才会在网络中引发持续性的群体效应。再次，网络舆情事件大都连带了与事件相关的背景因素。单纯的突发事件即便具备冲击性，但并不会持续性地被关注、围观，但如果掺杂了与社会背景因素相关的态度和情绪，就会产生扩散和放大效应。突发事件演化为网络舆情事件，除了事件本身的特殊性、震撼性之外，是因为在特殊的事件背后存在普遍性的社会问题。最后，网络舆情事件并非传统意义上的群体性事件，而是媒介化的舆情事件。网络具有发散性、开放性、即时性、互动性、去中心化等特点，它消解了传统的垂直性的话语权结构，改变了信息传播的方式，能够迅速聚焦事件、聚集人群。网络虽然不能凭空制造社会情绪，但有可能将现实矛盾、社会情绪放大。如果出现具有象征性、冲击性的特殊事件，就会在网络的聚焦之下迅速发酵，出现群体性聚集现象。

具有冲击性的突发事件激起了集体认同，点燃了事件背后的社会情绪，在网络空间聚焦、放大和扩散，这是网络舆情事件生成演变的路径。社会系统性问题、矛盾的存在是其生成背景，特殊的社会事件是爆点，而网络媒介是聚焦、发散的助缘。网络舆情事件是事件、社会背景、网络、政府应对交互作用的结果，由于夹杂了背景因素，往往会产生衍生、放大、极化等现象。

网络舆情事件不在社会系统之外，而带有结构性特征。然而，结构性并不外在于社会行动，受结构性、系统性因素的制约并不意味着公共事件只能朝着特定的方向发展。在网络舆情事件中，政府应对是一个非常重要的"能动性"变量，它不但影响着网民的态度和倾向，还影响着事态的发展。应对得当，网络舆情事件就能够在是非曲直彰显的情况下平息；应对失当，即便事件在时间的作用下消退，也会对社会舆论环境产生破坏作用，其所造成的影响绝不可能停留在个案之上，必然反作用于舆论场，形成恶性循环。总之，政府应对不仅关系到网络舆情事件的走向，还会影响网络舆论生态。

二 2020~2022年河南重大网络舆情事件及其特点

在网络社会和风险社会重合的时期，网络舆情事件频发是一种"常态"。事件与背景因素交织在一起，在网络空间聚焦，往往会产生一系列连锁反应。如果政府应对不能打破风险发作的路径依赖，事件将变得不可收拾。本文选取2020~2022年河南30例典型网络舆情事件（见表1），从中分析官方应对的总体状况和存在的问题。

表1　2020~2022年河南30例典型网络舆情事件

年份	案例
2020	河南"硬核防疫"；郭某某隐瞒出境看球经历事件；假口罩事件；原阳儿童被埋事件；"滴滴司机"直播性侵"女乘客"事件；郑大一附院伤医事件；专升本考试泄题事件；早产儿"死而复生"事件；焦作某中学评职称不公事件；虞城强拆伤人事件
2021	济源市委书记掌掴秘书长事件；学生离校返家被拦雪中冻一夜；柘城武术馆火灾事故；女总裁举报中院原院长索贿事件；熟鸡蛋孵出小鸡事件；"7·20"河南特大暴雨；郑州六院院感事件；安阳狗咬人事件；学生餐后集体呕吐事件；郑州疫情引发三波管控
2022	郑州金域员工涉嫌传播新冠事件；郸城"恶意返乡"事件；女子发朋友圈羡慕工资按时发被开除；女生违规外出感染新冠造成大范围隔离；近40名专家跳槽同一医院；郑州某高校副院长发不雅信息；河南4家村镇银行爆雷；郑州120延误救治事件；村镇银行储户被赋红码事件；汝州抓"怪鱼"事件

（一）疫情关联事件较多，社会影响强烈

与新冠肺炎疫情关联的舆情事件包括以下几类。一是个体违反防疫规定扰乱防疫秩序并带来严重后果的事件，比如郭某某隐瞒出境看球经历事件、女生违规外出感染新冠事件；二是单位组织管理不善造成疫情扩散，比如郑州六院院感事件；三是违法犯罪事件，比如假口罩事件、郑州金域员工涉嫌传播新冠事件；四是防疫乱作为、乱加码事件，比如郸城"恶意返乡"事件、学生离校返家被拦雪中冻一夜事件、村镇银行储户被赋红码事件。新冠

肺炎疫情扰乱了社会的正常秩序，冲击人们的正常生活，对社会心态产生重要影响，一旦出现疫情事件和防疫事件，必然会在网络空间中体现出来，其中一些事件甚至会演变为公共舆论危机。从舆情的爆发力和持续度来看，郑州金域员工涉嫌传播新冠事件、村镇银行储户被赋红码事件影响巨大，这类事件有很强的震撼性和冲击力，引发舆论的持续讨伐，直接影响河南的社会形象。新冠肺炎疫情持续近三年，民众对疫情的恐惧已经减弱，但对防疫过程中的层层加码、滥用职权、不近人情现象非常反感，一旦出现相关事件，不满情绪就会爆发，形成舆论危机。

（二）涉官涉政事件仍然存在，一些事件产生次生舆情

网络舆情事件可以分为"政治缘起型、道德缘起型、环境缘起型、经济缘起型"①。在我国，政治缘起型事件大都是由基层部门或工作人员不作为、乱作为引发的，并不触及政治的统一性和合法性，但舆情应对中存在的各种问题被网络聚焦之后，却会将局部问题扩大化，这表现为以下两个方面。一是涉官事件转化为涉政事件。比如安阳狗咬人事件、村镇银行储户被赋红码事件，它们本是个别政府工作人员个体行为造成的，但后续的处置应对却将其变成了与政府和部门关联的公共事件，这是涉官事件转变为涉政事件的例证。二是与政府部门无涉的社会事件演变为涉政事件。比如原阳儿童被埋事件、郑州金域员工涉嫌传播新冠事件，它们本是一般的刑事案件，但地方政府的应对失当将其变成了涉政事件，让民众对地方政府的治理能力产生了质疑。网络舆情事件的网络次生舆情是指在原事件上衍生出的新事件，由此引发新舆情，并且新舆情的社会影响更大。涉官事件转化为涉政事件，社会事件转化为地方政府公信力问题，就是次生舆情的体现。

（三）抖音等视频平台成为舆论的发源地和传播地

在移动互联网时代，网络话语平台不断更新，抖音等短视频媒介的功能

---

① 郝其宏：《网络群体性事件类型辨析》，《电子政务》2013年第5期。

持续扩展，从刚开始的娱乐社交平台演变为信息发布、信息获取平台。由于其具有视频制作简单、传播速度快的特点，也开始成为民众发布信息、表达诉求的工具。网络舆情事件很多都在抖音等短视频平台发酵、传播，一些事件比如焦作某中学评职称不公事件、女总裁举报中院原院长索贿事件的发源地就是抖音平台，在被网民大量转发后，迅速演变为舆情事件。近年来，手持身份证、录制并公开发布视频成为举报手段，一些公开举报在造成巨大舆论影响之后引起有关部门的关注并得到迅速处理，这带来了一定的"示范"效应，这种举报方式开始流行。然而，这种裹挟舆论的举报方式也存在一些问题，出于泄私愤、搞臭对方等目的的举报在制造出巨大影响之后迅速反转，既浪费公众资源也给被举报人造成无法挽回的损失。抖音等短视频平台已成为自媒体发布信息、表达诉求的手段，其中存在的问题也有待于规范。

（四）城管执法、强制拆迁事件减少，伦理、医疗、教育类事件增多

城管执法、强制拆迁事件在过去一直是网络舆情的热点，2014 年的半夜强拆和艾滋病拆迁队事件、2015 年的洛阳拆迁坠亡事件、2016 年的薛岗村拆迁户杀人事件、2018 年的城管抽梯事件就是这类事件的典型。近年来，城管执法、强制拆迁恶性事件开始减少，在 2020～2022 年河南重大网络舆情事件中，只有一例，即虞城强拆伤人事件。在城管执法、强制拆迁事件减少的同时，伦理、医疗、教育类事件开始增多，2020 年有"滴滴司机"直播性侵"女乘客"事件、郑大一附院伤医事件、专升本考试泄题事件、早产儿"死而复生"事件、焦作某中学评职称不公事件等；2021 年有郑州六院院感事件、学生餐后集体呕吐。2022 年有近 40 名专家跳槽同一医院、郑州某高校副院长发不雅信息、郑州 120 延误救治事件等。在 2020～2022 年河南 30 例典型网络舆情事件中占三成。

三 网络舆情事件折射出的问题

网络舆情事件是网络社会与风险社会重合之下的一个特殊现象，舆情并

非事件在网络空间中的直观映现，而是事件与背景因素的混合叠加，是政府、媒体、民众等舆论主体围绕事件相互作用的结果。在舆情事件及其应对中，可以看到目前舆情治理中存在的一些问题。

（一）舆情应对缺乏主动，压力型应对占据主导

网络舆情事件一旦形成，必然会形成强大的舆论压力，无论涉事者是谁，都存在舆情应对的问题，但存在主动回应和被动应对的不同。在事件形成之初还原事件真相，解决所涉及的问题，这是主动应对；在事件演变为公共事件之后在外部压力之下介入，这是被动应对。从2020~2022年河南30例典型网络舆情事件看，主动应对的不多，在外部压力之下被动应对的案例占大多数，一些地方和部门往往到了不得不表态时才出来应对。有些事件甚至在演变为恶性案件之后，地方政府或部门才出面解决问题。2020年10月发生的虞城强拆伤人事件就是其中的典型案例。据封面新闻报道，该县城郊乡多次发生强拆事件，在2019年底就有被强拆人在网络上发帖，但相关部门并没有出面解决，[①] 2020年10月出现的恶性案件，其实是强拆事件的延续，在强拆演变为伤人、引发舆论强烈关注之后才引起县级政府重视，政府不得不面对汹涌的舆情。焦作某中学评职称不公事件同样如此，事件当事人自2020年10月16日起，在网络公共平台发布视频，表达对职称评审不公的不满，引发民众的关注和讨论，但并没有真正引起重视，在情绪酝酿一段时间形成舆论热点之后，涉事部门才出面应对，但在这个时期，传言及谣言等一系列问题已经开始泛滥。压力型应对的特点是，其应对不是出于义务和责任，而是出于外部压力。外部压力包括舆论压力和政治压力，前者是民众的话语力量，而后者是"体制内压力"，当舆论压力演变为政治压力的时候，地方政府的应对就较为积极，但这时舆情往往已经到了激愤的程度。舆论力量传导时间越久，舆论中的情绪因素就会越猛烈，舆论的加压过程就是

---

① 廖秀：《拆迁过程中群众被打伤　河南商丘虞城发布通报：连夜成立领导组》，封面新闻，2020年10月10日，https://www.thecover.cn/news/5672431。

情绪积累的过程，如果情绪积累到一定程度才出面应对，必然要面对事件之外的因素，舆情难以理性的方式收场。

（二）"依势不依理"问题在局部范围内依然存在

网络舆情事件有一个发酵、形成、扩散、爆发的过程，在舆情发酵期，本应引起重视、彰显事实真相并及时解决问题，但现实却不是这样，往往是在形成巨大舆论压力之后，涉事地或涉事部门才出来"灭火"。事件若没有持续性的影响，没有传导到行政体系，形成行政压力，往往会不了了之，而一旦演变成公共危机事件，应对处置又会被外力左右而没有章法，这种"依势不依理"的问题并不少见。网络舆情事件爆发之后，一些涉事地或部门首先想到的是如何搞定、平息事件，不去正视问题、解决问题，而急于消除事件造成的"负面影响"，正是在这种应对路子之下，是非曲直往往被情绪、外力所遮盖。面对汹涌的舆情，只想着怎样快速降温而不顾是非曲直，不但无法平息舆论，还会对社会公道造成伤害。2021年的安阳狗咬人事件之所以变得无法收拾，涉事个体的蛮横不讲理是一个方面，但相关部门的不作为是重要的因素。在狗咬人事件被报道之初，有关部门因为没有感受到外部压力，所以相互推诿，给人以"官官相护"的感觉，当"小莉哭了"登上热搜，各地媒体开始大量跟进，舆论焦点变成了"狗仗人势、官官相护"，最终从一般性的维权事件演变为舆论危机事件。当舆论压力不够大且没有变成行政压力之时，一个并不复杂的事件无法得到公正的处理，甚至连是非曲直都不能彰显，其中的问题值得深思。

（三）一些地方和部门坦诚面对舆情的勇气不足

网络舆情事件应对的本质是还原事实真相、彰显是非曲直。消除心中的"围墙"，坦诚面对事件，解决事件所涉及的问题，事件才能真正平息，风险才能得到释放。然而，在网络舆情事件爆发之后，少数地方和部门往往被"心中之物"所支配，"本能性"地维护本来并不存在的"形象"，回避问题、抵制媒介，这种处置方式的效果往往适得其反。越是不能坦诚面对、坦诚处置，舆情就会越激烈，越是回避问题、预先定调，谣言与流言就会越泛滥。近年来，基层社会治理能力有所提升，但旧习气并没有彻底消失，"小事捂大""大事捂炸"的路径依赖没有被彻底阻断，"习惯性瞒报"在重大突发事件中时有发生。在 2020 年的原阳儿童被埋事件的应对中，相关部门想尽快"平息"事件，但却"一波未平一波又起"，其原因就在于既有习气作怪。只下结论而不提供充实证据、封堵现场、尾随阻拦记者、回应前后矛盾，这一系列后续举动不但没有起到"灭火"的作用，反而将单纯的公共安全事件转变成舆论危机事件。从网络事件的演变轨迹和规律中可以看到，如果坦诚面对、敢于担当，舆情就不会放大、变异，也不会出现意见倾轧的问题；但如果涉事者、关联者试图靠强力掌控局面，就会出现非理性的博弈，造成事态的扩大。

（四）应对之法与应对之本存在一定程度的脱节

古人云："救灾有奇策，真心是也。"[1] 舆情应对同样也是如此，需要依真心而想办法，解决引发舆情的现实问题。网络舆情事件的应对可以分为应对之本和应对之法。应对之本，即彰显是非曲直、解决舆情所涉及的问题；应对之法，即应对过程中需要掌握的必要技巧。这两者统一起来，应对才不会出问题。舆情应对不是一个简单的技巧问题，如果没有真心解决现实问题的态度，只重视技巧而轻视本质，所谓的技巧都只能是纸上谈兵。近年来，基层政府和部门都非常重视舆情应对，监测舆情手段已经很到位，各种应对技巧已经被"掌握"，对于"快报事实、慎报原因""抓住黄金 24 小时""敢于道歉"等应对口诀也毫不陌生，然而在具体的应对处置中，依然会存在较多的问题，其中最重要的原因是技巧与本质脱节。2009 年以来，官方微博、微信公众号数量迅速增长，舆情回应的速度越来越快。在以上所列举的 30 例典型网络舆情事件中，绝大多数都能在两天内做出回应，但回应之后事件迅速消退的案例很少。一些事件在回应之后不但没有消退，反而引发

---

[1] 陈宏谋辑《五种遗规》，中国华侨出版社，2012。

强烈的质疑。网络舆情事件的特点是，各种情绪都会借题发挥，这时最关键的是解决事件所涉及的问题，若网络与现实不能形成正常互动，希望舆情变得理性是不现实的。没有正确的理念和真诚的态度，重应对之法轻应对之本，只想消除影响而不解决问题，管控而不疏通，在这种情况下，舆情应对技巧不可能真正起作用。

四　网络舆情的治理理念和路径

网络舆情事件的应对是互联网时代十分重要的任务，是善治理念之下的命题。舆情应对并不是对舆情的管制，而是清除附着在事件之上的私意、私欲，彰显本来的是非曲直。应对失当并不是简单的技巧不足，而是治理理念和机制的问题。相信民众的理性和良知，摆脱僵化的思维方式、不良行政习气及工作作风，去除"心中之物"，真正从管控走向治理，舆情应对就会成为正面的、积极的力量。

（一）加强源头治理，减少社会矛盾

网络舆情应对是社会治理体系的一部分，与源头治理密不可分，规范政府权力、减少社会矛盾，这是舆情应对的前提。任何时期、任何国家都存在社会矛盾和社会问题，如果矛盾问题本可以避免但没有避免、不能避免，这就不仅仅是规章制度的问题，而是人的问题。如果见物而不见人，即使存在"严丝无缝"的制度安排，也不能解决钻制度漏洞的问题。在源头治理问题上，应以解决权力失范为突破口，解决极少数官吏弄权滥权、侵害民众合法权益的问题。如果不在源头治理上下功夫，舆情应对就失去了基础。因此，不能在源头治理之外寻求舆情应对的对策，而应该在两者的有机统一中寻求治理之路；不能将舆情应对的定位人为放大，视其为搞定问题的灵丹妙药。不解决弄权滥权问题，不解决具体矛盾和问题，而依靠行政压力的传导"平息"事件，就会"灭于东而生于西"，不但舆情难以搞定，还会积累社会矛盾。

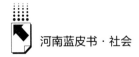

（二）摒弃主客体管控思维，构建网络舆论治理共同体

网络舆情并不一定是实情，不但存在价值性、情绪性因素，还存在操纵舆论等问题，舆情治理非常必要，但舆情治理的客体是舆情而不是特定的群体，它不是社会精英人士对普通百姓的管理和控制，而是政府、媒介、民众共同治理、疏导舆情。把多元舆论主体一分为二，将舆情治理视为社会某类人群对另一类人群的"矫正"，这歪曲了舆情治理的主客体关系。网络舆情是多元化舆论主体相互作用的结果，其失真变异并不是某一方造成的，而具有社会性，解决失真变异问题是舆论主体的共同责任。在网络时代，普通民众成为内容的生产者和传播者，垂直性信息传导结构被信息技术打破，主客体管控模式已经无法适应现实的变化，顺应信息技术革新，更新理念和机制，摒弃主客体管控思维，变多元舆论主体为舆论治理共同体，实现协同共治，这是网络舆情治理的必由之路。网络舆情并不一定是实情，但它不会长期偏离实情，树立多元主体协同共治理念，以真诚的态度共同引导舆论，网络舆情就会回归其本来面目。

（三）防止舆情应对衍生出新的舆情事件

从风险社会的视阈看，网络舆情事件并非突然冒出来的问题，而是社会风险在局部的显现。古人云："虽病在指，其实一身之病也。"① 网络舆情事件的形成不是无缘无故的，而是带着风险社会的印记，事件形成之后的变化也不会孤立于社会之外，同样会带着风险社会的痕迹。在网络舆情事件中，政府应对是一个非常重要的"能动性"因素，应对失当，事件即便在时间的作用下消退，也会造成风险的扩散与积聚，在这种情况下，政府应对不但没有起到还原事件本来面目的作用，反而衍生出新的"事件"，"原事件"和"应对事件"叠加在一起，与背景因素交互作用，演变为公共危机事件。无论危机最终是否平息，都会对社会整体造成伤害。若应对得当，网络舆情

---

① 方孝孺：《逊志斋集》，徐光大校点，宁波出版社，2000。

事件就能够在是非曲直彰显的情况下得以平息，社会系统风险就会得以释放，在这种情况下，社会风险的具体化也就是风险释放的过程。政府应对不再是负变量，围绕事件的理性互动取代事件之外的立场博弈，外在的连带因素被剥离，事件被还原，附着于其上的"浮沫"消失，社会风险和情绪借助于事件而得以释放。

（四）消除"集体为个人行为买单"的现象

网络舆情事件的涉事者并非都是集体，但是一些地方政府和部门往往成为舆论讨伐的对象，其中一个重要原因就是集体为个人行为买单。[①] 党的十八大以来，集体为个体行为买单现象开始减少，表现形式也发生了变化，但并没有完全消失。这种现象产生的原因有三：一是不正常的政绩观作怪，担心形象面子受损而不敢切割；二是存有侥幸心理，以为挺过一段时间舆情就会趋于平静；三是担心受到牵连，害怕事件曝光后上级介入而被追责。正是由于存在这些不正常的心态，个体行为才被弄成集体行为，个别人的问题变成部门的问题，"小事"越搞越大，破坏基层政府或部门的公信力。在网络舆情事件的应对中，如果就事论事、彰显是非曲直，就不会向纵深发展。但倘若基层政府部门不能将个体行为与官方机构加以区分，容忍个体绑架集体，网络舆情的针对范围就会扩大，将局部问题变为全局性问题。因此，还原事件的本来面目、消除"集体为个人行为买单"现象是舆情应对的重要内容。

---

① 童星：《从科层制管理走向网络型治理——社会治理创新的关键路径》，《学术月刊》2015年第10期。

B.15
乡村振兴背景下河南省残疾人生活质量调查及提升路径研究[*]

范会芳 付娆 张宝格 等^{**}

摘 要： 精准扶贫和乡村振兴为残疾人生活质量提升提供了良好的机遇。河南作为人口大省，残疾人群体数量庞大，在乡村振兴的背景下进一步提高残疾人的生活质量成为新时期党和政府的重要任务。本文结合河南省残联最新的统计数据，建构了测量残疾人生活质量的指标体系。从生存层面看，河南省残疾人群体的生活质量相比之前有了大幅度提升，衣食住行都得以明显改善；从发展层面看，残疾人在就业、社会服务和社会保障等方面还存在较大的短板，制度、社会因素和个体因素共同影响残疾人群体的生活质量，唯有坚持多元供给的路径，坚持政府主导、社会参与以及个人自强，才能进一步提升和保障残疾人群体的生活质量。

关键词： 乡村振兴 残疾人生活质量 河南

一 问题的提出

残疾人作为一个特殊的社会群体，一直是党和国家重点关注的对象，

---

* 本文为2022年度中国残联研究课题（部级课题）"乡村振兴背景下河南省残疾人生活质量调查及提升路径研究"（课题批准号：22&ZC022）阶段性成果之一。

** 课题负责人：范会芳，郑州大学政治与公共管理学院教授。课题组成员：付娆、张宝格、刘振奋、苏晓冰、鲍俊杰，郑州大学政治与公共管理学院硕士研究生。

在脱贫攻坚时期，中共中央、国务院就发布了包括《农村残疾人扶贫开发纲要（2011—2020 年）》在内的文件，河南省残联、省扶贫办等部门也根据本省残疾人发展状况，联合制定了《河南省残疾人脱贫攻坚行动计划（2016—2020 年）》，计划指出，要加强扶贫开发与农村社会保障制度相结合，因地制宜，采取多种方式千方百计提高残疾人生活品质，在 2020 年，稳定实现农村残疾人不愁吃、不愁穿，全面实现公共服务均等化，让残疾人生活得更有尊严。2021 年 2 月 25 日，习近平总书记在全国脱贫攻坚总结表彰大会上庄严宣告我国脱贫攻坚战获得了全面胜利，经过八年的艰苦奋斗，河南省残疾人生活质量得到明显改善，残疾人生活收入不断提高，收入来源日益多样，残疾人基本的公共服务需求得以满足，残疾人的生活满意度、幸福感不断增强。

进入乡村振兴时期，残疾人依旧是实现共同富裕进程中最为脆弱的群体，其生活质量是最直接、最深刻地反映我国社会主义建设成果的指标，更是构建"以人为本"和谐社会的内在要求。现阶段残疾人事业仍处于发展不充分的状态，存在经费紧张、基础设施匮乏、基层残疾人工作体系不健全、残疾人服务组织极其缺乏、致残致贫原因复杂、残疾人社会融入程度低、残疾人教育未能全面普及、残疾人康养体系待完善等问题。

2021 年 7 月 20 日，郑州市发生了特大暴雨灾害，虽然这场罕见的自然灾害已经过去一年，但是所带来的危害却没有完全褪去，在这场洪涝灾害中，许多残疾人失去了原有的生活条件，生活质量下降，甚至有返贫的潜在可能性。在这种情况下，要尽快调查清楚残疾人生活品质降低的内在原因，并采取针对性措施，改善残疾人生活条件，提高他们的收入水平，完善农村社会保障制度，防止残疾人因灾返贫、因病返贫，促进更多的残疾人参与到乡村振兴的伟大实践中去，使其朝着共同富裕的伟大目标不断迈进。

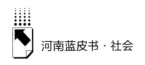

二 研究过程、研究方法及数据来源

（一）研究过程及研究方法

为全面了解河南省残疾人群体在乡村振兴阶段生活质量状况，课题组从2022年3月启动课题研究。第一阶段（3~5月）主要收集全省范围内残疾人的各项统计资料并进行统计分析，第二阶段（6月）根据研究主题设计访谈大纲。第三阶段（7月23~28日、8月27~29日）分别前往鹤壁、濮阳开展实地调研，召开座谈会3次，获得访谈资料40余份。

（二）数据来源

本文所使用的数据主要来自河南省残疾人状况监测调查数据库。此外，部分数据来自国家统计局《2019年全国残疾人家庭收入状况调查报告》。

（三）河南省残疾人群体基本特征

1. 男性残疾人明显多于女性

数据显示，截至2020年底，河南省范围内共有男性残疾人1584230人，占残疾人总体的56.80%；女性残疾人1204985人，占比为43.20%。整体看来，男性残疾人所占比例高于女性残疾人13.6个百分点，男性残疾人明显多于女性残疾人（见表1）。

表1 残疾人性别分布情况

单位：次，%

指标	频次	百分比
男	1584230	56.80
女	1204985	43.20
总计	2789215	100.00

2. 初中及以下学历残疾人占比超过八成

调查显示，截至 2020 年底，全省范围内初中学历的残疾人约 123 万人，占比为 44.07%；文盲（超过 15 岁且从未上过学）29.5 万人，占比为 10.59%，小学学历者 86.9 万人，占比为 31.17%；高中（含中专）学历者 24.4 万人，占比为 8.76%；大学专科、大学本科及研究生学历的残疾人仅占 2.02%。综合来看，残疾人群体受教育水平远低于普通人，文盲及低学历人群占比超过八成。（见表 2）

表 2　残疾人学历分布情况

单位：次，%

指标	频次	百分比
从未上过学	295294	10.59
小学	869362	31.17
初中	1229273	44.07
高中(含中专)	244313	8.76
大学专科	39029	1.40
大学本科	16230	0.58
研究生	1181	0.04
不详	94533	3.39
总计	2789215	100.00

3. 重度残疾人占比近五成

根据国家标准《残疾人残疾分类和分级》（GB/T 26341-2010），残疾人可以分为视力残疾、听力残疾、肢体残疾等不同的类别，以及一级、二级、三级、四级不同等级，其中一级、二级残疾为重度残疾。数据显示，全省有近五成（46.70%）的残疾人为重度残疾，其中二级残疾人数最多（97.9 万人），占比为 35.11%；三级和四级残疾人数，分别为 72.8 万人、75.9 万人，占比分别为 26.10%、27.20%；一级残疾人数 32.3 万人，占比为 11.59%（见表 3）。

表3　2020年河南省残疾人残疾等级分布

单位：次，%

指标	频次	百分比
一级	323324	11.59
二级	979306	35.11
三级	728007	26.10
四级	758578	27.20
总计	2789215	100.00

4.肢体残疾人占比近六成

数据显示，全省残疾人中肢体残疾占比最高（57.44%），其次是智力残疾（10.11%）、精神残疾（8.73%）、听力残疾（7.90%）；视力残疾、多重残疾分别占5.79%和4.09%，言语残疾占2.31%（见表4）。可以看出，言语残疾人数相对较少，肢体、智力、精神三类残疾人是残疾人群的主体。

表4　残疾种类分布

单位：次，%

指标	频次	百分比
视力残疾	262777	5.79
听力残疾	220394	7.90
言语残疾	64378	2.31
肢体残疾	1602068	57.44
智力残疾	282041	10.11
精神残疾	243587	8.73
多重残疾	113970	4.09
总计	2789215	100.00

5.已婚有配偶的残疾人占比超过七成

数据显示，全体残疾人中未婚者38.8万人，占比为13.90%；已婚有配偶202.3万人，占比为72.54%；离婚6.2万人，占比为2.23%；丧偶16.8万人，占比为6.03%；婚姻状况不详者14.8万人，占比为5.30%（见表5）。

表5　残疾人婚姻状况分布

单位：次，%

指标	频次	百分比
未婚	387749	13.90
已婚有配偶	2023325	72.54
离婚	62245	2.23
丧偶	168110	6.03
不详	147786	5.30
总计	2789215	100.00

6. 仅有2%的残疾人居住在敬（养）老院、福利院等福利机构

数据显示，仅有5.6万名残疾人居住在敬（养）老院、福利院等福利机构，占比为2.01%；其余97.99%的残疾人居住在自己家中（见表6）。

表6　是否在敬（养）老院、福利院、荣军院等居住

单位：次，%

指标	频次	百分比
是	56144	2.01
否	2733071	97.99
总计	2789215	100.00

三　河南省残疾人生活质量整体状况及存在的问题

生活质量是一个内涵丰富且包含多个维度和多个层次的概念，通常由反映人们生活状况的客观条件和人们对生活状况的主观感受两部分组成。[1] 生活质量受个人因素、环境因素以及二者的交互影响，其客观条件包括主体生存和发展的必要前提、物质环境等。而人们对于生活状况的主观感受则可以作为测量生活质量的辅助和参考。因此，对于生活质量的测量涉及个体生活

---

[1]　卢淑华、韦鲁英：《生活质量主客观指标作用机制研究》，《中国社会科学》1992年第1期。

193

状态的一系列相关因素，生活质量指标则是指个人幸福感水平与生活质量相关的具体认知、行为或者状态。

对于生活质量的研究涉及经济学、社会学、心理学等多个学科，且多年来一直是学术界持续研究的一个重点话题。在 1989 年世界发展报告中，世界银行将生活质量归纳为四项指标：平均多少人有一名医生；平均每日摄取热量、通货膨胀率和人均能源消费量。

中国社科院课题组将生活质量指标操作化为：居民消费、收入、吃穿住用、能源、通信、劳保福利、文化支出等 16 项指标。部分西方学者则侧重于人们的主观生活感受。林南等认为，生活质量是"对生活各方面的评价和总结"。[①] 美国经济学家 Galbraith 在 *The Affluent Society* 一书中指出，生活质量要关注人们生活舒适、便利的程度以及精神上的享受。[②]

结合学术界对于生活质量的核心界定，本文尝试从生存和发展两个层面建构测量残疾人生活质量的指标体系。具体而言，生存层面的二级指标包括衣、食、住、行、收入五个方面，三级指标包括衣着消费支出、食品烟酒消费支出、住房情况、家庭无障碍改造情况、无障碍环境建设情况、家庭人均年收入；发展层面的二级指标则包括就业、社会保障、社会参与、社会服务，三级指标包括就业率、参保情况、社会活动参与频次以及康复服务（见表 7）。下面将结合数据进行详细论述。

表 7   残疾人生活质量指标体系

一级指标	二级指标	三级指标
生存层面	衣	衣着消费支出
	食	食品烟酒消费支出
	住	住房情况
		家庭无障碍改造情况
	行	无障碍环境建设情况
	收入	家庭人均年收入

---

① 林南等：《生活质量的结构与指标》，《社会学研究》1987 年第 6 期。
② John Kenneth Galbraith, *The Affluent Society* (Mariner Books, 1976).

一级指标	二级指标	三级指标
发展层面	就业	就业率
	社会保障	参保情况
	社会参与	社会活动参与频次
	社会服务	康复服务

（一）与生活质量密切相关的生存层面指标

1. 衣着

日常穿着是人们生活水平的外在体现，同时也是反映个体生活质量高低的一个客观指标。在精准扶贫阶段，衡量贫困户是否脱贫的一个重要指标就是"吃穿不愁"，"不愁穿"指的是要保证贫困户"四季有换季衣服、日常有换洗衣服"。课题组在实地调研中发现，目前绝大多数农村残疾人贫困户都达到了"两不愁、三保障"的脱贫标准，但整体看来，残疾人群体尤其是农村残疾人在衣着方面的消费相对较低，与全国居民家庭在衣着方面的支出还有较大的差距。

课题组查阅《2019年全国残疾人家庭收入状况调查报告》（官方公布的最新数据），发现2016年残疾人家庭在衣着方面的支出为405.1元，2017年为434.8元，2018年为464.5元，残疾人家庭在衣着方面的消费呈缓慢上升趋势，且在总消费支出中占比较为稳定（4.2%~4.5%）（见表8）。与全国居民家庭相比（2018年全国居民家庭衣着消费支出为1289元），残疾人家庭在衣着方面的消费普遍偏低（见表9）。

表8　2016~2018年全国残疾人家庭衣着消费支出

组别	2016年		2017年		2018年	
	金额（元）	百分比（%）	金额（元）	百分比（%）	金额（元）	百分比（%）
消费性支出	9701.1	100.0	9624.5	100.0	10246.6	100.0
衣着消费支出	405.1	4.2	434.8	4.5	464.5	4.5

资料来源：《2019年全国残疾人家庭收入状况调查报告》。

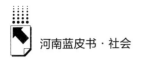

表9　2018年残疾人家庭与全国居民家庭衣着消费支出

组别	残疾人家庭		全国居民家庭	
	金额（元）	百分比（%）	金额（元）	百分比（%）
消费性支出	10246.6	100.0	19853	100.0
衣着消费支出	464.5	4.5	1289	6.5

资料来源：《2019年全国残疾人家庭收入状况调查报告》。

　　需要明确的是，2020年精准扶贫结束之后，河南省残疾人群体的生活质量得以大幅度提高，这不仅表现为人均纯收入的明显增加，同时表现为衣、食、住、行的全方位改善。由于全国范围内残疾人的数据尚未更新，不得已借用之前的数据进行对比。上述数据反映的还是精准扶贫结束之前残疾人家庭的消费支出情况。可以肯定是，在残疾人家庭的人均收入以及衣着消费方面，不仅存在地区之间的差异，同时也存在城乡之间的差异。

　　2. 饮食

　　"民以食为天"是中国人长期以来所遵循和信奉的准则。在精准扶贫阶段，保障残疾人群体"吃穿不愁"是衡量基层扶贫工作的一个重要指标。"不愁吃"的具体要求是要让贫困户能够根据个人的饮食习惯满足主、副食需要，提供基本营养保障，达到日常饮食标准。包括每天500克米或面、500克蔬菜、100克左右的蛋白质（包括肉、蛋、奶、豆制品等营养食物），同时必须保证有安全饮水。

　　据《2019年全国残疾人家庭收入状况调查报告》，从2016～2018年纵向对比来看，残疾人家庭食品烟酒消费支出呈上涨趋势，伙食支出保持匀速上升，且占比较为稳定（见表10）。横向对比来看，2018年残疾人家庭食品烟酒消费支出远低于全国居民家庭平均水平，但是食品烟酒消费支出占比远远高于全国居民家庭平均水平，残疾人家庭恩格尔系数较高，抗风险能力较弱（见表11）。

表 10   2016~2018 年全国残疾人食品烟酒消费支出

组别	2016 年		2017 年		2018 年	
	金额(元)	百分比(%)	金额(元)	百分比(%)	金额(元)	百分比(%)
消费性支出	9701.1	100.0	9624.5	100.0	10246.6	100.0
食品烟酒消费支出	3756.1	38.7	3946.7	41.0	4190.7	40.9
其中:伙食	3353.5	34.6	3529.3	36.7	3736.9	36.5

资料来源:《2019 年全国残疾人家庭收入状况调查报告》。

表 11   2018 年残疾人家庭与全国居民家庭食品烟酒消费支出

组别	残疾人家庭		全国居民家庭	
	金额(元)	百分比(%)	金额(元)	百分比(%)
消费性支出	10246.6	100.0	19853	100.0
食品烟酒消费支出	4190.7	40.9	5631	28.4

资料来源:《2019 年全国残疾人家庭收入状况调查报告》。

3. "住"与"行"

住房是衡量残疾人群体生活质量的重要标准之一。对于残疾人群体来说,良好、安全的住房不仅关系其生活质量,是否有无障碍设施也是影响其生活质量的因素之一。

调查显示,截至 2020 年底,河南省有 237.1 万名残疾人的住房为自建房,占比为 85.01%,其中仅有 2.59% 的住房是农村危房;拥有商品房、保障性住房的比例分别为 4.79%、3.05%,住房是租赁房、借住或临时住所的残疾人家庭仅占全体残疾人的 0.81% 和 0.64%(见表 12)。

表 12   河南省 2020 年残疾人家庭住房情况

单位:次,%

指标	频次	百分比
商品房	133660	4.79
保障性住房	85041	3.05
租赁房	22614	0.81
自建房	2371071	85.01
其中:是农村危房	72141	2.59

续表

指标	频次	百分比
不是农村危房	2298930	82.42
借住或临时住所	17941	0.64
其他住房	102744	3.68
不详	56144	2.01
总计	2789215	100.00

  根据中国残疾人联合会在官网公布的数据，残疾人家庭的住房面积也发生了较大的变化。2019 年度监测数据显示，我国城镇残疾人人均住房面积（建筑面积）为 20.20 平方米，比 2018 年度增加了 0.26 平方米；农村残疾人人均住房面积为 20.43 平方米，比 2018 年度增加了 0.23 平方米。[①] 截至2022 年 7 月，为解决贫困残疾人家庭的基本住房问题，共发放补助金 3.3亿元，改造了 21101 户农村贫困残疾人家庭存量危房，顺利实现危房清零目标任务。

  此外，调查显示，在河南省范围内，过去一年内只有 5.25% 的残疾人家庭进行过无障碍改造（见表 13），主要包括卫生间改造（31.25%）、出入口改造（19.34%）和厨房改造（18.76%）（见表 14）。据少数接触并使用过这些无障碍设施的受访者反映，提供给残疾人的无障碍设施数量少、质量低、使用率不高。

表 13 2020 年河南省残疾人过去一年内是否进行过家庭无障碍改造

单位：次，%

指标	频次	百分比
是	146323	5.25
否	2586748	92.74
不详	56144	2.01
总计	2789215	100.00

---

① 《2019 年度全国残疾人状况及小康进程监测报告》，https：//www.renrendoc.com/paper/208937163.html。

表 14　2020 年河南省残疾人过去一年内进行过的家庭无障碍改造项目

单位：次，%

指标	频次	百分比
出入口改造	28293	19.34
卫生间改造	45731	31.25
厨房改造	27448	18.76
卧室改造	7845	5.36
闪光门铃、可视门铃等	784	0.54
煤气泄漏报警发声装置、读屏软件等	164	0.11
其他	64522	44.10
总计	2789215	100.00

第二次全国残疾人抽样调查显示，河南省共有各类残疾人 707 万人，其中持证残疾人口约 279 万人，残疾人口占全省总人口的 7.2%，涉及 1/5 的家庭和近 3000 万人口。由于生理原因，部分残疾人士不愿走出家门、走入社会，影响了社会交往和心理健康，因此，以出行质量作为残疾人生活质量衡量标准是必要且可行的。

《国家人权行动计划（2021—2025 年）》提出，无障碍环境建设必须做到"加强和改善信息无障碍服务环境，为老年人、残疾人等网上获取政务信息、办理服务事项、享有公共服务提供便利"。截至 2020 年，已有 1753 个市、县系统开展无障碍环境建设，全国开展无障碍环境建设检查 7875 次，[1] 全国村（社区）综合服务设施中有 81.05% 的出入口、56.58% 的服务柜台、38.66% 的厕所进行了无障碍建设和改造。[2] 公共交通无障碍建设也在稳步发展中，截至 2020 年，3400 余辆动车组列车设置了残疾人专座。[3]

---

[1]　《2021 年残疾人事业发展统计公报》，中国残疾人联合会网站，2022 年 4 月 6 日，https://www.cdpf.org.cn/zwgk/zccx/tjgb/0047d5911ba3455396faefcf268c4369.htm。

[2]　《〈全面建成小康社会：中国人权事业发展的光辉篇章〉白皮书》，国务院新闻办公室网站，2021 年 8 月 12 日，http://www.scio.gov.cn/zfbps/ndhf/44691/Document/1710614/1710614.htm。

[3]　国务院新闻办公室：《中国交通的可持续发展》，人民出版社，2020。

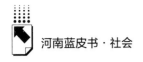

（二）发展层面指标

1. 就业

残疾人有着不同于健全人的特殊需求，其中就业需求就是有就业能力的残疾人维持其经济独立、实现其自身价值、参与社会的重要途径。残疾人的就业状态在一定程度上影响他们的生活质量。

（1）家庭成员供养是未就业残疾人群体生活来源的主要方式

据《2021年河南省残疾人事业统计公报》可知，全省城乡持证残疾人就业人数为53.5万人，其中按比例就业2.3万人，集中就业1.2万人，个体就业8.4万人，公益性岗位就业5957人，辅助性就业1.6万人，灵活就业（含社区、居家就业）12.6万人，从事农业种养加26.7万人。

根据2021年河南省残疾人联合会抽样调查数据，截至2020年底，河南省共有51万名残疾人实现就业，占比为18.28%；未就业者73万人，占比为26.19%；另外有55.53%的残疾人就业状况不详（见表15）。

未就业的残疾人主要收入来源为家庭成员供养（16.77%）、离退休金（5.45%）、社会救助与社会福利（3.38%）和财产性收入（0.59%）（见表16）。

表15　2020年河南省残疾人就业情况

单位：次，%

指标	频次	百分比
就业	509889	18.28
未就业	730476	26.19
不详	1548850	55.53
总计	2789215	100.00

表16　2020年河南省未就业残疾人生活来源分布

单位：次，%

指标	频次	百分比
财产性收入	16545	0.59
社会救助与社会福利	94142	3.38

续表

指标	频次	百分比
家庭成员供养	467829	16.77
离退休金	151960	5.45
不详	2058739	73.81
总计	2789215	100.00

资料来源：2021年河南省残疾人联合会抽样调查数据。

（2）获得就业帮扶的残疾人群体占比较低

此外，在针对河南省残疾人的抽样调查中，表示"得到就业帮扶"的仅有139841人，占样本总体的5.01%；表示"未得到就业帮扶"的残疾人有1100524名，占样本总体的39.46%；另外有55.53%的残疾人得到就业帮扶情况不详（见表17）。

表17　2020年河南省残疾人得到就业帮扶情况

单位：次，%

指标	频次	百分比
得到就业帮扶	139841	5.01
未得到就业帮扶	1100524	39.46
不详	1548850	55.53
总计	2789215	100.00

资料来源：2021年河南省残疾人联合会抽样调查数据。

2. 社会保障

完善的社会保障制度对保障和改善残疾人的生活质量发挥了重要作用。调查显示，河南省有96%的残疾人参加了医疗保险，医疗保险覆盖率高（见表18）。截至2020年底，河南省97.5万人享受困难残疾人生活补贴，119.5万人享受重度残疾人护理补贴，累计发放补贴资金14.9亿元。课题组在实地调研中发现，河南省各地对于残疾人的护理补贴和生活补贴发放及时、到位，一定程度上缓解了困难残疾人家庭的燃眉之急。

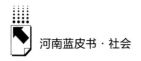

表18　2020年河南省残疾人参加医疗保险情况

单位：次，%

指标	频次	百分比
参加医疗保险	2699647	96
未参加医疗保险	89568	4
总计	2789215	100

资料来源：2021年河南省残疾人联合会抽样调查数据。

河南省残疾人群体在2020年享受其他各类社会救助明显增加。根据河南省残疾人联合会抽样调查数据，在过去一年内，得到社会救助的残疾人占比为58.43%，得到医疗救助的残疾人占比为55.13%，享受到其他救助、特困人员救助供养残疾人占比分别为9.49%、6.40%（见表19）。

表19　2020年河南省残疾人过去一年内社会救助及住房改善情况

单位：次，%

指标	频次	百分比
得到社会救助	1629833	58.43
特困人员救助供养	178400	6.40
医疗救助	1537577	55.13
其他救助（教育救助、住房救助、就业救助和其他临时救助）	264810	9.49

资料来源：2021年河南省残疾人联合会抽样调查数据。

3.社会服务及康复服务显著增加

近年来，随着政府购买社会工作服务项目的持续开展，越来越多的城市及农村残疾人群体开始享受到来自社工、志愿者的专业服务。2021年"7·20"洪灾之后，国内许多基金会更是针对受灾地区和受灾群众开展了许多社会服务项目，此外国家相关部门也拨巨额资金用于支持河南各地的灾后重建工作。河南新乡、鹤壁陆续接受多个国内基金会的项目支持。然而，由于河南省残疾人群体绝对数量较为庞大，2020年未得到社会服务的残疾人群体仍占比超过八成（见表20）。

调查显示，2020年共有52.7万名残疾人表示曾享受过来自不同主体提供的社会服务，占残疾人总体的18.90%。社会服务的内容包括包含康复护理、康复知识培训和专业指导、专业心理服务等的支持性服务（6.78%）、辅助器具（5.60%）、康复训练（3.84%）、康复医疗（2.68%）（见表21）。

在实地调研中发现，农村残疾人群体对于康复训练及辅助器具的需求开始凸显，但由于客观条件的限制，实际享受到的康复服务较为有限。目前仍有81.10%的残疾人服务需求没有得到满足，现有的社会服务与残疾人实际需求之间差距较大。

表20　2020年河南省残疾人过去一年内得到社会服务情况

单位：次，%

指标	频次	百分比
得到社会服务	527176	18.90
未得到社会服务	2262039	81.10
总计	2789215	100.00

资料来源：2021年河南省残疾人联合会抽样调查数据。

表21　2020年河南省残疾人过去一年内得到的社会服务类型

单位：次，%

指标	频次	百分比
康复医疗(含手术、药物)	74673	2.68
康复训练	107077	3.84
辅助器具	156197	5.60
支持性服务(含康复护理、康复知识培训和专业指导、专业心理服务)	189229	6.78
未得到	2262039	81.10
总计	2789215	100.00

资料来源：2021年河南省残疾人联合会抽样调查数据。

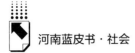

《2021 年河南省残疾人事业统计公报》显示，全省有 32.7 万名残疾人得到康复服务，基本康复服务率 97.62%，同比增长 3 个百分点；12.1 万名残疾人得到辅助器具适配服务，残疾人辅助器具适配服务率 96.91%，同比增长 1.5 个百分点。其中 0~6 岁残疾儿童 2.8 万名，7~17 岁残疾儿童 1.6 万名，有 31657 名残疾儿童得到康复救助。截至 2022 年 7 月，全省提供残疾人基本康复服务 258.4 万人次，其中，提供辅助器具适配服务 96.75 万人次。

2020 年，河南省已建残疾人康复机构 534 个，比上年增加 36 个。其中残联系统已建康复机构 127 个，比上年增加 3 个。全省康复机构在岗人员达 1.8 万人，比上年增加 800 人，在岗人员中有管理人员 1524 人、业务人员 1.5 万人、其他人员 2214 人。

此外，截至 2022 年 7 月，河南省由政府主导的重度残疾人集中照护服务机构达到 1261 个，累计 23712 名重度残疾人得到照护服务。

4. 近三成的残疾人表示"经常参加文化体育活动"

残疾人大多因为行动不便而不参加文化体育活动，然而丰富多样的文化体育活动对残疾人的身心发展都有很大的帮助，是构建残疾人生活质量指标的重要组成部分。

统计数据显示，仅有 26.11% 的残疾人过去一年内经常参加文化体育活动，七成以上（73.89%）的残疾人在过去一年不经常参加此类活动（见表 22）。不能经常参加此类活动最主要的原因除"其他"（77.70%）外，15.43% 的残疾人是由于"没有适合自己的活动项目"，"没有适合的场所和设施""没人组织指导"分别占 4.92% 和 1.96%（见表 23）。

表 22 过去一年内参加文化体育活动情况

单位：次，%

指标	频次	百分比
经常参加	536942	26.11
不经常参加	1519711	73.89
总计	2056653	100.00

表 23　不能经常参加文化体育活动的原因

单位：次，%

指标	频次	百分比
没有适合自己的活动项目	234468	15.43
没有适合的场所和设施	74694	4.92
没人组织指导	29785	1.96
其他	1180764	77.70
总计	1519711	100.00

四　制约残疾人群体生活质量进一步提高的多重因素

在精准扶贫阶段，农村残疾人群体是党和政府重点牵挂的人群，是广大扶贫干部重点关注的扶贫对象。截至 2020 年底，全国范围内最后的 551 万贫困户全部脱贫，包括残疾人群体在内的绝对贫困人群的收入及生活质量得以大幅度提高和改善。精准扶贫工作结束后，乡村振兴随即开启，党和政府承诺"脱贫不脱政策"，对于广大的农村残疾人群体原有的许多帮扶政策依然有效，同时，不断完善城乡最低生活保障制度，不断提高低保标准，针对重度残疾人和有返贫风险的残疾人家庭，开始实施护理补贴和生活补贴制度，不断扩大医疗救助的范围、加大医疗救助的力度。这些都为提高广大残疾人的生活质量提供了有力的保障。

可以说，在过去几年，河南省的残疾人事业取得了显著的成绩，有以下几方面的表现。一是解决了广大农村残疾人家庭的绝对贫困状态，农村残疾人全部达到了"两不愁、三保障"的标准，人均收入明显增加，人居环境及个体生活质量明显改善。二是针对残疾人群体的护理制度和救助制度进一步完善，越来越多的残疾人及其家庭从中受益；不断提高的低保标准和不断扩大的救助范围有效地提高了残疾人的生活质量和生活水平。三是针对残疾人群体的康复服务和康复机构不断增加，这为残疾人群体带来了福音。获得康复服务不仅可以有效地提高残疾人的生活质量，而且可以帮助他们减轻残疾所导致的社会排斥和社会歧视，增强他们的主观满意度和幸福感，提高他们的社会参与程度。四是残疾人就业率不断提高，通过抖音直播、互联网云服务等平台实现个人就业及个人创业的残疾人不断增加，针对残疾人的就业培训精准度和质量不断攀升。

然而，作为弱势群体和相对贫困人群，残疾人群体的生活质量还有待进一步提高。对于残疾人家庭而言，往往存在"一人残疾，一家贫困"的情况，某个家庭成员的残疾通常会严重影响整个家庭的生活质量。整体来看，多数残疾人家庭收入远远低于全国居民平均水平，中部地区残疾人家庭人均年收入又低于全国残疾人家庭平均水平。河南省作为人口大省，残疾人群体数量十分庞大，面对绝对数量多的残疾人，需要兼顾效率与公平的原则，进一步推动残疾人社会福利及生活质量的提升。

（一）制度因素

针对残疾人群体的制度大体可以分为两类：普惠型制度与特惠型制度，前者包括城乡居民养老保险制度、最低生活保障制度、医疗救助制度等，后者则指专门针对残疾人群体的社会福利制度，比如残疾人护理补贴与生活补贴制度等。当前，我国正在致力于建立适度普惠的福利型社会，但是借鉴西方国家走过的福利国家的老路和曾经经历的福利危机，我国在大力推进社会保障制度建立和完善的同时，还需要考虑国家的财政支付能力以及效率与公平的原则。通常情况下，社会福利水平的高低取决于一个国家的经济水平和综合国力。换言之，社会福利水平要与一个国家和地区的经济发展水平相适应。超出经济承受能力或者低于经济发展水平的做法都是不可取的。就目前来看，我国的残疾人数量十分庞大，这意味着大幅度提高残疾人群体的社会福利水平在短时间内是不太现实的，同时也不符合公平原则。这可能给国家及地方的财政造成较为沉重的负担。此外，从社会公平的视角来看，不顾地方发展水平，一味地提高残疾人福利待遇，有可能造成其他社会群体的心理失衡或者加重他们的相对剥夺感，同时还有可能影响经济效率，导致福利依赖与其他福利病。因此，一方面我们既要通过完善社会保障制度来提高残疾人群体的社会福利和生活质量，同时还要注意把握待遇提升的速度和尺度。

（二）社会因素

残疾人的生活质量还受到社会因素的影响，其中包括社会包容度、社会文明程度、教育普及程度以及社会大众的认知程度等。

社会包容度与社会排斥和社会歧视相关。在一个充满对于残疾人群体的社会排斥和社会歧视的社会，社会包容度一定不高，反之亦然。社会排斥可能体现在就业领域，也可能体现为对于残疾人的歧视及污名化。之前将残疾人称为"残废"，将聋哑残疾人称为"聋子、哑巴"，将智障残疾人称为"憨子、傻子或者疯子"等行为均体现了社会大众对于残疾人群体的无形歧视与排斥。近些年，随着我国社会文明程度的进一步提高以及教育的普及，之前对于残疾人群体的污名化称呼与歧视已经得到明显改善。国家也明文规定，禁止各类媒体在公开场合使用对残疾人带有歧视色彩的称谓，禁止对于残疾人群体的歧视和社会污名化。可以说，一个社会对待残疾人的态度不仅体现了社会的文明程度，同时还体现了国家的发展程度。宽容、接纳、尊重等积极的社会氛围会在较大程度上提升残疾人群体的主观幸福度，有助于提高他们的生活质量指数。

（三）个体因素

从微观角度来看，残疾人的生活质量还与其自身的文化程度、认知水平、智力因素以及家庭状况、社区环境等密切相关。

调查发现，目前河南省文盲残疾人占全体残疾人的 10.59%，小学学历者占比为 31.17%，初中及以下残疾人群体占比超过八成。个体的残疾状态将直接影响到他们能否以及在何种程度上接受教育。尤其是对于先天残疾的个体来说，在接受教育的过程中会遭遇比正常群体多得多的障碍和阻力。对于那些有较低的文化程度、较低的认知水平以及较低的智力水平的残疾人群体，提升他们的生活质量更是困难重重。

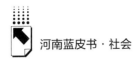

五　进一步提升河南省残疾人生活质量的若干路径

残疾人事业是中国特色社会主义事业的组成部分，残疾人生活质量的提高对构建和谐社会具有重要的意义，也是实现共同富裕的题中应有之义。解决残疾人生存与发展的现实问题，提升残疾人生活发展质量，不应仅仅依靠单一力量，一味地由政府"输血"。构建顺应时代需求的多元支持体系是解决农村残疾人生存与发展问题的行之有效的可持续方法，也是提高河南省残疾人生活质量的有效路径。多元支持体系是由政府力量、社会力量、残疾人及其亲属力量构成的，这三方力量互相支持、互相补充。

（一）政府：分类帮扶和制度兜底相结合

在乡村振兴的战略机遇下，残疾人不仅要谋生存，更要谋发展。地方政府应该区分不同程度、不同类型的残疾群体，明确其帮扶需求，根据不同需求制定具体而精准的帮扶政策。

针对有劳动能力的残疾群体，要以开发式帮扶为主，根据个体情况提供有针对性的职业技能培训，鼓励上岗就业、自力更生；针对无劳动能力或者自理能力较差的残疾人，应该以制度兜底为主，减轻其家庭的经济负担。兼顾开发与兜底帮扶手段，建立残疾人群的综合性帮扶系统。同时，政府应该进一步完善残疾人社会保障体系，制定相应机制以应对和解决残疾人面临的养老、医疗、参保、续保等各类问题，形成全方位立体化的制度体系。在制度制定和政策执行过程中，有意识地向残疾人群体倾斜资源，比如针对残疾人或残疾人家属提供公益岗位，积极购买面向残疾人的社工服务等，以弥补保障短板。对于有利于残疾人提高生活质量的好政策，应该大力普及宣传，做到真正落实，并通过法律手段严厉打击危害残疾人群体权益的"暗箱操作"。

（二）社会：社会组织与民众力量相结合

平等是共同富裕的基础，在残疾人群体天然弱势的现实下，社会各方应该协同合作，为改善残疾人生活质量、促进残疾人自我发展提供良好的生存环境共同努力，实现相对平等。

首先，应该发挥慈善组织、社会工作机构等社会组织的力量，解决残疾人生存与发展的困境，通过社会力量帮助残疾人，针对不同类型残疾人的具体问题进行具体分析，实现助人自助。其次，作为劳动者的岗位提供方，企事业单位应当承担起社会责任，针对部分适合残疾人士的工作岗位，向残障者开放招聘，同时必须摒弃残障人士应该匹配低价值岗位的观念，给予残疾人群体充分尊重。作为社会资源的生产方，企事业单位应该关注残疾人实际需要，持续产出契合残疾人群体需求的生产生活资料与娱乐资源。最后，应该在全社会层面，弘扬助残护残的社会正气，鼓励大众积极投身于助残护残慈善事业、公益活动等，为改善残疾人生活质量、构建和谐社会而共同奋斗。

（三）个人：自力更生与亲属支持相结合

内因是事物发展的根本原因，在为残疾人生存与发展提供良好的外部环境的同时，更不能忽视对残疾人群体的积极向上的内驱力的培养，残疾人及其亲属力量是改善残疾人生活质量的关键。

改善残疾人群体的生存与发展的现实处境，必须建立在残疾人本身主动积极向上发展的基础上。首先，应该帮助残疾人群体转变观念，鼓励其融入社会，摒弃等、靠、要的思想，主动参与劳动技能培训，争取就业机会。其次，鼓励家庭成员及亲属群体承担起对于残疾人的帮扶责任，发挥家庭及血缘、亲缘关系对于残疾人的社会支持作用。

参考文献

中国残疾人联合会：《2019 年全国残疾人状况及小康进程监测报告》，https：//www. renrendoc. com/paper/208937163. html。

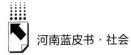

《2020年残疾人事业发展统计公报》，中国残疾人联合会网站，2021年4月9日，https：//www.cdpf.org.cn/zwgk/zccx/tjgb/d4baf2be2102461e96259fdf13852841.htm。

《2010年末全国残疾人总数及各类、不同残疾等级人数》，中国残疾人联合会网站，2021年2月20日，https：//www.cdpf.org.cn/zwgk/zccx/cjrgk/15e9ac67d7124f3fb4a23b7e2ac739aa.htm。

《中华人民共和国2019年国民经济和社会发展统计公报》，国家统计局网站，2020年2月28日，http：//www.gov.cn/xinwen/2020-02/28/content_5484361.htm。

《2021年河南省残疾人事业统计公报》，河南省残疾人联合会网站，2022年5月17日，https：//new.henancjr.org.cn/articles.aspx?mid=446&id=36388。

B.16
河南省合村并居社区农民的
社会适应问题研究

——基于 Y 镇的调查分析

付光伟　杨艳芳*

摘　要： 通过对 Y 镇合村并居社区和传统自然村落 1849 名农民的问卷调查，在对两类农民的比较分析中发现，Y 镇合村并居社区农民经济层面的适应性明显弱于老村庄的农民，生活方式层面的适应性较强，心理层面的适应性有待进一步提升。通过多元回归分析发现，资源获得、社会支持和积极心理，是影响 Y 镇合村并居社区农民社会适应性的主要因素。调查结果对于提高河南省合村并居社区农民社会适应性的政策启示主要有：通过高质量的公共服务提升合村并居社区的入住率，着力提升合村并居社区农民的经济适应能力，培育合村并居社区积极向上的社区文化，引导合村并居社区农民的现代化转型。

关键词： 合村并居　社会适应　城镇化　河南省

在城镇化的发展过程中，在市场效率逻辑和美好生活逻辑的双重引导下，一些地方政府将若干个地域上临近的自然村进行空间上的重新规划，建设大型的现代化住宅区，实现农民的集中居住，然后将节约出来的老村庄的

---

* 付光伟，博士，河南大学哲学与公共管理学院副教授，河南大学地方治理研究中心研究员；杨艳芳，河南大学哲学与公共管理学院公共管理专业硕士研究生。

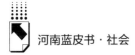

土地进行综合开发和市场化运作，既提高了广大农民的居住质量，又提高了土地的综合利用效益。就河南省而言，合村并居社区主要有三种类型。一是自发型的合村并居，主要发生在大中型城市的近郊地带，城市扩张导致土地明显升值，一些有远见和号召力的村委会干部动员全村农民进行整体搬迁，实现集中居住。二是异地扶贫搬迁型的合村并居，主要发生在西部山区，在国家精准扶贫政策的支持下，将分散居住在山区的农民集中到乡镇安置社区居住。三是新型农村社区型的合村并居，主要发生在 2011 年至 2016 年，在新型城镇化战略主导下，地方政府建设的一批农民集中居住的大型社区。合村并居改变的不仅仅是农民的居住空间，而是生活方式、工作方式和心理认同的全方位的改变。集中居住的农民能否适应这一全新的生活方式，关系到合村并居工程的成败。2021 年，中央一号文件强调要严格规范村庄撤并，不强迫农民上山下乡，把好事办好、实事办实。如果合村并居社区的农民能够很好地适应新社区的生活，那在很大程度上意味着合村并居是一件实事和好事，反之，如果农民集中居住之后存在严重的适应性障碍，那在很大程度上意味着合村并居在农民眼里并不是一件实事和好事。本研究基于河南省 Y 镇的问卷调查，全面地呈现合村并居社区农民的社会适应状况，探究影响合村并居社区农民社会适应的因素，提出增强合村并居社区农民社会适应性的政策建议。

一　调查资料的收集

（一）Y 镇合村并居概况

Y 镇毗邻黄河，距郑州市仅 30 公里，交通便利，土地平整，水资源丰富，经济发展的区位优势明显。全镇总面积为 95.6 平方公里，下辖 19 个行政村，总人口 2.6 万人。Y 镇的合村并居是在 2012 年新型农村社区建设的政策支持下开展的，主要有合村并镇、合村并点两种模式，原计划将全镇 19 个行政村重新规划为 1 个中心镇区和 3 个中心社区，每个新社区的人口规模都在 5000 人以上，远远大于原有自然村的人口规模。但到了 2016 年，当 Y 镇合村并居工程实施到一半的时候，由于上级政府对于新型农村社区建设政策的调整，Y 镇的合村并居社区只建成了 2 个，另 2 个规划好的新社区被按下暂停键，待搬迁的农民继续留在原来的自然村生活。在上级政府的支持下，通过完善两个已完工社区的公共服务，建设配套的幼儿园、中小学校、公交站、购物中心、老年休闲中心等服务设施，引进品牌物业公司提供高标准的物业服务，引进专业社会工作机构进入合村并居社区开展专业服务，大大提高了新社区的入住率。在 2019 年开展问卷调查的时候，Y 镇入住合村并居社区的农民和居住在老村庄的农民人数，差不多各占总人数的一半。因此，选取 Y 镇作为调查对象，可以在新社区和老村庄农民的比较中进行研究。

（二）数据来源

本文的数据来自 Y 镇政府委托河南大学社会工作系朱磊老师所做的"Y镇社情民意调查研究"项目，该项目于 2019 年 11 月 11 日启动，历时半个月。在 Y 镇政府提供的住户名单中通过随机抽样获取调查样本，由河南大学社会工作、公共管理、政治学专业的研究生和本科生作为入户调查员，在村（居）委会工作人员协助下对被访者进行入户面访，问卷由调查员根据被访者的回答情况进行现场填写。调查样本覆盖 Y 镇所有未规划建设的行政村和已建成的合村并居社区，一共回收有效样本 1849 份，其中，来自合村并居社区的样本为 893 份，占 48.30%，来自老村庄的样本占 51.70%，与 Y 镇总体新老社区农民的分布具有较高的一致性。

（三）调查样本的构成

从调查样本的构成来看，男女性别占比差别不大，其中男性占比为 50.06%，女性占比为 49.94%。调查样本的年龄跨度从 19 岁至 84 岁，平均年龄为 47.29 岁。在受教育程度方面，小学及以下文化程度的占比为 32.47%，初中文化程度的占比为 36.62%，高中及以上文化程度占比为 30.91%，整体而

河南蓝皮书·社会

言，调查样本的受教育程度偏低，这也反映了 Y 镇农民受教育程度的基本事实。从婚姻状况来看，婚姻状况为在婚的占比为 93.17%，未婚者占比仅为 4.93%，其他占 1.90%。在政治面貌方面，群众占 80.74%，党员占 19.26%。从工作性质来看，农业占 41.37%，非农占 28.14%，未工作占 30.49%。从收入状况来看，月收入在 1000 元以下占 36.06%，1000~2000 元占 27.76%，2000~3000 元占 16.26%，3000 元以上占 19.91%（见表1）。

表1　样本基本情况统计

变量	分布
性别	男（50.06%）　女（49.94%）
年龄	平均＝47.29 岁　最小值＝19 岁　最大值＝84 岁
受教育程度	小学及以下（32.47%）　初中（36.62%）　高中及以上（30.91%）
婚姻状况	未婚（4.93%）　在婚（93.17%）　其他（1.90%）
政治面貌	群众（80.74%）　党员（19.26%）
工作性质	农业（41.37%）　非农（28.14%）　未工作（30.49%）
月收入	1000 元以下（36.06%）　1000~2000 元（27.76%）　2000~3000 元（16.26%）　3000 元以上（19.91%）

二　Y 镇合村并居社区农民的社会适应状况

（一）经济层面的适应

1. 工作性质逐渐去农业化

在市场经济条件下，工作是赚取收入的基本途径。合村并居改变了农民的居住方式，也深刻地改变了农民的工作性质，因为被腾出来的土地大都进行了规模化的开发。如表2所示，在受访的 956 名老村庄农民中，从事农业工作的占 59.42%，而在合村并居之后的新社区农民中，从事农业工作的比重则为 41.37%。与老村庄的农民相比，合村并居后的新社区农民，从事农业工作的比例减少了 18 个百分点。相应地，与老村庄的农民相比，在合村

214

并居社区农民中，从事非农工作的比例提高了将近 8 个百分点，未工作的农民提高了 10 个百分点。

表2　新老社区农民工作性质的二维交叉

单位：%

目前的工作性质	居住的社区类型	
	老村庄	新社区
农业	59.42	41.37
非农	20.50	28.14
未工作	20.08	30.49
样本数	956	892

2. 收入水平明显下降

工作性质的变化对于 Y 镇合村并居社区农民的收入也有显著的影响。如表3所示，在来自老村庄的农民中，月收入在 1000 元以下的占 30.03%，而在来自合村并居的新社区的农民中，月收入在 1000 元以下的比重则高达 36.06%。与此相对应地，月收入在 4000 元及以上的受访者比重，新社区比老村庄低了将近 5 个百分点。总体来看，随着工作性质的转变，合村并居社区农民的收入水平出现了明显的下降趋势。

表3　新老社区农民工作收入的二维交叉

单位：%

目前的月收入	居住的社区类型	
	老村庄	新社区
1000 元以下	30.03	36.06
1000~2000 元	29.39	27.76
2000~3000 元	15.55	16.26
3000~4000 元	10.01	9.78
4000 元及以上	15.02	10.13
样本数	(939)	(879)

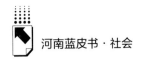

3. 家庭收入结构向非农化倾斜

工作性质的转变在家庭收入结构变迁上也有明显的表现。如表4所示，在来自老村庄的受访者中，以粮食种植收入为家庭主要收入来源的占比为52.44%，而在来自合村并居的新社区农民中，这一比例已经降至45.12%，减少了7个百分点。同样地，在来自老村庄的受访者中，以经济作物、水产养殖收入为家庭主要收入来源的占比为14.98%，而在来自合村并居的新社区农民中，这一比例已降至7.79%，减少了7个百分点。相反，以上班打工收入为家庭主要收入来源的比例，合村并居的新社区农民比老村庄农民高了12个百分点。

表4 新老社区农民家庭主要收入来源的二维交叉

单位：%

家庭主要收入来源	居住的社区类型	
	老村庄	新社区
粮食种植收入	52.44	45.12
经济作物、水产养殖收入	14.98	7.79
上班打工收入	22.69	34.88
政府补贴性收入	2.06	2.67
养老金退休金收入	3.15	4.88
房租、利息、投资分红等收入	0.98	0.81
家人亲友的给予、赠送等收入	1.30	1.74
其他	2.39	2.09
样本数	921	860

4. 家庭收入满意度降低

随着家庭经济来源结构的"非农业化"，Y镇合村并居的新社区农民对家庭收入的满意度明显低于老村庄农民。如表5所示，在来自老村庄的农民中，对于家庭收入表示不满意的比重为19.56%，而在来自合村并居的新社区的农民中，对家庭收入表示不满意的比重则高达24.92%，比老村庄农民高了5个百分点。相应地，对于家庭收入表示满意的受访者比重，合村并居的新社区农民则比老村庄农民低了4个百分点。

表5 新老社区农民家庭收入满意度的二维交叉

单位：%

对家庭收入是否满意	居住的社区类型	
	老村庄	新社区
不满意	19.56	24.92
一般	42.80	41.75
满意	37.64	33.33
样本数	951	891

5. 家庭生活开销的适应性较低

在收入减少的同时，家庭生活开销则随着合村并居之后的社区生活而增大。如表6所示，在884名受访的合村并居社区农民中，仅有一半（49.55%）的受访者对于合村并居之后家庭生活开销表示"适应"（包括"非常适应"和"比较适应"），有两成多的（21.05%）受访者对于新社区生活开销表示"不适应"（包括"比较不适应"和"非常不适应"）。

表6 合村并居社区农民对于家庭生活开销的适应性

单位：次，%

是否适应新社区的生活开销	频次	百分比
非常适应	34	3.85
比较适应	404	45.70
一般适应	260	29.41
比较不适应	149	16.86
非常不适应	37	4.19
合计	884	100.00

综上所述，对于Y镇合村并居社区的农民而言，经济适应性明显减弱。从事非农工作和未工作的人员比重明显增加，但是，这种工作性质的改变并没有明显提高其收入，相反，与老村庄农民相比，合村并居社区农民的工作

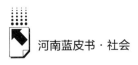

收入明显降低。同时，随着家庭开销的增大，合村并居社区农民对于家庭收入的满意度也有一定程度的降低。

（二）生活方式层面的适应

1. 七成多合村并居社区农民认为生活变化大

合村并居之后，居住在新社区的农民，在生活方式方面发生了明显的变化。如表7所示，在受访的合村并居社区农民中，有10.16%的受访者认为生活变化"非常大"，还有64.33%的受访者认为生活变化"比较大"，一共有74.49%的合村并居社区农民认为新社区的生活比老村庄有较大的变化。认为生活变化"非常小"和"比较小"的受访者只占调查样本的4.74%。

表7　合村并居社区农民对于生活变化的感知

单位：次，%

与老村庄相比，新社区生活变化大吗	频次	百分比
非常小	9	1.02
比较小	33	3.72
一般	184	20.77
比较大	570	64.33
非常大	90	10.16
合计	886	100.00

2. 七成多合村并居社区农民能够适应新社区的生活方式

合村并居社区和原来的老村庄，不仅仅是地理空间上的差异，而且代表着两种极为不同的生活方式。如表8所示，在886名受访的合村并居社区农民中，有5.64%的受访者对于新社区的生活方式表示"非常适应"，还有66.59%的受访者对于新社区的生活方式表示"比较适应"，共有72.23%的合村并居社区农民能够适应新社区的生活方式。对于新社区生活方式表示"非常不适应"和"比较不适应"的受访者只占调查样本的4.40%。调查结果表明，大多数农民在搬迁至合村并居社区之后，表现出对新社区生活方式的较强适应性。

表8　合村并居社区农民对于新社区生活方式的适应程度

单位：次，%

是否适应新社区的生活方式	频次	百分比
非常适应	50	5.64
比较适应	590	66.59
一般适应	207	23.36
比较不适应	36	4.06
非常不适应	3	0.34
合计	886	100.00

3.六成多合村并居社区农民对于新社区感到满意

对于新社区生活方式的适应性还可以从农民的居住满意度层面来反映，如果农民对于居住在新社区感到满意，则表明其对于新社区的生活方式有较好的适应性。如表9所示，在受访的882名合村并居社区农民中，有7.71%的受访者对居住在新社区感到"非常满意"，还有56.35%的受访者对新社区感到"比较满意"，一共有64.06%的合村并居社区农民对居住在新社区感到满意。对居住在新社区感到"非常不满意"和"比较不满意"的受访者仅占调查样本的5.10%。

表9　合村并居社区农民对于新社区的满意度

单位：次，%

对居住新社区的满意程度	频次	百分比
非常不满意	10	1.13
比较不满意	35	3.97
一般	272	30.84
比较满意	497	56.35
非常满意	68	7.71
合计	882	100.00

4. 合村并居之后社区生活各方面的改善程度

合村并居在诸多方面改善了农民的生活。如表 10 所示，有 68.6% 的受访农民表示，合村并居之后，社区的环境清洁卫生得到明显改善，是所列选项中选择比例最高的一项。这主要是因为在合村并居之后的新社区，当地政府统一引进品牌物业公司，社区环境卫生比原来的老村庄有极大的改善。其次是社会治安管理，有 63.6% 的受访者认为社会治安管理与老村庄相比有明显改善。除此之外，购物以及教育、上学条件和交通出行，也有较多的受访者选择。

表 10　合村并居社区农民对于新社区生活各方面改善程度的认知

单位：%

新社区生活的内容	认为比老村庄有明显改善的受访者比重
环境清洁卫生	68.6
社会治安管理	63.6
购物	62.5
教育、上学条件	62.2
交通出行	60.5
文化、休闲娱乐活动	57.8
健身、体育设施	56.2
看病就医	55.8
同村邻里之间互帮互助	55.1
村里/社区举办集体活动	54.0
人际交往	53.6
办证、办手续、开证明等	52.0
红白喜事、孝善等社会风气	50.0
找工作、就业的机会	36.2
家庭经济收入	34.7

5. 对合村并居社区生活各方面的适应程度

合村并居之后的新社区代表一种完全不同的生活方式。本次调查选取了与 Y 镇合村并居社区农民日常生活最为密切的 8 个方面，结果显示，Y 镇合村并居社区农民在新社区生活方式的适应方面存在明显差异。如表11所示，受访者对于"个人和家庭的卫生习惯""人际交往的方式、时间、地点""新型社区的位置和周边环境"等具有较高的适应性。而对于"入住以后的生活开销花费""入住以后的经济收入来源""工具、物品、车辆的存放"等方面，则适应性偏低。

表11 合村并居社区农民对于新社区生活方式的适应程度

单位：%

新社区生活方式的内容	认为适应的受访者比重
个人和家庭的卫生习惯	77.42
人际交往的方式、时间、地点	72.24
新型社区的位置和周边环境	71.03
家庭楼层户型、楼房布局	66.89
工作/劳动/务农	61.11
工具、物品、车辆的存放	58.51
入住以后的经济收入来源	53.05
入住以后的生活开销花费	49.55

6.居住满意度明显提升

在没有实施合村并居之前，Y镇农民的家庭住房都是单门独院，以砖混结构的平房为主，有一层的，也有二层和三层的。合村并居之后，农民都住上了高层住宅。居住方式的大变化对于Y镇农民的生活适应是一个巨大挑战。但从本次的调查来看，Y镇合村并居的新社区农民对于居住的满意度较高。如表12所示，在受访的892名合村并居的新社区农民中，有67.04%的受访者对于新社区的住房感到满意（包括"很满意"和"满意"）。而在来自老村庄的受访者中，有58.45%的农民对家庭住房条件感到"满意"或"很满意"，合村并居的新社区农民的居住满意度高出老村庄农民9个百分点。结果表明，Y镇农民在"上楼"之后，绝大多数家庭的住房条件得到了改善，在居住方面的适应性较高。

表 12　新老社区农民家庭居住条件满意度的二维交叉

单位：%

住房满意度	居住的社区类型	
	老村庄	新社区
很不满意	2.31	2.80
不满意	9.23	6.61
一般	30.01	23.54
满意	53.73	60.54
很满意	4.72	6.50
样本数	953	892

7. 人际关系适应性有待提升

合村并居之后，Y 镇农民原来的邻里关系被新的空间格局阻断了，从原来的熟人社会变成了一定程度上的陌生人社会，需要重新构建自己的邻里圈、朋友圈。如表 13 所示，在受访的 874 名合村并居社区农民中，有 60.18% 的受访者表示入住新社区之后结识了新朋友，但也有近四成的受访者表示没有结识新朋友。调查结果表明，合村并居之后的新社区农民，在拓展新的社会关系方面仍有较大的惰性，人际关系方面的适应性有待进一步提升。

表 13　合村并居社区农民结识新朋友情况

单位：次，%

入住新社区后是否结识新朋友	频率	百分比
有	526	60.18
没有	348	39.82
合计	874	100.00

综上所述，在合村并居之后，Y 镇政府对于新社区的公共服务的大力投入，大大改善了新社区农民在环境清洁卫生，社会治安管理，购物，教育、上学条件，交通出行等方面的便利性，使得大多数合村并居社区农民对于入

住新社区感到满意，对于新社区的生活方式表现出较高的适应性。但是，在人际关系的适应方面，部分农民表现出一定程度的惰性，社会交往圈并没有因社区人口的聚集而扩大，邻里互帮互助情况有一定减弱。

（三）心理层面的社会适应

1. 过半数合村并居社区农民对新社区有较强的归属感

社区归属感是一种深层的心理适应，即将自身看成是社区大家庭中的一分子，具有强烈的"我们"意识。如表 14 所示，在受访的 884 名合村并居社区农民中，有 26.02% 的受访者对新社区"经常有"大家庭的感觉，有 27.38% 的受访者对新社区"有时有"大家庭的感觉，一共有 53.4% 的农民对新社区有较强的心理归属感。但同时，有 26.81% 的受访者对新社区"偶尔有"大家庭的感觉，还有 19.80% 的受访者对新社区"几乎没有"大家庭的感觉。

表 14 对于新社区的归属感

单位：次，%

对新社区是否有大家庭的感觉	频次	百分比
经常有	230	26.02
有时有	242	27.38
偶尔有	237	26.81
几乎没有	175	19.80
合计	884	100.00

2. 合村并居社区农民的永久定居意愿略低于老村庄农民

社区归属感还可以从农民是否具有永久定居意愿来反映。社区归属感强的农民，一般是不会轻易考虑搬迁至其他地方居住的。如表 15 所示，在来自老村庄的农民中，有 58.64% 的受访者表示未来还住在本村，而在来自合村并居的新社区的农民中，则有 54.20% 的受访者表示未来还住在本社区，永久定居意愿比老村庄农民少了 4 个百分点。结果表明，

Y镇合村并居社区还缺乏足够的社区黏性来强化入住农民的永久定居意愿。

表15　新老社区农民未来定居意向的二维交叉表

单位：%

未来更倾向于居住在	居住的社区类型	
	老村庄	新社区
还住在本村（社区）	58.64	54.20
去镇上更好的社区	20.15	13.07
去县城	7.57	10.23
去城市市区	4.80	9.09
没想法	8.85	13.41
样本数	938	880

3.合村并居社区农民的公共参与少于老村庄农民

社区归属感外化为公共参与的行为，主要反映在社区居民对于社区公共事务的参与上。如表16所示，在来自老村庄的受访者中，参加村委会换届选举投票、参加本村公共事务的讨论会、向村两委提意见或建议、参加社区公益活动的比例明显高于来自合村并居的新社区的农民。结果表明，Y镇合村并居社区的农民，虽然在生活方式上对于新社区有较强的适应性，但是在心理层面的适应，尤其是在社区公共事务的参与上，明显低于老村庄的农民。

表16　新老社区农民社区参与情况的二维交叉

单位：%

社区参与的内容	居住的社区类型	
	老村庄	新社区
参加村委会换届选举投票	72.67	56.22
参加本村公共事务的讨论会	38.74	30.01
向村两委提意见或建议	26.36	22.62
参加社区公益活动	25.52	20.31

4. 六成合村并居社区农民仍然认同农村人身份

客观上讲，合村并居社区已经与原来的农村社区非常不同，它更接近于城镇社区。相应地，合村并居社区农民的身份认同应该逐渐地从农民向市民转变。但是，本次调查显示，仍然有六成的合村并居社区农民认为自己是农村人。如表17所示，在受访的881名合村并居社区农民中，有61.07%的受访者认为自己是"农村人"，还有24.97%的受访者觉得自己是"半农村人、半城里人"，有6.70%的受访者说不清自己是农村人还是城里人，明确表示自己是"城里人"的受访者只占调查样本的7.26%。这种对农村人身份的依恋式认同表明，Y镇合村并居社区农民在心理层面对于新社区的低度适应状况。

表17　Y镇合村并居社区农民的身份认同

单位：次，%

感觉是农村人还是城里人	频率	百分比
农村人	538	61.07
城里人	64	7.26
半农村人、半城里人	220	24.97
说不清	59	6.70
合计	881	100.00

5. 受教育程度越低的农民越认同农村人身份

Y镇合村并居社区农民的身份认同，与受教育程度之间存在较强的相关性。如表18所示，在小学及以下受教育程度的农民中，感觉自己是"农村人"的比重为71.58%，而在初中受教育程度的农民中，感觉自己是"农村人"的比例则为59.75%，在受教育程度为高中及以上的农民中，感觉自己是"农村人"的比例最低，为51.65%。随着受教育程度的提高，认同"农村人"身份的比例在逐渐减少。

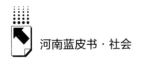

表18　不同受教育程度下 Y 镇合村并居社区农民的身份认同比较

单位：%

感觉是农村人还是城里人	教育程度		
	小学及以下	初中	高中及以上
农村人	71.58	59.75	51.65
城里人	7.37	6.81	7.69
半农村人、半城里人	17.54	24.15	33.70
说不清	3.51	9.29	6.96
样本数	258	323	273

综上所述，Y 镇农民对于合村并居社区的心理适应仍然存在诸多不足的地方。首先，部分农民对于社区的归属感不强，永久定居的意愿低于老村庄的农民，对于新社区公共事务的参与也明显不如老村庄的农民。其次，有六成农民对于自己的身份认同仍然停留在"农村人"的阶段，尤其是女性居民和受教育程度较低的居民，有更高比例的农村人身份认同。总体来说，相对于生活方式的较高适应性，Y 镇农民对合村并居社区的心理适应仍然显著不足。

三　Y 镇合村并居社区农民社会适应性的影响因素分析

（一）合村并居社区农民社会适应程度的测量

1. Y 镇合村并居社区农民社会适应的内容

社会适应指的是社会个体与其所处环境建立起友好关系的过程或状态。由于不同的个体所处的社会环境不同，其所要适应的内容也存在差异。对于 Y 镇合村并居社区的农民而言，他们搬离了原来的老村庄，来到一个距离老村庄不远的新社区。与老村庄的环境相比，新社区的环境对于农民而言是一个全新的环境，需要农民们在长期的日常生活中逐渐与其建立起友好的关系。

结合研究团队的实地调研，本研究认为，Y 镇合村并居社区农民对于新社区环境的适应主要包括以下九个方面：新型社区的位置和周边环境；家庭楼层户型、楼房布局；个人和家庭的卫生习惯；人际交往的方式、时间、地点；工作/劳动/务农；工具、物品、车辆的存放；入住以后的经济收入来源；入住以后的生活开销花费；生活方式适应程度。

2. Y 镇合村并居社区农民社会适应程度的测量方法

前述九个方面的社会适应内容，基本上涵盖 Y 镇合村并居社区农民在面临新社区环境时需要适应的全部内容。为了测量 Y 镇合村并居社区农民的社会适应程度，本研究在设计问卷时对每一个社会适应的内容，都设置了"非常适应"、"比较适应"、"一般适应"、"比较不适应"和"非常不适应"五个选项，分别赋值 5 分、4 分、3 分、2 分、1 分。本文通过因子分析法构建 9 个变量的公因子得分，作为衡量 Y 镇合村并居社区农民社会适应程度的指标。

因子分析要求各变量之间具有高度的相关性，毫不相干的变量之间无法获得有较高解释力的公因子。为此，在进行因子分析之前，进行 KMO 检验是非常必要的。通过 Stata 12.0 统计软件计算得出，前述 9 个社会适应变量的 KMO 值为 0.9045，Bartlett's 球形检验对应的 p 值为 0.00。两种方法的检验结果都说明这 9 个社会适应变量之间具有高度的相关性，适合做因子分析。如表 19 所示，对于 9 个社会适应程度的变量，运用主因子法提取出一个特征值大于 1 的公因子。而且，这一个公因子能够解释 9 个社会适应变量总方差的 94.66%（见表 19）。

表 19 主因子法提取的公因子情况统计

公因子	特征值	差异	比例	累计方差
Factor1	4.95172	4.35213	0.9466	0.9466
Factor2	0.59959	0.46936	0.1146	1.0612
Factor3	0.13023	0.10088	0.0249	1.0861
Factor4	0.02935	0.04045	0.0056	1.0917
Factor5	-0.0111	0.06413	-0.0021	1.0896
Factor6	-0.07523	0.03637	-0.0144	1.0752

公因子	特征值	差异	比例	累计方差
Factor7	−0.1116	0.02136	−0.0213	1.0539
Factor8	−0.13296	0.01581	−0.0254	1.0284
Factor9	−0.14877		−0.0284	1.0000

如表 20 所示，运用主因子法提取的一个公因子，在 9 个社会适应程度变量上均有较高的因子荷载值。而且，9 个社会适应程度变量在公因子上的共同度都在 0.3 以上，最高的是生活方式适应程度，达到 0.6074，没有出现明显偏低的共同度。因此，我们将第一个公因子的得分保存下来，为了便于比较，将其值乘以 100 之后，作为 Y 镇合村并居社区农民对新社区社会适应程度的测量指标。

表 20　公因子在各变量上的因子荷载和共同度

变量	因子荷载	共同度
新型社区的位置和周边环境	0.7691	0.3208
家庭楼层户型、楼房布局	0.796	0.3962
个人和家庭的卫生习惯	0.6866	0.4460
人际交往的方式、时间、地点	0.7801	0.3507
工作/劳动/务农	0.7573	0.3616
工具、物品、车辆的存放	0.7021	0.4211
入住以后的经济收入来源	0.7675	0.3529
入住以后的生活开销花费	0.7858	0.3324
生活方式适应程度	0.6114	0.6074

（二）研究假设及变量的操作化

1. 研究假设

（1）资源获得与社会适应

塔尔科特·帕森斯的 AGIL 模型认为，任何系统都必须满足四项基本功能需求，即适应（Adaptation）、目标（Goal）、整合（Integration）和维模

（Latency pattern maintenance）。中国农村社会正由封闭走向开放，资源也相应增加，人们获取资源的渠道也不再局限于家庭、邻里和村落社群。可持续生活来源、产业发展与就业都是影响农民适应性的资源因素，资源获得是农民维持生活的物质基础和前提条件。因此，本研究假设，农民的资源获得能力会影响其社会适应性，资源获得能力越强的农民，社会适应性越强。

（2）社会支持与社会适应

资源获得是失地农民市民化的物质条件，社会支持是失地农民市民化的制度保障，社会适应是联结资源获得和社会支持系统因素的中间变量。[①] 合村并居社区农民在入住新社区之后，原来的社会支持网络被打乱了，需要重建新的社会支持系统，以适应新的社区生活模式。因此，本研究假设，合村并居社区农民的社会支持影响其社会适应性，社会支持越多的农民，社会适应性越强。

（3）积极心理与社会适应

积极心理学的研究表明，增进社区居民积极情绪体验是一种简单且行之有效的方法，它不仅能有效预防社区民众出现心理问题，提高民众的社会适应能力，而且能高效化解社区民众的各种生活矛盾，改善社区民众的行为方式，最终达到可持续地改善民众生活幸福感的目的。[②] 付志浩等基于山东省泗水县潘家庄村的调查指出，失地农民要积极调整心态，正确看待身份转换以及文化变迁问题，以提高社会适应水平。[③] 因此，本研究假设，合村并居社区农民的积极心理影响其社会适应性，积极心理越强的农民，社会适应性也越强。

2. 变量的操作化

（1）控制变量

为了将基本的人口学变量控制起来检验上述三个研究假设，本研究将受

---

① 杨磊：《资源、支持与适应：失地农民市民化的影响因素研究——基于多样本的扎根理论分析》，《华中科技大学学报》（社会科学版）2016 年第 2 期。

② 任俊、周频：《积极情绪增进与社区民众心理健康》，《中国农业大学学报》（社会科学版）2010 年第 2 期。

③ 付志浩、张磊、李晗锦：《失地农民社会关系变迁及其社会适应问题研究——基于对山东省泗水县潘家庄村的调查》，《南阳理工学院学报》2017 年第 1 期。

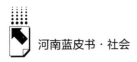

访者的性别、年龄、受教育程度、健康状况作为控制变量。将性别变量中的男性赋值为"1"，女性赋值为"2"；将受教育程度变量中的小学及以下赋值为"1"，初中赋值为"2"，高中及以上赋值为"3"；将健康状况变量重新编码为"良好"（赋值为 2）和"差"（赋值为 1）。

（2）自变量

为测量 Y 镇合村并居社区农民的资源获得能力。本研究从工作机会变化、家庭经济改善程度、能否获取所需资源三个指标进行测量。其中，工作机会变化变量："工作机会变小"（赋值为 1）、"工作机会没变"（赋值为 2）和"工作机会变大"（赋值为 3）。家庭经济改善程度变量："家庭经济改善程度很小"（赋值为 1）、"家庭经济改善程度一般"（赋值为 2）和"家庭经济改善程度很大"（赋值为 3）。能否获取所需资源变量："不能获取所需资源"（赋值为 1）、"部分能获取所需资源"（赋值为 2）和"完全能获取所需资源"（赋值为 3）。

为测量 Y 镇合村并居社区农民的社会支持能力和状况。本研究从邻里互助、人际交往两个指标予以反映。其中，邻里互助变量："邻里互助一般"（赋值为 1）、"邻里互助较多"（赋值为 2）和"邻里互助很多"（赋值为 3）。人际交往变量："人际交往少"（赋值为 1）、"人际交往多"（赋值为 2）。

为测量 Y 镇合村并居社区农民的积极心理能力和状况。本研究从身份认同、邻里是否能够信任和是否参加过社区公益活动三个指标予以测量和反映。其中，身份认同变量："农村人"（赋值为 1）、"非农村人"（赋值为 2）。邻里是否能够信任变量："邻里不信任"（赋值为 1）、"邻里信任"（赋值为 2）。是否参加过社区公益活动变量："没有参加过社区公益活动"（赋值为 1）和"参加过社区公益活动"（赋值为 2）。

（三）模型建构及其结果分析

1. 模型建构

为探究影响 Y 镇合村并居社区农民的社会适应性的影响因素，本研究以前述计算的社会适应程度作为因变量，采用一般多元线性回归模型，将性别、年龄、受教育程度、健康状况等基础变量在加以统计控制的基础上，重点分析 Y 镇合村并居社区农民的资源获取、社会支持和积极心理对于因变量社会适应程度的影响关系。模型的数学表达式如下：

$$y = b_0 + b_1 x_1 + b_2 x_2 + b_3 x_3 + \cdots + b_n x_n + e \qquad (式1)$$

在式 1 中，y 为因变量，即社会适应程度得分，b_0 为常数项，代表所有自变量都为 0 是因变量所对应的基础水平，b_1、b_2、b_3、b_n 为偏回归系数，代表在其他自变量取值相同的情况下，特定自变量变化一个单位时因变量的平均变化量。e 为抽样误差项。

2. 模型结果分析

根据以上思路，利用 Stata 12.0 统计软件做出的多元线性回归分析结果如表 21 所示。在模型 I 中，只加入了性别、年龄、受教育程度和健康状况四个控制变量。结果表明，Y 镇合村并居社区农民中，女性农民的社会适应程度明显低于男性农民，年龄越大，社会适应程度越高，但从后续的模型来看，年龄、受教育程度对于合村并居社区农民社会适应性的影响不甚稳定。健康状况对于合村并居社区农民的社会适应性具有显著的正向影响，健康状况良好的社区农民，比健康状况差的社区农民有较强的社会适应性。整体来看，模型 I 的解释力很弱，方程的确定系数只有 0.045，说明基本的人口学变量，还不能够很好地解释合村并居社区农民的社会适应性差异。

模型 II 在模型 I 的基础上加入了工作机会变化、家庭经济改善程度和能否获取所需资源三个反映资源获得能力的自变量，结果表明，方程的解释力显著提高，确定系数从原来的 0.045 提高到 0.313。具体而言，合村并居之后，工作机会变大的农民，相比工作机会变小的农民具有更强的社会适应性。家庭经济改善程度很大的农民，相比家庭经济改善很小的农民具有更强的社会适应性。能够获取所需资源的农民，相比那些不能够获取所需资源的农民具有更强的社会适应性。统计说明表明，前述有关资源获得影响合村并居社区农民社会适应性的研究假设得到了经验证据的支持。

表21　因变量为社会适应程度的OLS线性回归

自变量	模型Ⅰ	模型Ⅱ	模型Ⅲ	模型Ⅳ
性别(男=1)	-12.60*	-11.14**	-0.0654	-0.0482
	-6.654	-5.647	-0.0547	-0.0549
年龄	0.670***	0.225	0.00107	0.000629
	-0.244	-0.209	-0.00203	-0.00203
受教育程度(小学及以下=1)				
初中	11.15	6.941	0.0456	0.0312
	-8.411	-7.163	-0.0689	-0.069
高中及以上	22.47**	9.674	0.076	0.0429
	-9.198	-7.849	-0.076	-0.0776
健康状况(差=1)	31.31***	20.07***	0.145***	0.132**
	-6.439	-5.496	-0.0533	-0.0533
工作机会变化(变小=1)				
没变		27.22***	0.244***	0.239**
		-9.747	-0.0942	-0.094
变大		55.27***	0.404***	0.379***
		-11.78	-0.116	-0.117
家庭经济改善程度(很小=1)				
一般		17.21*	0.171*	0.172*
		-9.843	-0.0955	-0.0951
很大		56.56***	0.501***	0.493***
		-12.05	-0.118	-0.117
能否获取所需资源(不能=1)				
部分能		39.61***	0.331***	0.312***
		-6.217	-0.0605	-0.0606
完全能		38.85***	0.293***	0.264***
		-8.816	-0.0861	-0.0862
邻里互助(一般=1)				
较多			0.456***	0.252**
			-0.0947	-0.123
很多			0.821***	0.604***
			-0.114	-0.14
人际交往(少=1)			0.223***	0.212***
			-0.0658	-0.0656

续表

自变量	模型 I	模型 II	模型 III	模型 IV
身份认同（农村人＝1）				0.0792
				-0.0559
是否参加过社区公益活动（否＝1）				0.0913
				-0.0653
邻里是否能够信任（否＝1）				0.278 **
				-0.108
常数项	-50.83 ***	-59.92 ***	-1.061 ***	-1.128 ***
	-16.75	-15.79	-0.171	-0.172
样本数	858	844	842	842
R-squared	0.045	0.313	0.369	0.377

注: *** $p<0.01$, ** $p<0.05$, * $p<0.1$。

模型III在模型II的基础上又加入了邻里互助和人际交往两个反映社会支持状况的自变量。结果表明，方程的解释力又有明显的提高，确定系数从0.313提升至0.369。具体而言，认为邻里互助"较多"和"很多"的农民，相比那些认为邻里互助"一般"的农民具有更强的社会适应性。邻里之间人际交往多的农民，相比那些人际交往少的农民具有更强的社会适应性。说明前述有关社会支持影响合村并居社区农民社会适应性的研究假设得到了证实。

模型IV在模型III的基础上加入了身份认同、邻里是否能够信任和是否参加过社区公益活动三个反映积极心理的自变量，方程的解释力又有一定程度的提高，确定系数从0.369提升至0.377。但结果显示，身份认同和是否参加过社区公益活动变量对于因变量的影响，不具有统计意义上的显著性，唯有邻里是否能够信任变量，那些认为邻里之间能够信任的新社区农民，相比那些认为邻里之间不能信任的农民具有更强的社会适应性。结果表明，前述有关积极心理影响合村并居社区农民社会适应性的研究假设仅仅得到了部分的证实。

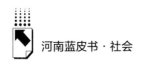

四 提升河南省合村并居社区农民社会适应性的政策建议

（一）通过高质量的公共服务提升合村并居社区的入住率

目前，河南省部分合村并居社区仍然存在入住率不高的问题。Y镇的案例表明，通过优化和完善合村并居社区的公共服务体系，提升社区服务的质量和水平，大多数农民还是愿意搬进新社区居住的。在Y镇的调查发现，很多仍然待在老村庄的农民非常希望入住合村并居社区，这其中的主要原因是新建成的合村并居社区，有完善的配套服务，上学、就医、出行、购物等都比老村庄方便许多，而且，新社区的环境、卫生、治安等也比老村庄好很多，这些高质量的公共服务成为Y镇合村并居社区的最大吸引力，是入住率高的主要原因。根据Y镇的经验，首先，要围绕居民的日常生活，完善道路、学校、医院、银行、商超等各种配套的硬件设施；其次，通过购买的方式，引进品牌物业公司，提高物业服务的质量；最后，引导社会组织进驻社区，为合村并居社区农民提供专业化的社会服务。

（二）着力提升合村并居社区农民的经济适应能力

按照唯物主义的观点，在经济、生活方式和心理三个层面的社会适应中，经济层面的适应具有基础性的作用，深刻影响着生活方式和心理层面的社会适应。通过对Y镇合村并居社区农民的调查发现，Y镇合村并居社区农民在经济层面的适应能力较低，随着工作性质的去农业化，家庭收入出现明显降低的趋势，加之家庭开支的提高，经济压力明显高于老村庄的农民。因此，提高合村并居社区农民的经济适应能力，应该作为河南省合村并居社区建设的重要着力点。首先，创新体制机制，提升合村并居之后节约出来的集体土地的市场收益，改变过去买断式的土地出让形式，提倡以长期租赁的形式，为合村并居社区农民家庭提供长期的集体收益。其次，推进集体收益分配体制改革，通过公开、公正、公平、参与、民主的方式，提高集体收益分配的公平性，强化集体收益分配向社区低收入群体倾斜，引导合村并居社区逐渐迈向共同富裕。再次，通过专项技能培训，提升合村并居社区农民的就业能力和就业质量，提升合村并居社区农民的资源获得能力。最后，构建合村并居社区农民的社会互助体系，在专业社会组织的引导下，壮大社区志愿者队伍，重新恢复传统自然村落所具有的邻里互助传统。

（三）培育合村并居社区积极向上的社区文化

与老村庄相比，合村并居社区最缺乏的就是文化。通过对 Y 镇合村并居社区农民的调查发现，心理层面的适应远低于生活方式层面的适应，心理层面的适应主要依靠社区文化的滋养。因此，对于河南省的合村并居社区而言，文化建设是社区建设的重点领域。首先，建设完善的公共文化服务设施，如社区图书室、社区电影院、社区棋牌室、社区运动场等文化场馆，为合村并居社区农民的文化生活提供空间支持。其次，挖掘社区内部资源，组建多元化的社区文艺队伍，开展丰富多彩的社区文化活动，活跃社区文化氛围。再次，通过公开征集等方式，开展社区文化标识制作活动，为合村并居社区赋予不同的社会意义，以积极向上的意义引导居民的行为。最后，开展有益于心理健康的休闲娱乐活动，提高居民的主观幸福感。积极开展家庭心理咨询，促进家庭成员之间的交流和沟通，建立良好的亲子关系，形成温馨和谐的家庭环境。

（四）引导合村并居社区农民的现代化转型

合村并居社区的建设，是新型城镇化过程中的重要内容，其目的在于引导农民的现代化转型。但是，通过对 Y 镇合村并居社区农民的调查发现，大多数新社区的农民仍然固守"农村人"的身份认同，没有从观念和行为上实现向现代新型农民的转变，这不利于合村并居社区的长远发展。因此，河南省合村并居社区的建设，需要加强引导，积极促进社区农民向现代化新型农民转变。首先，坚持开放、共享的社区建设新理念，将积极健康的现代

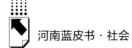

文化元素吸收进社区建设的各个层面，引导社区居民自觉接受现代文化的熏陶和洗礼，培养现代文化理性、务实、进取的优秀品质。其次，构建学习型社区，引导合村并居社区农民参加多种类型的现代知识学习活动，打造社区讲堂，定期邀请各行各业的专业人士开设知识讲座，丰富社区农民的科学文化知识。最后，以社会主义核心价值观教育活动为抓手，以新时代文明实践中心为阵地，大力展开文明社区建设，培养合村并居社区农民的现代化意识和现代化素质。

参考文献

唐雪凤、冷笑飞：《村庄合并的政治、社会后果分析：以湖南省 AH 县为研究个案》，《社会主义研究》2010 年第 6 期。

杨磊：《资源、支持与适应：失地农民市民化的影响因素研究——基于多样本的扎根理论分析》，《华中科技大学学报》（社会科学版）2016 年第 2 期。

张春兰、贾舞阳、李敏丽、陈森蔚：《迁村并居村民的社区适应性研究——基于河南省中部地区的调查》，《郑州轻工业学院学报》（社会科学版）2014 年第 5 期。

B.17
构建基层智慧治理体系的
实践与路径探讨*
——基于河南省郑州市的分析

潘艳艳**

摘　要： 基层智慧治理是信息技术嵌入基层治理而形成的一种新治理模式，正在加速实现对传统治理模式的更替。利用信息技术为基层治理赋能增效，已成为提高政府科学决策水平、促进多元主体协同共治、回应公共服务的多层次需求的重要手段。近年来，郑州市将信息技术嵌入数字政府建设、平安郑州建设、社区疫情防控等重要领域，形成了卓有成效的智慧治理实践。但也面临对技术属性存在认识误区、制度改革滞后于技术应用、数据开放和利用的深度不足、"硬件"和"软件"的制约等问题。构建基层智慧治理体系，应以民生需求为导向，以技术赋能为路径，融入全新治理理念，构建形成系统高效、纵横贯通、开放共享、运行规范的基层治理结构，促进基层治理在与技术耦合过程中走向善治。

关键词： 基层治理　智慧治理　信息技术　郑州市

基层治理是国家治理体系的基石和"最后一公里"，在国家治理体系和

* 本文受河南省哲学社会科学规划项目"大数据时代社区智慧治理模式研究"（2021CSH030）、河南省社会科学院2022年基本科研费项目"信息技术推动基层治理智慧化的路径研究"（2022E19）的支持。
** 潘艳艳，河南省社会科学院人口与社会发展研究所助理研究员，主要研究方向为社会治理。

治理能力现代化建设中占据着举足轻重的位置，如何实现基层有效治理一直是社会治理领域的重要议题。2021年，《中共中央 国务院关于加强基层治理体系和治理能力现代化建设的意见》明确提出要"加强基层智慧治理能力建设"，从顶层设计的角度对基层治理提出了新要求。近些年来，大数据、物联网、云计算、人工智能等新一代信息技术飞速发展，对人们的经济生活实现了全方面的渗透，也催化了基层治理体系的深层次变革。基层智慧治理作为信息技术嵌入基层治理而形成的一种新治理模式，正在加速对传统行政控制性治理模式的更新和替代。新形势下，如何充分发挥信息技术的优势作用，促进信息技术与基层治理体系的深度融合，构建科学、高效、协同、共享的基层智慧治理体系，进而提高基层治理的智慧化、现代化水平是当前政府部门和学术界关注的热点问题，也是本研究的意旨所在。

一 信息技术为基层治理赋能增效

在信息技术飞速发展的新时代，基层治理面临许多前所未有的问题和挑战，传统基层治理模式的弊端日渐凸显。在基层治理体系中引入信息技术要素，开展基层智慧治理实践，使信息技术成为减轻基层治理成本、提高基层治理效能、规避基层治理风险的主要手段，是当前基层治理创新的必然选择和显著特征。

（一）信息技术能够提高基层政府决策的科学化水平

政府治理现代化是国家治理现代化的重要内容。长期以来，对数据信息的获取和分析能力是政府职能水平的重要体现，也是基层政府制定公共政策的基础，以往这些数据信息通常是经验式、碎片化的，不可避免地会存在"信息盲区"，信息的真实性和客观性也有一定的存疑。近年来，随着大数据、物联网等信息技术的发展成熟，基层政府获取数据信息的便利性、全面性、精确性大大提高。第一，信息技术广覆盖的特性让基层政府通过收集汇总，能够最大限度地掌握有效数据，进而对基层治理中产生的社会问题、社会现象形成全面、细致、客观的认识，确保政府决策的针对性、现实性和科学性。第二，数据信息始终处于更新变化过程中，基层政府通过信息技术可以实现对数据信息的即时分析和动态预测，从而对社会问题的现状特征、发展趋势等因素进行预见性、前瞻性的分析，并以此来调整和优化公共政策，确保公共政策符合经济社会发展的需求变化。第三，通过信息技术可以建立政府不同层级、不同部门之间的数据共享平台，打破各自为政的"信息壁垒"，推动条块分割式的治理结构向扁平化的治理结构转变，实现政府在政策、资金、人力、物力等方面的资源整合和科学配置，进而提升基层政府的综合治理能力。

（二）信息技术能够促进多元主体协同共治

谈社会治理必言多元共治，多元主体协同共治是当前社会治理的理想样态。从党的十九大提出"加强社区治理体系建设，推动社会治理重心向基层下移，发挥社会组织作用，实现政府治理和社会调节、居民自治良性互动"，到党的十九届四中全会提出"坚持和完善共建共治共享的社会治理制度，构建基层治理新格局"，再到党的十九届五中全会提出"建设人人有责、人人尽责、人人享有的社会治理共同体，积极引导社会力量参与基层治理"，基层治理在社会治理体系中的位置不断被提到新的高度，市场主体、社会组织、社会公众等主体在基层治理体系中的角色作用也得到不断彰显。在基层治理由政府一元管理向多元共治转型的过程中，信息技术的应用为各类主体融入基层治理格局创造了条件。一方面，信息技术具有的去中心化和强链接性与多元共治的治理理念有天然的亲和性，通过建立信息化平台能够将社会组织、企业等主体纳入基层治理体系中，推动主体之间的联通互动，在社会治理资源的整合、流动、共享中构建形成更加稳固立体的基层治理结构。另一方面，信息技术的发展使得数据信息的收集、处理、传递能打破时间和空间的限制，这也就为不同主体通过线上线下双向渠道有效参与基层治理提供了可能，进而有利于提高基层治理的多元主体协同性。

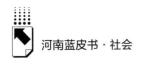

（三）信息技术能够有效回应公共服务的多层次需求

党的十八大以来，随着经济社会的快速发展和人民物质生活水平的普遍提高，人民群众对更加美好生活的需求趋于多样化、层次化，但日益增长的公共服务需求与供给不充分不均衡的矛盾张力却日渐突出，如何回应和满足群众诉求，提高为民服务水平是基层治理面临的难题之一。不同于以往群众诉求依靠政府自上而下进行运动性、暂时性的征集，信息技术的发展进步为群众需求自下而上反馈拓宽了渠道，也为服务需求与资源供给精准对接搭建了平台。一方面，基层政府可以依托信息技术对群众诉求的大数据进行收集汇总，分析研判出群众急愁难盼的民生问题，通过完善公共服务政策，加大政府投入力度，满足绝大多数群众的公共服务需求。另一方面，通过建立信息化平台能够实现数据共建共享，可以链接社会组织、企业等社会力量的有效资源，弥补公共服务政策刚性供给的不足，不断丰富公共服务供给的形式和内容，回应特殊群体、特殊区域的差异化需求。

二　信息技术助力基层智慧治理的郑州实践

郑州市是河南省省会城市，也是国家中心城市，在中原城市群建设中占据着核心位置。近些年来，郑州市顺应信息技术蓬勃发展的时代潮流，大力推进智慧城市建设，将信息技术嵌入基层政府转型、基层秩序维护、公共服务供给、社区疫情防控等领域，形成了卓有成效的智慧治理实践。

（一）数字政府建设

大数据、物联网、区块链、云计算等新一代信息技术的广泛应用改变了社会运行方式，也驱动着政府治理方式发生深刻变革。国家"十四五"规划提出"加强数字社会、数字政府建设，提升公共服务、社会治理等数字化智能化水平"。在我国加速迈进数字化发展的新阶段，全面推进数字政府建设是转变政府职能、优化政府决策方式，提高政府服务效能，推动实现政府治理现代化的必然选择。近两年来，郑州将数字化建设与政府治理改革紧密结合，以"一网通办"和"一网统管"的政务服务改革为抓手，进一步优化政府办事流程、提高跨部门协同能力、推动政务服务线上线下深度融合，有力地促进了政府治理服务的数字化转型。2020年3月，郑州市一站式政务服务平台"郑好办"App正式上线，截至2022年1月，"郑好办"上线1560余项高频事项及便民应用。实名注册用户1001.9万人，占常住人口1260万人的近80%。[①] 如今"郑好办"App与政务服务网、办事大厅综合服务窗口、自助一体机共同构成"四端"协同的一体化政务服务体系，诸如新生儿上户口、居住证办理、公积金提取、社保缴费、人才服务等群众关注度较高的事项均实现了"掌上办""一次办""就近办"。信息技术赋能数字政府建设，大大提高了政府的治理服务水平，人民群众在乐享智慧生活中幸福感和获得感也得到不断增强。

（二）平安郑州建设

近年来，社会矛盾不断向基层下沉集中，并呈现利益诉求多元、涉及面广、群体性纠纷增多、矛盾协调难度大等特征。以信息技术助力平安建设，不断增强矛盾纠纷化解能力，维护基层社会秩序稳定是加强和创新基层治理，推动实现基层治理现代化的客观要求。郑州市自2020年被纳入全国首批市域治理现代化试点城市名单以来，将平安郑州建设与市域治理一体化建设相结合，不断创新平安建设协调工作机制，依托信息技术打造覆盖基层、资源聚合的治理载体，推动平安郑州建设提质增效。一是深化"三零"平安创建工作。围绕"零上访、零事故、零案件"目标开展平安村（社区）、企事业单位创建活动，郑州将平安创建工作融入社区网格化管理信息平台，做好创建主体的信息录入、隐患排查等工作。结合"雪亮工程"，推进平安智慧社区（乡村）建设，当前，智能门禁、视频监控、可视对讲、智慧停车管理已经成为

---

① 《郑州：数字建设 赋能城市"智"理》，河南省人民政府网站，2022年2月24日，http：//www.henan.gov.cn/2022/02-24/2403945.html。

郑州市大多数社区的标准配置。二是持续抓好矛盾纠纷化解工作。郑州市坚持数字赋能，通过打造"一码解纠纷"平台健全线上线下联动的矛盾纠纷多元化解机制。"一码解纠纷"平台运用数字化手段，聚焦溯源治理，通过分级调处，精准分流交办纠纷；通过机制重塑，构建在线化解纠纷模式；通过数据一舱驾驭，实现精细化管理，为群众提供高效、便捷、贴身的在线解纷服务。① 目前，全市已有 16 个区县（市）、208 个街道（乡镇）、2926 个社区（村）、65 个市直单位和 9536 名调解员入驻平台联动调处纠纷，实现信息直采、数据直传、任务直达、问题直报，形成全市矛盾纠纷多元化解"一盘棋"。②

（三）社区疫情防控

2020 年伊始发生的新冠肺炎疫情给人们生产生活带来了较大冲击，也直接加速了基层治理的信息化、智慧化进程。三年来，新冠肺炎疫情不断"死灰复燃"，常态化开展疫情防控工作成为当前基层治理的重要任务。实践证明，我国之所以一直没有发生大规模疫情暴发的情况，并在统筹疫情防控和促进社会经济持续发展中获得成功，其关键在于信息技术对基层防疫的有效赋能。首先，利用大数据等信息技术可以实现对新冠肺炎确诊病例的追踪溯源，及时排查出密接、次密接、时空伴随者等重点人群，并采取隔离、治疗、健康监测等防控措施，最大限度地遏制住疫情扩散蔓延形势。其次，依托大数据、物联网等信息技术，我们采集疫情传播信息更加快速、精准，能将疫情风险区域定位在社区、楼栋、单元等微小治理单位，并结合确诊病例及无症状感染者情况、病毒传播路径、易感人群规模等信息形成疫情防控综合数据，对政府部门研判疫情形势和预测疫情走向，并针对性制订疫情防控方案、调整疫情防控政策提供重要参考。最后，疫情期间，区域性静默管

---

① 武世友、吕志坡、张超凡：《郑州市金水区健全完善"最多跑一地、一码解纠纷"矛盾纠纷多元化解机制》，中国网，2021 年 12 月 17 日，http：//henan. china. com. cn/news/2021-12/17/content_ 41825945. htm。

② 赵红旗：《最多跑一地 一码解纠纷》，新浪网，2022 年 4 月 22 日，http：//finance. sina. com. cn/jjxw/2022-04-22/doc-imcwiwst3263556. shtml？ finpagefr＝p_ 115。

理、中高风险等级划定等疫情防控措施会使社会正常运转状态暂时停滞，利用信息技术建立社区治理服务一体化平台，链接周边商超、医院等公共服务资源，能够为居民封闭隔离期间购物、就医等基本生活需要提供保障。近两年来，郑州遭受新冠肺炎疫情的多轮袭击，从 2020 年初的疫情扫码登记系统，到"1+10"一体化疫情防控平台的搭建，再到如今的"1+1+3+N"立体化疫情防控系统，数字化防疫的演变也是郑州数字化建设不断前行的印证。① 不管是战时防疫还是常态化防疫阶段，信息技术都为防控工作的部署落实、社区生活的有序运转、基层治理效能的提升提供了有力的技术支撑。

三 基层智慧治理实践面临的问题与挑战

郑州的基层智慧治理实践证明，经过信息技术赋能，基层治理的科学化、专业化、精细化水平都得到了大幅度的提升。然而信息技术嵌入基层治理并非"百利而无一害"的，信息技术由于自身的局限性，在与基层治理嵌合过程中面临一些发展障碍，智慧治理模式在运行中也容易引发一些社会风险，这些问题都需要重点关注和科学应对。

（一）对技术属性存在认知误区

一般来讲，信息技术具有工具理性和价值理性的双重属性，在嵌入基层治理过程中，信息技术或作为治理工具来提高基层治理效能，或作为机制来推动治理体制机制变革，基层智慧治理应是信息技术工具理性和价值理性相统一的产物。然而尽管信息技术赋能基层治理已成为社会共识，但不管从实践层面还是研究层面，人们都倾向于将信息技术的工具属性不断放大，从而对基层智慧治理形成许多偏差认知。比如有的基层政府将智慧治理片面理解为治理手段技术化，投入大量资金开发数据平台、应用软件，但与现实需求

---

① 《郑州：数字建设 赋能城市"智"理》，河南省人民政府网站，2022 年 2 月 24 日，http://www.henan.gov.cn/2022/02-24/2403945.html

脱节严重、用户体验不佳、管理维护跟不上、运行效果不良，最后沦为仅表现政绩的"面子工程"。还有的治理主体在体验到技术带来的便利和效率后，逐渐形成"技治主义"思维，解决治理问题、制定治理方案完全依赖数据算法，使人逐渐沦为数据的工具，人的主观能动性也在技术的侵蚀中逐步消解。

（二）制度改革滞后于技术应用

基层智慧治理并不是各种数字化技术在基层治理过程中的简单堆砌，而是以信息技术的更新进步和广泛应用为契机，推动社会治理的制度性变革和结构性重塑，在技术与制度的互嵌中实现基层善治的目标。然而当前所谓的智慧治理多将技术应用作为基层治理改革创新的主要手段，而忽视从制度建设和结构调整中寻求答案，导致智慧城市、智慧社区、智慧养老等治理创新实践方兴未艾，而配套的制度改革却进展缓慢，进而制约了基层治理整体效能的提升。一是制度体系建设不完善。由于缺乏整体规划和统筹协调，各级政府部门、技术性企业在数据平台建设、智能应用开发等方面"争先恐后"却"各自为政"，各地数据平台建设的权责归属不清晰、规则程序不规范、技术标准不统一，技术资源配置制度、智慧治理效能评价制度也不健全、不完善，最终智慧治理形成了"一盘散沙"的状态。二是智慧治理的相关立法不足。数据是智慧治理的基础，也是重要的治理资源。但数据信息在传输、存储和应用的过程中，数据泄露的风险不断加大。从近年来名目繁多的电信诈骗、网络诈骗屡禁不止到今年郑州村镇银行储户被赋红码造成恶劣的社会影响，大数据时代下的隐私安全问题受到人们的高度关注，也暴露出立法方面的短板和缺陷。

（三）数据开放和利用的深度不足

在信息技术蓬勃发展的大数据时代，浩如烟海的数据被快速生产出来，但数据的价值不在于数量，而在于其流动性和应用性。正是数据的开放流动和广泛应用使不同层级、不同部门、不同主体得以联通，进而使多元主体协同共治成为可能。然而，当前数据在流动过程中面临诸多的体制机制屏障，数据开放不充分、数据利用深度不足等问题是基层智慧治理面临的突出难题。一是"数据烟囱"问题。大数据时代，政府具备掌握大量数据资源的职能优势，"在科层体制之下，占有数据资源的多寡往往被视为上级部门控制下级部门的砝码，是一种权力产生的基础"[1]。由于利益整合复杂、配套制度缺失，不同层级、不同部门之间的数据共享意愿并不强烈，表现为纵向上信息不通，资源无法下沉到基层，横向上数据单一，系统平台功能相似，数据重复收集但利用价值不高。二是"数据鸿沟"问题。信息技术尽管是无差别、广覆盖的，但在推动社会进步的同时，也在一定程度上加剧了技术下的社会分化。一方面，受经济发展水平、基础设施建设水平等因素的影响，不同区域之间、城乡之间智慧治理发展呈现明显的差异性。另一方面，受自身认知水平、生理机能、生活习惯等因素的影响，贫困群体、老年群体等群体掌握和应用信息技术的能力相对欠缺，以致在技术"无孔不入"的新时代往往被排斥到社会边缘地带，沦为技术性弱势群体。

（四）智慧治理"硬件"和"软件"的制约

信息技术本身不具有主观能动性，也不必然实现基层有效治理。实现基层智慧治理，不仅需要信息基础设施来承载技术的革新，也需要智慧化人才队伍和全民参与的发展环境，但是，当前基层智慧治理总体上尚在起步阶段，不管是硬件设施还是软件环境都存在较多不足。一是信息基础设施建设不完善。当前，以5G基建、数据中心为重点的新型基础设施建设正在全面推进，成为经济发展的新动能，也是实现基层智慧治理的重要载体。但是新型基础设施建设往往在城市范围内以及经济发展情况良好的乡镇规划布局，而在城镇老旧小区、城乡接合部以及偏远农村等地区，新型基础设施覆盖有限，传统基础设施数字化改造难度大，基础设施建设与基层智慧治理的实际需求不相适配。二是基层技术和管理人才匮乏。实现基层智慧治理需要具备

---

① 王张华：《数据"回流"：基层智慧治理能力建设的关键之举》，《领导科学》2022年第2期。

技术能力和管理能力的人才来合理运用技术，但基层技术性人才匮乏，多层次复合型的人才队伍建设缓慢，现有基层管理人员的能力水平也普遍无法满足新时代的治理需求。三是群众数字化素养参差不齐。在信息技术赋能不均衡的作用下，城乡之间，以及不同职业、年龄、受教育程度的群众的数字化素养水平呈现明显的差异性，这也造成了公众在享受公共服务和参与方面的不公平性。

四　构建基层智慧治理体系的路径与对策

智慧治理是面向现代化的新型治理模式，是传统社会治理模式的重塑性变革。构建基层智慧治理体系就是在国家治理体系和治理能力现代化的范畴下，聚焦基层治理的关键问题和深层次矛盾，以民生需求为导向，以技术赋能路径，融入全新治理理念，构建形成系统高效、纵横贯通、开放共享、运行规范的基层治理结构，促进基层治理在与技术耦合过程中走向善治。

（一）树立以人为核心的智慧治理理念

推进基层智慧治理，就是要利用大数据时代优势搭建一个具有动态整合性和多元交互性的智慧平台，实现基层治理由分散化向整体化迈进，从工具理性和价值理性层面促进基层治理新格局的建成。[①] 要围绕基层治理效能提升，坚持以人民为中心，树立和强化智能、系统、法治理念，着力打造基层治理的新生态。一是强化智能理念。基层智慧治理要跳出传统单一物理空间的思维惯性，按照网络空间、物理空间并存的生产生活方式、行为逻辑来建构基层治理秩序。充分利用信息技术优化治理流程，精准识别治理问题，及时回应群众需求，提高基层治理效率。二是强化系统理念。基层智慧治理要坚持整体化思维，加强规划设计，推动技术创新和体制机制创新协同共进，借助信息技术搭建一体化数据信息平台，消除政府部门之间、政府与社会之

---

① 闫建、黄可敖：《为基层治理插上"智慧"的翅膀》，《党课参考》2021年9月1日。

间的数据壁垒，促进多元主体交流合作、互联互通。三是强化法治理念。基层智慧治理要明确信息技术赋能治理的局限性，针对技术"越位"导致的数据主体权责不明、数据泄露等法律和伦理问题，不断推动基层智慧治理相关法律法规的建立和完善，不断提高基层治理的法治化水平。

（二）全面推进基层智慧治理的制度化改革

当前，以大数据、物联网、云计算、5G为代表的新一代信息技术更新迭代的速度不断加快，也呼唤着基层治理体制机制方面的改革创新。推进基层智慧治理，就要以技术革新为契机，全面推进基层智慧治理的制度性改革，促进技术与制度的互嵌，并形塑新的治理结构和行动逻辑。一是要加强智慧治理的顶层设计。各地要对当前在数字政府建设、社区网格化管理、疫情防控等领域形成的基层治理创新实践进行总结研判，制定出台地区性智慧治理发展的实施方案、工作流程、运行标准，建立高效有序的统筹协调机制，深化智慧社区、智慧养老等方面的试点工作，形成可推广、可复制的治理经验，整体性推进基层治理的智慧化转型。二是建立和完善智慧治理的法律体系。政府要加快制定一套规范数据采集、数据存储、数据使用、数据交易、数据保护的法律规则，明确"数据是谁拥有""数据是谁使用""数据是谁管理"等关键问题，依法约束治理主体行为，规范治理智慧化流程，着力解决因数据管理立法不全所受到的"数据威胁"，例如各部门在进行数据共享时涉及的"行政机密"、政府与社会数据共享时涉及的"社会组织机密"、政府与企业数据共享时涉及的"商业机密"、政府与公民数据共享时涉及的"公民个人信息泄露"等问题。[①]

（三）健全共建共治的数据共享应用机制

大数据时代，数据资源能否得到统筹整合、开放共享以及科学应用是基

---

① 陈宇舟、郭星华：《"智能化"：破解基层社会治理难题的"技术密码"》，《光明日报》2022年7月20日。

层治理效能提升的关键。要抵制"数据圈地""数据垄断"等行为，规避"数据鸿沟"带来的社会风险，就要建立健全政府、市场主体、社会组织、公众等多元主体共同参与的基层数据共享机制，在制度和法律范围促进数据的开放和流动。一是构建完善一体化数据共享平台。要以技术革新为契机，建构起标准统一、多领域融合的数据共享平台，充分利用大数据、物联网等现代信息技术实现跨层级、跨部门、跨系统、跨地域的数据整合，打造信息互联、业务互通、资源共享的智慧治理模式。二是促进多元主体参与共享。通过政府主导、政策引导，提高多元主体参与数据平台建设的主动性和积极性，最大限度地吸纳各类社会资源，促进不同主体拥有的人、财、物资源的数字转型，实现政社、政企之间的开放互动。三是积极拓展应用场景。以惠民、利民、便民为出发点，促进政务服务网、微博、微信、App 等平台在信息公开、用户互动、公共服务方面发挥作用，充分考虑不同群众需求，进一步简化操作流程，推动线上线下系统融合共通，为群众提供更加人性化、个性化、便捷化的服务。

（四）完善基层智慧治理的保障体系

真正的智慧治理是需要通过信息技术、发挥人的智慧来实现的。要在持续加强技术革新的同时，推动基础设施优化升级，促进全民数字化素养提升，保障基层智慧治理建设平稳推进。一是构建基础设施新环境。按照智慧城市建设总体规划，统筹推进城乡新型信息基础设施建设。实施光纤宽带提速扩容工程，加大基础网络、终端、应用平台改造升级力度，加快推进城区范围内老旧小区百兆光纤改造。夯实 4G 和光纤网络基础，推动网络宽带向农村及偏远贫困地区进一步覆盖，提高农村信息基础设施水平。二是加强技术和管理人才队伍建设。要坚持引才育智并重，一方面，加强政府与高等院校、技术研究机构、高科技企业等单位的交流合作，引进高层次技术性人才组成专家库，为基层治理的智慧化转型提供技术指导服务。另一方面，健全和完善基层治理人才队伍的招聘、考核、晋升机制，将信息技术掌握应用能力作为招聘人才、评价人才、激励人才的必要环节，通过开展系统化培训、开设网络教育课堂、组织实地考察等措施提高基层政府工作人员、社区工作者、社会组织人员的信息技术运用水平和智能化管理能力。三是提高群众数字化素养能力。要依托基层政府、家庭、学校、社区开展现代科技的宣传、教育、培训活动，培养群众数据资源获取、使用等方面的意识、习惯和能力。要面向老年人、残疾人等重点人群，推动社会服务资源的数字化改造，助力实现数字化基本公共服务均等化。

参考文献

张帆：《信息技术赋能基层治理的路径与限度》，《兰州学刊》2021 年第 10 期。

杨嵘均：《城乡基层智慧治理体系构建的基本范式、制约因素与创新路径》，《河海大学学报》（哲学社会科学版）2021 年第 23 期。

闫建、黄可歆：《为基层治理插上"智慧"的翅膀》，《党课参考》2021 年 9 月 1 日。

陈宇舟、郭星华：《"智能化"：破解基层社会治理难题的"技术密码"》，《光明日报》2022 年 7 月 20 日。

李建宁：《基层社会治理数字化转型的审思与创新》，《领导科学》2021 年第 7 期。

张亨明、章皓月：《城市治理智慧化的理论分析与实践探索》，《求索》2021 年第 6 期。

傅荣校：《基层数字治理的"智治"逻辑》，《小康》2021 年第 8 期。

姚迈新：《构建城市数字化社会治理体系的实践与对策——基于广东省广州市的分析》，《党政干部学刊》2020 年第 10 期。

B.18
乡镇（街道）社工站嵌入乡村
社会治理实践的路径探析
——基于河南省乡镇（街道）社工站建设的思考

郝莹莹*

摘　要: 基于河南省乡镇（街道）社工站的推进现状，对乡镇（街道）社工站嵌入乡村社会治理体系的实践现状进行了总结，河南省通过加强组织领导、做好顶层设计、推进平台搭建、打造社会基础、构建经费保障等方式为乡镇（街道）社工站的嵌入提供了实践基础，成果显著。但是，目前社工站也面临难以开展治理实践、专业社工工作开展面临挑战及工作机制不健全的实践困境。为更好地推动乡镇（街道）社工站嵌入乡村社会治理实践，完善乡村社会治理体系，可以在完善政策体系、突出政治引领、加强资源整合、重视认知培育以及提升专业能力等方面做出努力，共同推动乡镇（街道）社工站在制度、组织、关系、社会以及人才等方面实现深度嵌入。

关键词: 乡镇（街道）社工站　乡村　社会治理　河南

一　研究背景

加强和改善乡村治理，走乡村善治之路，是推进国家治理体系和治理能力现代化的基石和关键。乡村作为最基本的治理单元，能否实现有效治理，关系

---

* 郝莹莹，河南省社会科学院人口与社会发展研究所研究实习员。

着国家治理现代化的整体质量和水平。① 随着乡村社会的不断发展，乡村社会结构发生变化，村民思想观念也发生深刻改变，乡村社会的矛盾和问题日益凸显，传统的治理模式需要改变。因此，如何回应乡村社会现实对治理方式变革的需求、切实改善治理方式、完善乡村社会治理体系是当前乡村治理实践面临的重要课题。要实现乡村治理有效，需要在充分发挥基层党组织引领作用的同时，与多种治理方式相结合，激发多元主体参与治理的热情，以自治激发活力，以法治强化保障，以德治弘扬正气，构建共建共治共享的乡村社会治理格局。②

作为创新社会治理的重要力量，社会工作在满足多元主体诉求、动员群众参与公共事务、提供公共服务与社会服务以及预防和化解社会风险等方面具有非常重要的作用。因此，在改善和创新乡村社会治理、完善乡村治理体系的大背景下，推进社会工作在乡村社会治理实践中发挥作用，意义重大。乡镇（街道）社工站的建设为社会工作参与乡村社会治理搭建了平台，社会工作作为一项具体的工作和技术可以以此为途径参与到基层的社会治理实践中。近年来，以乡镇（街道）社工站的建设为依托，全国各地进行了有益的探索，积累了丰富的经验，也创建了很好的示范效应。河南在乡镇（街道）社工站建设、社会工作人才队伍建设、专业社会工作参与基层社会实践等的实践中，也进行了相应的探索，关注和研究现阶段的河南乡村社会治理实践，可以为"十四五"期间更好地"推动乡镇（街道）社工站在困难群众帮扶、老年人服务、困境儿童关爱保护、社会支持网络构建、社区参与能力提升、社会工作机构与志愿服务组织培育等方面发挥作用，成为基层治理与服务的重要力量"提供助力，并且具有强烈的现实意义。③ 因此，本

---

① 周文、司婧雯：《乡村治理与乡村振兴：问题与改革深化》，《河北经贸大学学报》2021 年第 1 期。

② 郭之天：《提升村级治理水平和发展能力》，载陆汉文、刘杰、江立华、中国扶贫发展中心、华中师范大学主编《中国乡村振兴报告（2021）》，社会科学文献出版社，2022，第 146~168 页。

③ 《民政部 国家发展和改革委员会关于印发〈"十四五"民政事业发展规划〉的通知》，民政部网站，2021 年 6 月 18 日，https：//xxgk. mca. gov. cn：8445/gdnps/pc/content. jsp？id＝14980&mtype＝4。

研究将聚焦乡镇（街道）社工站如何嵌入乡村社会治理实践，成为其中重要的一部分，从而为专业社会工作者、社会组织、志愿服务者等畅通参与途径，创建长效的参与机制，并最终推动乡村治理体系和治理能力现代化的实现。

二 乡镇（街道）社工站嵌入乡村社会治理体系 建设的河南实践

《中共中央 国务院关于做好 2022 年全面推进乡村振兴重点工作的意见》明确指出，要"突出实效改善乡村社会治理"；[①] 2021 年国务院印发的《"十四五"推进农业农村现代化规划》，明确将"加强和创新乡村治理"作为"十四五"农业农村发展规划的战略导向之一，并且提出了"以保障和改善农村民生为优先方向，突出组织引领、社会服务和民主参与，加快构建党组织领导的自治法治德治相结合的乡村治理体系"[②] 的主要目标，为河南省探索改善乡村治理实践提供了宏观大背景。在这一背景下，党和国家对社会工作发展提出了更高的要求，对社会工作参与社会治理的途径也做了诸多部署，并要求畅通社会工作参与社会治理的渠道，河南省加快建设乡镇（街道）社工站便是落实中央精神的具体体现。围绕改善乡村社会治理这一主线，通过积极加强组织领导、做好顶层设计、推进平台搭建、打造社会基础、构建经费保障等方式，河南省专业社会工作者、社会组织、志愿服务者数量的不断增加，参与到乡村社会治理实践的形式与内容也在不断丰富，为乡镇（街道）社工站嵌入乡村社会治理体系打下了坚实的基础。

（一）加强组织领导

建设乡镇（街道）社工站，不仅是落实习近平总书记关于民政工作和

---

① 《中共中央 国务院关于做好 2022 年全面推进乡村振兴重点工作的意见》，中国政府网站，2022 年 2 月 22 日，http://www.gov.cn/zhengce/2022-02/22/content_5675035.htm。
② 《国务院关于印发"十四五"推进农业农村现代化规划的通知》，中国政府网站，2022 年 2 月 11 日，http://www.gov.cn/zhengce/content/2022-02/11/content_5673082.htm。

社会工作重要指示精神的具体行动，也是推进社会服务向基层延伸的重要举措。从河南实践看，各级党委、政府高度重视乡镇（街道）社工站建设，把其纳入重要议事日程，强化了乡镇（街道）社工站项目落地的政治基础。在具体的推进计划上，河南省确定了"一年起步、两年铺开、三年建成、五年提升"的社工站推进思路，逐步构建了民政部门牵头、乡镇（街道）协同、社工机构及落实、社会力量参与的项目协调推进机制，项目实施明确专人负责，共同研究协调解决项目实施中遇到的问题，合力推动项目落地。同时推进建立全过程绩效管理机制，各级民政部门按照"项目编制有目标、项目执行有监控、项目完成有评价、评价结果有运用"的要求，对社工站项目实施全过程绩效管理。制定绩效目标和绩效评价指标体系，严格执行社会工作专业督导和综合评估，定期报送绩效监控报告，将结果纳入年度资金安排、项目补助的参考指标。

（二）做好顶层设计

河南省"十四五"规划纲要明确将"推进乡镇（街道）社会工作服务站全覆盖"纳入"基础能力和民生补短板行动"，将推进乡镇（街道）社工站建设作为推动社会治理和服务重心向基层下移、资源向基层下沉，健全基层社会治理体系的重要内容，将乡镇（街道）社工站列为"十四五"期间民政领域的重大规划和主要举措，要求在"十四五"期间实现全省乡镇（街道）社工站全面覆盖。省相关领导对社工站建设做出专门批示，要求"加强组织领导，健全工作措施，推动建设任务按期圆满完成"，为乡镇（街道）社会工作服务站项目推进做了明确的政策引导与部署安排。2020年11月，河南省民政厅印发了《河南省乡镇（街道）社会工作服务站项目实施方案（试行）》，对乡镇（街道）社工站建设的指导思想、基本原则、目标任务、工作职责、服务内容、项目标准、时间安排和实施步骤、组织领导、资金保障、资金管理、绩效管理、人才队伍建设、工作机制、宣传交流等内容进行了明确规定。其中，"社区治理"作为社工站五项服务内容之一被写进实施方案中，为社工站具体嵌入乡村社会治理体系做了内容设计，从

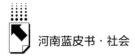

而为嵌入实践提供了内容参考。按照省民政厅的总体实施方案，各级民政部门也制订了本地社工站的建设方案，出台了本地社工站建设政策文件。①

（三）推进平台搭建

一段时间以来，河南省积极谋划乡镇（街道）社工站建设的整体推进工作，多举措促进乡镇（街道）社工站发展，明确要求每个县都要建设社工站试点，全省有 512 个乡镇（街道）列入首批试点，落实项目资金 5500 余万元，建成示范性社工站 70 个。其中，漯河市为整市推进，郑州市金水区、管城区、中原区、郑东新区以及汝州市、宁陵县、温县为整县（市、区）推进。截至 2021 年底，河南省实际建成 621 个基层社工站、39 个县级中心、6 个市级中心，全省乡镇（街道）社工站共引入专业社会工作者 2746 名，社工组织 504 家，同比增长 50%。② 截至 2022 年 6 月底，全省运行社工站项目已达到 812 个，③ 提前完成 2022 年底乡镇（街道）社工站建设超过 800 个的目标。目前，漯河市、濮阳市已实现市域全覆盖，温县实现县域全覆盖。乡镇（街道）社工站建设的快速推进，为社工站嵌入乡村社会治理体系建设搭建了基础。

（四）打造社会基础

依托于乡镇（街道）社工站的平台，河南各地以社会化的思路开展工作，积极发挥平台在资源链接、社会服务、矛盾化解等方面的作用，加强与社会组织、志愿者以及群众间的联系，为参与社会治理实践打造了良好的社会基础。通过与社区、社会组织、社会志愿者、社会公益慈善资源的联动，

---

① 高芙蓉、毛慧琼：《2021 年河南省乡镇（街道）社会工作站建设现状及对策研究》，载王承哲、陈东辉、张侃主编《河南蓝皮书：河南社会发展报告（2022）》，社会科学文献出版社，2021，第 122 页。

② 《2021 年河南社工站建设取得重大进展》，河南省民政厅网站，2022 年 1 月 6 日，https：//mzt. henan. gov. cn/。

③ 《省民政厅积极谋划社工站项目 扎实推进稳就业保民生工作》，河南省民政厅网站，2022 年 7 月 14 日，https：//mzt. henan. gov. cn/。

聚集社会资源开展社会与公共服务，参与基层社会治理，促进社会资源向基层下沉，有效改善了基层社会资源相对匮乏的现状，为基层社会建设提供了资源支撑。在资源聚合平台的功能上，截至 2022 年 6 月底，全省社工站共链接资源 1459 批次，款物合计 6138.26 万元，动员培育社区社会组织 2818 个；在提供公共服务和社会服务上，2021 年"7·20"特大洪涝灾害，参与救助的社工机构 192 家、社工 7580 人，联动志愿者 28.2 万人次；累计服务群众 3452894 人次，其中困难群众 597514 人次，入户走访 113761 人次，开展个案服务 3527 个，组织社区活动 8301 场，参与人数超过 80 万人次。①

（五）构建经费保障

乡镇（街道）社工站运转是一项长期性、经常性的工作，河南省探索建立了乡镇（街道）社工站的经费保障机制，即"以县级保障为主、省市分级补助"的社工站项目资金保障机制，基本形成了一般公共预算资金、困难群众救助补助资金、福彩公益金、慈善资金等多元资金投入机制。2021年底，全省乡镇（街道）社工站建设累计投入资金 9579.35 万元；截至2022 年 6 月底，全省累计投入资金已达到 13621 万元，项目建设中资金投入稳定增加。其中，郑州市、漯河市投入超过 1000 万元。为促进乡镇（街道）社工站的发展，各地市、县区也在逐步探索慈善基金支持社工站建设的新路径，开封市、焦作市、周口市协调慈善资金建设社工站，积攒了社会治理的新经验。如焦作市充分利用慈善事业的发展优势，探索引导慈善资金支持社工站建设，武陟县、孟州市、沁阳市、博爱县等四县（市）先后筹集 70 余万元用于建设乡镇（街道）社工站，武陟县民政局借助慈善的品牌力量，在全市率先设立了慈善社会工作服务专项基金，首批就募集支持资金近 10 万元，为社工站建设提供了资金保障。②

---

① 《省民政厅积极谋划社工站项目　扎实推进稳就业保民生工作》，河南省民政厅网站，2022年 7 月 14 日，https：//mzt.henan.gov.cn/。
② 《焦作市多措并举推进乡镇（街道）社工站建设》，河南省民政厅网站，2022 年 5 月 31 日，https：//mzt.henan.gov.cn/。

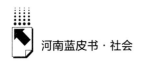

三 乡镇（街道）社工站嵌入乡村社会治理的实践困境及原因

（一）乡镇（街道）社工站嵌入乡村社会治理面临的困境

1.乡镇（街道）社工站普遍难以开展治理实践

从实践操作看，乡镇（街道）社工站以提供社会工作专业服务为主要任务，但其难以真正通过专业的社会工作参与到乡村社会治理实践。一是社工站必须面对信任度的问题。作为民政部门主导建立的平台，乡镇（街道）社工站尚处于起步阶段，并未在乡村社会中建立起深厚的社会基础，基层社会对于社工站的宣传度不够，相当一部分民众不了解社工站、专业社会工作者的工作范围和工作内容，村干部对于专业社会工作参与乡村社会治理实践存在一定的戒备心。二是社工站由民政部门主导建立，并隶属民政系统，因此其主要工作任务是将基层民政服务更好地送进千万家，这是其主要的工作重心。承接民政部门的项目开展公共服务与社会服务，其项目内容与执行范围限制了专业社会工作持续性参与乡村社会治理实践。三是社工站必须面对能力困境的问题。作为一个资源链接的平台，社工站对专业社会工作者、社会组织、志愿者等力量的整合缺少长效机制，在培育当地社会组织上也未能实现理想目标，因此难以持续性地推动专业力量参与乡村社会治理实践。

2.驻站专业社工工作开展面临挑战

截至2020年6月底，河南省共运营812个乡镇（街道）社工站项目，引入社会工作者2804名，相当于每3名社会工作者就要负责1个社工站项目，负责整个乡镇（街道）的社会工作，而持续性、精准化地开展社会工作对驻站专业社会工作者来说是个不小的挑战。一是在工作人员配备数量上，按照河南省乡镇（街道）社工站建设方案要求，每个社工站至少配备2名驻站社工，按6月底的统计数据来看，配备人员标准已经达到要求，但是河南省各个地区的资源分布是不均衡的，省会的社工数量较多，其他城市的社工数量较少，基层的社工则更少。因此，乡镇（街道）社工站的人员配备和基层社会的需求相比还有很大差距。二是在工作能力上，社工站和专业社工的工作能力还有待加强。招募的大量兼职性质的社工，其整体的专业素养比较弱，再加上缺少定期的培训教育，难以为村民提供专业层面的服务。三是多数社工站工作人员数量较少，承担的任务又较多，很难有时间和精力到田野中去开展工作、与村民打成一片。尽管工作区域设施齐全、干净整洁，台账记录完善，但是专业社工的群众基础却很差，工作不免趋于形式化。

3. 乡镇（街道）社工站工作机制不健全

由于工作机制的不完善，乡镇（街道）社工站参与社会治理实践大多只停留在方案设计中，并未让专业社会工作在乡村社会治理的实践中真正发挥作用。首先，要面对的便是工作边界和角色定位的问题。社工站由民政部门主导建立，民政工作必然是其工作的主要内容和工作重心，怎样在民政工作和属地交办任务中完成专业性社工内容，直接影响着社工站参与社会治理实践的效果。在目前的实践中，社工站以民政工作和交办任务为主，完全没有精力和时间完成专业性的工作设计。其次，在社工站的建设方案设计中，社区治理作为社工站五大服务内容被列入其中，但实际工作的开展却非常困难，社工站和社会工作者在对接村委会和村民中缺少权威性，缺少相应的实践途径，仅在拥有社工站试点的村庄还有参与的可能性。最后，由于项目推进的监督与结果评价来自服务购买方，村庄在其中的参与度较低，难以判断项目真正的实施效果。同时，限于激励机制的缺失，社工、志愿者以及社会组织等主体缺少相应的动力去探索和设计实践方案，只执行项目要求的内容。

（二）乡镇（街道）社工站嵌入乡村社会治理面临困境的原因

1. 制度建设不健全

在《河南省乡镇（街道）社会工作服务站项目实施方案（试行）》出台后，各地市也先后发布了相应的乡镇（街道）社会工作服务站项目实施方案，为推进乡镇（街道）社工站建设提供了政策支持与指导。为推进乡

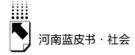

镇（街道）社工站政策框架的构建，河南陆续将社工站建设纳入12项省级政策规划，出台社工站项目实施方案和年度工作方案，印制10项社工站制度、11项社工服务指南和套表。这些政策的出台为社工站发展建立了初步的政策框架，但是站点的服务模式、运作规范、资金管理规范、督导培训以及评价机制等运营核心制度的规范细则尚未建立，给社工站规范化开展工作带来困难，社工站职责与定位不够清晰；缺乏成熟的奖励与绩效机制，阻碍了社工站参与社会治理及提供深层次、精细化的公共服务和社会服务实践；缺少参与社会治理实践的路径设计与保障机制，限制了乡镇（街道）社工站嵌入乡村社会治理中发挥作用；缺少上级部门、基层村委会以及民众的有效监督使社工站项目执行出现形式化的倾向。

2. 与基层党建工作融合较少

基层党组织是基层社会治理的领导者，党建引领是基层社会治理的根本保证。因此，社工站最终要实现村（社区）都有社工服务，并用专业的社工服务解决基层社会治理难题，就必然绕不开基层党组织。基层党组织与社工站所追求的目标都是促进人民享有更加美好的生活，在行动路线上都坚持走群众路线，这些基本价值路线的一致性为社工站工作融入基层党建工作创造了可能性。但是，就目前的实践情况来看，社工站作为项目实施方，基层社会作为项目受惠方，双方并未实现联动：社工站只提供民政服务，未能将党群资源进行整合；基层党组织基于持续时间短、项目化等社工站的现实性，缺少将社会工作纳入基层党建工作体系中的意识。最终导致社工站未能在乡村社会中实现"在地化"发展，游离在以党建为引领的乡村社会治理实践之外。

3. 人才困境明显

按照河南省提出的规划目标，2023年要实现全省县（市、区）乡镇（街道）社工站基本覆盖，实现"一县（区）一中心，一乡镇（街道）一站点，村（社区）都有社工服务"。社工站的全覆盖对专业社工人才的数量、质量以及培训督导等都提出了更高的要求，对属地社工人才的需求也更为强烈。乡镇（街道）社工站的设立有别于基层的民政服务中心，以提供社会工作服务为支撑是社工站的特色，除了普惠性的民政服务，需要在基层民政主业之外，运用专业性将个案工作、小组工作、社区工作融合在一起，为服务对象构建更加立体化、持续性的社会综合支持网络。目前，全省运行的 812 个社工站项目中，引入 2804 名专业社会工作者是完全不够的。况且乡镇（街道）社工站面临社工频繁流失、一线社工占比少、专业度低以及人才分布不均等情况，社工站嵌入乡村社会治理实践的人才基础面临困境。

4. 社会基础弱

虽然社工站在打造资源聚合平台、提供民政服务、参与基层社会治理上做了不少努力，但是目前社工站在实践中仍然面临信任度低、协调性弱、群众基础差等问题。基层对于社会工作和社工站缺乏清晰准确的认识，再加上社工站的专业能力不足、工作方法不合适等因素的影响，难以满足基层多元化的需求，实践效果的不理想自然降低了基层社会对于社工站的信任度。作为一个资源聚合平台，社工站理应在链接社区、社会组织以及志愿者等主体上发挥整合作用，从实际情况来看，其整合资源涉及跨系统、跨部门，但非行政机构平台打破系统屏障进行整合非常困难。虽然基层的社会工作已经发展很多年，但是以往的社会工作者往往是基层系统内人员，社会工作的专业性不够，村民对社工站工作人员进入乡村开展专业服务又存在戒备心，限制了群众参与的积极性。

四　推动乡镇（街道）社工站嵌入乡村社会治理体系的实现路径

（一）完善政策体系，以制度建设为根基嵌入治理体系

完善的制度设计，是保障社工站实现稳定发展的基础条件。积极推动乡镇（街道）社工站参与到乡村社会治理的实践中去，首先，需要在社工站法律法规、政策体系、规章制度的建设上做出努力，在公信力构建、政策设计、制度保障等方面为社工站参与治理实践创造政策环境。其次，需要通过制度创设和组织设计，打造好乡镇（街道）社工站的规范化平台架构，完

善乡镇（街道）社工站常态化运营规范标准，在工作职责与角色、资源调配与整合等方面做好设计，为乡镇（街道）社工站独立运作和发展提供空间与保障。最后，需要积极推进乡镇（街道）社工站的全覆盖，推广试点经验，完善乡村治理体系，将乡镇（街道）社工站参与乡村社会治理实践纳入考核管理机制。

（二）突出政治引领，以党建融合为依托嵌入治理体系

乡镇（街道）社工站参与乡村社会治理实践需要发挥基层党组织的引领作用，通过积极与党建工作相融合，确保乡镇（街道）社工站坚持正确的路线方针、更好地实现党群资源整合以稳定参与治理实践。首先，乡镇（街道）社工站在实践中要保持满足人民群众美好生活需要的工作目标不偏向，加强党组织的思想引领，坚持为民的使命。其次，作为乡村社会治理的核心领导力量，基层党组织要发挥组织力量推进乡村治理的有效运行和资源整合，化解多元主体与治理分权的矛盾，解决乡镇（街道）社工站开展工作所涉及的跨部门协调问题。通过党组织的力量，将党员、模范代表等整合到社会治理中来。最后，通过加强乡镇（街道）社工站的组织建设，形成强有力的组织体系，以党建统领乡镇（街道）社工站的社会治理实践，以党组织的核心领导力促进平台实现组织的协调与串联，进而增强平台的稳定性与发展持续性。

（三）加强资源整合，以资源聚合为保障嵌入治理体系

乡镇（街道）社工站是在民政部门的推动下设立的，以政府部门购买社会服务的方式开展工作，以提供专业的社会工作服务为支撑，最终解决社会问题，满足人民群众多样化需求，提升人民群众的获得感、幸福感与安全感。行政资源持续进入可以推动全省社工站项目的快速落地，实现全省市县区街的全覆盖，但是社工站的长期发展需要摆脱对体制资金资源的依赖，充分整合资源，避免因过度依赖丧失独立性，进而退化成为民政部门的附属机构。要实现嵌入，一是需要探索建立多元资金支持体系，既向上级民政部门

争取资金拨付，也需要扩充筹资途径。在自身发展的基础上，创建外展服务项目，大力拓展专业服务领域。二是需要联合社区、社会组织、志愿者等主体，建立起多元主体间良好的合作与互动机制，进而将多元主体纳入乡村社会治理体系的实践中，发挥乡镇（街道）社工站在支持、引导、管理与协调多元主体上的作用，最终形成推动多元主体聚合下的社会治理实践合力。

（四）重视认知培育，以涵养理念为基础嵌入治理体系

乡镇（街道）社工站嵌入乡村社会治理实践的过程中，对所嵌入的乡村治理现状应该有充分的了解，同时乡村社会也应该对社工站有基本的认知，只有双方实现认知上的相互嵌入，双方才能够相互了解，才能够改善双方认知度低与认同度低的现实情况。从受嵌方与嵌入方两个主体出发，乡镇（街道）社工站应该加强对乡村社会的认知嵌入，提高乡村社会对社工站的认知度。同时也应该为乡镇（街道）社工站嵌入乡村社会治理实践营造良好的文化环境，提升村民参与的主动性。一是可以通过政府和社会的大力宣传，借用先进技术和新型传播媒介对乡镇（街道）社工站的实践成果进行宣传，形塑全社会对于乡镇（街道）社工站的价值共识，营造有利于乡镇（街道）社工站开展活动的社会环境和支持性舆论空间。同时，可以发挥村"两委"、小组组长、党员干部等的引导作用，提升村民对于社会工作者的信任度。二是乡镇（街道）社工站可以积极走向乡村社会开展实践活动，在了解基层情况的同时，也增加与村民的接触。积极通过微信、抖音、快手等新媒体宣传和推介自己，在工作方式、工作成果展示等方面进行正面宣传，增进乡村社会对于社会工作价值与理念的认识，从而使乡村社会更好地接纳乡镇（街道）社工站在乡村治理实践中的参与。

（五）提升专业能力，以专业人才为支撑嵌入治理体系

人才是乡镇（街道）社工站发展的核心要素，为此应采取措施加强社会工作人才队伍建设，培育专业服务人才，为乡镇（街道）社工站嵌入乡村社会治理体系提供持续的专业人才支持，以专业社工人才的功能性嵌入推

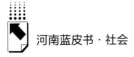

动社工站实现嵌入乡村社会治理体系。一是要拓展社会工作人才来源，积极鼓励大学生作为志愿者、实习生以及兼职者等参与到社工站在乡村社会的治理实践中，并通过人才吸引政策与激励政策将专业社会工作人才留在社工站，提高专业人才数量。通过培育当地社会工作人才，发挥"在地化"优势打通嵌入的通道。二是健全培训体系，灵活运用多种形式和资源，开展定期的职业培训，提升社会工作人才的专业水平。积极将社会工作专业知识培训纳入基层干部培训内容中，吸引基层干部积极将社会工作专业内容与社会治理实践相结合。

参考文献

周文、司婧雯：《乡村治理与乡村振兴：问题与改革深化》，《河北经贸大学学报》2021年第1期。

郭之天：《提升村级治理水平和发展能力》，载陆汉文、刘杰、江立华、中国扶贫发展中心、华中师范大学主编《中国乡村振兴报告（2021）》，社会科学文献出版社，2022，第146~168页。

高芙蓉、毛慧琼：《2021年河南省乡镇（街道）社会工作站建设现状及对策研究》，载王承哲、陈东辉、张侃主编《河南蓝皮书：河南社会发展报告（2022）》，社会科学文献出版社，2021，第122页。

王丹：《社会工作机构嵌入县城社区治理的实践研究》，硕士学位论文，上海师范大学，2022。

B.19
协同治理视角下乡镇社会工作
服务站建设研究[*]
——基于河南省的实践

殷玉如　杨思靓　王　畅　王　琳^{**}

摘　要： 本文基于协同治理视角，采用文献梳理和实地调研相结合的方式，针对河南省乡镇社会工作服务站建设的现状与阶段特点，指出乡镇社会工作服务站探索中面临的"行政化"困境、基层部门缺乏专业认知、经费不足、专业性与本土性人才不足等问题，系统地提出了构建多元治理体系、加强基层部门宣传教育、打造多元资金路径、完善监督与督导体系、加强人才队伍建设等对策，以构建民政部门、社会组织、社会工作者、服务对象等多元主体共同参与治理的发展模式，实现乡镇社会工作服务站的良性运作。

关键词： 协同治理　乡镇社会工作服务站　农村社会工作　河南

* 本研究为 2021 年度河南省高等学校重点科研项目"新时代农村社会工作参与河南乡村振兴的行动研究"（21A630018）的阶段性研究成果，2022 年度河南省哲学社会科学青年项目"新时代河南省乡镇社会工作服务站建设研究"（2022CSH035）的阶段性研究成果，2021 年度河南省教育厅人文社会科学研究一般项目"乡村振兴战略背景下社会工作参与乡村社区治理研究"（2021-ZDJH-149）的阶段性研究成果，2022 年度河南农业大学创新创业训练校级项目"协同治理视角下乡镇社会工作服务站建设研究——基于广东、湖南、河南三省份的实践"的阶段性研究成果。
** 殷玉如，河南农业大学文法学院，讲师，硕士生导师，研究方向为农村社会工作；杨思靓，河南农业大学社会治理创新研究中心研究人员，研究方向为乡镇社工站建设；王畅，河南农业大学社会治理创新研究中心研究人员，研究方向为乡村社会治理；王琳，河南农业大学社会治理创新研究中心研究人员，研究方向为乡镇社工站评估。

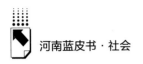

一 绪论

（一）研究背景与意义

随着国家治理体系和治理能力现代化深入发展，加强完善基层社会治理成为当前的迫切任务，乡镇社会工作服务站（社工站）的建设任务业已成为提高基层民政经办能力、建立共建共治共享的现代化社会服务体系时代要求下的必要选择。作为关系民生的重点民政工作，其建设发展更是巩固乡村振兴成果、缩小城乡社会服务差距的必要举措。自民政部办公厅印发《关于加快乡镇（街道）社工站建设的通知》以来，乡镇社会工作服务站建设在全国范围内有序启动，广东、湖南等地纷纷抓住乡镇社会工作服务站的建设契机开展"双百工程""禾计划"项目，为全国范围内乡镇社会工作服务站落地开花积累了实践经验。据了解，截至2022年6月30日，全国已完成2.1万余个乡镇（街道）社会工作服务站建设工作，5.3万余名社会工作者驻站开展服务，7个省份实现了乡镇（街道）社会工作服务站全覆盖，17个省份覆盖率已超过50%，全国覆盖率达56%。

近年来，乡镇社会工作服务站建设工作取得了较为显著的成就，在一定程度上发挥了对基层治理能力的提升带动作用，但在其发展、运营过程中也暴露出一系列制约因素，使得乡镇社会工作服务站建设陷入人才、资金、资源等方面的瓶颈。研究发现，即使在具有较为成熟经验与建设模式的广东、湖南等乡镇社会工作服务站试点先行地区，仍存在"行政化""非专业化"问题，乡镇社会工作服务站与政府之间职责边界的模糊性，更使其沦为政府行政部门的"伙计"，且当前社会工作服务站建设也大多受制于资源不足、制度设计不合理不完善以及社会工作从业者薪酬低、职业发展空间狭小而导致的人才流失问题，乡镇社会工作服务站在全国范围铺开运行以及职能、目标得以有效发挥与实现面临现实阻碍。

本研究以乡镇社会工作服务站的建设为背景展开，基于对河南省乡镇社会工作服务站建设现状与问题视角的机制探究，以现实需求为导向，采用参与者良性互动共同解决社会问题的协同治理视角，探究通过构建民政部门、社会组织、社会工作者、服务对象等多主体共同参与治理的发展模式，提高乡镇社会工作服务站建设水平与乡村治理能力，解决当下制约乡镇社会工作服务站建设的不良因素，对乡镇社会工作服务站建设存在的问题进行反思，总结建设经验。

（二）研究内容与研究目标

1. 研究内容

畅通政府与乡镇社会工作服务站的职权关系，将乡镇社会工作服务站从传统的政府管理体制中释放出来，破解"行政化"与"专业化"困境是其良性运作的应有之道。基于调查研究发现，乡镇社会工作服务站建设中较为普遍地存在行政依赖、经费不足、专业知识不足、人才紧缺等问题，本研究将采用协同治理视角进行系统分析，探索乡镇社会工作服务站良性运作的对策，力求构建多元治理体系，实现"协同发展"，形成多元主体共同参与的公共服务网络，并结合基层部门宣传教育，增强居民对社会工作和社会工作服务站的服务内容与特点的认知，树立社工专业形象，使人们摆脱对社会工作者是"行政助手"的职业误解，理清政社关系的同时探索"政府放权、创新监管、多元治理"的创新发展。并思考拓宽资金获取路径的有效举措，打破乡镇社会工作服务站面临的依赖政府资金的"一元化"困境，整合当地可利用的社会资源以增加乡镇社会工作服务站协同治理资源，建立和完善具有专业性的督导机制与督导队伍以及具备专业性与本土性特征的人才队伍，实现破解建设发展困境、提升社工站协同治理质量与社工站专业化水平的目标。

2. 研究目标

本研究以河南省乡镇社会工作服务站为研究主体，聚焦于当下我国乡镇社会工作服务站的建设，以问题导向结合河南各地乡镇社会工作服务站建设的实际情况剖析问题根源。进而从协同治理视角出发，首先进行理论的探索，梳理多方主体协同治理的相关文献，注重分析文献之间的区别与创新点，着重关注政府、乡镇社会工作服务站、社会工作者、社区等多元主体职责以及在基层社工站的建设与发展过程中所发挥的作用，明晰各方主体责任义务；进一步探索其良性运作的对策，将封闭的政府管制通过"协同"重塑为更加有序的治理结构，通过多方主体的良性互动激发合作效益，实现"1+1>2"的协同增效，推动乡镇社会工作服务站在全国范围内"生根开花"，为乡村治理能力的提升提供支持力量。

二 河南省乡镇社会工作服务站发展情况及特点

2020年11月16日，河南省民政厅印发《河南省乡镇（街道）社会工作服务站项目实施方案（试行）》，计划通过政府购买服务的方式，用3至5年时间，推进全省乡镇（街道）社工站全覆盖。目标是通过建立乡镇社会工作服务站改善基层群众的生活质量，探索基层治理新路径。当前河南省乡镇社会工作服务站的发展处于初期探索阶段，在其探索的过程中呈现出以下特点。

第一，总体处于萌芽阶段。2021年6月9日，河南省于郑州召开乡镇（街道）社会工作站建设工作推进会，在总结过去半年多基层社工站建设经验的基础之上，进一步进行了建设工作的总动员。计划在3到5年的时间内，按照"一年起步、两年铺开、三年建成、五年提升"的工作思路，同时规范阵地建设，落实"有场地、有人员、有功能、有制度、有活动、有成效"的标准，积极推进基层社工站的建设与发展。

当前省内的乡镇社会工作服务站建设仍以试点探索推进，分别在漯河市，郑州市金水区、管城区、中原区、郑东新区，宁陵县，温县，汝州市进行整市、整县推进。但受制于地区经济发展的不平衡，各地政府投资力度不一，乡镇社会工作服务站的建设水平也参差不齐。且大多数乡镇社会工作服务站创办的时间较短，主要由政府牵头创办，自我管理能力具有较大的差异性，由于创办初期"重数量、轻质量"，缺乏对社工站建设发展的持续关注与监督，社工站的发展缺乏硬实力。

总体上，河南乡镇社会工作服务站存在起步晚、区域发展水平不均衡、自我管理能力不足等特征，仍处于探索的萌芽时期。

第二，拥有独特的工作机制。河南省乡镇社会工作服务站计划建立以社区为平台、以社会组织为支撑、以社会工作专业人才队伍为保障、以社区志愿者为补充、以社区公益慈善资源为支持、心理工作者积极参与的"五社一心"工作机制，创新引入心理工作者等专业力量，在关注服务对象物质难题的同时辅以心理问题的帮助，发挥社工站的辐射作用及各主体独立与交互力量，助力基层社工站的发展与完善。

第三，重点关注困难群众。河南是我国农业发展大省，乡村农业家庭基数大、占比较多。基于河南省的经济发展状况与地域特征，河南省基层社工站服务辐射范围比较广泛，涉及社会救助、养老服务、儿童福利、社会治理以及社会事务等领域，且在服务领域里重点关注纳入困难群众救助补助资金保障范围的人员，基层社工协助社会救助部门开展对象排查、受理评估、满意度调查、家庭经济状况调查评估、建档访视、绩效评价等事务，并为社会救助对象提供心理疏导、照料护理、能力提升、资源链接、社会融入等服务，提升困难群众抵御风险的能力，使其重拾对生活的信心。

三 河南省乡镇社会工作服务站建设存在的问题

（一）对政府资源依赖严重，面临"行政化"困境

追求公共福利、造福社会的使命感决定了社工站非营利的性质和资金来源的局限性。对于多数乡镇社会工作服务站而言，主要资金、资源多来自政府和社会捐赠。在获取合法性方面，政府同样具有重要影响，为达至社会认可，乡镇社会工作服务站甚至出现主动依附政府资源和形象以谋工作之便的工作现状。另外，部分乡镇社工站对自身职责定位模糊，将大量时间与精力投至维护社工站同政府之间的关系，过分迎合政府，任其自主权流失，将社

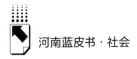

工站和社工置于"行政化"处境,专业能力无以施展,阻碍乡镇社会工作服务站长远健康发展。

(二)社工站服务指标设置不明确,职责边界模糊

社工机构在承接社会服务项目中面临专业服务指标的合理性问题。大多数乡镇社会工作服务站服务指标设定不合理与部分政府缺乏对项目的科学调研和设计密切相关,缺乏可行保障与科学的目标指引,在实际工作中,社工站疲于完成指标要求以应对上级政府的结果验收与评估,而忽视基层群众的实际需求和专业性工作的开展。此外,协助民政事务工作是乡镇社会工作服务站的工作内容之一,但招标文件中对于工作指标要求则通常以"协助民政部门完成相关事务工作""完成委托方交办的其他工作"等模糊性语言进行表述,乡镇社会工作服务站协助基层民政事务的数量、内容和时间等指标均具有不确定性,难以进行科学有效地衡量。这种不确定性更成为乡镇社会工作服务站摆脱民政部门的行政"助手"身份、延伸专业服务辐射范围的现实阻碍。

(三)基层部门缺乏专业认知

在建设发展过程中,基层政府与乡镇社会工作服务站之间存在较为普遍的权力不对等关系,基层民政部门拥有一定的权力,而社工机构却无任何权力,在二者关系中双方地位不对等,社工机构缺少话语权,社工机构与驻站社工普遍受到服务购买方的约制,难以发挥专业性。且一些政府部门未对社会工作建立正确清晰的认识,部分服务购买方缺乏对社会工作的专业性、工作性质以及社会服务专业化的必要性和重要性的认识,对社工职责定位模糊不清,忽视其在社会治理中的重要地位,给予社工站建设的资金、政策、资源等支持力度不足,未形成政府同乡镇社会工作服务站之间的对称性沟通对话机制,仅把社工当作简单的行政助手、志愿者,"错用"社会工作人才,施加过多行政性事务压力,致使乡镇社会工作服务站忽视自身专业服务的开展和专业团队的培养,沦为政府行政的"附属机构"。

（四）经费不足，"造血"能力缺乏

乡镇社会工作服务站需要充足的资金来维持正常运转，其资金需满足人员工资、服务经费和场地基础建设经费等需求，资金决定着社工站点的建设进程、服务范围与服务项目的实施效果及长效性和永续性，是乡镇社会工作服务站良性运行的物质基础与基本保障。而当前所面临的资金瓶颈问题主要涉及资金来源、资金量以及资金的专项性、持续性等方面。首先，乡镇社会工作服务站在政府主导下开展建设，政府直接的资金投入和政府购买服务项目是其主要资金来源，造成社工站经济过度依赖政府的局面。其次，社工站秉承助人自助理念，呈现非营利性特色，多为弱势群体开展公益性服务，一方面，经费由出资方给付，且受服务性质限制，服务对象基本不需付费，另一方面，该群体不具备给予较高服务费的经济实力，因此社工站营业收入少。再次，我国民众公益捐赠意识相对较为薄弱，且国内民众对社会工作的认知缺乏，导致针对社工站的社会捐赠氛围不够浓厚。最后，各县域财政状况差异决定其财政支持力度的差异，政府购买服务加重了地方财政压力，易出现项目资金难以到位的现象，使乡镇社会工作服务站建设发展过程中面临政府投入资金不足的问题。综合以上现状，政府是乡镇社会工作服务站主要资金获取对象，社工站自身服务营业收入、社会捐赠、企业资金支持占比较小。在此情况下，乡镇社会工作服务站对政府部门的资金依赖易使其陷入运作困境。虽然部分地区尝试开拓慈善资源路径，却仍缺乏对慈善资源省域与城乡之间分布不均衡问题的应对之策，总体上呈现筹资渠道单一、"造血"能力不足的特点。

（五）专业性与本土性人才不足，人才流失严重

社工人才是全面推进乡镇社会工作服务站建设的基础保障。乡镇社会工作服务站面向的乡镇场域中的基层社会问题具有多样化、复杂化、本土化特征。基于我国社会工作职业发展的不成熟性，社会工作机构的波动性、不稳定性，社会工作者晋升机制不够完善、晋升空间受限。且政府购买服务的间断性与非持续性更导致社工人才在机构之间存在较强的流动性，诸多因素影

响社会工作专业人才的就业选择，使得社会工作者承受着薪资待遇低、晋升激励机制缺失、社会对其工作的认知度不高的现状，个人的生存、发展与工作之间矛盾凸显。社工站不清晰的服务边界及政社间单向依赖关系使社会工作者负担过多行政性事务和其他任务，加剧社会工作者工作负担和压力，大量挤压社会工作者发挥自身专业能力的空间，不对等的劳动付出与劳动收获、自身专业价值难以完全施展的局面，严重挫伤一线社会工作者的积极性，恶化社会工作人才流失现象。

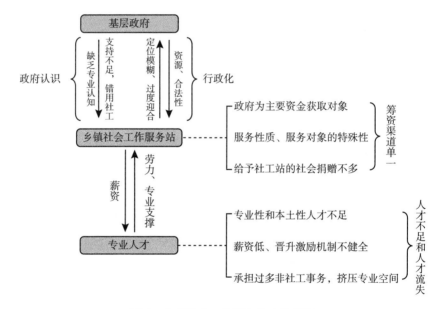

图1 乡镇社会工作服务站建设难题

四 河南省乡镇社会工作服务站建设问题的应对策略

（一）构建多元治理体系，实现"协同发展"

1.疏通政社关系

乡镇社会工作服务站建设总体遵循政府购买、机构承接的自上而下建设路径，政府部门占据主导地位，而当前乡镇社会工作服务站普遍面临的"行政化"以及其衍生的资源、人力、财力问题，其核心在于政社关系的探究。衡量行政力量参与乡镇社会工作服务站具体运营、管理和服务的程度成为疏通政社关系、理清职责边界、实现协同治理的必由之路。

一是要坚持横向、纵向两条支持路径"走路"的方案设计。纵向上，分别构建"省级规划，县级建造，乡镇支持，机构指导"与社工总站、区域性中心社工站、乡镇（街道）社工站、村（居）社工服务点"四级网络"两条支持体系，明确层级边界，各司其职。鼓励乡镇政府（街道办）、民政部门与社工站做到"主责主业"，鼓励政府与民政部门强化监督管理职能，在做好顶层方案设计的同时做到简政放权，放松制度与管制，发挥统筹项目，协助规范社工机构行政、服务和财务管理，监督跟进项目实施进程与状况以及评估考察项目成效的主导作用，并将部分职能、资源逐步转移给社会组织，既可放宽乡镇社会工作服务站开展专业社会工作服务的弹性空间，又为承接机构、社工站提供明确的工作指引，提升乡镇社会工作服务站的工作效能。总体实现通过构建"政社共同体"，将社工站建设中不可避免的依赖问题引向政社关系由"控制"到"合作"的深刻转变。

二是要规范服务内容。可制定乡镇社会工作服务站专业服务、协助事项清单和负面工作清单，明确社工站在行政性服务和专业性服务内容上的职责边界，设置有节奏、有步骤、符合实际的工作指标，具体实施方案可参考广东"双百计划"的建设经验，在社会工作服务站与社会工作服务点的职责岗位设计中分设"行政性岗位"与"专业性岗位"，在职责管理与服务工作开展中始终坚持目标导向、问题导向、结果导向，避免基层政府与社会组织出现冲突，通过避免政府部门擅用一线社工承担行政事务而弱化其专业服务职能化解过度"行政化"问题。

2.构建多元治理体系

在打通政社关系、构建政社共同体的前提下，可引入社区、社工、社会组织等多元治理主体，实现治理主体的多元化协同发展，促进由"各自为政"转向"协同发展"的治理模式，形成多元主体共同参与的公共服务网

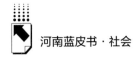

络，探索"政府放权、创新监管、多元治理"的创新发展，打造共建共治共享的乡村治理新格局。

一是可激发社区建设的内生性力量，培育、发展本土志愿者队伍等诸多服务力量，充分有效利用乡镇（街道）现有资源，建立"社区+社工+社会组织"的"三社"联动机制，"社工+志愿者"协同机制，多元联动机制如志愿者管理机制、定期议事机制、合作伙伴引入机制和服务项目遴选机制等，弥补乡镇社会工作服务站人员不足问题。以"互联网+社会工作"模式为依托构建网格化管理，以高效、便捷的基层社会工作服务站信息化建设管理提升服务工作效率与资源整合效率，激发社会组织参与基层社会治理的热情与动力。

二是建立部门间的协同合作，让服务主体从"一元"实现"多元"转变。鼓励乡镇社会工作服务站与统战部、妇联、团委、残联各职能部门和各企事业单位合作组成共建单位关系，实现人力、物力、财力等资源整合。既将服务实施主体从"一家独唱"变为"众人合唱"，又实现了跨部门、跨领域的沟通平台建设，成立独特"需求-资源库"动态跟踪服务对象的现实需求，缓解社会服务供需不平衡的问题，盘活资源以便利需求与资源匹配的对接工作，打破提供社会工作专业服务的壁垒。也可借鉴湖南"禾计划"的建设经验尝试打造社会工作"1+N"服务体系，整合志愿服务、慈善事业、社会组织、群团组织和其他政府部门服务力量。

通过政社关系的疏通与明确政府部门与社工站的职责边界，重构"政社共同体"，实现基层社会工作服务站与民政、县镇（街道）、社会组织、社会工作者等多元主体合作共治，培育多元主体共同参与的新居民参与网络，打造具有区域特色的社会工作专业品牌项目。

（二）加强基层部门宣传教育，树立社工专业形象

社会工作事业在我国因其起步晚、职业信任未能建立而存在较为普遍的职业误解，对此主要针对基层工作者与基层群众两大主体提供认知更正的建议。

一是通过召开会议、培训和明确评价指标等方式，促进基层干部对社会工作专业性的了解与认同，逐步破除将其视为"行政助手"的错误认知观念，为在制度和工作设计中为专业社会工作服务创制空间打下基础。对行政人员进行专业业务培训，使其正确认识政社合作关系，并通过行政吸纳进行双向互构，利用专业服务对行政人员的形塑，改变其治理理念，赋予社工"角色意义"，激发行政工作者主动协助社工站和社工发挥专业优势的主体性，畅通和规范社会工作者参与社会治理的途径。社会工作专业院校、社工机构积极充当"局内人"角色，参与乡镇（街道）基层干部的社会工作培训。

二是通过具有快速传播性特征的大众传媒平台的介入，形成媒体驱动型公众参与模式。在社工进行入户调查、走访时注重树立社会工作者的专业形象，并可联动社区居委会，采取入户、打电话、张贴海报、开展讲座等宣传方式，增强居民对社会工作和社工站的服务内容与特点的认知，建立制度信任。

（三）打造多元资金路径，丰富社工站协同治理资源

以政府购买服务为主体的建设方式使乡镇社会工作服务站面临依赖政府资金的"一元化"困境，打破该难题必须拓宽资金获取路径，打造主干多支的资金支持网络。以政府财政发放的项目拨款为基本建设的资金保障，结合财政奖补、项目扶持、减免费用等多元资金支持方式，支持乡镇社会工作服务站的启动建设与其专业服务工作的开展，实现主流的资金来源供给保障，发挥政府购买社会服务的主渠道作用，同时进行资金渠道的"开源"探索，统筹工会、妇联、司法、教育、卫生、共青团等部门分级承担购买社工站服务资金，形成多元部门主体共同购买乡镇社会工作服务站的专业服务的资金支持体系，构建项目资金保障机制。

同时大力寻求社会组织与公益力量的协同，结合实际情况分析本土可利用的社会资源，将企事业单位、志愿者组织和公益慈善类组织等纳入财力和物力资源筹措对象范畴，并通过资助、提供场地结合专项资金扶持、项目认

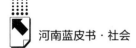

领、公益众筹、专业扶持等方式补齐乡镇社会工作服务站建设中的资金短板。促进各个专业化社会工作服务组织扶持发展基金会的成立，积极寻找各类基金会资源并引导其与乡镇社会工作服务站、专业社工机构开展项目合作。充分发挥乡镇社会工作服务站打造的资源链接平台与"资源库"的支持作用，链接慈善基金会、公益项目和爱心企业提供相关支持，有效整合志愿服务、慈善事业、社会组织、群团组织和其他政府部门的服务力量，丰富乡镇社会工作服务站协同治理资源。

（四）完善监督与督导体系，提升社工站协同治理质量

首先，细化服务项目评审和评估机制，制定具有可行性、可操作性的社工站服务项目评审评估细则，同时注重服务项目的前期甄别筛选与后期成果验收，弥补当前乡镇社会工作服务站评审和评估机制中的漏洞。

其次，建立和完善具有专业性的督导机制与督导队伍，构建"外部督导+内部督导"的双重支持模式。一方面，在社会工作指导中心设立督导专职岗位，通过人才引进或社工机构自身培养孵化的方式构建专业督导队伍，专职负责各乡镇（街道）社工站的督导工作，或赋予社工站负责人"督导者"角色，对其进行督导培训，利用其对所在地与站内从业者的了解提供具有差异性、可行性、时效性和针对性的督导服务，形成本土化、机构内部的督导体系。另一方面，通过购买督导服务对所在基层县域进行个别督导和集体督导，可利用线上技术突破地域空间阻碍，提供"外部督导"支持。以两者相结合的理想模式打造形式多样、灵活、专业的督导体系。

同时，强调督导的支持者、同行者的角色，以优势视角结合本土经验，提供个性化、内在优势激发性的督导服务；建立督导学习和反馈机制，通过社工与督导的互动实现良性循环。

（五）加强人才队伍建设，多元提升社工站专业化水平

社工人才是乡镇社会工作服务站的核心力量，也是社工服务专业性得以体现的重中之重，而当下乡镇社会工作服务站存在"本土化、在地化、专

业化"社工队伍不足的困境难题，加强社工人才培育工作的需求十分迫切。故提出以下几点应对措施。

在职业岗位自身发展方面，积极鼓励基层政府完善延展社会工作专业岗位的招聘，根据乡镇、街道等各基层组织特性结合实际需要设置社会工作专业岗位，使专业社工需求与职位设置相匹配。根据地区的经济发展状况和整体工作水平制定合理的社工薪酬待遇，建立科学、合理的薪酬保障机制与职级薪酬体系，提升一线社工的工资水平。完善社工职业晋升渠道，拓展社工的职业晋升空间，抬高职业"天花板"，建立健全社工表彰奖励与激励保障制度，增强职业吸引力，进一步激发社工的内在动力，提高社工职业地位。同时可依托社会工作者协会，借助互联网技术，建立较为完善的社工备案和招聘录用信息平台，便于乡镇社会工作服务站招录工作的开展。此外，条件状况良好的乡镇（社区）可开展专业社会工作理念、性质和方法的普及培训工作，面向基层工作者开展专业培训，面向群众群体进行社会组织、社会工作等概念"扫盲式"普及，并综合协同治理体系的打造为社会工作服务深入开展营造环境，使社工感受到专业服务中的"角色意义"，提升自我职业认同。

在人才培育方面，可结合基层社会工作服务站社工配备特点和实际情况，发挥乡镇社会工作服务站的人才孵化功能，制定一系列培养、使用、评价、激励办法，汲取"禾计划"人才培训经验，综合运用"片区分组培养""朋辈督导支持""服务中学习培养""绩效评价激励"等方式，坚持加强专业社工的实务工作培训，以适应乡镇的独特本土场域、为本土社工提供专业性指导，以"先上岗再培训"逐步提升服务工作的专业性，实现"人群细分、需求精准"的专业培训目标。以针对性的知识传授结合实际工作进行应用练习，可采用"以老带新"的模式积累社会工作者本土实践经验与自身服务技能。将乡镇民生协理员、基层民政干部纳入乡镇社工培养对象范畴，进行在地化人才培养，壮大一线社工人才队伍。并借鉴湖南社工项目专家联系点制度，采用"线上+线下"相结合的督导评估方式实时动态监管社工服务质量，保证乡镇社会工作服务站的专业化特征得以凸显与运用。

乡镇社会工作服务站建设是一个探索推进、吸收进步的循序渐进过程，

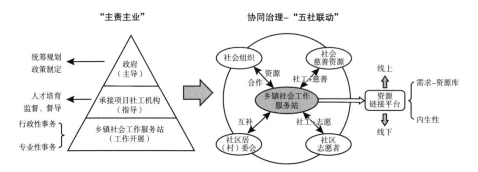

图2 乡镇社会工作服务站协同治理路径

针对先行地区进行试点推进，并不断总结吸收建设经验逐渐铺开。需要政府部门不断健全乡镇社会工作服务站建设中的发展路径、财政管理、人才培育等方面的制度设计，营造正向良好的发展环境。在建设探索中可适当降低社会组织准入门槛，遵循先吸纳、再培育和服务的"先有后好"逻辑，通过引入社工站、社区社会组织、志愿服务队、民间公益力量等多元治理主体，走倒逼地方政府从"统揽式管理"向专业化、技术化、高效化的"技术性治理"转变的发展之路。当前，乡镇社会工作服务站的模式探索与经验总结复杂多元，其根本在于依据因地制宜的建设思路，结合乡镇地区的特征与实际现状选择最适应本土复杂乡镇场域的建设方案，以应对乡镇社会工作服务站建设道路中的"变"与"不变"。

五 结语

乡镇社会工作服务站建设承担着转变乡村滞后现状、促进农村发展的重大使命，社工站的建设既要坚持主责主业强化兜底设计的理性选择，也要结合实际开展落实治理有效的农村社会工作。基于乡镇社会工作服务站建设现状与经验总结发现，通过协同治理视角实现政府、社会组织、社工站、社区、社会工作者之间的有效联结才能充分发挥各主体的资源与优势，通过打造"三社联动""五社联动"运行机制，利用主体间的合作与资源互补推动

"相互监督、相互联系、相互协助"的共建共治共享工作模式的打造。通过制度设计与创新做好基层政府的导向指引工作，在为基层社会工作职责延展提供更多可能性，打造主责主业与协同治理的整合性平台体系的同时，实现扩大乡镇社会工作服务站的辐射范围与影响的附加效果，解决当下乡镇社会工作服务站建设中出现的各主体职权不明、边界模糊、资源链接困难等问题。通过政府主管部门的有限放权打破办公室化的管理服务，给予社会工作者充足的专业性发挥空间。通过协同治理体系实现组织结构、人才培育、资金来源路径的优化，打造政府主导、机构建设的常规性合作机制，利用人才驱动、行业驱动与服务的扩散效应将资源链接、人才培育与督导工作切实落实，积累可行经验、培育基层骨干、改善从业环境与保障机制，并把握政府与乡镇社会工作服务站的嵌合度，避免产生机构失灵现象。

乡镇社会工作服务站建设工作要走好专业化、本土化道路，根据乡村的人口特征与经济特征以及乡村文化寻找基层社会工作与乡村振兴的结合点与工作切入点，精准寻找服务模式与服务对象，充分发掘本土资源与本土人才，利用在地优势打造具备专业性的社会工作人才队伍，利用"线上+线下"相结合的双线模式实现创业与人才培育的科技赋能路径，提高乡村社会治理能力，推动乡镇社会工作服务站良性运作，促使乡镇社会工作服务站建设与发展效果最大化，真正补齐农村民政事业短板，化解"三农"问题。

参考文献

《社工站建设速递 | 河南：用 3 至 5 年推进全省乡镇（街道）社工站全覆盖》，社工周刊，2020 年 12 月 6 日，https：//www. socialworkweekly. cn/news/20253. html。

《河南省民政厅关于印发〈河南省乡镇（街道）社会工作服务站项目实施方案〉（试行）的通知》，河南省民政厅网站，2020 年 11 月 24 日，http：//mzt. henan. gov. cn/2020/11-24/1907557. html。

王思斌：《乡镇社工站建设要坚持专业化发展方向》，《中国社会工作》2022 年第10 期。

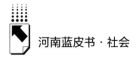

王思斌：《乡镇社工站建设中的"政策共同体"》，《中国社会工作》2021年第16期。

徐华：《关于乡镇（街道）社工站督导问题的思考》，《中国社会工作》2021年第34期。

于瑶、陈婷婷、汪容华：《一个街道社工站建设的"1+4+N"多元协同模式》，《中国社会工作》2021年第34期。

彭少峰、张一凡：《嵌入性合作：乡镇社工站实践中的政社关系研究——以湖南省L社工机构为例》，《中国社会工作》2021年第22期。

周金玲：《乡镇（街道）社工站建设湖南模式探析》，《中国社会工作》2021年第7期。

徐蕴、姜波、王瑞鸿、孙洁：《社工站建设之地方实践（三）湖南"禾计划"：如何实现从1.0到3.0版本的进阶》，《中国社会工作》2021年第4期。

《实施"禾计划" 激发新动能 推动湖南"五化民政"建设高质量发展》，《中国民政》2020年第20期。

方舒：《协同治理视角下"三社联动"的实践反思与理论重构》，《甘肃社会科学》2020年第2期。

苏平安：《基层社会协同治理多元主体参与模式的探索——以"朝阳群众"为例》，《劳动保障世界》2018年第21期。

唐文玉：《从"工具主义"到"合作治理"——政府支持社会组织发展的模式转型》，《学习与实践》2016年第9期。

周进萍：《社会治理中公众参与的意愿、能力与路径探析》，《中共南京市委党校学报》2014年第5期。

田培杰：《协同治理概念考辨》，《上海大学学报》（社会科学版）2014年第1期。

李汉卿：《协同治理理论探析》，《理论月刊》2014年第1期。

俞可平：《治理和善治：一种新的政治分析框架》，《南京社会科学》2001年第9期。

专 题 篇

Reports on Special Subjects

B.20
生育政策调整背景下河南省婴幼儿
托育服务发展研究*

郑州大学课题组**

摘　要： 目前，河南省积极调整婴幼儿托育服务发展措施，依托政府的大力支持和社会多方力量的广泛参与，婴幼儿托育服务呈现出较好的发展态势。本研究在实证调查的基础上，发现河南省居民对于婴幼儿托育服务发展的需求较多集中在对托育服务内容的多样化需求、对托育服务项目的多变性需求、对托育服务机构的质量需求、对托育服务机构的安全和信用需求以及对托育服务的经济性

---

* 本文为 2020 年度国家社科基金一般项目"全面二孩政策背景下城镇女性'生育—就业'服务体系的建构研究"（项目批准号：20BSH039）和 2019 年度教育部人文社科研究一般项目"全面二孩政策背景下女性职业变动的空间建构研究"（项目批准号：19YJA840005）的阶段性成果。

** 课题组负责人：蒋美华，郑州大学政治与公共管理学院，教授，博士生导师。课题组成员：范新琦、周子琼、赵琳琳、张雯、茹宥瑄、孙璐、柯海玲，郑州大学政治与公共管理学院研究生；韩虹谷，中央财经大学社会与心理学院学生；许俊霞，河南女子职业学院妇女理论研究中心，讲师。

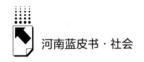

需求等方面。同时，发展过程中仍然面临一些问题，主要表现为服务持续供给难、托育水平提高难、制度建设规划难等。为此，需要进一步探讨促进河南省婴幼儿托育服务发展的有效路径，主要包括政府提供政策保障、发展多元化服务模式，提高托育服务专业化水平等，希望多方合力助推河南省婴幼儿托育服务高质量发展，以更好地推动三孩生育政策的实施。

关键词： 生育政策　婴幼儿托育服务　河南

随着生育政策的调整，特别是三孩生育政策的出台，婴幼儿托育服务也逐渐成为社会普遍关心的话题。为了回应生育政策的调整，配套的托育服务也应及时跟进。《中华人民共和国国民经济和社会发展第十四个五年规划和2035年远景目标纲要》提出要"发展普惠托育服务体系，健全支持婴幼儿照护服务和早期发展的政策体系，推进婴幼儿照护服务专业化、规范化发展，提高保育保教质量和水平"。为此，本研究拟对生育政策调整背景下河南省婴幼儿托育服务发展进行探讨，希望能更好地推进三孩生育政策的实施。

一 生育政策调整背景下河南省婴幼儿托育服务发展的进程

在严峻的人口形势下，近年来河南省积极回应国家生育政策，根据省内人口结构特征调整生育政策及其相关配套措施。与此同时，作为人口大省，河南省社会育儿的任务艰巨。为此，河南省不断发展省内婴幼儿托育服务事业，具体发展进程如下。

（一）生育政策及其配套措施的调整

从河南省发布的《河南省人口发展规划（2016—2030年）》来看，河

南省坚持科学评估经济社会发展对居民生育行为的影响，准确把握群众生育
意愿的变化趋势，坚定做好生育政策落实跟踪以及政策执行效果的评估工
作，密切监测生育水平的变动态势，坚决根据国家统一安排及时调整妥善完
善省内生育政策，提供相关配套服务。

随着全面二孩政策、三孩生育政策的出台，河南省于 2016 年 5 月 27
日、2020 年 6 月 3 日先后召开的河南省第十二届、第十三届人民代表大会
常务委员会上通过了《关于修改〈河南省人口与计划生育条例〉的决定》
的第三次和第四次修正。2021 年 11 月 27 日，河南省第十三届人民代表大
会常务委员会第二十八次会议决定修改《河南省人口与计划生育条例》，修
改后的条例明确指出，公民有生育的权利，也有依法实行计划生育的义务。
提倡适龄婚育、优生优育，一对夫妻（含再婚夫妻）可以生育三个子女。①
2022 年，河南省发布《河南省优化生育政策促进人口长期均衡发展实施方
案》，提出依法实施三孩生育政策，严格落实人口与计划生育法及河南省条
例，促进相关措施与生育政策的衔接。②

为落实国家关于 0~3 岁婴幼儿照护的指导意见，河南省结合实际情况
于 2020 年发布《河南省人民政府办公厅关于促进 3 岁以下婴幼儿照护服务
发展的实施意见》，具体指出，加强对家庭婴幼儿照护的支持和指导，加大
社区婴幼儿照护服务设施规划建设力度，培育多元化婴幼儿照护服务供给主
体，规范婴幼儿照护服务机构发展，加强婴幼儿照护服务机构监督管理
等。③ 2021 年 12 月发布的《河南省人民代表大会常务委员会关于修改〈河
南省人口与计划生育条例〉的决定》显示，河南省将采取财政、税收、保
险、教育、住房等支持措施，减轻家庭生育、养育、教育负担。同时根据河

---

① 《河南省人民代表大会常务委员会关于修改〈河南省人口与计划生育条例〉的决定》，河南省
人民政府网站，2021 年 12 月 22 日，http：//www. henan. gov. cn/2021/12-22/2369522. html。
② 《中共河南省委　河南省人民政府印发〈河南省优化生育政策促进人口长期均衡发展实施
方案〉》，河南省人民政府网站，2022 年 5 月 7 日，http：//www. henan. gov. cn/2022/05-
07/2443964. html。
③ 《河南省人民政府办公厅关于促进 3 岁以下婴幼儿照护服务发展的实施意见》，河南省人民
政府网站，2020 年 4 月 9 日，https：//www. henan. gov. cn/2020/04-09/1314532. html。

南省经济社会发展及国家相关规定，逐步提升有关生育奖扶标准。① 并且，根据《河南省优化生育政策促进人口长期均衡发展实施方案》中的发展普惠托育服务体系的重点任务，河南省将于 2025 年实现全省每千人口拥有 3 岁以下婴幼儿托位数达到 4.5 个。②

（二）婴幼儿托育服务的发展

河南省婴幼儿托育服务的发展在政府的大力扶持以及社会力量的广泛参与下逐渐呈现出向好的发展态势。不仅在托育机构的数量上逐年增加，在服务项目以及投资上也呈现出喜人的表现。

在政府的大力支持下，河南省婴幼儿托育服务正在快速发展。截至 2020 年底，河南省共有从事托育服务的机构 2616 个，提供托位 11 万个，入托婴幼儿 6 万人。③ 为进一步落实三孩生育政策，也为降低多孩家庭的养育成本，当前河南省积极推进各类普惠性托育项目的建设工程。自 2021 年，河南省申报新建、改扩建的托育服务项目就有 92 个，争取中央预算内投资 7560 万元，并且大力带动企业投资 1.5 亿元，新增普惠托位数量达到 7500 个。其中财政补贴部分还细分为建设补贴、收托补贴、示范机构奖励以及其他补贴，基本贴合机构营运需要。截至 2022 年 5 月，河南省从事托育服务的机构统计 4000 多家，共提供托位数 19 万个；通过备案的机构 609 家，位居全国前 7 位，建成市级示范机构 101 家。④ 截至 2022 年 8 月初，河南省从事托育服务的机构已达到 4500 多家。

河南省在促进婴幼儿托育服务的发展中不断收获新成果。如 2022 年 8

① 《河南省人民代表大会常务委员会关于修改〈河南省人口与计划生育条例〉的决定》，河南省人民政府网站，2021 年 12 月 22 日，http：//www.henan.gov.cn/2021/12-22/2369522.html。
② 《中共河南省委 河南省人民政府印发〈河南省优化生育政策促进人口长期均衡发展实施方案〉》，河南省人民政府网站，2022 年 5 月 7 日，http：//www.henan.gov.cn/2022/05-07/2443964.html。
③ 《河南出实招解决"托育难"》，河南省人民政府网站，2021 年 5 月 14 日，https：//www.henan.gov.cn/2021/05-14/2145029.html。
④ 《河南强力推进优化生育政策落地》，河南省人民政府网站，2022 年 6 月 17 日，https：//www.henan.gov.cn/2022/06-17/2470363.html。

月2日，河南省郑东新区托育指导中心在河南省儿童医院正式挂牌成立。该中心将承担全区托育机构从业人员的培训工作，开展托育产品的研发以及创新设计、家庭养育以及婴幼儿早期发展等专项业务指导。对于促进全区托育服务行业的良性发展具有重要意义。① 2022年9月10日，位于河南省郑州市的河南卫生健康干部学院托育中心正式开门。这是河南省在普惠性托育版图上的又一重要突破。该家托育中心是响应国家与省政府由事业单位搭建的号召，由学院出资、筹备再交由第三方运营。如此，不仅能够保证托育服务的专业水平，也能最大限度地减少运营负担，面向社会开放，执行郑州普惠指导价。这些托育机构的开办，为河南省大力发展托育服务探索了新的发展路径。

二 生育政策调整背景下河南省婴幼儿 托育服务发展的现实需求

为全面了解当前河南省婴幼儿托育服务的发展状况，本课题组于2022年4月~6月在郑州、开封、洛阳、商丘等地对河南省婴幼儿托育服务进行了问卷调查。本次调查共发放问卷317份，回收有效问卷317份，有效回收率为100%。本课题组还对15名婴幼儿家长、5名托育机构工作人员等进行了深度访谈，以获取研究所需的定性资料。调查样本的基本情况如下：在性别方面，女性占比高于男性，其中女性占比72.24%，男性占比27.76%；在年龄结构方面，主要集中在22~35岁，占比80.13%；在调查区域方面，郑州市内被调查者占比45.43%，其余分布在各地级市，有助于反映郑州引领下河南省的城市与婴幼儿服务的整体发展状况。

据2021年国家统计局的人口普查数据可知，河南全省人口出生率为

---

① 凯乐：《郑东新区托育指导中心在河南省儿童医院挂牌成立》，看郑州，2022年8月2日，http://kzzshare.zztv.tv/folder21/folder50/2022 - 08 - 02/v1zlidDIvAZL2JPq.html?＿hgOutLink＝news/NewsDetail&id＝128857。

8‰，高于全国平均人口出生率 7.52‰。[①] 不难得出，河南省不断增长的新生人口带来巨大的托育需求。尤其是对于双职工家庭而言，很难分出过多的精力投入工作之外的育儿任务中，对于托育服务的需求更强烈。为了能够提供更高质量的托育服务，还需要了解河南省托育服务的现实需求。

（一）对托育服务内容的多样化需求

现代社会父母对于婴幼儿托育的认识已不仅仅是简单地照看孩子，而是有着更精确和复杂的需求。根据本课题的调查数据，我们可以看到，对于被调查的父母来说，托育服务内容理应超越简单的日常生活照料任务，要涵盖婴幼儿的早期教育启蒙和生活习惯培养等多样化的教育内容。这些服务项目应该按照科学化的日程安排给被托育的婴幼儿。

如表 1 所示，调查对象中对于婴幼儿日常生活照料、早期教育启蒙、生活习惯培养的需求分别高达 77.21%、76.19%、84.01%，皆占据较高比例，总需求呈现多元化态势。

表1　父母所希望的托育服务内容

单位：次，%

托育服务内容	频次	比例
日常生活照料	227	77.21
早期教育启蒙	224	76.19
生活习惯培养	247	84.01
身体素质提升	98	33.33
其他	1	0.34

相关研究表示，托育机构应为婴幼儿提供更加科学和更加细致的服务项目，具体的服务内容有以下几个侧重点：为婴幼儿提供心理和生理上的照

---

① 见国家统计局网站，https：//data.stats.gov.cn/easyquery.htm？cn = C01&zb = A0302&sj = 2021。

料；婴幼儿的学习辅导服务；提高托育服务人员的专业素养。① 调查中，访谈对象就提到了这些方面的需求。

ZZ001XS（河南省郑州市）："我们中心的家长朋友非常看重婴幼儿的习惯养成，其中就包括学习习惯还有思考的能力，现在的托育并不是简单的吃好、住好、玩好了，更重要的就是开心学习、快乐学习。"婴幼儿的身心发展与其他年龄阶段不同，完全依赖传统教学方法极易扼杀婴幼儿的烂漫天性。因此，托育服务中的教学方式成为许多家长的重点考虑方面。

ZZ002MH（河南省郑州市）说明拒绝将二胎宝宝送到婴幼儿托育机构的理由时提到了托育服务人员的专业、道德素养问题："许多托育机构的老师和保教员都是临时上岗，许多人都是培养几个月就来教孩子，这能信得过吗？还有许多老师三天打鱼、两天晒网，孩子频繁换老师更不好。"

（二）对托育服务项目的多变性需求

由于托育的家长往往来自不同的地区、不同的阶层，有着不同的工作时间安排，孩子也处于不同的成长期。因此，对于不同的家庭来说，托育需求也是不尽相同的。甚至说对于同一家庭，在不同的时间和地点对于托育服务就有着不同的需求。为此，托育服务在不同的维度上就需要有不同的服务方式，比如提供不同时长的托育服务形式等。

以不同时长的托育服务项目为例，从表 2 中可以看到，在时间维度上不同的托育服务形式中，选择全日托服务的家长占比 70.59%，选择半日托的家长占比 20.59%，选择夜间托的家长占比 2.94%，选择周末托和假期托的家长均占比 8.82%，选择计时托的家长占比 5.88%。整体来看，虽然选择全日托的家长占比最高，但几乎每一种托育形式皆有一定数量的家长选择。这与家庭规模小型化、工作方式的日益丰富息息相关。多种托育形式的存在能够尽可能地满足各种家庭在婴幼儿托育方面的需求。

---

① 尹秀芳：《婴幼儿托育服务体系的建立与完善探析》，《科技资讯》2020 年第 18 期。

表2　孩子得到的托育服务形式

单位：次，%

托育服务形式	频次	比例
全日托	24	70.59
半日托	7	20.59
夜间托	1	2.94
周末托	3	8.82
假期托	3	8.82
计时托	2	5.88
其他	0	0

（三）对托育服务机构的质量需求

相对于其他人群，婴幼儿的生理和心理显得更加脆弱，所以对于托育服务的质量要求更加严格和苛刻，对托育服务机构的规范化程度、专业性水平、环境卫生、设施质量、员工素质、服务理念等细节皆有明确要求。

为了满足对于托育服务的质量要求，必须要建立明确的质量标准并严格执行。在质量标准的建立方面，国内外都有相关的文件可用于借鉴，如教育部在2022年和2017年分别颁布《幼儿园保育教育质量评估指南》《幼儿园办园行为督导评价办法》。国外，德国颁布有《儿童日托机构的教育质量：国家标准集》，美国NAEYC制定有《早期教育质量认证标准框架》，澳大利亚颁布有《早期儿童教育和保育国家质量框架》。借鉴国内外经验，完善婴幼儿托育机构质量评估制度，建立婴幼儿托育机构信息公开体系，严格按照章程对婴幼儿托育机构进行管理和监督，定期对婴幼儿托育机构进行质量考核并向社会公布考核结果。①

（四）对托育服务机构的安全需求

对于父母来说，对托育服务机构的安全需求可以排在所有需求的首位，

---

① 《河南省人民政府办公厅关于促进3岁以下婴幼儿照护服务发展的实施意见》，河南省人民政府网站，2020年4月9日，https：//www.henan.gov.cn/2020/04-09/1314532.html。

哪怕父母的其他需求被满足的程度再高，只要安全不达标，父母也不会选择该机构的托育服务。根据国家卫生健康委办公厅印发的《托育机构婴幼儿伤害预防指南（试行）》①，要满足家长对于托育机构的安全性需求则需要重视以下主要方面。

一是预防婴幼儿的窒息风险，在生活环境、安全管理、日常生活照料等方面都应保持相应的防窒息意识。二是预防跌倒伤风险，机构的环境设施都应该定期做好风险排查，并且对工作人员做好预防跌倒伤的相关培训。三是防烧烫伤、防溺水、防中毒，在使用有风险的设施时做好安全工作，提升安全意识。四是婴幼儿异物伤害预防，婴幼儿心智不成熟，很容易意外吞咽异物，要就此对物品进行管制。五是道路交通伤害预防，在需要携带婴幼儿出行时，对于出行的管理制度、车辆的安全标准、驾驶人员的资质等都有一定需求。

（五）对托育服务机构的信用需求

一家具有良好信用的托育机构更容易获得家长的信任。对于家长来说，公办的托育机构比民办的托育机构更容易获得信任。如表3所示，希望孩子在公办托育服务机构的家长所占比例为82.65%，占比远高于其他选项。

表3　父母希望孩子所在的托育服务机构性质

单位：次，%

托育服务机构性质	频次	比例
公办	243	82.65
公建民营	66	22.45
民办	26	8.84
民办公助	42	14.29
企事业单位办	81	27.55
不关心托育机构性质	31	10.54
其他	0	0

---

① 《国家卫生健康委办公厅关于印发托育机构婴幼儿伤害预防指南（试行）的通知》，人口监测与家庭发展司网站，2021 年 1 月 20 日，http://www.nhc.gov.cn/rkjcyjtfzs/s7786/202101/1567222bc85843408693850915575885.shtml。

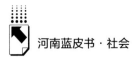

就现实情况来说，公办托育机构的建立往往成本昂贵，公办托育机构数量也不足，在托育市场上呈现供不应求的现象。同时，存在服务质量参差不齐的状况。

KF002CJ（河南省开封市）："公办的托育机构收费低、有政府做保障，值得信赖。但是身边许多朋友开始转向私立的托育机构了，一是因为现在公办的婴幼儿托育机构太少了，一座难求，二是因为私立的托育机构能教会宝宝的更多。"

值得关注的是，具有新观念的年轻一代逐渐认识到民办托育机构的优点，如民办托育机构实行教师绩效制，可以有效提升教师积极性；民办托育机构教学资源丰富、教学方式新颖，婴幼儿可以学到更多的启蒙知识。但民办托育机构也存在一些令人避而远之的缺点，如收费不合理、机构质量参差不齐等。为此，应将民办托育机构信息纳入信用共享平台，设立一定的信用考核标准，来提高民办托育服务机构的信用度，满足各种家庭对于托育机构的信用需求。

（六）对于托育服务的经济性需求

只有托育机构提供的托育服务是家庭的经济力所能及的时候，该家庭才会购买托育机构的托育服务，因此适当地降低托育服务的价格有助于满足各种家庭对于托育服务的经济性需求。但是婴幼儿托育服务不同于市场上的其他产品，若完全按照市场经济的逻辑反而会对婴幼儿托育服务市场造成一系列负面影响。因此，在满足家庭对于托育服务的经济性要求时，也要兼顾托育服务本身的普惠性和福利性，要发挥其社会效益，减轻家庭中父母的育儿负担。

三　生育政策调整背景下河南省婴幼儿托育服务发展面临的问题

在生育政策调整背景下，河南省婴幼儿托育服务的发展面临不同程度的问题。随着现代社会的不断进步，家庭对于婴幼儿照料的需求不再局限于简单的看护，更多地侧重于高质量的教养结合服务。与此同时，三孩生育时代的到来导致托育需求激增，托育机构在数量与质量上仍然有可待完善的空间。生育政策调整背景下河南省婴幼儿托育服务发展面临的主要问题如下。

（一）服务持续供给难

生育政策调整背景下家庭对于托育服务的需求呈现出较大的缺口。保证持续提供高质量的托育服务，是满足多孩家庭托育需求的必经途径之一。目前，河南省面临婴幼儿托育服务供给难的问题。

1.公办性托育服务供给资源不足

理论上，相较于民办机构，公办托育机构的经费主要来源于财政拨款，因此公立机构一般规模可观，风险抵抗能力强。然而，现实却是公办托育服务机构可获取的供给资源不足。由于河南省托育服务仍处于初步发展阶段，公办性质的托育机构仅占总体托育机构的 6.90%，而企事业单位和村社集体主办的托儿所占比更低。企事业单位开办自己的托育服务机构的补贴问题、用地困难也暂时没有得到很好的解决。政府购买等"合作办学"的形式也未有效展开。加之现阶段政府部门职能转移，许多福利供给都由市场手段解决，公办托育机构没有实现预期的发展效果。

2.市场性托育服务供给资源不足

虽然现阶段社会力量广泛参与进婴幼儿托育服务中，但是社会力量的主体性仍然没有得到充分的发挥，公办机构和民办机构发展水平仍具有较大差距。托育市场的庞大需求以及国家鼓励社会力量开办托育机构的相关政策，也在不断刺激社会资本的参与。但社会资本在参与过程中，不论是在进入市场的获批环节，还是在后续服务提供以及质检环节都遇到较大的阻碍。同时，虽然政府给予市场性托育服务一定的政策补贴与税收优惠，但是民办托育机构建设初期需要自筹经费，起步艰难。另外营运的过程中民办机构还需要自负盈亏，回本周期也相对较长。因此，许多民办机构在发展前期投入资金保守，机构规模小、发展水平低。对于投入大、资金回流慢的准公共服务商品来说，社会资本难以在实际运作中占得有利地位。此外，我国托育事业正处于发展的初期阶段，社会托育的普遍认知还未形成，高度的政府公信力使公办托育机构拥有高于民办机构的市场支持率。且在同等条件下，公办性质的托育机构更容易获得较多的政策优惠，也更容易被打造为"范本机构"，导致家长大多不愿选择民办托育机构。同时，市场性托育机构同样面临用地困难问题：商业用地无法满足托育机构用地中安全性的需要；老旧小区无法满足托育机构对于专业设施的需要；确定选址时，还要避免噪声、交通等外部复杂条件对婴幼儿造成的不良影响。上述种种限制因素都在一定程度上影响了社会力量的参与，同时制约了市场性托育服务的发展与供给。

（二）托育水平提高难

托育服务的保障很大程度上依托专业水平的发展。与传统的幼儿教育和学前教育不同，托育服务的主要受众是0~3岁的婴幼儿群体，相应的托育水平的提高面临诸多困难。

1. 专业托育人才不足

以河南省郑州市为例，在实地调查高新区、中原区、二七区、管城回族区、郑东新区等区内12家婴幼儿托育机构后，不难发现，河南省婴幼儿托育服务发展面临人才及其管理困境：缺乏高水平托育人才和完善的人才管理系统。

一方面，为了能够实现更高水平的托育服务，需要大量具有高素质的综合性托育人才。然而，现实情况却是相当一部分的从业人员缺乏系统的专业技能培训，暂时未能满足该阶段婴幼儿的照护需求。从业人员的流动性较大，难以为0~3岁的婴幼儿提供安全的环境并给予一定的情感支持。同时，在托育方案的选择上也值得进一步研究。面对婴幼儿的集体化空间，能否关注到并满足每个婴幼儿的个体化需求，避免"忽视"带给婴幼儿的心理创伤从而影响其后续的成长也值得探讨。

另一方面，专业人才管理包括了相关从业人员的准入、资质审查以及对在职员工监管等环节。当前托育行业发展尚处于起步阶段,相较于有一定发展历史的幼儿教育,托育服务还未开设专门对应的专业教育。目前从业人员的教育背景与行业所需的特质尚未完全准确衔接,更缺少足够的实际经验。政府相关部门已经在教育系统中补充开设了婴幼儿托育服务相关专业,制订了较为详细的人才培养方案,并且也设置了托育行业准入的相关资格证书。但是企业在用人的过程中却自行降低准入门槛、放松监管,忽视在职员工绩效考核,没有严加落实规定。因此,当务之急要健全和规范托育服务的人才管理系统,保证专业人才供给质量。

2. 托育服务质量欠佳

在快速发展专业婴幼儿托育服务的同时保证托育服务的质量是重中之重。当前实现河南省婴幼儿托育行业高质量发展主要面临两个问题:机构服务项目不够灵活和服务内容有所偏好。

首先,机构服务项目不够灵活。一方面,随着家庭职业结构的演变,双职工结构的家庭模式越来越多,加之在核心家庭中年轻父母育儿的时间和精力受到限制,托育服务成为缓解家庭照护压力的最佳选择之一。另一方面,目前河南省提供的婴幼儿托育服务项目在服务时长、照护类型等方面较为单一。不能根据父母双方的工作时间和具体情况提供更加灵活的服务项目,鲜有计时模式或者假期模式,使得部分家庭的服务需求不能得到满足,从而未能从根本上解决看护难的问题。河南省郑州市郑东新区一名托育机构工作人员 ZZ001XS 说道:"目前郑州托育机构的服务市场比较统一,大多数都是 8 点到 18 点,这也符合大多数工薪家庭的上班时间。许多家长提到的临时托、小时托很难实现,因为临时来的宝宝适应环境需要很长时间,小时托难以计费,增加了我们机构在定价上的难度。"托育服务行业作为一个新兴领域,缺乏丰富的服务经验借鉴,因此,很多机构难以针对不同年龄段婴幼儿的托育需求制订精准的托育方案。

其次,服务内容有所偏好。针对 0~3 岁的婴幼儿,机构提供的托育服务包括"育"和"教"两部分,其中"育"主要指日常的起居生活照顾和身体素质提升等,"教"的部分包括早期的启蒙知识教育、正确的三观引

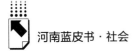

导。一般来讲，入托家庭对于机构"保育"服务具有刚性需求，因此当前托育机构提供的服务以"育"为主，"教"次之：大部分的托育机构都是以满足婴幼儿的生理需求为服务目标，为婴幼儿提供健康的饮食、干净的环境以及科学的喂养方式，但是对于0~3岁婴幼儿较强的心理依赖仍然没有给予较强的支持。河南省郑州市高新区一名托育机构保育员（ZZ004DT）针对托育机构服务内容说道："我们托育机构主要针对的是早教服务加保育服务，一天三顿饭加点心，孩子在机构偶然的小状况，比如碰伤等，我们机构都有专门的医生负责。在学习方面，我们设置了一些手工、音乐、舞蹈等艺术类特长，3岁以下的宝宝喜欢模仿大人的行为，这时是激发全脑的重要时期，但是这也并不是每一个机构都可以做好，和机构的教育理念、老师的教育水平、教育方式都有很大关系。"0~3岁婴幼儿具有独特的人格，受其家庭成长环境与教育模式的影响，在托育机构对于新知识的接受能力与喜好程度并不相同。一些托育机构负责人认为"教宝宝学知识是锦上添花的事情，最重要的还是保障安全，替爸爸妈妈看好孩子"。这无疑将托育机构的"教"与"育"的责任截然分开，并不利于婴幼儿自身发展，也不利于机构的长远发展。

（三）制度建设规划难

良好健康的托育市场的形成离不开制度保证。在河南省，对于仍处于初步发展阶段的托育服务来说，形成统一、规范的制度面临较大的困境。多种处于动态的变量因素在一定程度上影响了统一的制度规范建设。

1.法律规范与行业标准暂未明晰

为满足托育市场的庞大需求，在加强供给的同时，也需要通过出台相关法律规范和行业标准来约束行业行为，这也是促进婴幼儿托育行业可持续健康发展的有效手段之一。目前，河南省在婴幼儿托育服务方面还未形成统一完善的法律规范与系统的行业准则，托育行业的高质量发展受到一定的影响。

就行业标准而言，我国托育机构大多尚处于发展初期，近年来，相关标准规范一直是各方主体的关注焦点。当前托育服务标准体系主要涵盖婴幼儿的生活照料、膳食平衡和营养、安全看护、权益保障、学习和成长发展五大方面内容。但是家长关注的重点问题没有被完全囊括在内。一方面，尚未出台统一规范的收费标准，导致目前行业内的价格乱象严重，收费水平参差不齐，服务投入与服务水准之间不成正比。另一方面，托育机构的卫生、消防等也无法进行规范化的约束与检查，托育机构功能部门设置混乱、消防设施配置不合格情况频繁发生，甚至部分小型机构的饮食安全亦难以保证，使得托育服务中体现服务质量的关键因素——托育环境无法量化。可见，河南省亟须加强婴幼儿托育服务标准体系建设。

2. 整体规划协同发展较难实现

当前，河南省托育服务面临的协同发展问题主要表现在两个方面：省内区域区间的协同和不同性质托育机构间的协同。

河南省托育机构的区域间差异主要根源于河南省内经济发展水平不平衡。大体来看，河南省西北地区的经济发展情况优于东南地区，省内的北部和西部地区的托育服务发展水平高于东部和南部地区。如在省内经济较发达城市，专业的托育从业人员人数较多，托育服务有的能够根据 0~3 岁婴幼儿的年龄特点安排。在省内经济欠发达的城市，托育服务还停留在最简单的照顾层面，或者以所谓早教形式开展。从业人员的资质也参差不齐，差距较大。在这种情况下，托育服务的专业性相差较大，从而拉低了整体服务水平。

面对普惠性托育、市场性托育、社区托育和事业单位托育等多种性质、多种形式的托育服务，如何实现整体规划协同发展是当下较难解决的问题之一。保证每种性质的托育机构，能够在建设时获得相同的配套支持措施是促进整体规划协同发展的必要条件之一。对机构选址、规模、政策补贴等一系列安排也直接关系到该机构的后续发展。每种形式的托育服务都有其自身特点与发展路径，其往往会根据自身条件开展相关工作。不同性质的托育机构在其服务提供与营收方式上也各不相同，导致最后的经营结果与服务水平难以评判说明。此外，如何保证城市每个区域内的托育机构按照一定比例协调

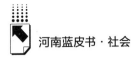

发展，发挥各自的功能以满足本区域内的托育需求也值得继续深入探讨。

总的来说，在生育政策不断调整的背景下，河南省婴幼儿托育服务发展面临的问题不仅局限于托育机构自身以及专业性的规范，还包括托育友好环境的构建。更重要的是在公共政策的引导下，逐步满足新时代高质量的托育需求。多种困境之间的相互杂糅重合，需要我们继续探究破解之策。

四 生育政策调整背景下河南省婴幼儿托育服务发展的路径探索

为了推动河南省婴幼儿托育服务高质量发展，需要从以下几方面探索有效发展路径。

（一）政府提供政策保障

政府提供政策保障是河南省婴幼儿托育服务发展的关键。政府应发挥职能，促进婴幼儿托育服务健康良性发展。

1.积极发挥宏观调控职能

为了满足托育服务发展的需求，政府要明确自身责任，充分发挥宏观调控职能，出台相关的政策、法规。政府发挥自身作用，制定相应的行业规章，对托育行业进行严格的限制，促进托育产业持续、健康发展。如对托育机构的卫生、消防进行严格规范，并定期进行监督与检查，保障托育机构的环境与设施达标；河南省内出台统一规范的收费标准，对托育机构乱价现象进行限制，防止乱价的情况出现。另外，为了进一步满足不同家庭对托育机构距离、服务价格层次等的不同需求，应对不同的机构设立不同的层级，如社区层级、区层级、市层级等，进一步完善婴幼儿托育服务体系。

2.科学规划托育市场

政府要以人为本，立足于托育发展的实际，以科学的眼光来规划托育市场。如按照孩子的年龄，设立1岁以下婴儿托育机构、1~2岁的幼儿园和2岁以上的托育机构管理体系。对于符合法定条件的公立托育机构，政府应给予合理的税收和法律保护；以政府购买服务为主，将社区的养老服务和托育功能结合起来，实现对这些机构的综合管理；鼓励有条件的企业为员工设立托儿所，并按实际需要，为其提供托育服务，如周托、全日托、半日托、临时托等。

3. 形成全面监管格局

婴幼儿托育服务的系统化、规范化、专业化发展需要政府、社会、家庭三方的共同监管。政府对托育机构的管理仍存在一些问题，如多部门分工不清、信息交流不畅等。为了强化政府管理，可以从以下两方面着手。一是在管理方面，要建立跨部门的协作机制，对托育机构进行更加细致的管理、指导和监督，并制定服务规范，实施动态管理。对托育机构的场地设施、人员资质、安全卫生等进行明确的规定。二是在体制方面，要建立省与市的联合机制，对责任进行划分，建立协调机制，形成合力。通过制定一系列的政策和行业规范，使托育机构进入快速、规范的发展阶段。

（二）发展多元化服务模式

河南省婴幼儿托育服务的发展，离不开多元化的服务。托育服务的相关主体要担起相应的责任，积极探索如何能提供更优质的服务。与河南省婴幼儿托育服务发展现状相结合，进一步了解市场需求，探索多元化的服务模式。

1. 推进托幼一体化

要积极推进托幼一体化。可视幼儿园运作情况拓展服务，逐步提供0~3岁婴幼儿的托育服务，并提供相应的早教服务。托幼一体化可以使幼儿在熟悉的环境下顺利地完成6岁以前的学前教育，能减少3岁直接去上幼儿园的不适感，使儿童更容易、更快地适应幼儿园环境。这是目前较为可行的一种发展方式。

2. 发挥社区服务功能

鼓励城市社区兴办具有公益性质的托育服务中心。城市社区的交通较为便利，政府对其进行政策扶持，给予一定的资金补贴，将社区内的公共资源集中起来，就近招生，开办非营利性的托育机构。这种类型的婴幼儿托育服务中心对附近居民较为友好，具有距离近的优势。若在附近居住的居民因临时有事无人照看孩子，可以在"家门口"将孩子进行临时托管；在上班时间没办法照看孩子的家长，可以在上班期间将孩子在社区的托育服务中心长期托管，下班之后再将孩子接回家。这种城市社区托育的方式对于没时间照看孩子的家长，不仅省心，而且放心。

3.动员社会力量参与

支持一些企事业单位在单位附近或单位内部开办婴幼儿托育服务中心。政府鼓励企业把闲置的办公场所进行有效整合，成立或投资婴幼儿托育服务中心，不仅可解决员工"照看孩子"的难题，化解员工家庭和工作之间的矛盾，而且有助于增强员工的归属感，提高员工的工作效率。

（三）提高托育服务专业化水平

专业化的服务对婴幼儿托育服务机构而言十分重要。婴幼儿是较为脆弱且易受伤害的群体，托育机构工作人员的专业化程度直接影响专业服务水平，提高婴幼儿托育服务专业性势在必行。

1.高校培育专业人才

鼓励河南省职业类、师范类本科院校积极开展与婴幼儿早期教育相关的专业，培养出优秀的专业人才，为省内的婴幼儿托育服务机构提供专业化培训和指导。目前，河南省内高校的相关专业毕业生很少从事托育服务工作，专业人才流失率较高。为了留住专业人才，高校应发挥主体作用，注重实践与实习，多对学生进行宣讲，鼓励学生考取与托育服务相关的证书，参加相关的比赛等，培育更多的适应社会需要的专业人才，推动婴幼儿托育服务向专业化方向发展。

2.机构加强员工管理和技能培训

婴幼儿托育服务机构招聘时对应聘人员要有严格的要求，对其专业水平应严格把关。在员工入职前，对其进行专业培训，符合上岗准则以后才能允许员工正式上岗。对在职的托育工作者，每年应开展相关培训与评估，考核合格后才能继续上岗。这方面，可借鉴上海市对托育工作者的培训要求，综合技能培训每年不得少于 72 课时，职业道德教育不少于 40 课时。婴幼儿托育服务机构应进一步提高员工的薪资待遇，可定期评比表现优秀的员工，给予奖励，增强员工的工作积极性和队伍的稳定性。婴幼儿托育服务机构应通过加强员工管理和技能培训，努力建立一支具有良好品德、爱心和良好素质的专业服务队伍。

　　总之，在生育政策调整背景下，需要从政府提供政策保障、发展多元化服务模式、提高托育服务专业化水平等方面入手，多方合力助推河南省婴幼儿托育服务高质量发展，以更好地推动三孩生育政策的实施。

B.21

河南省城乡居民基本养老保险运行风险与消解路径研究

张晓欣　陈向英*

摘　要： 目前，河南省已从新型农村社会养老保险制度演变为城乡居民基本养老保险制度。本研究立足于河南实际，运用大数据统计分析、精算分析和调研等三种方式，采取定量分析方法研究人口老龄化带来的风险冲击，对河南省城乡居民基本养老保险存在的潜在风险做出分析与预测。基于风险分析与未来预测，从加强政策宣传引导、深入推进全民参保，出台激励政策提高生育率，提高缴费激励，加大城乡居民基本养老保险基金投资运营力度，提高经办服务能力，完善监督监管机制等六个方面，提出了河南省城乡居民基本养老保险运行风险的消解路径。

关键词： 城乡居民基本养老保险　风险分析　风险防范　河南

一　城乡居民基本养老保险及风险研究

社会养老保险是稳定居民消费预期、促进社会公平、缓解不确定影响的重要制度供给。社会养老保险关系到居民消费结构的调整，关系到居民美好生活的实现。2014年，我国在总结新型农村社会养老保险试点实施经验的

---

* 张晓欣，河南省社会科学院人口与社会发展研究所副研究员；陈向英，河南省社会科学院人口与社会发展研究所经济师。

基础上，结合我国城镇居民社会养老保险的具体特点，建立了全国统一的城乡居民基本养老保险制度，主要由参保人员个人、参保人员所在集体和各级财政负担，承载着"织密网、兜底线、保民生"的责任。同样，河南现行的城乡居民基本养老保险制度也是由新型农村社会养老保险制度逐步演变而来。

为了完善经济体制改革，提高农民生活保障水平，党中央和国务院开始着手建立农民养老保险制度。2009 年，人社部在部分地区开展新型农村社会养老保险制度试点，① 随着试点的逐步铺开和政策的不断完善，农村居民的养老得到了保障，而没有参加企业职工基本养老保险的城镇居民成为最缺乏养老保障的人群，为使养老保险实现全民覆盖，城镇居民的基本养老保险制度也在 2011 年试点实施。② 2014 年，国务院将两者合并建立为全国统一的城乡居民基本养老保险制度。③ 为继续完善城乡居民基本养老保险制度，河南省近些年也相继出台了与建立城乡居民养老金调整机制、健全多缴多得激励机制等相关的一系列文件，城乡居民基本养老保险制度得到了进一步完善。城乡居民基本养老保险的参保群体为年满 16 周岁（不含在校学生）、非国家机关和事业单位工作人员及不属于职工基本养老保险制度覆盖范围的城乡居民。缴费年龄段为 16~59 岁，缴费满 15 年④并且到达 60 岁可以获得相应待遇。城乡居民基本养老保险制度采用社会统筹与个人账户相结合的制度设计模式，其中社会统筹部分指的是政府发放基础养老金，这部分完全由各级政府共同承担；个人和集体缴纳的养老保险费以及相应的政府补贴全部计入个人账户，个人账户在退休时除以计发月数得到个人账户养老金。

---

① 《国务院关于开展新型农村社会养老保险试点的指导意见》，中国人大网站，2014 年 5 月 20 日。
② 《国务院关于开展城镇居民社会养老保险试点的指导意见》，中国政府网站，2011 年 6 月 13 日。
③ 《国务院关于建立统一的城乡居民基本养老保险制度的意见》中国政府网站，2014 年 2 月 26 日。
④ 由于河南省开展城乡居民基本养老保险制度目前还并未满 15 年，缴费满 15 年实际执行时为缴满从开始实施城乡居民基本养老保险制度的年份到退休时年份。

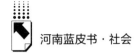
城乡居民基本养老保险的筹资方式主要有以下几种。①

个人缴费。参加城乡居民基本养老保险的人员，应当按照规定缴纳养老保险费用。目前，河南省执行的养老保险费缴纳标准共分为16个档次，分别是：每年100元、200元、300元、400元、500元、600元、700元、800元、900元、1000元、1500元、2000元、2500元、3000元、4000元、5000元，个人自愿选择缴费档次，鼓励选择较高档次缴费。

集体补助。城乡居民基本养老保险的集体补助，就是指有条件的村集体经济组织以一定比例补助参保人缴费，村民委员会通过民主方式确定补助标准，补助金额不能超过当地设定的最高缴费档次标准。

政府缴费补贴。目前，河南养老保险费的补贴标准为：缴费200元补贴30元，缴费300元补贴40元，缴费400元补贴50元；缴费500元补贴60元，缴费600元补贴80元，缴费700元补贴100元，缴费800元补贴120元，缴费900元补贴140元，缴费1000元补贴160元，缴费1500元补贴190元，缴费2000元补贴220元，缴费2500元补贴250元，缴费3000元补贴280元，缴费4000元补贴310元，缴费5000元补贴340元。另外，地方政府应当对参保人缴费给予补贴。地方政府对重度残疾人等缴费困难群体的养老保险费征缴工作，应按照最低标准为其代缴部分或全部。作为一个新兴的养老保险制度，从建立试点至今不足10年，是否面临人口老龄化等一系列的风险，受到这些问题的影响程度有多大，都亟须研究分析。

从文献研究的角度看，王国贤认为，城镇居民社会养老保险存在经办工作人员文化水平偏低、工作效率低、专业能力低的风险，整体上存在人才服务保障力度不够、人才队伍建设思想落后、人才管理机制不完善的风险。②宋雨认为，城镇居民社会养老保险基金存在统筹层次低、管理分散化、资金

---

① 河南省人力资源和社会保障厅、河南省财政厅：《关于建立健全多缴多得激励机制完善城乡居民基本养老保险制度的意见》，2018年2月23日。
② 王国贤：《欧美社会保险经办机构的比较及对中国的启示——基于人力资源管理的视角》，《太原城市职业技术学院学报》2015年第2期，第30~32页。

筹措不力、基金保障效果不良等方面的风险，而且存在激励机制、有效投资运营机制和监管机制缺乏的风险。[①] 闫明和张志鹏认为，推动政府对城镇居民社会养老保险进行合理的财政投入存在较大风险。[②] 林伟杰认为，城镇居民社会养老保险存在补贴标准低、缺乏激励性的风险，并建议居民选择的缴费数额与政府补贴数额变成正向关联，将养老金待遇的高低与缴费年限长短等因素正向关联。[③] 刘冰和刘玲辉认为，城镇居民社会养老保险存在个人缴费标准不能满足居民生活需求下限的风险，个人缴费的合理范围与个人账户收益水平存在显著的负相关性，个人缴费的合理范围与累计缴费年限存在显著的负相关性。[④] 许燕认为，政府增加对城镇居民社会养老保险财政补贴的风险源来自居民死亡率下降、提高个人账户利率标准、提高个人缴费标准、提高缴费补贴标准、提高基础养老金标准。[⑤] 海龙认为，2009~2018年城镇居民社会养老保险体现了财政补贴的普惠性，但明显存在基础养老金补贴水平不平衡和不充分的风险，呈现出逆向分配的趋势。[⑥] 齐鹏认为，城镇居民社会养老保险基金存在整体支付压力大、区域不平衡的风险，应当尽快建立以政府财政为基础的有效筹集和平衡基金的制度。[⑦]

通过对相关文献的回顾可知，城乡居民社会养老保险无论是在理论上还是实践上都相对比较完善，但缺乏针对河南实际省情的深入探讨。本文运用大数据统计分析、精算分析和调研等三种方式，分析河南城乡居民基本养老

① 宋雨：《城乡居民养老保险基金管理的困境与对策研究》，《劳动保障世界》2018年第24期，第26~27页。
② 闫明、张志鹏：《城乡居民基本养老保险财政补贴政策研究——从公共物品演化博弈论的角度》，《老龄科学研究》2019年第2期，第25~31页。
③ 林伟杰：《城乡居民养老保险新型缴费激励机制构建研究——以江苏省为例》，《保险职业学院学报》2020年第6期，第41~47页。
④ 刘冰、刘玲辉：《城乡居民基本养老保险个人缴费标准的合理性——基于个人养老需求视角》，《学术交流》2020年第11期，第134~142页。
⑤ 许燕：《城乡居民基本养老保险参保人数预测》，《西北人口》2021年第3期，第63~77页。
⑥ 海龙：《城乡居民基本养老保险财政补贴政策的缘起、发展与走向》，《中州学刊》2021年第4期，第71~77页。
⑦ 齐鹏：《中国城乡居民基本养老保险推进策略研究》，中国社会科学出版社，2021。

保险存在的潜在风险,特别是人口老龄化所带来的风险冲击,判断未来城乡居民基本养老保险制度是否受人口老龄化和参保人员缴费积极性较低的风险影响,城乡居民基本养老保险基金的长期可持续运行是否受到风险影响,以及从生育率和缴费水平的角度看,是否具有政策出台的有效性,能否有效解决未来存在的风险。

二 河南城乡居民基本养老保险制度潜在风险分析

(一)人口老龄化带来的风险

按照现行的城乡居民基本养老保险制度,城乡居民养老金发放包括基础养老金和个人账户养老金。发放资金的来源渠道是政府缴费补贴、个人缴费和集体补助。其中,政府承担基础养老金,城乡居民基本养老保险个人账户基金承担个人账户养老金。城乡居民基本养老保险个人账户基金的来源主要是个人缴费,如果缴费的人太少,而领取待遇的人太多,就会造成个人账户基金的收不抵支,因此个人账户基金的收支情况跟制度抚养比紧密相关,而制度抚养比又跟全省的人口结构紧密相关。所以,城乡居民基本养老保险基金的收支情况与人口老龄化程度密切相关。

河南省是人口大省,根据《河南省第七次全国人口普查公报》(以下简称《河南省公报》),截至2020年底,全省常住人口为9936.55万人,占全国总人口的6.88%,其中城镇常住人口为5507.85万人,占全国城镇常住人口的6.1%。2020年底全省常住人口中0~14岁人口为2298.89万人,占全省总人口的23.14%,15~59岁人口为5841.25万人,占全省总人口的58.78%,65岁及以上人口为974.08万人,占比为10.19%,与全国水平基本相当。与2019年相比,河南省65岁及以上人口比重上升了2.33个百分点,0~14岁人口比重上升1.87个百分点。根据国际标准,河南省是典型的人口老龄化社会。另外,虽然河南省0~14岁人口占比为23.14%,位于低龄人口占比对应少子化较正常区间,但根据公开数据,河南省人口出生率2016年为13.2‰,2017年为

12.4‰，2018 年为 11.72‰，2019 年为 11.2‰，[①] 人口的出生率一直在不断下降。根据人口出生率和它的下降速度判断，[②] 河南省处于严重少子化阶段，正在向超少子化发展。假设已充分考虑出生婴儿少报、漏报因素，根据低龄人口占比和人口生育率推算，河南省仍处于少子化社会阶段。因此，河南省已进入典型的人口老龄化、少子化的社会。

根据第七次全国人口普查数据及有关人口结构等数据，可以推算出河南省人口结构数据，[③] 河南省 2020 年女性不同年龄人口结构如图 1 所示，男性不同年龄人口结构如图 2 所示。

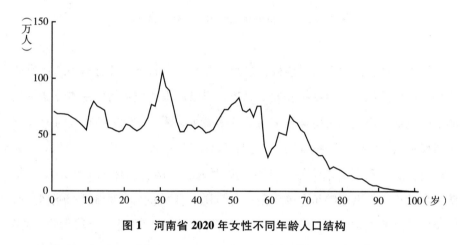

图 1　河南省 2020 年女性不同年龄人口结构

2020 年城乡人口结构中，60 岁及以上人口为 1796.4 万人，城乡居民基本养老保险待遇领取人数为 1559.57 万人[④]，城乡居民基本养老保险发放待遇人数占全省 60 岁及以上人数的比例是 86.81%。可以说，河南省城乡居民基本养老保险承担着全省绝大多数老年人的养老保障。

---

① 资料来源于历年《河南统计年鉴》。
② 人口出生率 21.0‰以上为超多子化；19.0‰~21.0‰为严重多子化；17.0‰~19.0‰为多子化；15.0‰~17.0‰为正常；13.0‰~15.0‰为少子化；11.0‰~13.0‰为严重少子化；11.0‰以下为超少子化。
③ 《河南省城乡居民基本养老保险 2021 年度精算报告》。
④ 2020 年河南省社会保险统计报表《城乡居民基本养老保险人员情况》。

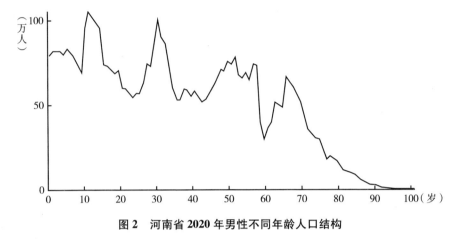

图2　河南省2020年男性不同年龄人口结构

　　不难发现，河南人口目前处于老龄化和少子化状态，并且有不断加重的趋势，这样的社会人口结构和发展趋势，将给河南省城乡居民基本养老保险制度的长期、稳定、可持续发展带来不利影响。截至2020年底，河南省城乡居民基本养老保险参保人员共有5255.87万人，其中应缴费人数为3696.3万人，待遇领取人数为1559.57万人。河南省参保人员年龄结构呈纺锤形结构，即低年龄组和高年龄组分别随着年龄的降低和提高逐渐变少，中年年龄组的人数较多，峰值在45~57岁，峰值过后就是一个较大的凹陷，在57~65岁，主要有以下几个原因。首先，我国目前正处在第二次婴儿潮①人员的退休期，第二次婴儿潮人数要远远大于第一次和第三次，按照年龄计算，这次婴儿潮出生的人的年龄在49~60岁，因此河南省未来10年参加城乡居民基本养老保险的退休人员众多。其次，16~25岁的低年龄人口中在校学生占了较大的比例，因此参保人员较少。再次，57~65岁出现凹陷主要是由年龄人口结构造成的，1959~1962年的三年困难时期影响了河南的出

①　中国自1949年以来经历了三次婴儿潮。第一次是战后的1949年至1958年，第二次是1962年至1973年，第三次是1981年至1991年。第二次婴儿潮在1962年三年困难时期结束后，高峰在1965年，持续至1973年，当时由于国民经济情况逐渐好转，补偿性生育来势很猛，人口出生率在30‰~40‰，平均达到33‰，10多年全国共出生近2.5亿人，是中国历史上出生人口最多、对后来经济影响最大的婴儿潮。

生率，使得这三年（包括前后几年）新出生的人口远低于其他年份，这部分人年龄处于 61~63 岁。这样的参保人员结构对制度来说是相当不利的，短期内会有大量参保人员符合领取待遇资格，养老金支出增加，但是缴费人员却增长乏力，抚养比逐渐下降，基金缺口也会随之不断扩大。随着人口老龄化的发展，城乡居民基本养老保险制度中领取待遇的人数不断增加，但缴纳养老保险费的人数相应减少，财政支出不断增加，从而使城乡居民基本养老保险制度的可持续能力不断降低。

（二）参保人员缴费积极性较低带来的风险

目前，城乡居民基本养老保险制度面临缴费积极性不高的难题，它主要表现为两个方面，一个是缴费率不高，一个是缴费档次普遍较低。

缴费率不高。2020 年河南省应缴费人数为 3696.3 万人，实际缴费人数为 2805.34 万人，缴费率为 75.89%，有接近四分之一的应缴费人群并没有缴费。城乡居民缴纳养老保险费金额档次在 200~5000 元不等，并且困难群众还享有政府代缴政策，从保险费的缴纳难度来说并不高。2019 年，河南省农村居民人均可支配收入为 15163 元，城镇居民人均可支配收入为 34200 元，最低档次保费分别占农村、城镇人均可支配收入的 1.3% 和 0.6%。由此推算，绝大多数城乡居民缴纳城乡居民基本养老保险费并不困难。

缴费档次普遍较低。据统计，2020 年参加城乡居民基本养老保险的缴费人员有 92.6% 都选择了目前最低档次 200 元，还有 2.5% 的困难群众是按照 100 元档次缴费，只有 4.9% 的人选择了较高档次缴费，其中选择 300 元档次的有 1.5%，选择 500 元档次的有 1.7%，其他档次均不超过 0.2%。城乡居民缴费积极性和缴费水平不高的原因主要是缴费激励不足。缴费激励不足又分为两个方面，一是待遇水平过低，二是记账利率过低。

待遇水平过低。城乡居民基本养老保险制度是统账结合的养老保险制度，基础养老金是统筹部分，个人账户养老金是账户部分。各级政府共同承担基础养老金的发放，个人账户承担个人账户养老金的发放。目前，由于制度运行时间较短以及缴费水平较低，大部分退休人员的个人账户养老金水平都很低。河南省大部分地区的月基础养老金为 108 元[①]或略高于此水平，2019 年农村人均可支配收入为 15163 元，而年基础养老金是农村人均可支配收入的 8.5%。过低的待遇水平导致参保人员的缴费积极性不高，而参保政策中的缴费满 15 年退休时可以领取待遇的规定，让年龄在 45 岁以下的参保人员更没有缴费积极性。作为一项兜底线、保民生的基本养老保险制度，应当有所区别于城镇职工基本养老保险制度，但是也应当具备相应的基本保障功能。但目前城乡居民基本养老保险的待遇并不能满足退休人员的基本生活保障，直接导致参保人员的缴费积极性不高。

记账利率过低。城乡居民基本养老保险个人账户的记账利率每年公布一次，目前河南城乡居民基本养老保险个人账户记账利率的确定依据是金融机构人民币一年期存款利率的优惠利率。2021 年 8 月，人社部、财政部联合发布《人力资源社会保障部 财政部关于规范城乡居民基本养老保险个人账户记账利率的通知》（人社部发〔2021〕60 号），规范了记账利率的基本原则，确定了记账利率的具体计算方法。文件明确了城乡居民基本养老保险个人账户的最低记账利率为中国人民银行公布的金融机构人民币一年期存款基准利率，各省应在不低于最低记账利率的基础上，根据上年度城乡居民基本养老保险基金各项收益计算确定记账利率，具体的计算方法如下：

$$R_n = \frac{I_{n-1} + E_{n-1}}{\dfrac{A'_{n-1} + A_{n-1} - I_{n-1} - E_{n-1}}{2}} \times 100\% \qquad （式1）$$

其中，R_n 为第 n 年个人账户记账利率，I_{n-1} 为第 $n-1$ 年利息收入，E_{n-1} 为第 $n-1$ 年委托投资收益，A'_{n-1} 为第 $n-1$ 年年初结余，A_{n-1} 为第 $n-1$ 年年末结余。根据以上公式和 2020 年河南省城乡居民财务基金报表数据可以推算出以后每年的个人账户记账利率。近几年，城镇职工基本养老保险个人账户

[①] 郑州市城乡居民基本养老保险的月基础养老金要比其他省辖市、省直管县的水平高，2021 年城乡居民月基础养老金待遇为 200 元。

记账利率均在 7% 以上，有个别年份在 8% 以上。城乡居民基本养老保险和城镇职工基本养老保险相差较大，给参加城乡居民基本养老保险的参保人员带来一定的负面影响，同样的缴费在城镇职工基本养老保险的个人账户要比城乡居民基本养老保险的个人账户收益更多，城乡居民基本养老保险记账利率远低于一些理财产品的年化收益率，甚至很多银行的一年期存款利率都要高于城乡居民基本养老保险个人账户的记账利率，造成城乡居民基本养老保险参保人员有一种"缴得多，亏得多"的感觉。因此，大多数城乡居民基本养老保险参保人员会选择较低的缴费档次。当参保人员普遍选择较低的档次缴费时将来领取待遇的个人账户养老金待遇也是最低的水平，同时基础养老金水平也处在较低的待遇水平，这样城乡居民基本养老保险待遇的整体水平就处在较低档次。反过来，低水平的保障又降低了参保人员缴费欲望和按高档次缴费的积极性，造成恶性循环，形成了城乡居民基本养老保险缴费率不高和缴费档次普遍较低的情况。当参保人员缴费率较低并且普遍以较低档次缴费时，个人账户的缴费收入就会减少，个人账户所能发挥出的保值增值的作用就会降低，并且未来年份退休人员不断增加，缴费人员逐渐减少，抚养比也逐年降低，即领取个人账户养老金的人越来越多，相对于领取养老金的人而言，较少的人缴纳养老保险费，导致城乡居民基本养老保险制度的个人账户部分必然面临巨大的资金缺口风险。

（三）基金收支不平衡带来的风险

为了能更加清楚地分析河南城乡居民基本养老保险制度潜在风险及基金收支情况，本文引用河南省社会保险中心的《河南省城乡居民基本养老保险 2021 年度精算报告》的部分文字和数据，对未来基金的收支趋势以及风险因素进行分析说明。《河南省城乡居民基本养老保险 2021 年度精算报告》是利用人口数据、城乡居民基本养老保险业务数据、城乡居民基本养老保险政策和城乡居民基本养老保险精算模型开展的精算分析报告，利用参数预测的方式对未来 70 年（预测期为 2021~2090 年）的常住人口、城乡居民基本养老保险制度人口、基金收支进行预测。据预测，河南省常住人口在 2021 年至 2024 年基本持平，从 2024 年开始逐渐下降，短期（10 年）内常住人口下降趋势并不明显，长期（70 年）来看常住人口总数下降幅度较大，到预测末期常住人口将降低到 6106 万人，总人口下降约 38.5%（见图 3）。

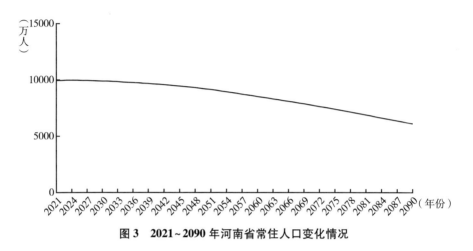

图 3　2021~2090 年河南省常住人口变化情况

从预测情况看，河南省未来人口结构将有较大的变化，变化主要有两个方面，一是年轻人口逐渐减少，二是老龄人口不断增加，人口结构的老龄化很明显（见图 4）。

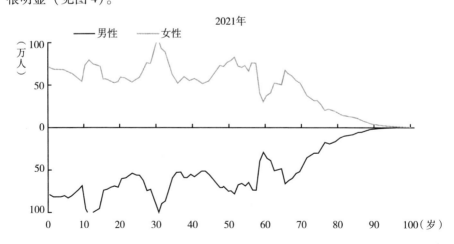

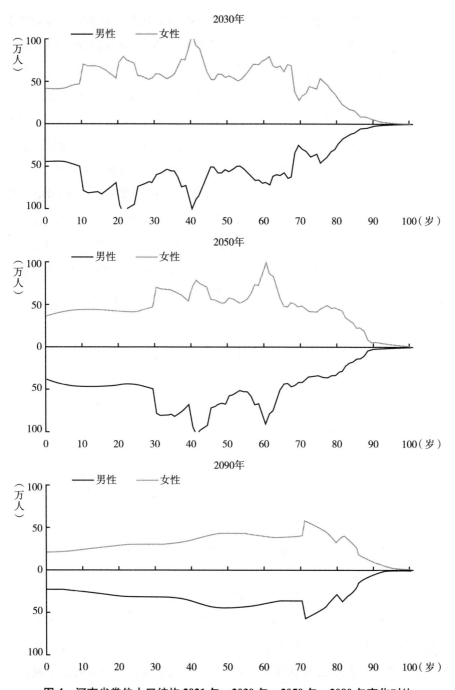

图 4 河南省常住人口结构 2021 年、2030 年、2050 年、2090 年变化对比

随着常住人口的变化，河南城乡居民基本养老保险应缴费人员总数也会发生变化。从预测情况看，应缴费人员总数在初期几年小幅上扬后开始缓慢波动下降，在2046年达到应缴费人数最高点3939万人后，下降趋势开始明显，这与人口持续减少的趋势也有一定关系。随着城镇化程度的逐渐加深和养老保险制度的逐步稳定，与城镇职工基本养老保险制度相比，城乡居民基本养老保险制度的吸引力较弱，导致参加其他保障制度的人口逐渐增多，城乡居民基本养老保险应缴费人口逐渐减少。城乡居民的退休人数从2021年到2035年经历一个快速增长期和一个稳定期后继续缓慢增长，到2080年左右开始下跌。从总的抚养比来看，城乡居民基本养老保险制度的抚养比是一直在下跌的，从2021年的2.130持续下跌到2080年的0.906到后期提高到2090年的1.005。其中，抚养比下跌速度较快为预测初期，从2021年的2.130下跌到2030年的1.736，平均每年下跌3.2%（见图5）。

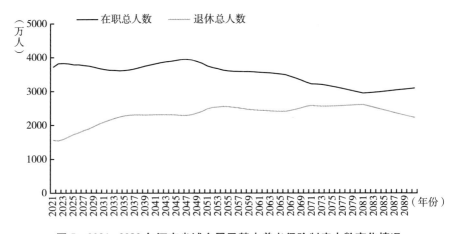

图5　2021~2090年河南省城乡居民基本养老保险制度人数变化情况

同理，随着城乡居民基本养老保险应缴费人数的变化，河南省城乡居民基本养老保险收入和支出也会随之发生变化。2021~2077年，当年收入总额呈现出波浪增长的趋势，但预测中后期2078年以后，受城乡人口总基数不断下降的影响，参保人员中的应缴费人数也不断下降，基金收入也呈现出波浪下降的趋势。2021~2043年，当年支出总额与当年收入总额呈现出相同趋势,支出从前期的略小于收入逐渐变为略大于收入。2043 年以后,当年支出总额的年增长幅度较当年收入总额更高,两者逐渐拉开差距,这段时期的基金开始出现大规模缺口,财政支付压力也逐年增长(见图6)。

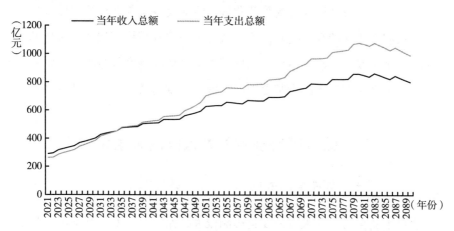

图 6　2021~2090 年河南省城乡居民基本养老保险收入和支出情况

城乡居民基本养老保险收入和支出发生变化与结余正相关,基金收支在预测初期是收支平衡,略有结余,2032 年以后基金收支出现缺口,并且缺口逐年增加,累计结余在 2052 年基本用尽。

由上述精算分析结果可以看出,河南城乡居民基本养老保险制度的基金收支在初期是收略大于支,此时因居民发放的养老金大部分是基础性养老金,而基础性养老金是由各级财政共同负担,同时个人账户养老金发放金额较低,另外个人账户基金还处于制度初期的积累阶段,所以基金呈现出收略大于支的现象,到 2032 年基金逐步转变为支略大于收,但缺口较小。基金当期收支缺口从 2048 年以后开始大幅增加,并且累计结余也在 2052 年用尽。

从短期来看,基金的总体收支是平衡的,但从更长时期来看,基金面临一定的风险。河南省城乡居民养老金中的基础性养老金由各级政府共同负担,因此政府对养老金的财政负担能力与未来需要支付基础性养老金的水平要相适应,如果需要支付的养老金超出了政府的负担能力,就可能会出现养

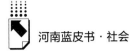

老金的支付风险,因此,河南省应密切关注各级政府对养老金的支付能力。通过上述对城乡居民基本养老保险制度的情况介绍和潜在风险分析可以得出,城乡居民基本养老保险制度未来面临两大风险点,分别是人口老龄化风险和缴费积极性较低风险。为防范化解城乡居民基本养老保险制度未来潜在风险,我们将相应的政策措施作为参数变量设置到精算模型里,对比其中的变化来考量采取相关政策对城乡居民基本养老保险制度基金收支的影响,评估这些政策是否有利于减少基金缺口,保持制度的长期、可持续发展。

三 城乡居民基本养老保险的未来预测

(一)基于提高生育率的预测

生育率变化对未来人口的变化影响较大,而人口的变化又会影响到未来时间段内的应缴费、退休参保人数。因此,通过对生育率变化的敏感性分析,可以得出预测期内的基金收、支、余等情况以及政府负担情况。在不提高生育率的情况下,河南人口总量从2021年的9700万人可能下降到2090年的6106万人,年减少率为0.7%(见图7)。近年来,随着国家越来越重视人口老龄化和生育率偏低的问题,不断出台鼓励生育的政策,在预测期内生

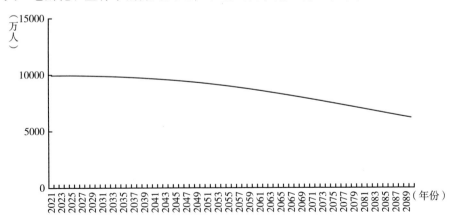

图7 生育率不变情况下的2021~2090年河南省城乡总人口变化

育率将较目前有所提高。假设生育率的增长由目前的 1.34‰逐步调整到 2058 年的 2.1‰（实现和维持代际更替的总和生育率），达到 2.1‰后稳定于此生育率（见图 8）。

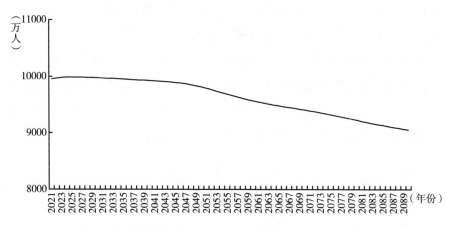

图 8　提高生育率后 2021~2090 年河南省城乡总人口变化

假如通过总和生育率不断增加（见图 8），一方面，2021~2090 年河南省总人口较基准方案的下降将趋向平缓，人口在 9000 万人上下逐步达到更替点。另一方面，社会老龄化水平在 21 世纪中叶后半期将会在 20%上下浮动，较基准方案也有好转（见图 9）。老龄化实际上是老年人口的比例在增加，人均寿

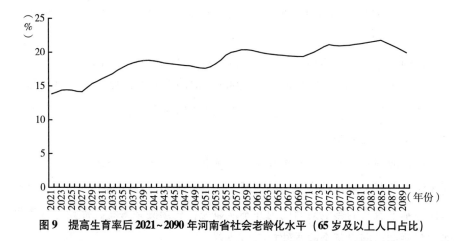

图 9　提高生育率后 2021~2090 年河南省社会老龄化水平（65 岁及以上人口占比）

命延长与年轻人口比例下降是主要原因。如果提高生育率，就可以带来新生人口的增加、人口规模扩大，相应地也会推迟人口实现相对稳定的时间。

提高生育率后，老龄化水平将放缓，同时参保人数较提高前也表现出明显的增加，城乡居民基本养老保险制度内应缴费人数从2021年的3900万人提高到2046年的4000万人，在2090年之前稳定在3000万人以上，相比较未提高生育率的城乡居民基本养老保险制度内人口数有明显改善（见图10）。因此，通过适当的政策调整，积极主动实施全面放开、鼓励生育等政策，并提供配套服务，能有效提高当期和未来一段时间内的总和生育率，这对于调整人口结构、减缓老龄化进程有较为明显的效果。

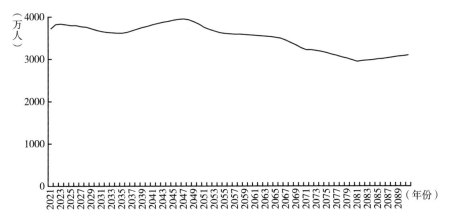

图10　提高生育率后2021~2090年河南省城乡居民养老保险制度内人员变化情况

提高生育率后，2013~2020年河南省城乡居民基本养老保险基金收支结余情况如图11所示，预测的2021~2090年河南省城乡居民基本养老保险基金收支情况如图12所示，预测的2021~2090年河南省城乡居民基本养老保险基金结余情况如图13所示。

通过河南省城乡居民基本养老保险基金结余情况可以看出，生育率的提高无法避免基金累计结余耗尽的情况，主要原因是现在提高生育率，其对社会保险基金收支的影响短时间内并不能显现，从预测结果看，提高生育率只能在预测期后期对基金收支缺口有所改善。

图 11　2013~2020 年河南省城乡居民基本养老保险基金收支结余情况

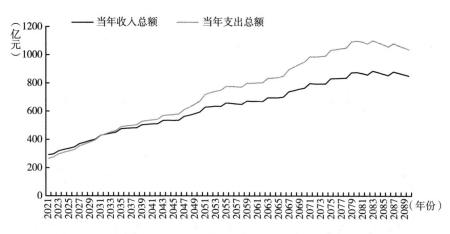

图 12　2021~2090 年河南省城乡居民基本养老保险基金收支情况

（二）基于提高缴费水平的预测

假设可以通过更快地提高缴费水平的方法来解决未来基金面临的基金缺口风险。在其他条件不改变的情况下，将现有每年平均缴费水平增幅由原来的 1% 增加到 5%。从图 14 可以看到，在提高缴费水平后，当年结余在较长的一段时间有明显增加，在 2047 年前后达到顶峰，当期结余收不抵支的时间较原方案的 2032 年延迟到了 2067 年，推迟了 35 年。

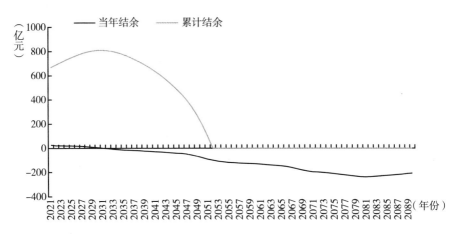

图 13　2021~2090 年河南省城乡居民基本养老保险基金结余情况

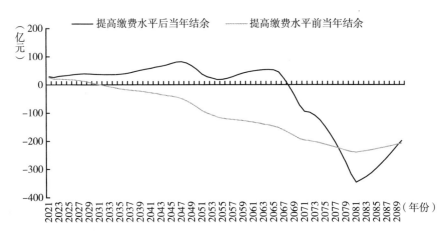

图 14　提高缴费水平前后 2021~2090 年河南省城乡基本养老保险基金结余情况比较

　　在提高缴费水平后，当年结余在较长的一段时间会有明显增加，累计结余也有大幅增加，累计结余消耗完毕的时间较缴费档次提高前的 2053 年延迟到 2083 年，推迟了 30 年（见图 15）。

　　综上，提高缴费水平，可以有效缓解基金收不抵支的压力，并且随着缴费水平的提高，城乡居民养老保险参保人员的待遇也会相应地提高，提高退休人员待遇水平，更好地为参保人员提供退休后生活保障。

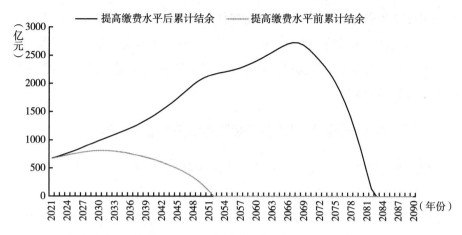

图15 提高缴费水平前后2021~2090年河南省城乡基本养老保险基金累计结余情况

四 城乡居民基本养老保险风险防范建议

（一）加强政策宣传引导，深入推进全民参保

一是要巩固全民参保计划成果，重点做好灵活就业人员、新业态从业人员等群体的参保扩面工作，实现法定人员社会保险全覆盖。二是要加强政策宣传，引导个体工商户及灵活就业人员参加社会保险。

（二）出台激励政策提高生育率

目前，河南省人口生育率处在较低的水平，如果长期处在这个水平，将加剧老龄化、少子化，增加城乡居民基本养老保险的财政负担，制约城乡居民基本养老保险制度的长期可持续发展。因此，需要通过提高生育率的方式，来改善未来人口结构，增强未来制度的可持续能力。

（三）提高缴费激励

针对城乡居民基本养老保险缴费意愿和缴费水平较低的问题，鼓励参保人员多缴多得。可以将目前的缴费档次差距拉开，并且拉开缴费补贴差距，

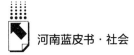

进一步提高高档次的缴费补贴，激励参保人员选择更高档次缴费。因为参保人员缴费积极性不高的一个重要原因就是个人账户的收益太低，拿更多的钱缴费不划算，因此需要提高城乡居民基本养老保险个人账户的记账利率来激励参保人员多缴费。

（四）加大城乡居民基本养老保险基金投资运营力度

随着城乡居民基本养老保险基金的不断积累，可以考虑拓展基金的投资渠道。河南城乡居民基本养老保险基金，可以借鉴目前城镇职工基本养老保险委托全国社会保障基金理事会托管其养老保险基金的方式，商定托管收益率和超收分成比例，实现城乡居民基本养老保险基金的保值增值，还可以委托专业投资机构进行投资运营，利用专业投资机构在兼顾基金安全的同时提高基金的收益。

（五）提高经办服务能力

要不断完善社会保障信息系统功能和社保经办机构内部管理制度，全面实现基金征缴、支付、运行过程的科学化、规范化、制度化管理，推进智慧社保建设，进一步畅通网上服务渠道，方便参保对象"网上办"，实现养老保险关系跨省、跨制度网上办理，加大部省间信息对接的支持力度。

（六）完善监督监管机制

要不断健全社会保险基金预决算管理制度，完善政策、经办、信息、监督"四位一体"的风险防控体系，探索建立社保基金预决算绩效考核和激励约束机制，提升监管效能，堵塞制度和管理漏洞，提升社会保险基金监管技术和能力，切实保障基金安全。健全社会保险基金监管政策法规体系，实现对基金征缴、支付、管理和运营等环节的全程严密监控。完善社会保险反欺诈制度。依法健全社会保险基金监管体系，以零容忍态度严厉打击欺诈骗保、套保或挪用贪占各类社会保险基金的违法行为，守护好人民群众的每一分"养老钱""保命钱"。持续强化社会保险基金预算管理制度，实现社会保险基金的安全可持续运行。

B.22
构建河南居家社区养老社会支持
体系的思考与建议

冯庆林 *

摘　要： "十四五"时期，河南社会已进入中度老龄化阶段。为贯彻和落
　　　　　实积极应对人口老龄化国家战略，各级政府应当依据政府责任原
　　　　　则、公正原则、共同参与原则，通过整合各方面资源，形成政府
　　　　　主导、社会协同、家庭关照、机构参与的机制，充分调动各方的
　　　　　人力、物力和财力，建立与河南经济社会发展水平相适应的居家
　　　　　社区养老社会支持体系。在居家社区养老社会支持体系建构中，
　　　　　应当始终坚持健康养老和积极养老的正确价值导向，开阔视野和
　　　　　拓宽思路；借鉴和吸纳发达地区好的经验和做法，因地制宜、因
　　　　　时制宜；注重非正式社会支持与正式社会支持的兼容与互促，尽
　　　　　力做到统揽全局、统筹兼顾、合理安排。

关键词： 河南　居家社区养老　社会支持

　　随着我国人口老龄化进程的不断加快，居家社区养老服务已基本覆盖城
市社区和半数以上的农村社区。① 然而，从服务的内容和质量上来看，还远
远无法满足老年人日益增长的多样化养老服务需求。中共中央、国务院在
《关于加强新时代老龄工作的意见》中提出："构建居家社区机构相协调、

　＊　冯庆林，河南省社会科学院人口与社会发展研究所助理研究员，研究方向为人口与老龄化。
　①　《数读十年来我国老龄工作成绩单》，人民网，2022 年 9 月 21 日。

医养康养相结合的养老服务体系和健康支撑体系，大力发展普惠型养老服务，促进资源均衡配置。"在建设养老服务体系和健康支撑体系的国家宏观政策语境下，居家社区养老服务离不开全社会力量的鼎力支持，亟须构建居家社区养老的社会支持体系。

一 构建河南居家社区养老社会支持体系的必要性

就河南开展居家社区养老现状而论，由于其起步较晚、进展较慢、问题较多、成效较差，亟待通过建立和完善社会支持体系，进一步扩大居家社区养老服务覆盖面、推动服务模式及方式创新、提升居家社区养老服务水平。

首先，居家社区养老是契合我国实际国情及经济发展现状的新型养老模式，代表我国社会化养老服务的发展方向，必须加以大力发展。以社区为依托的居家养老，是一种将居家养老和社区照顾相结合的社会化养老模式，是符合老人心理需求、低成本、高效率的一种新型养老模式，广泛、深入地推行这种模式，既是弥补家庭养老功能弱化的现实需要、实现社会福利社会化的重要举措，又是积极应对人口老龄化、破解全社会养老难题的有效途径。

其次，从社会支持的理论视角出发来构建体系，有助于推动居家社区养老服务快速发展。有关社会支持的理论，肇始于19世纪法国社会学家迪尔凯姆对自杀、犯罪等社会病理现象的研究。在社会学语境下，社会支持是用于解释和探讨社会现象和社会问题的中层理论和方法，可被广泛运用于社会工作及社会保障、社会服务、社会政策、社会调适等领域的活动之中。国内社会学者李强将其界定为："社会支持是一个人通过社会联系所获得的能减轻心理应激、缓解紧张状态、提高社会适应能力的影响。"[1] 作为社会学的中层理论，社会支持囊括家庭成员、邻里亲朋、同学同事等非正式支持系统，以及政府、社区、社会组织等正式支持系统，并且其支持内容涉及个人

---

① 李强：《社会支持与个体心理健康》，《天津社会科学》1998 年第 1 期。

的基本生活需求以及理性认知、心理情感、行为习惯等方方面面，是实施积极应对人口老龄化国家战略的重要理论支撑之一。

人到老年，随着职业生活的终结、家庭角色的位移、生理心理的变化等，面临重新适应家庭与社会生活的个人生存与发展问题。尤其是在适应晚年生活新环境的老年继续社会化或再社会化过程中，面临诸多单凭个人能力无法有效应对及妥善解决的难题，既需要来自社会正式支持系统的支持，也需要来自社会非正式支持系统的支持。因此，以社会支持理论来建构居家社区养老服务的可获得性，可以为我们提供全新的发展思路，从而避免陷入"非物质投入而不能发展"的困境。

最后，当前河南居家社区养老服务还处于起步探索阶段，亟待创新理念加以发展。2016年，民政部、财政部联合下发了《关于中央财政支持开展居家和社区养老服务改革试点工作的通知》（民函〔2016〕200号），选择一批地区进行居家社区养老服务改革试点，以期进一步巩固其在养老服务体系中的基础地位。截至目前，河南省共有4批7个地区入选，郑州市和许昌市率先入选第二批试点，之后洛阳市入选第三批试点，鹤壁市和商丘市入选第四批试点，信阳市和焦作市入选第五批试点。除试点地区外，河南省的其他地区在居家社区养老服务方面也开展了积极的探索，诸如日托、夜托、月托之类的托老服务，提供家庭养老床位的上门服务，"医养康养文养"相融合的社区养老服务，"互联网+"多功能居家养老服务等新事物、新举措层出不穷。然而，即使是作为试点城市的郑州和洛阳，依然存在自身的短板和弱项，需要及时弥补和强化。譬如，在城乡居家社区养老服务的均等化及均衡发展方面，郑州市和洛阳市尚与发达地区城市存在一定的差距。尤其是地处豫西山区的洛阳某些农业县域，与洛阳市区存在较大差距，小城镇尚未设立社区居家养老服务中心及老年人日间照料中心，而在农村社区，幸福大院建设参差不齐，呈现零散状态，村庄覆盖率不高，即使在某些已经建立起来的城镇社区居家养老服务中心和村庄幸福大院，其基本设施也相对简陋。此外，在拓展和提升居家社区养老服务方面，如何因地制宜、因时制宜，抓住机遇、充分发挥后发优势实现弯道超

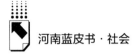

车，依然面临如何正确处理求实与创新之关系的难题，亟待创新理念加以
发展。

二 构建河南居家社区养老社会支持体系的着力点

"十四五"时期，河南已进入中度老龄化阶段，建立和完善居家社区养
老社会支持体系势在必行。确保老年人生活质量是完善居家养老服务的基本
理念。[①] 为此，各级政府应当依据政府责任原则、公正原则、共同参与原
则，通过整合各方面资源，形成政府主导、社会协同、家庭关照、机构参与
的协同机制，充分调动各方的人力、物力和财力，建立与河南经济社会发展
水平相适应的居家社区养老社会支持体系（见图1）。

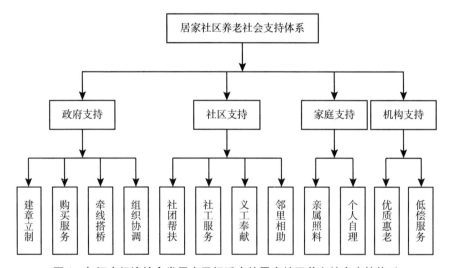

图1 与河南经济社会发展水平相适应的居家社区养老社会支持体系

（一）政府支持

政府支持是正式社会支持体系中的核心部分，在持续转变政府职能、打

---

① 丁建定：《居家养老服务：认识误区、理性原则及完善对策》，《中国人民大学学报》2013
年第 2 期。

造服务型政府的经济社会发展大背景下，政府支持已经成为加强社会建设、更好保障和改善民生的基本保证。

1. 建章立制：发挥政府主导作用

在居家社区养老服务中，建章立制是政府发挥自身职能作用的主要方面，也是政府支持效能在其中的重要体现。在开展居家社区养老服务中，价值取向需要引导，资金筹措需要扶助，社会力量介入需要鼓励，资源利用需要优化和整合，人员队伍需要培养和充实，质量提高需要管理创新和技能培训等。凡此种种，无不需要政府通过建章立制予以充分保障。建章立制包括以下内容。其一，财政资金支持。例如，政府购买社区居家养老服务资金，政府扶助社区居家养老设施建设、前期运营及床位补贴资金等。其二，法律法规支持。系统修改和完善所有法律法规中涉及老年人家庭和社会权益的条款，为老年人居家养老营造法律呵护的良好社会氛围。其三，社会政策支持。这意味着包括劳动、民政、教育、文旅、市场、卫健、建设、交通、信息等各个行政部门的政策，都要用支持老年人健康养老和积极养老的理念，去全面审视并加以修改和完善，使之与居家社区养老的日常生活实践有机衔接。尤其是要特别注重制定和实施有利于老年人居家养老的家庭政策，例如，促进工作和家庭生活平衡的政策、家庭照料补贴及高龄老年人补贴政策等。其四，载体资源支持。其中主要包括学校、社区、图书馆等场地支持、类似"12349"的供需对接平台支持，以及政府组织的养老服务公共活动中对居家老年人的关照等。其五，组织化支持。各级地方政府及街道和社区，支持和鼓励老年人社会组织积极参与居家社区养老服务，并通过协调和沟通老年人社会组织与社会各界的联系，充分发挥老年人社会组织在开展居家社区养老服务中的重要作用。其六，项目支持。一方面，在各种公共项目中，政府部门应注意安排居家社区养老服务项目；另一方面，政府有关部门专门为居家社区养老服务设计项目。比如，家庭养老援助项目，时间银行养老服务项目等。其七，赋能培训支持。在各种老年教育中贯彻赋能理念，明确"后喻文化"的时代特点，倡导年轻人帮助老年人掌握信息技术、运用社交媒体。其八，舆论宣传支持。大力宣传将积极应对人口老龄化上升为国家战

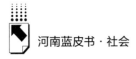

略的重要意义和价值，把老年财富论、健康老龄化、积极老龄化、新时代新孝道之类的理念，通过舆论宣传普及到社会各个阶层及千家万户。

2. 购买服务：鼓励社会力量参与

通过购买服务的方式，政府能够鼓励社会力量积极参与居家社区养老服务，解决其在发展中技能技巧增进、人员队伍建设、质量水平提升之类的难题。一般来说，政府购买服务大致可以分为以下类型。一是发放居家养老服务券。根据困难老年人群体的实际生活状况及日常需要，政府有关部门通过社区，向作为社会优抚对象的老年人（"三无"老人、孤寡老人等）以及"低保""空巢""失独"老年人等，定期发放可以使他们享受各种服务的居家养老服务券。服务内容囊括生活照料、医疗保健、家政料理、聊天解闷等方面。需注意完善居家养老服务定点机构的准入、评估、监督机制，并对购买服务进行全程监管。二是购买专业社工上门服务。社工一般带有专业性技能技巧和社会人文情怀，能为老年人提供具有较高质量的科技化、个性化、人性化服务。政府购买专业社工上门服务，主要是针对需要兜底服务的那一部分老年对象，为的是大力改善他们的生活状况，提高他们的生活质量。三是委托第三方机构运营社区居家养老服务中心的购买服务。政府民政部门或街道办事处往往以招标方式，委托第三方开展社区居家养老运营服务。在第三方运营过程中，政府民政部门或街道办事处往往给予其以一定的运营补贴，其中包括日间照料中心的床位补贴、老年人餐桌补贴、服务设施适老化改造补贴等。

3. 牵线搭桥：引领民间资本介入

政府主要是通过优惠政策支持的方式，其中包括土地使用、运营补贴、税费优待、水电减免等，引领民间资本介入居家社区养老服务。但要注意一定要结合当地实际，适当提高补贴力度，及时兑现优惠政策，防止失信于企业。

4. 组织协调：助力社区养老服务

近些年来，社区养老服务资源不断增加，除了政府提供的资源之外，还有来自企事业单位、工青妇组织、大中小学校、各种社会组织、当地驻军等部门的各类资源，可谓应有尽有。然而，这些资源之间互不通气、各自为政，致使整个社区内的养老服务处于碎片化状态，难以形成发展居家社区养老服务的强大动力。政府支持的主导作用，此时此刻就显得分外重要。

（二）社区支持

社区是指在一定的地域范围内生活的人们组成的社会生活共同体。这种生活共同体蕴含政治、经济、文化、社会等多重要素，具有较强的心理认同意识和共同的利益关系。在开展居家社区养老服务中，依托社区丰富资源的支持必不可少。

1. 社团帮扶

社团就是一些有着相同兴趣和爱好的人们自愿聚集在一起形成的互惠型组织。我国社团组织的特点通常表现为非营利性、民间性、平民化等，它与政府组织、非正式组织以及自然群体均有所不同。近些年来，不少社团尤其是其中的一些老年社团，在援助居家社区养老服务中发挥了重要作用。例如，老年文艺社团通过组织一些有文艺爱好和兴趣的老年人参与演出，丰富了社区居家老年人日常生活；老年公益性社团经常组织其成员积极参与给社区居家困难老人送温暖的活动等。近些年来随着生活条件的改善、生活方式的更新，老年社团组织也开始不断涌现，并且时常参与一些当地社区组织或自组织的助老服务活动。

2. 社工服务

无论是在国内还是在国外，社工指的都是从事具有非营利性、专业化、职业化等性质活动的专职人员。究其实质，社工为社区居家老年人所提供的各种服务是一种社会福利服务。在我国目前的社会福利制度框架下，政府通常以购买服务的方式，鼓励和支持社工介入居家养老服务。社工基于专业价值理念并采取专业方法和技能，去帮助那些失能、失智、失独、孤寡等困难老人，以促使他们摆脱生活困境和改善生活状态。当前，随着社会建设不断加强、社区服务不断发展，政府购买社工介入社区养老服务活动也不断增加。

3. 义工奉献

义工，是指不计较任何报酬，仅仅出于对社会和他人的义务感和责任心，利用闲暇时间和个人的一技之长，为残疾人、孤寡老人、生活特别困难者等弱势群体，提供具有社会意义及价值的义务服务的人群。义工的此种服务是一种有组织的、基于业余时间的活动，以自愿、无偿、公益作为其行动准则。现阶段，在欠发达地区的大中城市中，义工较多并且其活动也比较频繁。然而，在欠发达地区的小城镇及农村地区，义工则较少并且其活动也比较稀松。这种情况与经济、政治、社会、文化和生活方式等方面的发达程度，自然是不无关系。与发达地区相比，在义工队伍的规模、素质、技能，以及其活动方式、途径、频率、效能方面，欠发达地区均具有比较明显的差距。随着新型城镇化和城乡一体化建设步伐的不断加快，欠发达地区在加强社会建设中也应当注重对义工队伍的培育，尤其是应当在全社会注重对于义务工作之理念及其意义和价值的宣传和弘扬。

4. 邻里相助

邻里是指与人们家庭居所相距很近的左邻右舍。在我国传统社会，人们一直比较注重建构和谐相处、守望相助的邻里关系，"远亲不如近邻"之说在民间流传甚广。在现代社会，由于空间距离很近，邻里守望相助原本在居家养老中的功能和作用不减当年，只不过因为都市化引发的人际交往隔膜及其人情味淡化，此种功能和作用远未发挥出来。与发达地区相比，欠发达地区由于城镇化率较低、传统文化心理积淀比较深厚等因素的影响和作用，邻里守望相助的生活传统依然延续得较好，其资源优势可在家庭养老朝向社区养老的延伸发展中，作为重要中间环节加以利用。尤其是在欠发达地区的不少农村社区，此种生活传统已经成为居家养老的重要依托，而且能够创造性地转化为支撑当地互助养老的重要精神动力资源。显而易见，在全面、深入地开展居家社区养老服务的过程中，邻里守望相助的生活传统不仅不应当被忽视和淡化，而且更应该被珍惜并加以呵护，使之在创新和发展居家社区养老服务模式时，成为可资利用的宝贵财富。

（三）家庭支持

家庭是基于婚姻、血缘、收养等关系建立起来的社会最小基本单位，通常被人们喻为"社会细胞"。父母、子女是家庭主要成员，而那些长期在一起生活的亲属也可作为家庭成员。居家社区养老是以家庭养老作为基础的，换句话说，居家社区养老实质上是家庭养老的延伸和拓展，它离不开来自家庭的支持。尽管随着社会变迁不断加快，以及随着家庭结构、功能及其生活方式的不断更新，人们的家庭观念和家庭关系发生很大变化，但是，目前在我国，家庭养老的基础地位依然比较稳固，夫妻互助、子女照料、亲友帮助和个人自理，依然是不少老年人养老的首选。只有巩固家庭养老基础地位，才能为顺利开展居家社区养老服务提供强有力的家庭支持。

1. 夫妻互助

在家庭生活的整个架构中，夫妻关系是家庭关系的核心，而夫妻互动互助则是家庭运行的中心轴。少年夫妻老来伴，就家庭养老来说，夫妻互助是家庭养老中的常态。得益于数十年的朝夕相处、语言和行为的反复磨合，在日常生活中夫妻之间的相互照料，具有方便易行、配合默契、深入持久等特征。夫妻互助的前提是双方都比较健康，具有照料对方的基本能力和必要条件。一旦一方失能失智，单靠夫妻中一方独自照料，就会勉为其难，往往需要子女和亲友辅助或者向机构求援。因此，应通过宣传和教育，引导夫妻践履不离不弃的道德责任和相互扶助的法律义务，并且引导人们注重培育和睦相处的夫妻关系。

2. 子女照料

亲子关系即父母与子女之间的关系，作为血缘最近的直系血亲，亲子无疑是家庭关系的重要构件。子女照料年迈的父母，属于鸟类反哺型的照料，父母在子女幼小时抚育其成人，而子女在父母年老体衰时，理应照料其饮食起居。在我国传统观念中，素有"积谷防饥，养儿防老"一说，同时，子女照料老年父母，这也是我国现行法律所规定的每位公民应当履行的义务。不过，由于近些年来经济大发展、人口大流动，以及家庭结构、功能、生活方式的更新和变化，老年人单纯依靠子女照料来居家养老受到较大挑战。由于工作繁忙以及远在他地的因素，不少子女在这方面多半处于有心无力的境地。为了巩固家庭养老的基础地位，政府应出台鼓励和支持子女照料高龄父母尤其是失能失智父母的家庭政策。例如，实行家庭照料津贴，推动企业实行工作与生活相平衡的政策规定等。这类家庭政策，既有利于子女履行照料父母的道德责任和法定义务，同时也有利于促进家庭良性运行与和谐发展。同时，还应通过利用社区资源对子女进行养老照料技能培训、发展优惠的上门喘息服务等措施，有效解决子女照料老人时所面临的困难。

3. 亲友帮助

亲友即亲戚和朋友，是指与个人具有血缘、姻缘关系或深厚友情的人们。自古以来，在日常生活中，亲友帮助就是国人遭遇困难时的必要援手。在养老照料中，这自然也毫不例外。按照费孝通差序格局理论中的同心圆波一说，在面临生活困境之际，亲戚和朋友是国人可随时获得帮助的人脉资源。民间格言中的"亲帮亲，邻帮邻"以及"出门靠朋友"，体现的恰是同样的思想意蕴。因此，在全面、深入地开展居家养老服务中，更应当发扬这种亲友帮助的优良传统，并且使之与依托社区资源的社区养老无缝对接和有机融合。

4. 个人自理

所谓个人自理，就是发挥老人自身健康养老和积极养老的主动性和能动性，在居家养老时让政府和社会放心，同时也让子女省心。个人自理的前提是老人身心健康以及尚未迈进高龄，在日常生活中能够从容应对遇到的问题或困难。如今，科技发展、生活条件改善以及政府和社会的关爱，已为健康老人居家自理生活创造出良好的环境条件。例如，互联网的快速发展和智能手机的广泛使用，让老人能便捷购物、适时寻医问诊、远隔千里与友人思想交流，老年卡的无偿提供让老人能够随意出行，家庭医生签约为老人免除了看病之忧，社区"尊老、敬老、爱老、助老"环境氛围的形成使老人心情愉悦等。应进一步提倡、宣传和引导居民增强健康养老和积极养老的理念，同时出台鼓励和支持老人居家自理生活的政策举措。

（四）机构支持

这里的"机构"特指从事社会养老服务的工作单位，即公办、公办民营或民办、民办公助的养老机构，由于具备一定专业技能、品位素养及管理服务经验，机构对居家社区养老服务的支持必不可少。这种支持具有社区嵌入、专业保证、医养康养相结合、低偿优质的特点。

1. 社区嵌入

机构嵌入社区开展居家社区养老服务，其过程是一种由此及彼、由表及里的渐进式渗透。首先，安营扎寨、布局设点，以助餐、理疗、文娱活动等吸引居家老人入内；然后，以康复护理、全托日托照料、文旅活动等扩大服务对象；最后，以"大众化+个性化"的上门贴心服务、家庭养老床位专门服务等提升服务水平。在嵌入方式上，最好能实现连锁化、规模化运营，唯有如此，才能促进其可持续健康发展。

2. 专业保证

养老机构一般都具备规范化、专业化的技能保障，这正是其嵌入社区开展居家养老服务的优势所在。居家社区养老服务同样需要具备专业素养的服务人员，全面了解和准确把握失能、失智老人和高龄老人的身体状况、心理表现，以及他们的行为规律和特点，并且能够有针对性地熟练运用个人所掌握的相应专业技能，为老人们提供充满耐心和细心的服务。

3. 医养康养相结合

将医养康养融为一体，让老人们能够享有"身边、床边、周边"的贴心服务，这是国家"十四五"规划纲要中提出的养老服务重要目标之一。正是在实现这一重要目标的过程中，机构支持社区养老服务的特色体现得淋漓尽致。将医养康养融为一体，既需要支持机构嵌入社区养老服务站（点），以医养康养相结合的服务项目，吸引居家老人入内亲身体验并最终认可这种服务，也需要支持机构派遣熟悉医养康养相结合的技能人员，主动上门为需要帮助的居家老人提供家庭养老床位之类的服务。

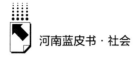

4. 低偿优质的服务

一般说来，在政府购买服务、运营补贴、政策优惠等方式手段的鼓励和
支持下，机构嵌入社区支持居家社区养老服务应该是一种低偿而又优质的服
务。机构嵌入社区后，应当全面、深入地了解当地居家老人的养老需求和愿
景，认真审视和准确把握养老新业态发展现状及趋向，虚心学习和借鉴其他
地方的先进经验和有效做法，不断更新自身运营理念、服务方式和途径，努
力提升自身的素质、品位，真正达到低偿优质的养老服务效能。

三　构建居家社区养老社会支持体系的思考和建议

社会支持是主观见之于客观的、能动的社会行动，在积极应对老龄化国
家战略的动态发展过程中，社会支持的体系从无到有，社会支持的规模从小
至大，社会支持的力量从弱变强，社会支持的覆盖面由窄变阔，社会支持的
影响力由小及大。居家养老可以看成是解决我国人口老龄化和家庭结构变迁
的有效方法，而居家养老模式的有效运行与社会支持网络的构建是密不可分
的。[1] 在助推城乡居民居家社区养老的各种实践活动中，社会支持体系充分
发挥着自身的作用。其中包括在尊重、发掘、弘扬老年人价值中，发挥其社
会政策支持和社会舆论营造方面的作用；在构建和谐人际关系及和睦代际关
系中，发挥其交流、沟通、共识、分享的作用；在开展居家社区养老服务活
动中，发挥其物质技术供给、规章制度谋划、精神心理支撑、行为习惯养成
等方面的作用。在不断创新积极应对人口老龄化的社会建设实践中加大社会
支持力度，有利于在居家社区养老服务开展中克服"强政府弱社会""重形
式轻内容""重谋划轻落实""厚物质技术薄人文关怀"等不足，从而大力
提高居家社区养老服务的质量水平。

在构建河南居家社区养老社会支持体系的过程中，应特别注意以下几点。

一是要始终坚持正确价值导向，将积极老龄化、健康老龄化理念融入居

---

① 谈华丽：《新时期广州城市居家养老社会支持网络探讨》，《广东经济》2018 年第 2 期。

家社区养老社会支持体系建构的全过程。这样做有利于不断地开阔社会支持视野、发掘社会支持潜能、激发社会支持活力、增强社会支持行动，进而排除社会支持阻力，达到居家社区养老由此及彼、由表及里、由点到面、由浅入深的社会支持效果。

二是在居家社区养老社会支持体系建构中，应跳出"只从养老讲养老，单就服务谈服务"的窄狭视野，从城市社会治理创新、乡村振兴战略实施等大处着眼，全面、深入地考量城乡居民居家社区养老问题，用以强化社会支持理念，改善社会支持方式，扩大社会支持途径，丰富社会支持内容，创新社会支持模式，增进社会支持效能。

三是要认真借鉴和吸纳发达地区好的做法和经验，因地制宜、因时制宜，扬长补短、综合创新，发挥本地优势、体现本地特色，走出一条在居家社区养老中不断丰富社会支持内涵、拓展社会支持外延、扩大社会支持空间的适宜路径。

四是在居家社区养老社会支持体系建构中，非正式社会支持与正式社会支持同等重要，绝不能将两者对立起来，更不能厚此薄彼。换句话说，要格外注重非正式社会支持与正式社会支持的良性互动、紧密衔接和融合发展。譬如，在巩固家庭养老基础地位的同时，要优化整合家庭、社区和机构的养老服务资源，以便形成养老服务的合力。再如，加大对家庭照料的社会政策支持力度，依托政府购买服务实施针对家庭照料困难者的喘息服务，倡导并推行"互联网+家庭病床"的新型居家养老服务模式等。

五是在居家社区养老社会支持体系建构中，要统揽全局、统筹兼顾、合理安排。尤其要关注其与经济扶持、文化支撑、社会协同、政策支持、法律保障等方面的紧密关联性，也就是说针对养老服务的社会支持，应实现其在物质技术层面、制度规章层面、精神心态层面、行为习惯层面的有机衔接及高度融合。譬如，在制定居家社区养老服务的政策法规时，应体现出全面系统与重点要点、现实针对与未来前瞻、补缺拾遗与创新发展等因素的吻合性和互促性。从探索新型养老方式、培育新型养老业态、构建一体化养老服务体系的行动路径出发，以此撬动整个养老服务体系优化和效能提升。

B.23
河南省社区居家养老服务现状
及完善策略

邓 欢[*]

摘 要： 养老问题是重点民生问题。为顺应人口老龄化趋势，织牢"一老"民生保障网，河南省积极探索构建完备的社区居家养老服务体系，在政策引领、基础设施、服务模式、智慧养老方面发展成效显著。只是，由于河南省社区居家养老发展时间不长，尚存在服务供给内容较为单一、养老从业人员缺口大且人才缺乏、社会力量参与不足、社区配套基础设施不完善的短板弱项。为此，要从扩大养老服务内容供给、加强人才队伍建设、动员社会力量参与、完善养老基础设施、加强智慧养老服务体系建设几方面着手，促进社区居家养老服务的完善与发展。

关键词： 河南 社区居家养老 养老设施

老有所依是民生要计，事关百姓福祉，事关社会和谐稳定。作为人口大省，面对人口老龄化的基本省情，河南省依托制度优势与经济基础，统筹配置各种养老资源，积极探索构建以居家养老为基础、以社区服务为依托的个人自理与社会援助相结合的新型养老模式——社区居家养老模式，为老年群体提供社会化服务，满足其基本的日常生活需求与精神文化需求。社区居家养老在保留传统家庭式养老"居家生活"的特点、迎合老年群体"恋家"

---

* 邓欢，河南省社会科学院人口与社会发展研究所研究实习员，主要研究方向为社会治理。

情感需要的同时，又能发挥社会公共养老服务设施与资源的作用，还能节约家庭养老成本，提升老年人生活质量，成为破解养老服务难题、应对"银发浪潮"、做好"一老"民生工作的必然选择。因此，关注当前河南省社区居家养老服务的实践探索与成效，分析其存在的问题并提出有针对性的发展建议，对于保障老有所依具有重要意义。

一 河南省社区居家养老服务发展现状

（一）政策体系日趋完善

政策支持与引导是社区居家养老服务工作开展的基础。近年来，河南省委、省政府以及相关省直部门高度重视、谋划顶层，先后出台多项关于社区居家养老的专项政策来保障社区居家养老服务工作的开展。2017 年，河南省政府办公厅出台《关于全面放开养老服务市场提升养老服务质量的实施意见》，提出要更快更好地发展养老服务业，推进社区居家养老服务全覆盖，提升农村养老服务能力和老年人生活便捷化水平。[1] 2018 年，河南省民政厅印发《社区居家养老服务规范》，对社区居家养老的服务内容和要求、服务机构和人员要求、设备设施等内容进行了规定。[2] 2021 年，河南省委办公厅、省政府办公厅联合印发《关于加强养老服务体系建设的意见》，从法规政策、设施规划建设管理、投融资体系等方面出发提出推动养老服务工作高质量发展的意见，推动居家社区机构相协调、医养康养相结合的养老服务体系加快构建。[3] 2022 年初，《河南省"十四五"养老服务体系和康养产业发展规划》出台，对河南省"十四五"时期养老服务的体系、保障、供给、

---

[1] 《河南省人民政府办公厅关于全面放开养老服务市场提升养老服务质量的实施意见》，河南省民政厅网站，2017 年 10 月 19 日，https://mzt.henan.gov.cn/2017/10-19/665338.html。

[2] 《关于印发〈社区居家养老服务规范〉和〈老年人健康能力评估〉的通知》，河南省民政厅网站，2018 年 1 月 2 日，https://mzt.henan.gov.cn/2018/01-02/665366.html。

[3] 《中共河南省委办公厅 河南省人民政府办公厅印发关于加强养老服务体系建设的意见》，河南省人民政府网站，2021 年 12 月 16 日，https://www.henan.gov.cn/2021/12-16/2366075.html。

机制以及康养产业发展的建设目标进行了规划，明确提出了居家、社区、机构养老更加协调的目标①。2022 年 7 月，《河南省养老服务条例》经河南省人大常委会第三十四次会议通过，明确了在社区居家养老服务工作的推进上县级及以上人民政府与民政部门、乡镇人民政府和街道办事处所负责的工作。② 除此之外，河南还接连出台了《河南省社会养老服务体系建设规划（2011—2015 年）》③《关于开发性金融支持健康养老产业转型发展的通知》④《关于养老、托育、家政等社区家庭服务业税费优惠政策的公告》⑤等相关配套政策措施，为社区居家养老服务的发展提供政策指引。

（二）养老基础设施建设取得阶段性成效

社区养老服务设施是开展社区居家养老服务必不可少的物质条件。河南省委、省政府以及相关省直部门将"一老"工作作为重点事项来抓，加大资金项目支持力度，通过改造老旧小区、改建闲置物业等方式全力推动社区居家养老服务设施建设。截至 2022 年 6 月底，河南省 673 个街道共建设 652 个综合养老服务中心，覆盖率达 97%；7334 个社区共建成 6926 个社区养老服务场所，覆盖率达 94%；157 个县（市、区）共建成 147 个县级特困供养机构，覆盖率达 93.6%。⑥ 具体到社区老年人日间照料中心的建设而言，河南省连续数年将其列入年度工作重点内容。2017 年，河南省着手在社区建设包含

---

① 《河南省人民政府关于印发河南省"十四五"养老服务体系和康养产业发展规划的通知》，河南省人民政府网站，2022 年 1 月 21 日，https：//www.henan.gov.cn/2022/01 – 21/2386451.html。

② 《河南省养老服务条例》，河南省人民政府网站，2022 年 8 月 15 日，https：//www.henan.gov.cn/2022/08-15/2560660.html。

③ 《河南省人民政府办公厅关于印发河南省社会养老服务体系建设规划（2011—2015 年）的通知》，2012 年 6 月 8 日，河南省人民政府网站，https：//www.henan.gov.cn/2012/06-27/244798.html。

④ 《关于开发性金融支持健康养老产业转型发展的通知》，河南省发展和改革委员会网站，2018 年 8 月 7 日，https：//fgw.henan.gov.cn/2018/08-07/711652.html。

⑤ 《关于养老、托育、家政等社区家庭服务业税费优惠政策的公告》，河南省民政厅网站，2019 年 7 月 23 日，https：//mzt.henan.gov.cn/2019/07-23/936675.html。

⑥ 《河南省民政厅加快推进养老服务设施"五个一"建设》，河南省人民政府网站，2022 年 7 月 29 日，https：//www.henan.gov.cn/2022/07-29/2551142.html。

配餐就餐室的社区老年人日间照料中心（托老站）。① 2018~2020 年，河南省新建的社区老年人日间照料中心数量分别为 500 个、1039 个与 1011 个，呈现快速增长的趋势。② 截至 2021 年 4 月底，全省的社区老年人日间照料中心共计 3371 个，基本上在全省实现了居家社区"15 分钟养老服务圈"全覆盖。③

2022 年 8 月，河南省财政厅发布通知，确定支持建设 159 个养老服务设施项目，并将下达 4.2 亿元补助资金用于建设街道（社区）养老服务设施、县级供养服务设施（敬老院）、医养结合项目、智慧养老管理和服务平台、经济困难老年人家庭适老化改造等五类项目。④ 可见，下一步，河南省将继续推进社区居家养老服务设施建设，为老有所依提供坚实的保障。

（三）服务模式不断创新

为高质量推进社区居家养老服务发展，2016 年以来，河南省坚决贯彻落实党中央决策部署，加快推进社区居家养老的改革创新工作。在省委、省政府的鼓励下，各地市纷纷立足本地实际，开展社区居家养老服务模式的地方实践探索，积累了一批经验做法。如郑州市实施社区居家养老"百千万"工程，加快构建由一百个街道养老服务中心、一千个社区日间照料中心与一万名养老护理员组成的现代化养老服务体系。构建城区的"一刻钟"养老服务圈与农村的"一千米"社区养老服务圈，打造"家门口"的养老服务。南阳市将社区居家养老服务体系建设列为重要民生工程，加快成立社区居家养老服务体系建设指挥部，形成"四级书记"抓养老的工作格局，对养老服务设施用地、用房给予保

---

① 《河南省民政厅对省人大十三届四次会议第 355 号建议的答复》，河南省民政厅网站，2021
年 11 月 2 日，https：//mzt. henan. gov. cn/2021/11-02/2340222. html。
② 《河南省民政厅对省十三届人大四次会议第 838 号建议的答复》，河南省民政厅网站，2021
年 10 月 29 日，https：//mzt. henan. gov. cn/2021/10-29/2338124. html。
③ 《河南省民政厅对省人大十三届四次会议第 355 号建议的答复》，河南省民政厅网站，2021
年 11 月 2 日，https：//mzt. henan. gov. cn/2021/11-02/2340222. html。
④ 《河南省财政下达资金 4.2 亿元支持养老服务设施项目建设》，河南省人民政府网站，2022
年 8 月 12 日，https：//www. henan. gov. cn/2022/08-12/2559781. html。

障，并明确社区居家养老服务体系的建设目标。[①] 洛阳市在城区探索构建与健全"五级养老服务体系"，在市级和街道层面，由市级养老服务中心来对全市的社区养老服务设施建设进行统筹，由街道综合养老服务中心提供医养结合的托养服务；在社区和小区层面，分别建设一至两个养老服务中心与提供上门服务、生活照料服务的养老服务站；在家庭建设养老床位，为老年人提供居家失能养老服务。在农村，建设并推广由乡镇区域集中养老服务中心、集中互助养老服务站、小型集中养老服务点和村级居家助老服务点组成的"集中+居家"四类养老服务模式。[②] 许昌市面对"银发许昌"的基本市情，在社区居家养老模式路径上积极探索，将机构托养、日间照料、居家上门三种形式有机融合，建设城乡养老服务机构，提升农村敬老院服务水平，形成社区居家养老的"许昌模式"[③]。

（四）智慧养老建设稳步推进

为了向老年人提供更加便捷的养老服务，实现社区居家养老服务需求方与供给方的精准对接，河南省将智慧养老建设列为重点工作，依托网络信息技术打造智慧养老服务平台，推动形成"互联网+社区居家养老"的新型养老服务模式。2020年，河南省将郑州、洛阳等17个城市确定为省级智慧养老服务平台建设试点，计划用三年时间支持试点地区探索创新社区养老服务高效智能化模式。各试点地区基于地区实际情况开拓创新，利用互联网技术打造富有本地特色的智慧养老模式，如焦作市的"智慧养老顾问"、洛阳市的智慧养老服务平台等，积极推进"互联网+"融入老年人的日常生活照料、医疗保健等养老服务，促进养老智能化水平的提升。据统计，截至2022年6月底，

---

① 柳旭：《努力让老年人拥抱最美夕阳红——河南推进居家社区养老服务体系建设一瞥》，《中国社会报》2021年12月3日。

② 《2022洛阳市将健全城区五级养老服务体系在农村推广"集中+居家"四类养老服务模式》，河南省人民政府网站，2022年2月24日，http://www.henan.gov.cn/2022/02-24/2403880.html。

③ 《融合"机构托养、日间照料、居家上门"三种形式，形成居家和社区养老"许昌模式"——家门口养老更舒心》，许昌市人民政府网站，2019年12月16日，http://www.xuchang.gov.cn/ywdt/001005/20191216/a2e82d54-c62e-4d99-a034-080216169827.html。

12 个省辖市的智慧养老平台上线运行，入网老年人达 1053 万人，已经完成智慧养老服务平台老年人入网人数达到 1000 万的年度任务。[①] 洛阳市智慧健康养老示范基地等 29 个单位被列入国家智慧健康养老应用试点示范单位。同时，河南省民政厅建设养老设施供需发布信息平台，打造省级智慧养老地图，使老年人可在线查询家门口的社区养老服务中心、敬老院等养老服务设施及其相关信息，为老年人就近实现老有所养、老有所乐提供技术支持。

二　当前河南省社区居家养老服务存在的问题

（一）服务项目不够全面，存在供给内容单一与需求项目多样的矛盾

社区居家养老是确保老年群体"老有所养"、提升老年群体生活质量的重要养老模式，其服务或者项目的供给应该以老年群体的需求为导向，实现供给内容的精准化。在经济社会繁荣发展的背景下，老年人对于养老服务的需求呈现多层次、多元化的特点，在服务项目上不仅需要基本的生活照料服务，而且希望能够享受到专业的医疗护理服务以及精神慰藉、文化娱乐等文化养老服务。然而，现阶段河南省社区居家养老发展时间不长，体系建设还不够成熟，所以在服务内容的供给方面不够全面，并未形成完备的社区居家养老服务体系，在满足老年群体多元的养老需求上存在局限。具体来看，当前河南省社区居家养老服务内容的供给偏重于生活照料类，以提供家政服务、日间照料为主，而在其他项目的供给上较为匮乏。测血压、测血糖等基础医疗护理服务多由社区卫生服务中心提供，且无法上门，老年人维护身体健康、治疗疾病的突出需求无法得到满足；文化娱乐服务供给多为自发组织的自娱自乐活动，以棋牌活动为主，社区很少能向老年人提供文化娱乐的平台，部分提供文化娱乐服务的社区活动的规模也较小，未能形成体系；精神慰藉服务发展不足，难

---

① 宋向乐：《2025 年河南养老服务达到或超过全国平均水平　乡镇养老中心覆盖率达到 60%》，大河网，https://news.dahe.cn/2022/06-24/1048751.html。

以满足老年人心理咨询和抚慰需求。特别是对于空巢老人而言，孤独感尤为强烈，尤其需要与人交流、与社会接轨，但是多数社区精神慰藉的满足率较低。

（二）养老队伍总量不足，专业人才队伍不强

当前，河南省社区居家养老服务人员较为短缺，远远无法与存在养老服务需求的人员数量相匹配。从第七次全国人口普查的结果来看，截至2020年11月1日零时，河南省60岁及以上的人口数为1796万人，65岁及以上的人口数为1340万人。① 如此庞大的老年人口队伍所需的养老护理服务人员不在少数。但是在现实生活中，仅有3万余名护理人员，很多社区居家养老服务站人员数量仅为个位数，人手奇缺，有时还需要居委会、街道办的工作人员兼任，这严重限制了其能够服务的老年人的数量。与此同时，养老服务供给者队伍整体素质偏低，专业人才缺口大。老年人的高层次养老需求需要高素质、专业化的养老服务人员来满足。高素质、专业化的养老服务人员来自接受过规范的岗位技能培训或者相关专业的毕业生。但是受养老行业待遇低等因素的影响，养老产业对高技能人才吸引力明显不足，再加上社区养老服务中心等组织并未组织规范的从业人员技能培训，导致当前河南省的养老护理服务供给者由素质较低的"4050"人员组成。"4050"人员即年龄在40岁至50岁之间的下岗工人或者农村外来务工人员，文化程度不高，职业技能缺乏，仅能为社区老年人提供洗衣、做饭、打扫卫生等简单的生活照料服务，在精神慰藉、康复护理等专业性较强的领域力所不足。而且工作的稳定性较差，很容易因为家庭事务等不再从事此项工作，造成无人接替的局面。

（三）社会力量参与程度不高，多元主体合作还处于初级阶段

政策引导与财政支持对于社区居家养老模式长效运行至关重要，但是仅仅依靠政府这一单一供给主体难以达到预定目标。特别是在老年人对公共服

---

① 《河南省第七次全国人口普查公报（第四号）》，河南省统计局网站，2021年5月14日，http://tjj.henan.gov.cn/2021/05-14/2145060.html。

务的多样需求上涨的背景下，养老服务的供给还需要社区、市场等多元主体的参与与合作。然而，河南省多元主体参与社区居家养老的协同体系尚未形成，社会力量参与明显不足。一是社区作用发挥不到位。社区作为社区居家养老服务的主要载体依托、养老基础设施与养老支持系统的所在地，本应坚持以服务为根本，加快配套基础设施建设，与多元主体合作共同为社区居家养老的发展创设良好条件。但是在养老服务的内容供给上不够全面，设施建设上不够完善，活动开展上不够广泛与深入。二是社会组织和市场参与度不高。河南的社会组织发育尚不健全，力量较为薄弱，并未形成稳定的、可持续的社区居家养老参与机制；社区居家养老行业尚未形成稳定的盈利模式，不能为市场提供高收益与高利润，致使市场投身于社区居家养老领域的热情和积极性不足，当前主要向老年人提供生活照料类服务，满足的是老年人低层次的养老需求。三是老年人及其家属重视度不够。一些群众未关注过社区居家养老这一新型养老模式，或对社区居家养老模式的了解不够深入；另一些群众了解社区居家养老模式，但是消费观念保守，不愿意去社区养老服务场所，坚持使用传统的家庭养老方式来养老，导致其对于社会化养老的接受度和利用率不高。

（四）社区配套基础设施不完善，适老化设施建造不足

虽然河南省社区配套基础设施的建设取得了一定成效，但是持续提升仍然任重道远。一方面，社区养老服务设施数量相对不足。截至2021年6月底，全省社区养老服务设施的覆盖率为52.9%，街道级养老服务设施的覆盖率不足四成，县级特困供养机构的覆盖率不足三分之二。[①] 一些社区居家养老服务中心提供的书籍报刊、床位、体育器械等供给不足，部分社区为社区居家养老服务中心提供的场地不足，甚至出现了一室多用的情况，老年人无法同时开展多种文体项目，再加上部分社区的管理经验不足，不能合理充分利用现有配套基础设施，更加剧了养老服务设施的短板效应。另一方面，

---

① 魏剑、芦瑞、王向前：《满目青山夕照明——关于我省养老服务体系建设的调查》，《河南日报》2021年11月29日。

适老化设施相对欠缺，基础设施有待完善。在社区居家养老服务中心，一些已经建成的健身器材、厕所、洗澡室等配套基础设施的设计存在很多不足，没有充分考虑老年人的习惯，老年人在使用时有诸多不便，有的甚至还存在安全隐患。在居住小区以及家庭内部，住房不适老问题较为严重，且设施改造较为滞后。小区在设计建造时对于养老设计考虑不足，步梯楼道过窄、台阶过高，老年人上下楼不便，电梯加装又因为产权等问题而搁置；具备防碰、防滑等功能的无障碍设施建造不足；呼叫和报警设施缺乏……这些不便都可能给老年人的日常生活带来风险。

三 构建科学合理的社区居家养老模式的思考与建议

（一）精准把握老年群体需求，扩大养老服务内容供给

为解决现阶段社区居家养老服务发展面临的养老服务项目供给单一这一首要问题，应基于老年群体的养老需求，增加养老服务的种类，扩大养老服务内容的供给。由于老年人数量庞大且养老需求各异，精准高效地递送养老服务首先要聚焦、洞察老年人的实际需要。为此，首先，应当建立养老服务信息系统，由基层工作人员或者养老服务从业人员对老年人的年龄、身体状况、病史、需求等基本情况进行调查，将老年人基本信息录入养老服务信息系统并及时进行数据更新，挖掘出老年人的真实需求。其次，在精准甄别老年人需求的基础上，扩大养老服务内容的供给。一是满足老年人的医疗护理需求，对于健康老人，定期安排工作人员上门巡诊，收到求诊信息时及时上门看诊；对于半自理老人以及失能老人，引导社区服务机构提供生活照料、康复护理、医疗保健等服务。二是依托老年活动中心等场所开展多样化的文体娱乐活动，积极组织并鼓励老年人参与社区志愿活动，提升老年人精神文化生活质量。三是强化对老年人的心理慰藉服务，组织社区养老工作人员或志愿者上门提供聊天服务，特别是加强对于空巢老人、失独老人的关注，不仅要强化心理辅导，还要定期组织团体活动，消除老年人孤独感，维护心理健康。

（二）培育专业化人才，提升养老服务队伍综合素质

养老服务队伍建设是社区居家养老服务落到实处的保证与关键，打造一支素质好、业务精的养老服务人才队伍是现阶段开展养老工作的重点之一。一是要开展系列养老职业技能培训，提升养老服务供给者的业务能力与职业素养。完善社区居家养老服务人员培训体制机制，增加培训供给，扩展培训内容，邀请专家授课与进行业务指导，分批次选派养老服务从业人员到职业院校进行养老服务技能培训，重点加强医疗保健、心理疏导、康复护理等方面的专业训练，提升现有"4050"养老从业者的整体素质。二是要提升养老服务人员工资待遇，完善晋升激励机制，吸引高素质人才加入。政府相关部门应加大资金投入力度，为社区居家养老服务从业人员发放岗位补贴，落实好社会保险等福利待遇。实施绩效管理机制，将工资与实际付出挂钩，依据绩效考评的结果对服务人员给予额外的奖金，调动其工作积极性；打通养老服务从业人员的晋升通道，全面实施职业技能等级认定，按照相关规定晋升优秀人才进入管理层，推动养老服务从业人员职业前景明朗化。三是要建立稳定的志愿者队伍，增强供给人员力量。成立社区养老志愿团队，广泛发动社区居民尤其是低龄健康老人加入并利用空闲时间帮扶有需要的老年群体。同时可以与当地高校建立合作关系，整合大学生群体中的志愿者资源，提供稳定的养老服务。

（三）引导和鼓励社会力量介入养老服务领域，构建养老社会服务体系

广泛动员各类社会主体参与社区居家养老事业，构建政府、社区、社会组织、企业等多元主体参与、协调配合的养老社会服务体系。一是加大对社区居家养老服务的宣传力度，使社区居家养老服务模式深入人心，在全社会营造支持养老事业发展的良好环境与氛围，引导社区、企业、社会组织等主体积极介入社区居家养老服务领域。二是全方位加强社区建设。不仅要加大对社区工作的支持与经费投入力度，还要切实发挥社区居委会的自治功能，

发挥社区自身职能优势，把社区建设得更加成熟，提供更高质量的社区居家养老服务。三是支持企业与社会组织积极介入社区居家养老服务领域。对于企业可以给予其优惠政策以及配套措施支持，例如给予税收优惠、水电费减免等扶持，也可以积极发展政府公共部门与民营企业共同投资、建设与运营管理的养老服务业 PPP 模式，实现自身利益以及公共利益的"多赢"。对于社会组织，首先要在资金投入、人才引进与培训等方面给予社会组织扶持和帮助，推动社会组织发展壮大。在此基础上鼓励社会组织参与社区居家养老，发挥其效率高、成本低的优势。四是提升老年人的接受度与认可度。做好社区居家养老服务的宣传阐释工作，使老年人及其家属了解社区居家养老的内涵、服务供给内容及其便利性、惠民性等特点，鼓励老年人选择社区居家养老的方式进行养老。

（四）完善养老设施，提升社区居家养老服务质量

推动社区居家养老实现高质量发展，要加快社区养老服务基础设施建设。一是要把养老服务场所建设纳入年度工作重点。依托财政资金，加快推进各种类型的养老服务场所建设。也可有效整合利用社区现有资源，通过改造闲置物业、盘活社区闲置用房、购买租赁闲置场地等方式为老年人提供运动健身、休闲娱乐场地，扩大社区居家养老服务场所的覆盖面。二要加快建设社区养老配套基础设施。政府应增加养老设施的财政投入，采用优惠政策等方式吸引民间资本承接项目与建设养老设施，推进其加快建设步伐。坚持以需求为导向，以个性化、现代化、多样化为着力点，增添健身器材、报刊书籍、康复保健、休闲娱乐等类型的硬件设施，解决服务设施的短缺问题，增强社区的实际养老功能。三是要对养老基础设施进行适老化改造。在养老服务场所，适老化设施改造要从宽领域、多层面的维度出发，尽量满足健康老人、半失能老人、失能老人等多类型老年群体的需求。在小区内部，依托老旧小区改造项目，对不适应老年群体需求的基础设施进行改造升级，突出加装电梯、公共环境适老化改造等重点任务，方便高龄、患病老人日常生活。在家庭内部，提升家庭成员对于家庭设施改造的重视程度，根据老年人

生活能力，为老年人私人订制专业化、个性化等服务产品，改善老年人居家生活照护条件。

（五）依托信息化网络平台，加强智慧养老服务体系建设

近两年，河南省社区居家养老与"互联网+"深度融合的养老服务模式崭露头角，推动社区居家养老实现智能化升级。不过在数字化时代，实现社区居家养老的长效发展，必须将发展智慧养老模式列入老龄事业创新发展的重要内容，对其进行建设与升级。一是完善智慧养老网络服务平台建设。企业要探索开发智慧养老系统，形成统筹养老管理机构、家政服务机构、医疗卫生机构、社会组织等服务资源，涵盖日常生活照料、医疗保健、精神娱乐等服务供给的数字化养老服务信息平台，为老年群体多样化生活需求的满足提供技术支撑，并尽快促进"互联网+"与社区居家养老模式相融合的智慧养老系统落地生根。二是研发创新智能可穿戴设备。引导鼓励企业、科研机构研发智能可穿戴设备，精准测量老年人的身体状况，指导或者协助老年人进行康复保健，并且提供紧急呼叫功能，为身体异常或所处环境异常的老年人提供紧急救助服务。三是开展智慧养老服务平台的教育培训，促使老年人适应与融入智慧养老模式。要加强对老年群体的信息技术教育，组织产品使用的专门培训，减少老年群体在使用智慧养老系统时的认知障碍，使老年群体具备基本的使用智慧养老系统及智能可穿戴设备的能力。

B.24
智慧社区背景下河南省文化
养老服务创新路径研究
——以郑州 X 社区为调研对象

闫　慈[*]

摘　要： 当前，人口老龄化已经成为社会发展中不可逆转的未来进程。河南省作为人口基数较大的省份，所面临的人口老龄化压力更大，并且这个局面还在加剧。养老问题作为社会热点和民生重点在社会舆论中被广泛讨论，如何转化养老压力使之成为发展老龄产业和服务业的动力，理应是现阶段社会高质量发展中亟须解决的实际问题。智慧社区和智慧养老正是在此背景下应运而生的新型治理模式，顺应大数据和信息化的社会发展趋势。探索文化养老服务在智慧社区背景下的创新路径，进一步满足老年群体对美好生活需求的向往，更能符合"积极老龄化"的倡导和实践。

关键词： 河南省　文化养老　智慧社区

一　研究背景

英国文化人类学创始人泰勒提出文化应归纳为整个生活方式的总和："文化或文明，就其广泛的民族学意义来说，乃是包括知识、信仰、艺术、道德、

---

* 闫慈，河南省社会科学院人口与社会发展研究所助理研究员。

法律、习俗和任何人作为一名社会成员所获得的能力和习惯在内的复杂整体。"① 可见文化已经在历史的淬炼中凝结成为一种稳定的生存方式，并将生产方式、生活方式、消费方式以及人与人之间的交往方式等纳入其中。当前，整个社会都面临老龄化所带来的种种难题，尤其是养老服务保障和供给成为众口难调的"硬骨头"。为进一步探索适应社会新形态和发展新形势的养老新模式，国家一直在通过顶层设计输出养老服务的创新思路，特别是国家九部门联合印发的《关于深入推进智慧社区建设的意见》为探索新型养老模式提供了契机。智慧养老是大数据时代充分利用信息技术创新养老服务的新模式，能够为老年人提供更为高质便捷的服务。当老年群体的物质养老需求在智慧养老服务中逐渐得到满足之后，就会产生日益增长的文化养老服务需求。文化养老其实就是老年人在充分满足物质需求后的一种更深层次的养老服务追求，主要是在情感、思想和娱乐等方面提供服务供给。社区就是老年人实现文化养老活动最重要的平台，能够为老年人的社会交往和情感交流提供媒介和场所，同时也能开展不同类型的文化养老活动，具有很强的集聚优势和服务特长。

二 文化养老融入智慧社区建设的重要意义及其可行性

（一）重要意义

1. 老龄化程度日益加深，智慧社区建设刻不容缓

国家统计局在 2021 年 5 月公布了第七次全国人口普查结果的具体数据，当前我国 60 岁及以上人口为 2.64 亿人，占 18.70%。与 2010 年相比，60 岁及以上人口的比重上升 5.44 个百分点。② 以惯例为基本分析，国际标准通

---

① 庄锡昌、顾晓鸣、顾云深等编《多维视野中的文化理论》，浙江人民出版社，1987，第99~100 页。

② 国家统计局、国务院第七次全国人口普查领导小组办公室：《第七次全国人口普查公报（第五号）》，《中国信息报》2021 年 5 月 12 日。

常将一个国家或地区 60 岁及以上老年人口占人口总数的 10% 判定为进入老龄化社会。由此可以判断，当前我国正面临老龄化加速的严峻挑战。然而，老龄化的社会特征并非催生"困老化"问题出现的唯一因素，甚至于老龄化带给社会的多元问题如劳动力减少、医疗体系负担等都不是急迫之要务。当整个社会都处于智能与数字治理的大背景之下，老年人如果不能尽快融入移动互联的信息化中，那就将迅速被信息化社会所隔离。鉴于此，2022 年 5 月，由民政部、中央政法委、中央网信办、发展改革委、工业和信息化部、公安部、财政部、住房城乡建设部、农业农村部等九部门联合印发的《关于深入推进智慧社区建设的意见》出台。意见指出，要"深化物联网、大数据、云计算和人工智能等信息技术应用……让社区更加和谐有序、服务更有温度，不断增强居民获得感、幸福感、安全感"[①]。老龄化、数字化、智能化作为当今社会的显著特征正在深刻影响大众的生产生活，并在推动经济社会发展、满足人民日益增长的美好生活需要方面发挥着与日俱增的作用。运用信息化手段更好感知社会态势、畅通沟通渠道对于解决老龄化问题可谓如虎添翼。

2. "适老化"改造催生文化养老服务需求

党的十八大以来，一系列加快养老服务业发展的政策措施相继出台，建立有效完善养老服务体系的呼声也是越来越高。2019 年的《国务院办公厅关于推进养老服务发展的意见》提出，要在 2022 年实现多层次养老服务体系的建成，在保障基本养老服务人人享有的基础之上，重视老年人的多样化服务需求。为了尽快实现此目标，全国各地开始实施老年人居家适老化改造工程，这也是为进一步解决好数字时代"困老化"问题做出的积极尝试。通过大范围推介运用智能技术，老年人所遇的"数字鸿沟"能够有效解决，对老年群体生活水平的提高以及追求更高层次的需求补足了动力。按照马斯洛需求理论来看，随着社会经济水平不断上升，新时代背景下老年群体在物

---

① 《九部门印发〈关于深入推进智慧社区建设的意见〉的通知》，中国政府网站，2022 年 5 月 21 日，http://www.gov.cn/zhengce/zhengceku/2022-05/21/content_ 5691593.htm。

质方面的需求得到了巨大的满足，他们更希望自身的精神需求也能实现突破。发展文化养老，就是在满足老年人物质需求的基础上更加关注精神层面的需求，从文化层面创新社区养老服务事业发展的新路径。具体来看，文化养老是随着社会发展的进步衍生出来的一种新型养老模式，通过以社区为建设平台和载体，以满足老年人日益增长的文化服务需求为目标，开创的一种积极应对老龄化形势、满足老年人文化养老需求的重要方式。可见，推动适老化改造是顺应数字化与老龄化时代的应然之举，在关注老年群体养老问题中，不仅要注重物质保障，更要关注精神所需。发展文化养老是体现中国传统文化与人文关怀充分融合的一种养老方式，是真正对老年人养老服务的全方位负责，这既符合现实国情，又符合老年群体的心态变化，更好地让老年群体"老有所乐，老有所养"。

（二）可行性分析

1. 智慧社区建设为文化养老服务发展蓄势赋能

2017年6月，《中共中央国务院关于加强和完善城乡社区治理的意见》指出，"城乡社区是社会治理的基本单元"[①]。党的十九大报告进一步提出，要"加强社区治理体系建设，推动社会治理重心向基层下移，发挥社会组织作用，实现政府治理和社会调节、居民自治良性互动"[②]。由此可见，社区治理作为社会治理体系中的重要一环正在发挥越来越重要的作用。当前，网络信息技术的巨大变革和大数据智能服务的迅猛发展使智慧城市的建设进入提速阶段，智慧社区则作为重要试点和板块成为智慧城市建设必不可少的一部分，在推动公共服务供给、基础设施建设、环境可持续发展以及居民生活质量提高等方面扮演着日益重要的角色。智慧养老充分利用大数据时代科学技术的优势特长，将智慧化手段充分融入养老服务中，为创新养老服务方式和方法提供了新的解决思路，也为社区文化养老提供了重要的借鉴和参考。

---

① 《中共中央国务院关于加强和完善城乡社区治理的意见》，人民出版社，2017，第1页。
② 《中国共产党第十九次全国代表大会文件汇编》，人民出版社，2017，第40页。

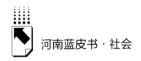

2.政策导向及城建设施为文化养老保驾护航

从"智慧养老"思维应用于社区文化养老的理论意义来看，就是社区将现代化的信息手段和互联网充分结合，为社区养老服务平台设计出一套更加适用老年人需求，能够提供个性化、便捷化文化养老服务的系统。当前，人口老龄化快速发展，国家已经将老龄问题特别是养老服务供给作为每年重点民生实事的重要工作来看待。2017年2月三部委发布《智慧健康养老产业发展行动计划（2017—2020年）》，明确提出要求各地政府积极推动健康养老服务智慧化的升级，加快智慧养老服务产业的发展。2019年国务院办公厅在《关于推进养老服务发展的意见》中也指出要"着力扩大并优化养老服务供给结构，满足老年群体需求的内容多样性，促进供需匹配"①。在健全老龄工作体制机制方面，习近平总书记强调要紧抓时代要求，以创新应对转变，推动老龄工作主动作为，要同时关注老年群体的物质和文化需求，不断提升老年人的生活质量。这一发展思路不仅为智慧社区积极发展文化养老服务提供了思路的借鉴，也为文化养老始终贯彻民生导向做出了要求。随着"共建共治共享"社会治理新格局的构建完善，社区中的城建设施不断完备，这也为文化养老的具体实施提供了物质基础和现实保障。在大数据信息技术日益普及的今天，越来越多的现代化信息设备运用在社区基础设施建设中，为老年群体提供所需的服务。借助高科技服务平台，社区中能够更好地实现文化养老服务的信息化和智能化。

三 文化养老服务发展现状调查

本次调研地点选择河南省郑州市X社区。经过数年来的探索和实践，X社区在社区居家养老和养老服务扩展方面取得了一定的经验和成绩，现已形成具有自身特色的"以物质养老为基础，以文化养老为特色，以实际需求为导向，以智慧手段为支撑"的文化养老新模式。在调研中可以看到，社

---

① 国务院办公厅：《关于推进养老服务发展的意见》，《中国民政》2019年第10期。

区的老年人积极参与各项文化活动，真正实现了在满足自身养老需求的同时，也能收获一个幸福快乐的晚年生活。X 社区在文化养老建设方面始终坚持探索式发展，其中既有能够总结的经验，也有不可避免的问题和教训。通过对该社区老年人的访谈交流，也为有效提出发展文化养老服务的建议有所裨益。

（一）调研方式

本次调研主要采用的是问卷调查法，通过向 X 社区的老年群体发放调查问卷，探索他们对文化养老的真实需求，并积极发现在智慧社区发展演进过程中文化养老服务推进的实际问题。此次共计发放 200 份问卷，并从中抽取典型案例进行深入的访谈和对话。

（二）问卷设计

通过文献梳理和前期资料收集，设计出智慧社区背景下老年群体文化养老服务需求问卷。在问卷设计时，首先要明确调查目的和内容，确定好调查对象，由于调查人群为老年人，在实施大样本调查之初，选择了一部分老年人进行尝试性访问，并根据实际情况对问卷做出了相应的修改和补充。在正式填写问卷前，详细对问卷题干进行说明和讲解，使老年人能够充分了解调查意图，从而做出最真实的判断。问卷主要包含 3 个方面的内容，基本信息，包括年龄、性别、是否退休、收入情况等；文化行为偏好，包括爱好、社区文化养老活动参与度、社区文化养老活动满意度等；对社区现有的文化养老服务的建议和意见。经过 1 个月的问卷调查，发放问卷 200 份，回收有效问卷 186 份，为获取有效的数据结果奠定了良好的基础。

（三）数据结果分析

1. 基本信息分析

本次调研回收到的有效问卷为 186 份，其中男性 102 人，占比为 54.8%，女性占比为 45.2%。年龄 60~65 岁人数为 92 人，占比最高，为 49.5%；其次为 66~70 岁人数，68 人，占比为 36.6%；71~79 岁人数为 24 人，占比为 12.9%；最少占比为 80 岁以上人群，仅 2 人，占比为 1.1%。从是否退休情况来看，退休人员 82 人，占比为 44.1%；非退休人员 104 人，职业多为农民，占比为 55.9%。从收入情况来看，月工资水平在 2000 元以下人群为 112 人，占比最多，达到 60.2%；2000~3000 元月工资人群为 42 人，占比为 22.6%；3000 元以上月工资人群为 32 人，其占比最小，仅为 17.2%。

2. 文化行为偏好分析

（1）爱好及文化活动偏好

爱好与文化活动是老年人接触文化养老服务最直接的方式，社区利用智慧化手段和信息平台能够为社区老年人提供丰富多彩的活动，从而满足老年群体对文化养老的服务需求。通过数据分析，老年人的爱好表现为文艺活动，包含唱歌、跳舞等文艺表演类活动，选择此项目的老年人为 108 人，占比为 58.1%，相对于文学读书思想类（选择人数 26 人，占比为 14.0%）和体育运动类（选择人数 52 人，占比为 28.0%）人数较多。根据所选文化活动偏好项目比对年龄与性别可以看出，年龄较长或行动不便的老年群体多选择文学读书思想类活动，年龄较轻的女性多选择唱歌、跳舞等文艺表演类活动，体育运动类在年龄和性别类目中差异不大。

（2）社区文化养老活动参与度

此处所说的社区参与是指老年人自觉自愿参加各种社区组织的文化养老活动或公共事务，老年人在社区文化养老活动中参与程度的高低在一定程度上能够衡量社区文化养老服务开展成功与否。调查数据显示，有 16 人选择不会参与社区活动，尽管占比 8.6%，指数并不高，但也反映出文化养老服务并未走进每一位老年人的心中。其他 170 人中，有超过半数的老年人表示愿意参与活动，充实晚年较为单一的生活。只有 23 人，占比为 12.4% 的老年人选择了积极参与社区组织的各项文化养老活动，以满足自身对文化养老的需求。

（3）社区文化养老活动满意度

社区文化养老活动是老年人能够参与社会公共服务最方便的方式，也是养老服务最重要的组成部分。提高社区文化养老活动的满意度不仅能够帮助老年人获得丰富多彩的晚年生活，还可以减少老年人的孤独感和空虚感，使老年人更好地融入社会，实现真正的"积极老龄化"。具体从统计数据中得知，社区文化养老活动满意度分别为非常好、较好、一般、不太好、非常不好。其中 37 人选择非常好，占比 19.9%；86 人选择较好，占比 46.2%；46 人选择一般，占比 24.7%；17 人选择不太好，占比 9.1%；无人选择非常不好选项。整体来看，X 社区的老年群体对社区组织的文化养老活动评价还是较高的。

3. 意见建议分析

（1）智慧社区建设缓慢制约文化养老发展

最近几年，智慧城市和数字建设都在如火如荼地进行着，智慧社区建设也已成为社会治理中的重要一环。不可忽视的是，由于一些地区的经济、社会、文化、信息等方面发展得相对落后，很多基础性设施并不完善，不能够在社区中实现充分的智慧化。在"互联网+养老"逐渐成为未来养老模式的重要发展趋势之际，智慧社区如果建设缓慢必定会影响到养老服务的供给。目前，推进智慧社区建设主要还是依靠政府，社会力量参与度还有待提升，仅仅依靠政府推动各个社区智慧养老布局的难度可想而知，这也与老年人对文化养老服务需求的快速增长形成强烈的对比。受访人群提到，文化养老服务是具有自身独特性的，很多活动的组织和开展都要受到现实条件（场地、天气、硬件设施）的影响，这就使得文化养老服务很难持之以恒地发展下去。只有借助智慧社区建设，将文化养老融入智慧养老的建设中，才能有效构建起新型文化养老模式，通过智慧化手段为老年群体提供个性化和精准化的文化养老服务。同时，智能设备的应用和信息平台的操作也能够帮助老年人适应社会发展的步伐，从而进一步解决好数字时代老年群体的"数字鸿沟"问题。

（2）信息平台支撑不足，主体参与受限

当前，河南省社区基本建立了社区信息平台，逐步实现社区工作互联互通。但是，社区信息平台建设依然存在空白和薄弱环节，这也是制约智慧社区建设、智慧养老服务体系建构的实际问题。智慧社区建设的目标就是要通过政府的政策鼓励和智慧化手段的应用，最大限度地释放数字红利的普惠性效应。具体到文化养老服务，就是要将信息平台和智能设备引入其中，从而提升文化养老服务的现代化和时代感。由于当前河南省社区在信息平台建设中存在不足，老年人参与文化养老活动的积极性不高。根据访谈情况来看，很多老年人都有学习新技能和继续发挥余热的愿望，希望能持续融入社会发展进程中，一些老年人愿意通过网络将自己的特长展示出来，同时希望借助信息平台学习到自己感兴趣的内容。社区如果能在信息平台上不断扩充内容，为老年人提供互相欣赏和学习的机会，就能相应地吸引更多老年人的参与。同时，受访人群也多次提到，希望社区的信息平台建设能够加强老年人之间的联系，通过内部的网站实现互联互通，这样可以使老年人线下个人爱好能够与线上交流学习相结合，实现老有所为。

（3）服务意识淡薄，缺乏专业人员指导

随着我国科技的不断进步，人工智能、大数据和互联网等先进技术已经能够实现在智慧社区治理、智慧养老服务供给等方面应用，使得老年群体的物质养老需求得到了较为充分的保障。但从调研数据来看，很多老年人对文化养老开始有着较为强烈的需求，希望社区能够提供更加充分的文化养老服务，扩大智慧养老的服务供给。然而，从社区现有的文化养老服务供给来看，社区还无法正确认识到智慧社区建设中融入文化养老对解决当前人口老龄化问题的实际价值，在具体工作中，存在一定的服务意识淡薄、开展活动敷衍了事等问题，无法真正满足广大老年群体对文化养老服务的实际需求。同时，由于文化养老发展起步晚、对接智慧化信息平台的时间短，各个社区都缺乏专业的文化养老活动的组织者和指导人员。很多实际工作中出现的问题以及老年人提出的精准化需求都不能得到有效和及时的解决，更不能提前规避相应活动所可能出现的风险和问题。久而久之就会影响老年人参与社区文化养老活动的积极性和主动性，也就难以实现文化养老的实际效用。

四　智慧社区背景下创新文化养老服务路径探索

（一）构建智慧社区文化养老服务信息平台

文化养老作为与老年群体切身利益息息相关的民生问题，往往最容易引起共鸣。习近平总书记也要求各级党政机关和领导干部适应时代发展，积极利用网络做好和群众的沟通交流，不断贯彻践行群众路线的宗旨要义，交流了解群众的所思所想，这样才能急群众之所急、解群众之所困。这是智能化时代对党的群众路线理论与实践的践行，也为做好文化养老服务指明了方向。因此，要加快构建起智慧社区文化养老服务信息平台。一方面，从信息技术的角度来看，社区通过构建智慧社区文化养老服务信息平台，能够实现文化养老服务供应商与老年群体需求的信息对接。在实际工作中，不难发现社区文化养老信息的有效传播和应用往往达不到预期效果，这是供求信息不对称所造成的问题。通过线上信息平台的构建，能够有效帮助文化养老服务供应商摸清老年人的实际需求，在创新业务模式和服务领域中，能够提供老年人喜闻乐见的服务。同时信息平台通过收集大量数据资源，发挥数据分析和整理的作用，也能为政府、社区、养老服务供应商等多方提供有效判断，起到决策支持的作用。再者，政府可以通过智慧社区文化养老服务信息平台对智慧社区建设和文化养老服务做出实时监管，为老年群体建立诉诸需求、提出意见的反馈渠道，以便及时处理相关问题。

（二）形成多方合作，共同助力文化养老

正所谓"独木难支"，文化养老建设工作是一项系统性、综合性工程，特别是在智慧社区治理中，文化养老还要顺应时代发展的规律，从文化、健康、娱乐、求知等多方面发挥作用，这就要求社会多元力量共同参与到智慧社区的文化养老服务供给中。一是就政府而言，要鼓励和支持社区积极利用智慧手段发展文化养老服务，同时，要通过政策和制度制定为社区养老服务

事业的发展方向和速度保驾护航。不断完善政策支持和制度制定，确保智慧社区文化养老工作做实做细。二是就社区而言，要逐步建立起社区信息综合平台，为文化养老服务供应商提供业务开展的媒介，积极组织文化活动的开展和交流，营造社区文化养老服务氛围。同时，社区也要积极与互联网对接，宣传文化养老服务供应商的优势，吸引老年群体对文化养老服务有偿供给的关注和认识，继而在充分了解老年群体对文化养老的真实需求下，帮助服务供应商开发出更多更能满足老年群体的产品和服务。三是就社工机构等社会组织而言，也要积极融入社区的文化养老服务中。社区可以公开采购相关所需服务，由相应的社工机构提供技术支持，从而更加专业地帮助老年文化组织成立和活动开展。通过社会组织等的专业指导和智慧化手段的应用，实现文化养老服务的更新升级，满足老年群体的多元需求。

（三）开展定制服务，精准对接个性化需求

众所周知，在上门服务和专业的服务中，服务人员的水平是难以控制的，这些人员的专业化程度如何保证以及个性化服务是否提供都是值得考虑的问题。服务供应商要在一定程度上满足老年人的个性化需求。[1] 由于老年群体在年龄、性别、自理能力、情感状态等多方面都存在较大的差异，其对文化养老服务的需求也不尽相同，在这里就要充分利用智慧化手段和信息数据平台，让不同的老年人根据自己的个性化需求定制相关的服务，以提高老年人的满意度。当前，信息技术的发展和应用已经分布各行各业，养老服务方式也实现了重大的突破和创新，传统的线下供给也逐步转型，开始迈入线上线下双驱供给。这种转变能够为智慧养老服务的拓展提供更加现实的操作空间。因此，智慧社区建设要充分使用好智慧手段，发挥社区在文化养老服务供给中的主体作用，加强线上线下深度融合，进而开展定制化的文化养老服务，满足老年群体个性化养老需求。

---

[1] 左美云：《智慧养老内涵与模式》，清华大学出版社，2018，第215页。

Abstract

This book, compiled by Henan Academy of Social Sciences, systematically sums up the achievements received in the social-construction field in Henan Province during the recent years and especially in 2022, comprehensively combs the characteristics of the social development at present, analyzes the hot、difficult and focused problems faced with nowadays, makes a scientific analysis of the trend of social development in the future in Henan, and puts forward some social proposals for social development in 2023 in Henan.

Based on the spirit of the Party's 20th National Congress and the spirit of the 11th provincial Party Congress, to create a high quality of life as the main line. The *Annual Report On Social Development of Henan* (2023) comprehensively and systematically interprets the major issues in Henan Province, such as livelihood construction, population development, social governance, rural development, social security and other major theoretical and practical issues carried out a comprehensive and in-depth systematic interpretation.

This book is composed of the main report, reports on investigation and evaluation, people's livelihood development, social issues and social governance. The main report written by the group of Analysis and Forecast of Social Situation from the Henan Academy of Social Sciences represents the basic ideas of analysis and forecast of the social situation of Henan in this book. In the opinion of the main report. 2022 is the year of the 20th National Congress of the Communist Party of China and the 10th year that socialism with Chinese characteristics has entered a new era. Over the past decade, Henan has kept in mind the General Secretary's earnest instruction. Profound and encouraging changes have taken place in the Central Plains, major steps have been taken in economic development, fruitful results have been achieved in improving people's wellbeing, and remarkable results have been achieved in social governance. In 2022, the Henan provincial government to lead the province and resolutely implement the epidemic to guard, to stay steady and economic development to security major policy decisions, high efficiency as a whole the epidemic prevention and control and economic and social development, economic development positive momentum of stabilizing constantly present, continue to promote social undertakings development, earnestly safeguard and improve people's livelihood, modernization of Henan accelerating construction process. However, at the same time, there are still internal and external risks in Henan's social development, such as economic downturn delaying the improvement of people's quality of life, prominent social governance risks in key areas, and worsening aging of the population. The year 2023 will be a crucial year for fully implementing the Party's 20th National Congress Spirit, which is of great significance for laying a solid foundation for implementing the 14th Five-Year Plan for development and realizing the Second Centenary Goal. Henan should continue to consolidate the economic stabilization positive momentum, deepening reform of mechanism of system of important areas, comprehensively promoting the modernization of regional governance, enhance social governance efficiency, strengthen the deal with the aging of the population science, promote the development of high quality social programs, increase the Yellow River basin ecological management ability, comprehensive ecological civilization construction and high quality development as a whole, Constantly create high quality of life, strive to create a modern Henan construction of a new situation.

The reports on development topics, governance topics, research topics and special topics thoroughly the significant items in the social field in Henan from different fields and points of view by some invited experts and scholars in Henan province, objectively reflect the basic situation, challenges and difficulties of social development in 2022, and forecasts the trend of social development in Henan in 2023. This paper puts forward some countermeasures and suggestions for promoting high quality development, creating high quality of life, speeding up the construction of modern Henan countermeasures and suggestions.

Keywords: Social Construction; Livelihood Cause; High Quality Life; Modernization Henan

Contents

Ⅰ General Report

Abstract: 2022 is the year of the 20th National Congress of the Communist Party of China and the 10th year that socialism with Chinese characteristics has entered a new era. Since the 18th National Congress of the Communist Party of China , Henan, bearing in mind the General Secretary's earnest advice to "write a more brilliant chapter for the Central Plains in the new era," has made significant strides in economic development, achieved fruitful results in improving people's livelihood, and achieved remarkable results in social governance. The Central Plains has gone through a "remarkable decade. " In 2022, facing downward pressure on economic and social development environment complex, epidemic, in Henan province and resolutely implement the "epidemic to guard, to stay steady and economic development to security" major policy decisions, high efficiency as a whole the epidemic prevention and control and economic and social development, economic development positive momentum of stabilizing constantly present, development of social undertakings continued on, People's livelihood has been effectively ensured and improved, and the modernization of Henan has been accelerated. However, at the same time, there are still internal and external risks in Henan's social development, such as economic downturn delaying the improvement of people's quality of life, prominent social governance risks in key areas, and worsening aging of the population. The year 2023 will be a crucial year for fully implementing the Party's 20th National Congress Spirit, which is of great significance for laying a solid foundation for implementing the 14th Five-Year Plan for development and realizing the Second Centenary Goal. Henan should continue to consolidate the economic stabilization positive momentum, deepening reform of mechanism of system of important areas, comprehensively promoting the modernization of regional governance, enhance social governance efficiency, strengthen the deal with the aging of the population science, promote the development of high quality social programs, increase the Yellow River basin ecological management ability, comprehensive ecological civilization construction and high quality development as a whole, Constantly create high quality of life, strive to create a modern Henan construction of a new situation.

Keywords: Social Construction; High Quality Development; Modernization Henan; Livelihood Cause

II Reports on Development

B.2 Research on the Background, Status and Path on Promoting the High Quality Development of Higher Education in Henan Province   *Zhang Kan* / 030

Abstract: There are significant achievements have been achieved for the development of higher education in Henan Province. What is noticeable is the continuous acceleration for the development of higher education in Henan Province since the reform and opening up and the new century, obtaining the double improvement on and the scale and quality, realizing the promotion from elite education to popular education and then to universalized education, and greatly improving the per capita education level of the population of Henan Province and contributing a great impetus to the economic and social development of Henan Province. However, there are relevant problems troubled the higher education of Henan Province, including a relatively insufficient high quality higher education resources and a relatively inadequately popular and competitive higher education, as well as an urgent demand on improving high level scientific research capabilities of colleges and universities. Emphasizing on quality, the development of higher education of Henan Province shall take a road of connotative development, characteristic development and localized development in the future, so as to effectively promote the high-quality development of higher education of Henan Province and realize a historical leap from a large higher education province to a strong higher education province.

Keywords: Henan Province; Higher Education; High Quality Development

B.3　Research on the Present Situation, Problems and

　　　Countermeasures of Vocational Education in Henan

　　　Province　　　　　　　　　　　　　　　　　　　　*Li Yujing* / 044

Abstract: Vocational education is an important part of the system of national education and a basic project to cultivate high-quality skilled talents. In recent years, the development environment and reform direction of vocational education have profoundly changed, which causes great significance and far-reaching impact on the reform and development of vocational education in Henan. At present, Henan's vocational education has made remarkable achievements in aspects of overall scale, system construction, school running level, and so forth. However, the problems are also very prominent, such as the imperfect system, unbalanced development, low vitality to the economy and cognitive bias of social value. It is a systematic project to deepen the reform and promote the high-quality development of vocational education. Henan should promote the comprehensive construction from the aspects of

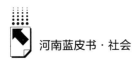

reshaping the new development concept, improving the system construction, optimizing the ecological environment and enriching the cultural connotation.

Keywords: Vocational Education; High Quality Development; Henan Province

B . 4   Research on the Development of New Occupational Groups
in Henan Province under the Background of Digital Society

Xi Shuang / 059

Abstract: Digital technology provides an opportunity for the development of new types of business, promoting the new change of employment structure and mode. By analyzing the employment characteristics of new occupational groups and investigating the development status of new occupational groups in Henan Province, it is found that the scale of new occupational groups is gradually growing in the digital society, and the social attention to new occupational groups is increasing, and Henan has achieved remarkable results in promoting the development of new occupational groups. From the perspective of growth, development and working experience, it is not difficult to find that the insufficient number of jobs, the low level of social security, the unfriendly digital environment and the poor level of multi-party collaborative governance are the main factors affecting the development of new occupational groups in Henan Province. In order to improve the development status of new occupational groups, it is necessary to play the main role of digital society, promote the development of new industries, new economies and new forms of business, strengthen the governance of digital environment, improve the social security system, establish a multi-party coordination mechanism, and further optimize the development path of new occupational groups in Henan Province.

Keywords: Digital Society; New Occupational Groups; Employment; Henan Province

B . 5   Research on the Development Dilemma and Optimization Path

of Shared Cars from the Perspective of Holistic Governance

—*Based on a Survey in Zhengzhou*

Research Group of Zhengzhou University of Light Industry / 071

Abstract: Car sharing is one of the manifestations of the sharing economy in the field of transportation. Different from traditional rental and ride-hailing, as a green mode of transportation in the new era, it adopts the mode of Internet + short-term rental to meet the travel needs of a large part of people, enriches public transportation, and improves the convenience and intelligence of life. Under the development concept of " clear water and green mountains are gold and silver mountains", green travel is realized and meets the development needs of The Times. However, as the plight of sharing cars being vandalized, difficult parking and greatly increased safety risks gradually emerges, its sustainable development is faced with serious threats, and it is urgent to explore a set of benign development mode. According to the development dilemma of sharing cars, previous studies mostly lack integrity, therefore, this study based on the holistic perspective, think be Shared by the government, the auto companies, user tripartite main body, the coordination and integration between chaos on the development of sharing cars for governance, perfect the developing mode of sharing cars, car path optimization sharing, sharing to promote the further development of automobile industry in our country.

Keywords: Holistic Governance; Shared Cars; Path to Explore

B . 6   Study on the Mechanism of Continuously Consolidating

and Expanding the Results of Poverty Alleviation

Cui Xuehua / 087

Abstract: At present, Henan Province has achieved initial results in consoli-

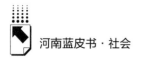

dating and expanding the results of poverty eradication, laying a solid foundation for the comprehensive implementation of rural revitalization strategy. In the next step, it is necessary to take strong measures to overcome the impact of disaster and epidemic, pay attention to climate risk management, grasp the dynamic monitoring and support to prevent returning to poverty, promote the stable employment of the population out of poverty, promote the upgrading of poverty alleviation industries, and continuously consolidate and expand the results of poverty eradication.

Keywords: Eradicate Absolute Poverty; Rural Revitalization; Poverty Alleviation Industry; Henan

B.7 Research on the Current Situation and Countermeasures

of the Entrepreneurship and Employment of Migrant Workers

in Henan Province *Gao Xia, Han Xiaoming* / 096

Abstract: In the face of such outstanding problems affecting economic stability as catastrophic floods, new outbreaks in many places, rising commodity prices, and tight supply of electricity and coal, Henan resolutely implemented the CPC Central Committee, the State Council, and the provincial party committee and the provincial government's decision and deployment on "stabilizing employment" and "ensuring residents' employment", deeply implemented the employment priority strategy, guided by the situation, changed from passive to active, and guided migrant workers returning home to combine their own and regional advantages, Local entrepreneurship and employment. However, from the perspective of the total number, entrepreneurial jobs are very limited; From the perspective of structure, the employment contradiction is more prominent; From the external environment, new influencing factors continue to increase; From the function of local government, active service still needs to be strengthened; From the perspective of entrepreneurial capability, homecoming entrepreneurial enterprises still need transformation; From the perspective of entrepreneurial environment, the atmosphere of social recognition and support needs to be strengthened. Therefore, Henan should strengthen the connection between supply and demand, optimize employment and entrepreneurship services, improve entrepreneurship and employment policies, adhere to the demonstration drive, and create a more inclusive and positive public opinion atmosphere for migrant workers returning home to start their own businesses.

Keywords: Migrant Workers; Entrepreneurship and Employment; Social Survey; Henan

Ⅲ Reports on Governance

B.8 Research on the Innovation Path of Municipal Social
Governance Modernization in Henan Province *Li Wenjiao* / 112

Abstract: Henan Province has actively implemented the decision of the central government and the relevant requirements of the provincial Party committee; the modernization of municipal social governance has progressed smoothly. Summarize the experience and advantages of the modernization of municipal social governance based on the basically completed phased objectives and tasks. The path of the modernization of municipal social governance in four aspects: improving collaborative governance to form a governance force, promoting the healthy development of smart and resilient cities, building a full cycle urban risk governance framework, and "four governance integration" to help stabilize social governance.

Keywords: Municipal Social Governance; Modernization; Grassroots Social Governance; Henan

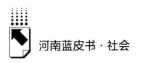

B.9 Research on the Participation of Social Forces in

Grassroots Governance in Henan Province *Li Sanhui* / 125

Abstract: Social forces are an important driving force for deepening the practice of social governance. Actively guiding social forces to participate in grass-roots social governance is the inherent requirement of upholding and improving the social governance system of co-construction, co-governance and sharing, and an important means to consolidate the grass-roots foundation of social governance. In recent years, Henan Province has seriously practiced the governance concept of co-construction, co-governance and sharing, continuously developing and streng-thening social forces to participate in grass-roots governance, actively promoting the normalization and institutionalization of the development of social organiza-tions, and the mechanisms and channels for social forces to participate in grass-roots social governance. Approaches and operational validity continue to expand. However, there are still some problems in the improvement of the development mechanism of social organizations, the guarantee of professional talents, and the improvement of capacity building. This requires effectively integrating the two governance forces of government management and social autonomy, doing a good job in the cultivation and development of new social organizations, and smoothing the channels for social organizations to participate in grassroots governance, so as to actively gather diverse social governance forces and continuously improve the effectiveness of grassroots governance.

Keywords: Grassroots Governance; Social Participation; Co-Construction, Co-Governance and Sharing; Henan

B.10 Research on the Practice Path of Digital Governance in

Henan Province *Liu Chang* / 135

Abstract: Digital governance has become the core content of modernizing governance systems and capacities. Under the implementation of the strategic goal of "Digital Henan", the digital governance of Henan Provincehas accelerated the formation of a new pattern of digital governance, created a good new ecology of digital governance in the important opportunity period of digital transformation and development, and deepened and expanded the new mode of digital governance in the practice of digital society construction. However, the current digital governance of Henan Province is still faced with the shackles of governance concept, digital power and digital technology risk and other dilemmas and problems. Henan Province's Digitalgovernance urgently needs to convert tothe people-oriented value rationality, improve the system and mechanism of digital governance, consolidate the legal basis of digital governance, and promote the technological progress of digital governance.

Keywords: Digitized Henan; Digital Governance; Social Governance

B. 11   The Exploration and Enlightenment of Rural Revitalization

Guided by Rural Grassroots Party Building in Henan

Guo Jiaru / 145

Abstract: Whether the construction of rural grassroots party organizations can effectively lead the rural revitalization is related to the success or failure of the great rejuvenation of the Chinese nation and the prospects of rural economic and social development. We must unswervingly strengthen the construction of rural grass-roots party organizations. In recent years, Henan Province has actively explored ways and means to lead the rural revitalization with the construction of rural grass-roots party organizations: for example, it has explored the establishment of an all-round rural grass-roots party building work pattern, strengthened the construction of rural grass-roots party organizations, selected excellent rural grass-roots party organization secretaries, and consolidated the construction of rural party members, which has made many achievements and accumulated some experience, It provides

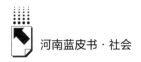

useful experience and inspiration for further promoting rural revitalization led by rural grass-roots party building.

Keywords: Rural Revitalization; Rural Grassroots Party Building; Henan Province

B.12 The Value, Dilemma and Realization Path of Deliberative Democracy in Urban and Rural Community Governance

Zhang Pei / 155

Abstract: The community is the basic unit of people's life and the "last mile" of social governance, and plays a fundamental role and role in the national governance system. As an important orientation and realization method of grassroots governance, grassroots deliberative democracy plays an irreplaceable role in grassroots governance. Consultative democracy is highly compatible with the development needs and value orientations of grassroots social governance. Giving full play to the functional advantages of deliberative democracy in urban community governance and transforming it into governance efficiency has important practical significance for enriching the practice of the socialist deliberative democracy system and promoting the modernization of grassroots governance. To promote the modernization of community governance in the new era, efforts should be made to improve the participation mechanism of deliberative democracy and promote the quality of community deliberative democracy; improve the guaranteed mechanism of deliberative democracy and promote the improvement of community governance procedures; build an innovative mechanism for deliberative democracy to promote the release of community governance efficiency.

Keywords: Community Governance; Deliberative Democracy; Governance Path

Abstract: Digital government came into being as the times require and is an important part and core hub of digital China. Strengthening the construction of digital government is of great significance to promoting the digital transformation of national governance, accelerating the effective transformation of government functions, and enabling the accelerated development of digital economy. In recent years, the construction of Henan digital government has achieved remarkable results, the policy leading role has been fully played, the construction of the basic support system has achieved remarkable results, the efficiency of integrated government services has been greatly improved, and innovation and exploration practices continue to emerge in various regions. However, there is still insufficient development in top-level design, collaborative management, basic support capability, sharing and opening level, etc. Therefore, four countermeasures and suggestions are put forward: first, adhere to the people as the center and establish the digital orientation of facilitating and benefiting the people; second, learn from advanced experience and enhance the innovation ability of digital governance; third, accelerate data connectivity and improve the level of digital openness and sharing; fourth, comprehensively improve digital literacy and consolidate the foundation of digital talent team.

Keywords: Digital Government Construction; Modernization of National Governance; Innovation and Reform; Henan

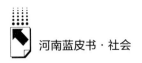
Ⅳ   Reports on Social Survey

B.14   Henan Internet Public Opinion Events Analysis Report

　　—Take 30 Internet Public Opinion Events in Henan from

　　2020 to 2022 as an Example　　　*Yin Lu*，*Yang Jingwen* / 176

Abstract：Internet public opinion incidents in Henan show the following characteristics：there are many epidemic-related incidents and strong social impact；incidents involving officials and politics have not decreased, and secondary public opinions have continued；video platforms such as Douyin have become the birthplace and dissemination place of public opinion；forced demolition, urban management law enforcement Incidents decreased, social ethics incidents, medical education incidents increased. The public opinion response to online public opinion incidents is a very important "dynamic" variable, which not only affects the attitudes and inclinations of netizens, but also affects the trend of events. If online public opinion incidents are not properly handled, their impact cannot stay on individual cases, and will turn local problems into public governance problems. Mishandling is not a simple lack of skills, but a problem of governance concepts and mechanisms. By believing in the rationality and conscience of the people and establishing governance concepts, public opinion responses will become a positive and positive force.

Keywords：Network Public Opinion Events；Public Opinion Response；Governance Path；Henan

Abstract: Targeted poverty alleviation and rural revitalization provide good
opportunities for improving the quality of life of the disabled. As a populous province,
Henan has a large number of disabled people. How to further improve the quality of
life of disabled people in the context of rural revitalization has become an important
task of the Party and government in the new era. Based on the latest statistics of the
Provincial Disabled Persons' Federation, this paper constructs an indicator system for
measuring the quality of life of the disabled. From the perspective of survival, the
quality of life of the disabled groups in our province has been greatly improved
compared with that before, and their food, clothing, housing and transportation have
been significantly improved; From the perspective of development, disabled people
still have big weaknesses in employment, social services and social security. System,
social factors and individual factors jointly affect the quality of life of disabled
people. Only by adhering to the path of diversified supply, government leadership,
social participation and individual self-improvement, can the quality of life of disabled
people be further improved and guaranteed.

Keywords: Rural Revitalization; Quality of Life of the Disabled; Henan

Abstract: Through the questionnaire survey of 1849 farmers from the
community of village consolidation and the traditional natural village in Y town,

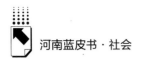

the comparative analysis of the two types of farmers found that the economic adaptability of farmers in the community of village consolidation in Y Town is obviously weaker than of the old village, the adaptability on the lifestyle is stronger, and the adaptability on the psychological level needs to be further improved. Through multiple regression analysis, it is found that resource acquisition, social support and positive psychology are the main factors affecting the social adaptability of farmers from the community of village consolidation in Y town. The policy implications of the survey results for improving the social adaptability of farmers from the community of village consolidation in Henan Province mainly include: (1) improving the occupancy rate of the community of village consolidation through high-quality public services; (2) Efforts should be made to improve the economic adaptability of farmers from the community of village consolidation; (3) Cultivate a positive community culture in the community of village consolidation; (4) To guide the modernization transformation of farmers from the community of village consolidation.

Keywords: Village Consolidation; Social Adaptation; Urbanization; Henan Province

B.17 The Practice and Approach of Building the Grassroots Intelligent Governance System

—*Based on the Analysis of Zhengzhou City*　　*Pan Yanyan* / 237

Abstract: Grassroots intelligent governance is a new governance mode formed by embedding information technology into grassroots governance, which is accelerating the replacement of traditional governance mode. Theuseof information technology to empower the effectiveness of grassroots governance has become an important means to improve the level of scientific government decision-making, promote the cooperative governance of multiple subjects, and respond to the multi-level needs of public services. In recent years, Zhengzhou has embedded information technology into the construction of digital government, safe Henan construction, community epidemic prevention and control and other important areas, forming effective smart governance practices. However, there are also some problems, such as misunderstanding of technical attributes, lag of institutional reform, insufficient depth of data opening and utilization, and restriction of hardware and software. To build the grassroots intelligent governance system, we should take the needs of people's livelihood as the guidance, adopt a technology-enabled path, incorporate new governance concepts, and build a grassroots governance structure that is systematic and efficient, cross-cutting, open and shared, and operating in a standardized manner, so as to promote grassroots effective governance in the process of coupling with technology.

Keywords: Grassroots Governance; Intelligent Governance; Information Technology; Zhengzhou City

B.18 An Analysis of the Ways of Embedding Township (Street) Social Work Station into Rural Social Governance Practice

—*Reflections on the Construction of Township (Street) Social Work Stations in Henan Province*   *Hao Yingying* / 250

Abstract: Based on the current situation of the promotion of township (street) social work stations in Henan Province, this paper summarizes the current situation of the practice of embedding township (street) social work stations into the rural social governance system, and provides a practical basis for the embedding of township (street) social work stations through organizational leadership, top-level design, platform construction, social foundation and financial guarantee. However, at present, social work stations are also faced with the practical difficulties of difficult governance practice, difficult professional social work and imperfect mechanism guarantee. In order to better promote the embedding of township (street) social work stations in the governance practice of rural society

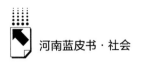

and improve the governance system of rural society, efforts can be made to improve the policy system, highlight political leadership, strengthen resource integration, attach importance to cognitive cultivation and enhance professional ability, so as to jointly promote the deep embedding of township (street) social work stations in system, organization, relationship, society and talents.

Keywords: Township (Street) Social Work Station; Rural; Social Governance; Henan

B.19   Research on the Construction of Township Social Work Service Stations from the Perspective of Collaborative Governance

—*Based on the Practice of Henan Province*

Yin Yuru, Yang Siliang, Wang Chang and Wang Lin / 263

Abstract: Based on the perspective of collaborative governance, this paper adopts a combination of literature review and field research, aiming at the construction status and stage characteristics of the construction of township social work service stations in Henan Province, and points out the "administrative" dilemma faced in the exploration of social work stations, grassroots due to the lack of professional awareness、funds、professional、local talents and so on, the department has systematically put forward countermeasures such as building a multi-governance system, strengthening publicity and education, creating a multi-fund path, improving the supervision and supervision system, and strengthening the construction of talent teams. To build a development model in which multiple subjects such as civil affairs departments, social organizations, social workers, and service objects participate in governance together, and realize the benign operation of township social work service stations.

Keywords: Collaborative Governance; Township Social Work Service Stations; Rural Social Work; Henan

V　Reports on Special Subjects

B.20　Research on the Development of Infant Care Services in
　　　Henan Province under the Background of the Adjustment
　　　of Fertility Policy　　*Research Group of Zhengzhou University* / 279

Abstract: At present, Henan Province is actively adjusting the development measures of infant care services. Relying on the strong support of the government and the extensive participation of various social forces, infant care services are showing a good development trend. On the basis of empirical investigation, this study found that the needs of Henan residents for the development of infant care services are more concentrated in the following aspects: diversified needs for the content of care services, variable needs for service items, quality needs for care institutions, safety and credit needs for care institutions, and economic needs for services. At the same time, there are still some problems in the process of development, which are mainly reflected in the difficulties of continuous supply of services, improvement of professional level, and planning of system construction. For this reason, it is necessary to further explore effective ways to promote the development of infant care services in Henan Province, mainly including the government's continuous provision of policy guarantees, exploration of diversified service models, improvement of the professional level of childcare services, etc. It is hoped that all parties will work together to promote the high-quality development of infant care services in Henan Province, so as to better promote the implementation of the three child birth policy.

Keywords: Fertility Policy; Infant Care Services; Henan

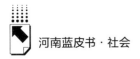
B.21　Research on the Operational Risk and Resolution Path of Basic Endowment Insurance for Urban and Rural Residents in Henan Province　　　　*Zhang Xiaoxin, Chen Xiangying* / 298

Abstract: At present, the new rural social endowment insurance system in Henan Province has evolved into a basic endowment insurance system for urban and rural residents. Based on the reality of Henan Province, this paper uses three methods, including big data statistical analysis, actuarial analysis and research, to study the risk impact of population aging with quantitative analysis methods, and to analyze and predict the potential risks of social endowment insurance for urban residents in our province. Based on risk analysis and future prediction, this paper proposes six ways to eliminate the operational risk of basic endowment insurance for urban and rural residents in Henan Province from six aspects: strengthening policy publicity and guidance, deeply promoting the participation of the whole people, introducing incentive policies to improve the fertility rate, improving payment incentives, increasing the investment and operation of basic endowment insurance funds for urban and rural residents, improving the handling and service capabilities, and improving the supervision and management mechanism.

Keywords: Basic Endowment Insurance for Urban and Rural Residents; Risk Analysis; Risk Prevention; Henan

B.22　Thoughts and Suggestions on Constructing the Social Support System of Henan Home-Based Community for the Aged　　　　*Feng Qinglin* / 319

Abstract: During the 14th Five-Year Plan period, Henan society has entered the stage of moderate population aging. In order to implement the national strategy of actively coping with aging, governments should establish a mechanism of government-led, social coordination, family care and institutional participation through the integration of resources in accordance with the principles of government responsibility, justice and joint participation. Fully mobilize the human, material and financial resources of all parties to establish a home-based community pension social support system in line with the level of economic and social development in Henan. In the construction of the home-based community pension social support system, we should always adhere to the correct value orientation of healthy pension and active pension, broaden our horizons and broaden our ideas. We should learn from and absorb the good experiences and practices of developed regions and adopt measures in accordance with local conditions and the times. Pay attention to the compatibility and mutual promotion of informal social support and formal social support, and try to achieve overall planning, overall consideration and reasonable arrangement.

Keywords: Henan; Home-Based Community for the Aged; Social Support

B . 23 Current Situation and Improvement Strategy of

Community Home Care Service in Henan Province

Deng Huan / 332

Abstract: Old-age care is a key livelihood issue. In order to adapt to the trend of population aging and build a "one old" livelihood security network, Henan Province has actively explored the construction of a complete community home-based care service system, which has achieved remarkable results in policy guidance, infrastructure, service model and smart care. However, due to the development time of community home care service in our province is not long, there are still a relatively single service supply content, a large gap of practitioners and the lack of talent, the lack of participation of social forces, community supporting infrastructure is not perfect. Therefore, it is necessary to expand the supply of elderly care service content, strengthen the construction of talent team, mobilize social forces to participate, improve supporting infrastructure, and

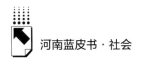
河南蓝皮书·社会

promote the construction of smart elderly care service platform, so as to realize the high-quality development of community home-based care service industry.

Keywords: Henan; Community Home Care; Elderly Care Facilities

B.24 Research on the Innovation Path of Cultural Endowment Service in Henan Province under the Background of Intelligent Community

—*Take Zhengzhou X Community as the Research Object*

Yan Ci / 344

Abstract: At present, population ageing has become an irreversible future process of social development. As a province with a large population base, Henan faces greater population ageing pressure, and the situation is worsening. The problem of providing for the aged has become a hot topic in the whole society. How to transform the pressure of providing for the aged into the motive force of developing the cause and industry of the aged, and then promoting the all-round development of the society, is an urgent practical problem to be solved. Smart community and smart pension is a new governance model, which is adapted to the development of big data and information society. To explore the innovation path of cultural service for the aged under the background of intelligent community is to meet the needs of the elderly for a better life, and is more in line with the advocacy and practice of the perspective of Active Ageing.

Keywords: Henan; Cultural Endowment; Intelligent Community

社会科学文献出版社

皮书

智库成果出版与传播平台

❖ 皮书定义 ❖

皮书是对中国与世界发展状况和热点问题进行年度监测，以专业的角度、专家的视野和实证研究方法，针对某一领域或区域现状与发展态势展开分析和预测，具备前沿性、原创性、实证性、连续性、时效性等特点的公开出版物，由一系列权威研究报告组成。

❖ 皮书作者 ❖

皮书系列报告作者以国内外一流研究机构、知名高校等重点智库的研究人员为主，多为相关领域一流专家学者，他们的观点代表了当下学界对中国与世界的现实和未来最高水平的解读与分析。截至2022年底，皮书研创机构逾千家，报告作者累计超过10万人。

❖ 皮书荣誉 ❖

皮书作为中国社会科学院基础理论研究与应用对策研究融合发展的代表性成果，不仅是哲学社会科学工作者服务中国特色社会主义现代化建设的重要成果，更是助力中国特色新型智库建设、构建中国特色哲学社会科学"三大体系"的重要平台。皮书系列先后被列入"十二五""十三五""十四五"时期国家重点出版物出版专项规划项目；2013~2023年，重点皮书列入中国社会科学院国家哲学社会科学创新工程项目。

权威报告·连续出版·独家资源

皮书数据库
ANNUAL REPORT(YEARBOOK)
DATABASE

分析解读当下中国发展变迁的高端智库平台

所获荣誉

- 2020年，入选全国新闻出版深度融合发展创新案例
- 2019年，入选国家新闻出版署数字出版精品遴选推荐计划
- 2016年，入选"十三五"国家重点电子出版物出版规划骨干工程
- 2013年，荣获"中国出版政府奖·网络出版物奖"提名奖
- 连续多年荣获中国数字出版博览会"数字出版·优秀品牌"奖

皮书数据库

"社科数托邦"
微信公众号

成为用户

　　登录网址www.pishu.com.cn访问皮书数据库网站或下载皮书数据库APP，通过手机号码验证或邮箱验证即可成为皮书数据库用户。

用户福利

- 已注册用户购书后可免费获赠100元皮书数据库充值卡。刮开充值卡涂层获取充值密码，登录并进入"会员中心"—"在线充值"—"充值卡充值"，充值成功即可购买和查看数据库内容。
- 用户福利最终解释权归社会科学文献出版社所有。

社会科学文献出版社 皮书系列
SOCIAL SCIENCES ACADEMIC PRESS (CHINA)

卡号：726692837384
密码：

数据库服务热线：400-008-6695
数据库服务QQ：2475522410
数据库服务邮箱：database@ssap.cn
图书销售热线：010-59367070/7028
图书服务QQ：1265056568
图书服务邮箱：duzhe@ssap.cn

S 基本子库
SUB DATABASE

中国社会发展数据库（下设 12 个专题子库）

紧扣人口、政治、外交、法律、教育、医疗卫生、资源环境等 12 个社会发展领域的前沿和热点，全面整合专业著作、智库报告、学术资讯、调研数据等类型资源，帮助用户追踪中国社会发展动态、研究社会发展战略与政策、了解社会热点问题、分析社会发展趋势。

中国经济发展数据库（下设 12 专题子库）

内容涵盖宏观经济、产业经济、工业经济、农业经济、财政金融、房地产经济、城市经济、商业贸易等 12 个重点经济领域，为把握经济运行态势、洞察经济发展规律、研判经济发展趋势、进行经济调控决策提供参考和依据。

中国行业发展数据库（下设 17 个专题子库）

以中国国民经济行业分类为依据，覆盖金融业、旅游业、交通运输业、能源矿产业、制造业等 100 多个行业，跟踪分析国民经济相关行业市场运行状况和政策导向，汇集行业发展前沿资讯，为投资、从业及各种经济决策提供理论支撑和实践指导。

中国区域发展数据库（下设 4 个专题子库）

对中国特定区域内的经济、社会、文化等领域现状与发展情况进行深度分析和预测，涉及省级行政区、城市群、城市、农村等不同维度，研究层级至县及县以下行政区，为学者研究地方经济社会宏观态势、经验模式、发展案例提供支撑，为地方政府决策提供参考。

中国文化传媒数据库（下设 18 个专题子库）

内容覆盖文化产业、新闻传播、电影娱乐、文学艺术、群众文化、图书情报等 18 个重点研究领域，聚焦文化传媒领域发展前沿、热点话题、行业实践，服务用户的教学科研、文化投资、企业规划等需要。

世界经济与国际关系数据库（下设 6 个专题子库）

整合世界经济、国际政治、世界文化与科技、全球性问题、国际组织与国际法、区域研究 6 大领域研究成果，对世界经济形势、国际形势进行连续性深度分析，对年度热点问题进行专题解读，为研判全球发展趋势提供事实和数据支持。

法律声明

"皮书系列"（含蓝皮书、绿皮书、黄皮书）之品牌由社会科学文献出版社最早使用并持续至今，现已被中国图书行业所熟知。"皮书系列"的相关商标已在国家商标管理部门商标局注册，包括但不限于 LOGO（）、皮书、Pishu、经济蓝皮书、社会蓝皮书等。"皮书系列"图书的注册商标专用权及封面设计、版式设计的著作权均为社会科学文献出版社所有。未经社会科学文献出版社书面授权许可，任何使用与"皮书系列"图书注册商标、封面设计、版式设计相同或者近似的文字、图形或其组合的行为均系侵权行为。

经作者授权，本书的专有出版权及信息网络传播权等为社会科学文献出版社享有。未经社会科学文献出版社书面授权许可，任何就本书内容的复制、发行或以数字形式进行网络传播的行为均系侵权行为。

社会科学文献出版社将通过法律途径追究上述侵权行为的法律责任，维护自身合法权益。

欢迎社会各界人士对侵犯社会科学文献出版社上述权利的侵权行为进行举报。电话：010-59367121，电子邮箱：fawubu@ssap.cn。

社会科学文献出版社